Je me souviens de Paris

CLAUDE DUBOIS

Je me souviens de Paris

VISAGES, FAÇONS,
HISTOIRE
ET HISTORIETTES
DU PARIS
POPULAIRE

PARIGRAMME

À Gilbert Wehrle, dont le sirop de la rue, pure treille Butte-aux-Cailles, tapis de lutte et rings de catch – Mutualité, Wagram, Élysée-Montmartre – me redonne d'autor' et d'achar' de belles couleurs – obligeman, celles de Paname.

1.
PANAME 1950, MON PARIS

Ce Paris-là était noir. J'en garde une impression de nuit d'octobre qui tombe vite et embrume les lumières. Déserte les dimanches soir d'hiver, la rue Rambuteau était plus sombre. J'y suis né. Chez Mme Chanclos, la sage-femme du 40, en face de la partie démolie – aujourd'hui le centre Pompidou. « On habite à l'Hôtel-de-Ville, derrière le Bazar », j'entendais souvent mon père. Nous vivions rue du Plâtre, au 12, entre les rues des Archives et du Temple. Rue des Archives, au 38, se trouvait l'école maternelle, ma mère m'aidait à traverser, j'y étais. En 1971, on a appris que le bâtiment remontait au XVe siècle, que la famille de Jacques Cœur l'avait fait édifier. À la communale du 9 rue de Moussy, le maître, M. Bayeux, nous parlait de Gavroche et de Jean Valjean. Ça faisait drôle d'imaginer, de savoir – différence aléatoire – qu'avec Cosette, en 1832, Valjean avait vécu rue de l'Homme-Armé, devenue, en 1890, rue des Archives. Le 7 était peut-être mon ancienne maternelle, cette maison devant laquelle, la nuit du 5 au 6 juin, Gavroche donne à Valjean une lettre pour mademoiselle Cosette. Hugo dépeint la rue de l'Homme-Armé comme une « rue obscure », « étroite ». De plus, Gavroche en casse les réverbères. Autre sujet de trouble : cinquante-huit ans séparaient 1832 de 1890, et soixante-cinq ans, l'année 1890 de l'année scolaire 1954-55, celle de M. Bayeux. Gavroche n'était pas si éloigné. Après l'école, avec les Benakom, Bona, Clerc, Dang, Guilloineau, Kuczbart, Lefrançois, Phal, Seban, Tapiéro, Touati, Vernier, nous faisions un foot avec un ballon de chiffons entortillés. Le terrain était soit chez Gavroche, le recoin du 38 rue des Archives, soit le bas de la rue de Moussy, barrée par de fortes béquilles de bois : la maison du coin, le 6 rue de la Verrerie, menaçait ruine. Avec Cocca, je jouais aux billes le long des caniveaux, rue de Moussy, rue Sainte-Croix-de-la-Bretonnerie, rue du Plâtre. C'était son chemin, Cocca, il logeait rue Simon-le-Franc.

La misère épousait l'amour

Mon père travaillait la nuit. Il rentrait, dormait un peu puis descendait « aux courses » rue Rambuteau. J'allais souvent avec lui. De la rue du Temple à la rue Saint-Martin, les marchandes de quatre-saisons étaient à la queue leu leu, un jour à gauche, l'autre à droite. Pour le vin, mon père poussait jusqu'aux Délices de France, au 64, à l'angle de la rue Quincampoix. J'ai toujours connu l'histoire du petit bossu, deux siècles plus tôt, au temps du banquier Law – « Lass », à la française. Il avait fait sa pelote en louant l'arrondi de sa bosse pour signer les fameux assignats. En 1950, une atmosphère puissante émanait de la Quincamp'. Dans les relents de détritus et de légumes écrasés sur la chaussée, hommes et femmes vaquaient, se mêlaient. Les uns poussaient ou tiraient les diables tandis qu'à la porte des deux hôtels, à l'entrée de la rue, en direction de la rue aux Ours, ces dames gouaillaient à qui mieux mieux.

Sensations du vieux Paris

La Quincamp' était célèbre pour ses grosses poufiasses fardées, bottines lacées et jupes plissées soleil en satin noir, pareilles à celles des marchandes de quat'. L'après-midi, il arrivait que mon père monte voir Eugène, l'un de ses frères aînés, mon parrain. Avec la Marie, il demeurait rue de Venise, au 26. Avant d'y parvenir, on fendait la grappe des créatures qui n'avaient pas lésiné sur le maquillage. Mains sur les hanches, l'air provocant, certaines hélaient le passant. Avec moi qu'il tenait par la main, mon père était épargné. En rentrant, on coupait par le plateau Beaubourg. Lorsque le froid pinçait, les clodos se réchauffaient autour de feux de bois de cageot, les flammes atteignaient une hauteur d'homme. Après avoir traversé la Beaubourg, on prenait la rue Geoffroy-l'Angevin ou la Simon-le-Franc, direct on arrivait à la cabane bambou. Les putains en moins, ces deux rues n'avaient rien à envier à la Quincamp'. Dans ce royaume qui avait été celui de l'aramon, plant de vigne et gros qui tache pour boit-sans-soif chroniques finalement interdit, les clochards étaient chez eux. D'un bout à l'autre, les mauvaises odeurs ne faiblissaient pas. La jupe retroussée, quelque soûlarde échevelée faisait pipi sans se cacher. Une fois à la maison, mon père racontait la scène à ma mère, il en souriait encore.

Le 4e, du Sébasto à la Bastoche

Ma mère travaillait aux chaussures Heyraud, 90 rue de Rivoli, juste à la tour Saint-Jacques. Le soir, parfois, on l'attendait dans le square. Après, on rentrait par la rue Nicolas-Flamel, la rue des Lombards, la rue des Juges-Consuls, la rue Brisemiche, la rue Saint-Merri, la rue du Temple. Certaines bicoques avaient du mal à tenir debout, les murs étaient lépreux : la misère s'étalait, splendide. Ici ou là, mon père m'aura dit et répété : « C'est l'vieux Paris ! » Des deux côtés de la Seine, le décor était identique. C'est sur la rive gauche, pourtant, qu'avec le recul j'entends les mots de mon père, au beau milieu de la rue du Chat-qui-Pêche, la plus étroite de toutes – 2,50 m à son minimum –, qu'une enseigne, « Hôtel Confort », avait le front d'orner. Aucune tristesse ni pointe d'acrimonie dans cette phrase, « C'est l'vieux Paris ». Au contraire. Natif d'un village de Saône-et-Loire, mon père avait débarqué à Paris en novembre 1936, il avait 22 ans. Il a rejoint cette maison du quartier Saint-Paul où ses frères avaient planté leur tente.

Là même, ma grand-mère maternelle a vécu de 1922 à 1979, avant de partir pour l'hospice de La Rochefoucauld à Denfert-Rochereau. « Tout est *désalabré*, c'est la pouillerie, ici ! » jugeait-elle, goguenarde, accent gascon et faute de français en prime, sa « vieille baraque ». À l'instar de sa belle-mère, venue d'une ferme de Gironde, mon père savait ce qu'était la misère. Cadet d'une famille de treize, il n'avait pas mangé à sa faim jusqu'à son régiment. À Paris, pourvu d'une paye qui tombait chaque mois, il avait été captivé par la « Ville lumière », il aimait l'expression. Pauvre, il avait atterri chez les pauvres, mais les plaisirs étaient tels avant la guerre, peu importait la pauvreté. Cette vie, facile à ses dires, était celle du cœur de Paris. Mal éclairées de lueurs jaunâtres, les rues calamiteuses recelaient un étrange pouvoir. Dans le 4e arrondissement, du boulevard Sébastopol à la Bastille, la misère épousait l'amour. L'amour « Tu viens, chéri ? » du trottoir, ou l'amour de femmes qui allaient et venaient nues, au sein d'accueillantes maisons. Rue de Fourcy, rue des Rosiers, rue Caron et, plus haut à la Bastoche, rues Lesdiguières[1] et Jean-Beausire s'ouvraient des bobinards archiconnus du populaire. Qui en aurait fait mystère ?

En y réfléchissant, mon père avait dû être assiégé de sensations troubles semblables aux miennes, plus tard. Ce Paris-là n'avait guère changé de 1936 à 1950, et encore jusqu'en 1960, j'avais 16 ans. Ce Paris-là était noir, gris à tout le moins. Et blanc, çà et là, lorsque le crépi des façades cloquées avait cédé et que transparaissait le plâtre. Rue du Plâtre, à table, une certaine liberté était de mise entre mes parents. Souvent, ma mère racontait à mon père qu'en sortant du travail, tiens ! la cocotte, tu sais, la blonde avec les gros nichons, elle m'a dit que… J'étais fils unique, j'écoutais. Les « poules » revenaient souvent sur le tapis. « Poule », « cocotte », « poufiasse » sont des mots que j'ai entendus depuis le début. Le cercle familial s'inscrivait dans la réalité géographique du quartier, du même tonneau, en bien plus cru. Lorsque, avec des gars du lycée Charlemagne, nous avons filé l'un de nos pions, la Fouine, un vieux bonhomme mal loti par l'existence, je n'ai pas été surpris que ses pas l'entraînent rue des Lombards, rue Saint-Denis.

Rue Saint-Martin, au coin presque de la rue de la Verrerie, avait vécu une autre de mes tantes, dans sa jeunesse elle avait été « en carte ». Ailleurs, on aurait poussé des « oh ! » et des « ah ! ». Ici, c'était la vie, comme le reste. Combien de fois mon père a évoqué le Fourçaga, le bobi du 10 rue de Fourcy ! « Le sam'di soir, avec deux ou trois copains, on mangeait une choucroute à La Bière, on allait au cinéma, et après, ma foi, on entrait au Fourcy… » La Bière était une société de brasseries à bon marché, la spécialité en était la choucroute. Mon père parlait de celle de la rue Saint-Antoine, au 115, à côté du Studio Rivoli, le cinéma. Pour arrondir sa retraite maigrichonne, ma grand-mère a travaillé à cette Bière jusqu'à 75 ans. 1968, c'est ça. Il s'en passait, des salades, entre le gérant et les clients, des poivrots à moitié ou total clodos, le quartier Saint-Paul a toujours été l'une de leurs places fortes. La réputation de bordel populaire du Fourcy provenait du petit peuple ambiant. Mon père imputait à ses origines campagnardes son manque de culot envers les femmes, le bocson était la solution, ensuite la bague au doigt. Sur le Fourçaga, ma mère renchérissait : « Tu t'souviens quand ils avaient fait le repas de communion d'la fille ? Y'avait de quoi rigoler… » La fille de la sous-maque, la sous-maîtresse.

Si mon père parlait volontiers de cette vie à la va comme j'te pousse, il ne franchissait pas l'évocation. Être cérébral n'est pas être intellectuel, et il n'était pas armé pour parfaire ses impressions, chercher à en exprimer le suc. Mais quand, une ébauche de sourire aux lèvres, il disait « C'est le vieux Paris », le vin de la ville coulait en lui, plus capiteux encore que le vin de son pays. Derrière les monts du Mâconnais, Tramayes, son village, n'est qu'à dix kilomètres de Juliénas.

Rue de la Huchette

Aussi pouilleuses l'une que l'autre, la rive gauche de la rue de la Huchette et la rive droite du 4e différaient pourtant. Rue Saint-Séverin, rue Galande, jusqu'à la place Maubert et ensuite, rue du Maître-Albert, rue de Bièvre, par là, on était au cœur de la

SDRM, la Société des ramasseurs de mégots. Plus qu'ailleurs, on y rencontrait des chiffortons sans âge, l'échine recouverte de pardingues qui avaient traversé la Bérézina, la trogne coincée entre une barbe salingue et un papeau pisseux bouffé aux mites, aux poux. Ces pauvres hères poussaient des voitures d'enfant chargées à ras bord de tout un bazar. Au hasard des ruelles, les bistrots nord-africains étaient nombreux, davantage peut-être que dans le 4e. On se trouvait ici au Quartier latin, celui des étudiants et, le terme s'entendait, des existentialistes. « Mezz Mezzrow », je lisais sur des pancartes collées aux murs, « Bill Coleman », noms de jazzmen américains. Mezzrow était un clarinettiste blanc, Coleman, un trompettiste noir. J'ai voué un culte précoce à la Huchette et au Quartier latin. J'ignore comment, mais le battage autour du jazz me parvenait. En outre, l'été 1951, nous étions à Juan-les-Pins chez la tante Pépée, une sœur de mon père. En bas, la nuit, le Vieux-Colombier transplanté de Paris résonnait du duo Sidney Bechet-Claude Luter. « J'ai le cœur qui fait boum ! » C'est l'impression que j'avais quand, la main dans celle de mon père, j'entrais rue de la Huchette, « ce coin à zazous ». Je ne me souviens pas des Trois Maillez ni du Caveau de la Huchette. Seul m'est resté un bistrot à droite, au début de la rue de la Huchette en venant de la rue Saint-Jacques, Chez Popoff. À l'intérieur, à côté de clochards étaient assis des zazous, des existentialistes. J'avais entre 6 et 9 ans : comment pouvais-je savoir tout ça ? En tout cas, je ne me trompais pas. La preuve, dans un Bottin de 1950, j'ai retrouvé mon bistrot, rue de la Huchette, au 8 : « Popoff, café… ODE 96.14. » Je n'avais pas rêvé.

Derrière Notre-Dame, le square de l'Archevêché était plein de mômes, le jeudi après-midi. Mon père m'y emmenait jouer. À la fin du mois, il passait à la préfecture toucher sa paye, il était agent de police – « flicard », comme les flics s'appellent entre eux. Après, on faisait un tour par la Huchette, la place Saint-Michel, puis on rejoignait le jardin de la tour Saint-Jacques, ma mère quittait à sept heures. Du coin du Petit-Pont et du Parvis Notre-Dame, on voit au loin monter la rue Saint-Jacques. Sur le ciel se découpe le dôme vert de la Sorbonne. « À la fin d'la guerre, on racontait qu'y'avait des Japonais d'dans qui tiraient sur la préfecture », m'instruisait mon père en me faisant plaisir. *Les Diables de Guadalcanal*, *Okinawa*... Au ciné, les gosses de Paris ont eu les mirettes émerveillées des prouesses des Américains en guerre contre le Japon. À cause du judo, à cause de maître Kawashi, ceinture noire huitième ou neuvième dan, qui l'avait implanté en France, à cause de son cri qui tuait, dont seuls avaient le secret quelques sages de son acabit, les Japonais inspiraient l'admiration. Alors, que la façade sud de la préfecture fût meurtrie de trous provoqués par leurs balles de mitrailleuses m'emportait dans une rêverie en Technicolor.

Le repos du guerrier, en août 1944

Ces Japs à Paris, personne ne les a plus mentionnés. Les éclats sur la préfecture provenaient plutôt du quai Saint-Michel, en face. La Libération remontait à moins de dix ans... Les vieilles actualités cinématographiques montrent l'insurrection du quartier Saint-Michel, les tireurs en poste dans les étages des maisons de l'autre côté de la Seine. En août 1944, la chaleur est au rendez-vous. Mégot aux lèvres, mitraillette à la main, les gars sont souvent en maillot de corps. « Paris délivré par son peuple », clame, sur mauvais papier, un journal d'époque. J'ai été intime de Boudard dans la décennie 1970. *Les Combattants du petit bonheur*[2] raconte les faits et gestes d'Alphonse, dans le coin dès le 19 août. Mon père y était aussi. L'un et l'autre avaient vu un char allemand, un Tigre, se mettre en position devant Notre-Dame et bang ! balancer un obus sur la préfecture. Plus tard, mon père m'a donné un détail absent des *Combattants*. Frondeur, iconoclaste et, bien sûr, rapide à chouraver, Alphonse n'oublie rien dans son récit, si ce n'est cette broutille que mon père m'a apprise en passant : « Les types f'saient l'guet sur les barricades, lâchaient une ou deux rafales, et après, hop ! y partaient boire un coup au bordel... »

Ça, Boudard n'en narre pas une broque. Lacune regrettable pour qui a écrit *La Fermeture. 13 avril 1946 : la Fin des maisons closes*[3]. Dans le genre « repos du guerrier », on entrevoit ses moqueries. Alphonse n'avait pas 19 ans cet été-là, mon père en avait 30. Ceci explique cela. À défaut d'être culotté avec les dames, mon père savait où les trouver. Avant la loi du 30 avril 1946, quatre claques marchaient dans le coinsto en question : chez Léontine, 11 rue de la Harpe, chez Gabrielle Renault, 25 rue de la Huchette, chez Germaine, 26 rue Saint-Séverin, et enfin rue Xavier-Privas, au 24, chez Germaine encore – la même ? une autre ? je l'ignore. « C'est le vieux Paris, tout ça, l'histoire ! » Mon père souriait en levant à la fois les sourcils et les bras, comme pour édicter : « C'est ainsi et pas autrement. »

Les « petits »

La fatalité

Ma mère ne s'occupait pas d'histoire. Ce poids des choses dont mon père prenait acte, Maman le personnalisait en un sentiment d'impuissance encore provisoire en 1950. « Qu'ça plaise ou pas, faut marcher ! » tenait-elle le coup en s'efforçant de conjurer le sort. Sa revanche, elle l'aurait quand elle quitterait Heyraud, cette boîte : « Le jour que j'leur dirai "merde" ! » Ma mère était employée aux écritures, son ambition était d'être représentante, dans la godasse bien sûr. Ensuite, elle a répété : « Quand y'a une tuile, faut qu'elle tombe sur moi ! » Puis : « Mais qu'est-ce que j'ai fait au bon Dieu ? » Et enfin : « Viv'ment qu'on meure ! » Il y a eu une longue progression dans ces plaintes, mais, immanquablement, face aux « gros », mes parents se rangeaient « dans la catégorie des "p'tits" ». Au 12-14 rue du Plâtre – immeuble à deux numéros de la Société anonyme de gestion immobilière, la Sagi – ne vivaient que des petits. Geneviève, la voisine, était ouvreuse, les parents de Titi, au 14, étaient marchands de quat', M. Métral, fort des Halles. La rue du Plâtre, le quartier appartenaient au menu peuple. Des gens hauts en couleur quand la conversation s'engageait, mais gris considérés de l'extérieur. Ma mère sautait vite de l'impuissance à l'accablement, c'est-à-dire au malheur. Rue du Temple, Mme Frayssineau, la mère d'un copain, une belle dame blonde, gaie, rieuse, était morte. « Elle a essayé de l'faire passer », expliquait ma mère. Elle sous-entendait surtout que la condition modeste de Mme Frayssineau avait à y voir. Je ne comprenais pas, mais je me souviens.

Enfant unique, j'ai été oblitéré par les propos de mes parents, matin, midi et soir : ils m'élevaient. Parce que ma mère l'avait décidé, je n'ai eu ni frère ni sœur. « Me parle pas des familles nombreuses ! » opposait-elle à mon père. Elle s'appuyait sur l'exemple d'Alfred, l'un de ses beaux-frères, qui le reconnaissait : « Trois enfants comme j'en ai, c'est l'début d'la misère. » En ces années 1950, ma mère voulait s'en sortir. Elle misait sur la réussite, la sienne, elle la croyait possible. Hélas ! l'association promise par Mme Niki capoterait, et jusqu'au bout ma mère est restée à la direction des chaussures Heyraud. En même temps, un logement plus grand, un « appartement » qu'elle convoitait au 3 de la rue du Plâtre, nous est passé sous le nez. « Sans l'facteur chance, t'as beau dire, y'a rien à espérer ! » s'est convaincue ma mère. Dès le début, j'ai bien marché à l'école. Mes parents ont alors reporté sur moi leurs espoirs d'une vie plus à l'aise. « Nous, on est cuits », philosopherait bientôt mon père. « C'est à toi d't'arranger pour qu't'en profites plus tard », Maman renouvelait ses conseils de mère.

Ce Paris-là était noir, confiné, rabougri, pourtant il vibrait. La crasse des murs des rues remontait à loin, on s'en fichait, on était dedans. Le soleil pouvait briller, j'ai toujours préféré ces soirs d'automne quand, au lycée Charlemagne, de la salle d'étude, je regardais la cour, les arbres s'empreindre de nuit. La noirceur n'empêchait rien. Au coin du Sébasto et de la rue Étienne-Marcel, la chanteuse chantait, son accordéoniste jouait, les gens s'arrêtaient pour quelques instants de bonheur. Et puis, dans la famille, que ce soit ma grand-mère, sa sœur Isabelle, ma mère ou Yvette, sa cousine, toutes ignoraient le silence. « La langue, ça marche ! » Mon père retournait aux « femmes » leur propre expression en hochant la tête, mi-amusé, mi-agacé. « Mon pauvre Fernand, c'est le Midi, ça, rétorquait ma grand-mère, *lou Mijoun* ! » Le « Midi moins le quart », elle précisait, son Sud-Ouest natal. Parmi ceux qui vivaient à Paris, beaucoup se rattachaient à des racines extérieures.

Origines diverses

Dans l'immeuble, M. Banger, le concierge, était de Charnay-lès-Mâcon, pas loin du pays de mon père. M. Toni, Lachaud de son nom, le voisin du troisième et ami, était limousin, de Bugeat. Le soir, il montait à la maison et, devant un verre de rouge, évoquait Chez Bousca, le bal de la rue de Lappe où il dansait dans les années 1920 et 1930, puis la fin de la guerre en Allemagne – il avait été le chauffeur du général Koenig. M. et Mme Calimberti, « ceux du sixième », étaient italiens. Un couple uni qui le dimanche faisait du tandem. À l'école, Déprez était français, mais protestant. Qu'avais-je pu sortir pour qu'un jour sa grand-mère me prenne à part : « Ben oui, il est protestant, et v'là tout… » ? Rue du Plâtre, il y avait deux autres garçons : Titi, qui habitait au deuxième étage du 14, et Claude, au 12, premier étage. Claude vivait avec sa tante et ses grands-parents, des *Limousii*, ma grand-mère le disait souvent en gascon. Elle discutait parfois avec le grand-père, huissier à l'Hôtel-de-Ville. Un jour que j'avais prononcé le nom de Simon Kuczbart, un gars de la rue de Moussy, Claude m'avait lancé : « Il est juif ! » C'était la première fois que ce mot, « juif », était accolé à un copain : qu'ai-je compris ? Par ma mère, je savais seulement que, sous l'Occupation, le gérant du magasin Heyraud du 90 rue de Rivoli se nommait Bloch, que sa femme était anglaise et qu'il avait été obligé de porter l'étoile jaune. « C'était dégueulasse ! » se récriait ma mère, en ajoutant : « Je n'ai jamais eu à me plaindre de M. Bloch, les juifs valent bien les Français ! » Les éclaircissements sur le mot « juif » n'interviendraient qu'au cours de l'année 1959-60, au lycée, en seconde.

Insouciance

Pour en rester à ma famille maternelle, notre port d'attache était Bordeaux, exactement Brannens, près de Langon. Ma grand-mère n'a jamais parlé qu'à moitié français et à moitié patois, du « charabia », elle jugeait elle-même. Tous les soirs, elle passait à la maison. Aussitôt, elle détaillait par le menu sa journée à la SGTD, la « Esgétat ». Dans les beaux quartiers, 5, avenue Hoche, près du parc Monceau, elle tenait la cantine de la Société générale des transports départementaux et d'Air Transport. Une histoire en amenait une autre, servie sans relâche par cet accent chantant qui surprenait Titi. Très tôt, le père de Titi était arrivé de Besançon, sa mère était de la rue Mouffetard, ils vendaient des fruits et des légumes rue Rambuteau, avaient des intonations et un vocabulaire différents d'à la maison… Bref, ils étaient plus parisiens que nous.

« *M'en fouti pas maaou, jou, té !* » j'entends ma grand-mère, une petite bonne femme de rien du tout, les cheveux teints en acajou, très chic, avec une présence innée. Veuve en 1933, elle avait eu une aventure avec un sénateur dont elle avait été la bonne, il l'appelait Mariette. « *Aquèt vielh Manceau, m'en fouti pas maaou, jou ! Lous homs, à la gare !* » répondait-elle à mon père quand il l'asticotait, qu'il lui demandait pourquoi elle ne s'était pas remariée. Ah ! je l'ai aimée, cette Mémé Jolie. Elle était gaie, insouciante, elle chantonnait, celle-là ou tant d'autres :

« C'est une fleur de Paris,
Du vieux Paris qui sourit,
Car c'est la fleur du retour,
Du retour des beaux jours…
Pendant quatre ans dans nos cœurs,
Elle a gardé ses couleurs…
Bleu, blanc, rouge, avec l'espoir elle a fleuri,
Fleur de Paris ! »

« Pendant quatre ans dans nos cœurs »… Écrite en 1945, *Fleur de Paris* est une chanson de la Libération. Trente ans plus tard, Alphonse Boudard m'apprendrait les ennuis de Maurice Chevalier au sortir de l'Occupation. Louis Aragon estimait Chevalier : il lui avait sauvé la mise, sinon la vie. En contrepartie, « Chevalier avait craché au bassinet des cocos », affirmait Alphonse. En 1945, Maurice repartait de plus belle. Qu'il insistât sur le côté patriotique était dans l'ordre des choses : en Amérique et dans le monde entier, personne ne représentait la France mieux que lui. Quant au « populo » qu'il encense la même année dans *La Chanson populaire*, qui aurait ignoré qu'à l'image de son *Mimile*, et sans forcer sur l'accent, Maurice était

« Un gars d'Ménilmontant,
Un vrai p'tit Parigot,
Un titi, un marrant » ?

Les petits et leurs figures de proue

En 1939, Chevalier chantait Mimile parti au « badaboum ». Lui y était allé en 1914, avait été blessé le 22 août et fait prisonnier le 23. En 1940, Francis Carco ne voulait pas voir de ses yeux Paris aux mains des Allemands. Il avait pris la route du Midi juste avant leur entrée, le 16 juin. Dans *Nostalgie de Paris*[4], livre de haute culture parisienne publié en 1941 loin de Paris, Carco rapporte qu'un disque de Chevalier suffit pour que, tristement, lui revienne « la Babel de nos rêves ». Avec Mimile,

> « c'est encore, c'est toujours le même Paris gouailleur, frondeur, courageux, qui ressuscite devant nos yeux. Souvenez-vous de "Maurice" au Casino de Paris, de son canotier de paille, de son charmant sourire, de sa façon de parler au public pour lui donner des nouvelles d'un de ses petits *potes* "monté là-haut, au badaboum", et de chanter tout en se dandinant au rythme des accordéons ».

« Les plus austères me comprendront », concluait Carco avec laconisme. Entre la ville et Chevalier s'étaient tissées de « subtiles correspondances », Maurice incarnant à lui seul le meilleur de Paris. Depuis quarante ans alors, cinquante quand Mémé Jolie me parlerait de Chevalier, et jusqu'à la fin, en 1972, le public se serait passionné pour l'homme, ses amours avec Mistinguett, sa carrière unique. Il était le chanteur préféré de ma grand-mère. « Devant le roi d'Angleterre, il a chanté *Ma pomme* », s'ébahissait-elle. Avec ses yeux bleus, son sourire et sa gouaille lippue, en clodo ou en nœud pap', Chevalier, c'était Paris. Le Paris de tous, là était sa force.

La mort de Mistinguett

« Quand la Miss descend le grand escalier des Folies-Bergère en montrant ses gambettes, les plus belles jambes du monde… » Mistinguett permettait à mon père de rêver aux femmes, ce plaisir suprême de Paris. Les yeux mi-clos, il accédait à je ne savais trop quel paradis. En 1950, Mistinguett paraissait aussi fraîche qu'en 1920 ou en 1910 : à 75 ans, elle était toujours malicieuse et rigolote. « Mistinguett est morte ! » crie un vendeur de journaux, porte de La Villette. Le jeudi, je faisais du sport à l'ASPP, l'Association sportive de la préfecture de police. L'après-midi débutait sur le stade de l'ancien hôpital Beaujon, dans le 8e : on courait, lançait, sautait. Ensuite, un panier à salade Citroën bleu nuit à long nez nous transbahutait à la piscine Rouvet, 1, rue Rouvet à Corentin-Cariou dans le 19e. Mon père venait me chercher. Il nous arrivait de descendre à pied jusqu'à Stalingrad, parfois même jusqu'à la maison. Balayée de vent, la rue de Flandre[5] était encaissée, obscure. Sac à l'épaule, casquette sur la tête, les gens, ouvriers d'usine pour la plupart, différaient de ceux de chez nous. « Des gens sans importance » qu'en ces années 1955, bâche sur le timbre et yeux bleus comme Mistinguett et Chevalier, Jean Gabin a immortalisés. Ce jour-là, il faisait froid, nous avons pris le métro à Porte-de-la-Villette, le terminus. « Mistinguett est morte ! Demandez *France-Soir, Paris-Presse, L'Intran* ! » On était le 5 janvier 1956.

Gette était à l'enterrement de la Miss

Deux jours après, tout Paris se pressait en silence à la Madeleine. Notre voisine du troisième, Mme Rochon, avait tenu à en être. Vers 1951, elle avait emménagé au 12, ensuite elle s'était collée avec M. Toni. D'emblée, la sympathie les avait liés, mes parents et elle, Georgette, surnommée « Gette » ou « Chonchon ». On n'a jamais su son âge exact mais, en 1956, elle n'était pas loin des 70 ans. La tenue de Chonchon était irréprochable : « Qu'est-ce qu'elle est bien ! » répétait ma mère. « Gette », pourtant, lui tintait curieusement aux oreilles. « Ça fait un peu "puce" » : mon père lançait ma mère… Pour Maman, oui, il y avait des chances que Gette fût une « ancienne », une ancienne puce. Toni était de 1900, la différence ne se remarquait pas. Simplement, il était plus petit. Bref… Au risque d'être prise dans un mouvement de foule, Chonchon s'était déplacée à la Madeleine. « *Aquèt madame Rochon, n'ha pas vueu paoou !* » Ma grand-mère saluait sa témérité : suite à un accident, Chonchon claudiquait et allait une canne à la main. De retour de la Madeleine, elle avait dit sa tristesse à l'unisson de celle, immense, de Paris : « Ah ! dites, ma'me Dubois, à l'Olympia, quand j'étais ouvreuse, combien de fois j'l'ai vue, Mistinguett ! Elle habitait à côté, boul'vard des Capucines ! Pour tout l'or du monde j'aurais pas manqué son enterrement. Et quel succès, dites, ma'me Dubois : d'puis 1900, ça durait ! » À l'entendre, Mistinguett était une parente proche qu'on pleurait. Là, ce n'était plus Chonchon qui parlait, c'était Paris.

« On dit, quand je fais mes emplettes,
Que j'paye pas c'que j'achète… C'est vrai !
On dit partout, et on répète
Que j'lâche pas mes pépètes… C'est vrai ! »

En 1935, dans *C'est vrai*, chanson et titre de sa revue au Casino de Paris, Mistinguett étalait ses défauts au grand jour : « J'ai de grandes quenottes », « J'aime jouer les arpètes », « J'vends mes bégonias » et, surtout, « J'lâche pas mes pépètes ». Âpre au gain et près de ses sous, elle était comme tout le monde. Le talent de ses paroliers a fait le reste. Un clin d'œil enveloppait la radinerie de la Miss dans un bon mot, le public riait, Mistinguett avait gagné. À ce petit jeu, Paris exultait. Peu importait que la Miss fût d'Enghien et non du faubourg Saint-Denis, de toutes les façons elle en était : « Oui, j'suis une gosse de Paris ! »

Les cyclistes et les boxeurs

« Voilà Dédé qui revient,
Quelle joie pour lui, nom d'un chien,
Il a gagné et conservé son beau pal'tot,
Son beau pal'tot, le maillot jaune ! »

Le Dédé en question, c'était « le populaire André Leducq », vainqueur du Tour de France en 1930 et 1932. Ma mère fredonnait cette chansonnette. Avec son père, dont elle serait bientôt orpheline, avec Mémé Jolie, Isabelle et la cousine Yvette, elle était au Parc des Princes les deux fois. En 1930, après six victoires étrangères consécutives, le gars Dédé l'emportait enfin, « l'As français », « gamin » et « gouailleur », dixit Henri Desgrange, le directeur du Tour. Bref, c'était déjà, quelques années avant le Mimile de Chevalier, un vrai p'tit Parigot, titi et marrant. « "Né de Paris", il eut de bonne heure l'esprit vif, frondeur, caustique, du toupet, du bagout » : Carco caractérise ainsi François Villon, Parisien du XVe siècle. Un demi-millénaire après, tels quels, ces mots se seraient appliqués à Dédé. Sans compter qu'à l'instar du poète notre champion était toujours entouré de belles poules.

En 1930, sous le trépignement des spectateurs, une tribune du Parc s'était effondrée. Ma mère n'avait que 11 ans, mais elle se souvenait. J'aimais ces histoires, alors elle me racontait. Mon père lisait *But et Club-Le Miroir des sports* ou, s'il n'en trouvait pas, *Miroir-Sprint*. D'un sépia pauvret pour moi mémorable au premier coup d'œil, ces hebdomadaires paraissaient le lundi : le premier appartenait au groupe du *Parisien libéré*, le second, à la presse communiste. Très tôt j'ai mis les yeux dedans, très tôt le sport m'a intéressé, sinon passionné. Dans l'ordre : la boxe, le cyclisme, l'athlétisme. Le catch était à part.

Boulevard de la Madeleine, un jour, mon père m'avait montré le bar de Georges Carpentier sur le trottoir d'en face, près de la rue Godot-de-Mauroy. Carpentier, mon père admiratif l'appelait souvent « le Grand Georges ». C'est lui qui, le premier, m'a raconté le match du siècle du 2 juillet 1921. Devant 120 000 spectateurs, Carpentier affrontait Jack Dempsey à Jersey City. Le Français était champion du monde des mi-lourds, l'Américain, des lourds. Au deuxième round, sur une droite, Carpentier avait mis Dempsey en difficulté, au quatrième il était « knock-out », comme prononçait littéralement mon père. En 1950, le nom de Carpentier était familier. Avant de disparaître aux Açores, Marcel Cerdan avait rejoint son aîné dans l'empyrée pugilistique. On se moquait bien que le Grand Georges aux yeux bleus fût originaire de Liévin-les-Lens, et le Bombardier marocain aux yeux noirs, de Sidi Bel-Abbès : tous deux étaient devenus des personnages de Paris, autant du Tout-Paris que de Paname, le Paris des populaires. À l'image de Mistinguett, de Chevalier, d'Édith Piaf, ils étaient de « basse extrace » – l'expression est de Villon. La disparition de Cerdan est l'un de mes plus vieux souvenirs. Très triste, je suis dans l'entrée de notre petit logement. Je pleure peut-être, Maman me console : « Allons, c'est pas Papa, quand même ! » On était le 28, le 29 ou le 30 octobre 1949.

La fin des haricots

Le spectacle était dans la rue

Dans *Les Misérables*, Hugo saisit ce « total » qu'est Paris à travers Gavroche, « la géante » à travers son « nain », son « gamin ». « Respirer Paris, cela conserve l'âme » : rues noires et ambiances de la rue du Plâtre me font dériver vers l'âge d'or. Hugo parle de

« peuple parisien » et de « race parisienne », jamais de « population ». Depuis 1832 – ou 1845, quand Hugo commence à écrire son roman, achevé en 1862 –, le peuple de Paris a prospéré par bien des apports. En 1950, ce peuple était partout, même dans ces 6e, 7e, 8e, 16e et 17e arrondissements traditionnellement dévolus aux riches, les beaux quartiers. À deux pas de la tour Eiffel, dans le 7e, des gens de peu habitaient aussi la rue Monttessuy. Par exemple, mon oncle Mimile, ma tante Léone et le cousin Bernard : ils demeuraient au 7. Bernard faisait du vélo au Gros Ca, le club du Gros Caillou. Avec le paternel et la maternelle, son point de ralliement était le bougnat d'en face. L'apéro était aussi rigolo qu'arrosé. J'ai insisté sur le cœur de Paris parce que j'y suis né, que j'y suis resté et qu'il était le centre des centres – Louis Chevalier l'édicte dans *L'Assassinat de Paris*[6].

Chevalier était un lecteur assidu de Carco. Or, d'après Carco, en 1910, ce cœur historique « constituait, pour un poète, ce que Paris pouvait enfermer de plus précieux » : il y a « passé quantité de nuits en quête de sensations ». Les pierres, l'empreinte des hommes et le peuple grouillant des Halles concouraient à l'éclosion de ces sensations. Leur cocagne était une « sur-existence » unique au monde, le grand thème de Chevalier. Les années ont fui. En même temps qu'elle était blanchie, la tripe de Paris a été charcutée de son peuple : il n'y a aucun précédent à cette révolution qui a tué Paname. Au hasard des rues aux noms anciens, le présent ne peut que poignarder celui qui a souvenance du passé et qui sait. « Rue du Plâtre, on se mettait à la fenêtre, on était au spectacle », me faisait un jour remarquer la sœur de Titi. Que ce fût le chiffonnier avec ses jambes arquées, le gros Féton qui portait des meules de gruyère sur sa tête ou Michel la Touche qui faisait les yeux doux à ma mère, la rue était un Guignol. Avant la guerre de 14, Carco et ses amis détestaient le théâtre : « Le seul qui fût admis était celui de la rue, de ses hasards, de sa bonne et de sa mauvaise chance. » Rue Monttessuy, l'oncle Mimile s'y connaissait pour dérider l'atmosphère. Quand, son cabas empli jusqu'à la gueule, il entrait chez le bougnat, la bougnate s'enquérait : « Qu'est-ce que vous avez ach'té d'bon, aujourd'hui ? » Il répondait : « J'reviens des Halles. » Jovial, Mimile ouvrait le cabas :

« J'ai pris une belle tête de viau, r'gardez donc !
– Entière ? s'exclamait la bistrote, mais vous en avez pour deux semaines !
– Vous parlez, en trois jours elle est liquidée !
– Et dans quoi vous allez faire ça ?
– Ma foi, dans la lessiveuse, on n'a pas d'faitout assez grand ! »

La banlieue

Aujourd'hui que la révolution a soufflé et souffle encore sur Paris, la question du Paris populaire crée un abîme d'incompréhension. Nul besoin de statistiques, les yeux suffisent : l'argent s'est emparé de Paris. « Au XXIe siècle, les banlieues sont les faubourgs d'autrefois ! » C'est ce qu'un type de trente ans s'évertuait récemment à me démontrer. Question disponibilités, il savait que jamais il ne vivrait à Paris : ce désespoir le faisait aller vite en besogne. Au XIXe siècle, une fois quitté Paris, « à deux lieues des barrières, il n'y a plus rien, observait Hugo. Ivry, Gentilly, Arcueil (...) c'est là que finit l'univers[7] ». Au XXIe, banlieue et grande banlieue forment une énorme ceinture de béton, de peuplement, de culture – au singulier et au pluriel – cinq fois plus nombreuse en habitants que la capitale. S'y entremêlent le peuple de Paris jadis exproprié, expatrié, et une population arrivée de multiples pays étrangers. À l'exception des Auvergnats, habitués depuis longtemps à « descendre » à Paris puis à « remonter » au pays à la belle saison, rien de tel dans les faubourgs en 1832. En revanche, après 1870, certains des Italiens candidats à l'immigration éliront domicile à Nogent-sur-Marne, mais la majorité préférera la capitale. À Paris, les Italiens se sont retrouvés dans la situation de Gavroche, *famiglia* et accordéon en plus. Du rapprochement musical avec les Auvergnats est né le style musette.

Gavroche préférait Pantin à Montfermeil

Jusque vers 1950, la banlieue était restée campagnarde. Que ce temps soit révolu n'y change rien : aujourd'hui comme voici cent cinquante ans, habiter Montfermeil n'est pas habiter Paris. Montfermeil a beau n'être plus cet « assez gros bourg orné, toute l'année, de villas en plâtre, et, le dimanche, de bourgeois épanouis[8] » de l'époque de Hugo, il n'est pas pour autant une extension de Paris. À Montfermeil, une fois sorti de chez soi, on est toujours à Montfermeil. Nulle part, en banlieue ou en province, la rue n'est comparable à la rue de Paris, « où les événements les plus inattendus se succèdent sans qu'il coûte un centime pour les voir[9] ». La rue est ici considérée dans son chatoiement au jour le jour. Ailleurs, dans *Nostalgie de Paris*, Carco quête le temps enfui des carrefours, des boulevards, des ruelles. Rue Saint-Jacques est passé Villon, au même endroit a titubé Verlaine. Paris n'est que souvenir. M. Bayeux le savait, il nous instruisait de Gavroche rue de l'Homme-Armé, d'Henri IV assassiné rue de la Ferronnerie, de Ravaillac écartelé en place de Grève.

« Cherchez quelque chose que Paris n'ait pas. » Hugo défie son lecteur pour mieux l'instruire : « Tout ce qui est ailleurs est à Paris. » Gavroche s'en était rendu compte. Il a mille itinéraires, il connaît son Pantin sur le bout des ongles. Si, rue de l'Université, il fait un pied de nez devant le 69, c'est qu'« il y a là un curé », le nonce du pape. Et pour cause, les enfants des banlieues actuelles n'ont pas cette intimité de Paris : ils n'en sont pas, et l'histoire de Paris leur est du latin. Fils des Thénardier, anciens tenanciers, à Montfermeil, de la gargote Au Sergent de Waterloo, Gavroche ne dit pas un traître mot de son bourg natal. « Jeté sur le pavé », il était dans le charme de Paris. « De limite à Paris, point » : Gavroche profite le plus qu'il peut des merveilles de la ville réceptacle de l'univers. Au hasard de l'infini des rues, il est infime, et, cependant, d'un quolibet, d'un seul, le gamin est capable de « mettre Paris en bouteille », comme le clamait une chanson des années 1950.

Ce paradoxe d'un Paris à l'histoire d'une prodigieuse prodigalité, que « cela n'empêche pas de gaminer », Hugo l'avait exposé au grand jour, un siècle plus tôt, au Livre Ier de la troisième partie des *Misérables*, « Paris étudié dans son atome ». Hugo fait des gorges chaudes du langage de Gavroche, sa substantifique moelle : ce petit être est joyeux, il « jure comme un damné, hante le cabaret, connaît des voleurs, tutoie des filles, parle argot, chante des chansons obscènes ». Tout au long de son dithyrambe du « *parvulus* », du « moineau », du « gamin », du « titi », Hugo le sous-entend, le dit à mi-voix ou le crie haut et fort : peuple et gamin sont pile et face d'une seule médaille. « Quant au peuple parisien, même homme fait, il est toujours le gamin ; peindre l'enfant, c'est peindre la ville. » Gavroche, c'est Paris, ou plutôt « Pantin » dans l'argot du temps, et Pantin, c'est Gavroche.

Le dépérissement de l'argot parisien est ce qui affecte le plus mon contradicteur, ce type de trente ans. À l'époque de Gavroche, l'argot était une nouveauté : « Être mort, cela s'appelle *manger des pissenlits par la racine* », s'enthousiasme Hugo. La guillotine se nommait « fin de soupe » ou « la dernière bouchée ». Un siècle plus tard, en 1932, dans *Le Piéton de Paris*[10], Léon-Paul Fargue rapporte, à propos d'un parapluie, son algarade avec « un voyou très "modern-style" » à La Boule Rouge, le bal disparu du 8 rue de Lappe, à la Bastille : « Qu'est-ce que vous voulez ? lui demande Fargue. Qu'on vous remplace votre parapluie ? » « T'en fais pas pour le cure-dents », lui rétorque l'autre au rebond. Son « parler était assez plaisant », consigne Fargue, que les litotes n'effraient pas. Les trouvailles, l'argot en avait à revendre, Fargue pouvait être difficile.

L'air de Paris

Au début du XXIe siècle, question *jars*, question jargon, seule demeure la nostalgie. Les dialogues de Michel Audiard font frissonner mon gars de trente ans. Audiard et Henri Jeanson, dialoguiste d'*Hôtel du Nord*, leurs films et leurs acteurs sont à jamais estampillés « Paris populaire ». Avec Arletty, Gabin, Blier et consorts, ils forment un tout : argot, esprit et Paris sont les maîtres mots. Tels les refrains de Mistinguett ou de Chevalier, *Pépé-le-Moko* et *Le cave se rebiffe* sont un feu d'artifice de reparties et de clins d'œil à la gloire de Paname. Autrefois, les ateliers, les cantines, les foyers, les bistrots, les caf'conc', les bals, bref, la rue dans son ensemble résonnait de bons mots. Audiard l'a assez répété : son bonheur, il le trouvait au bistrot. Paname s'exprimait à travers les Parisiens, l'écrivain, le dialoguiste n'avaient qu'à partir à la pêche. Les comptoirs ont disparu, leurs habitués, ce populo marrant des Halles, de La Villette, de la Butte-aux-Cailles. Si l'air du temps est au sérieux fixe, l'air de Paris ne l'était pas. Il ne souffle plus.

En 1954, Marcel Carné a magnifié Paname en intitulant l'un de ses films *L'Air de Paris*. Roland Lesaffre était boxeur, Gabin, son manager, et Arletty, la femme de Gabin. Une longue scène se déroulait 57, faubourg Saint-Denis, au Central, haut lieu de jouissance populaire. Les pugilistes y fourbissaient leurs armes. Le poulailler, que dis-je ! la poulaille était forte en gueule, ça tombait comme pétales de rose le jour de la Fête-Dieu : « Alors, Popeye, t'as oublié tes épinards ? » La province aimait cette gouaille. En 1999, au salon du livre de Toulon, l'ancien naufragé volontaire Alain Bombard m'en avait raconté une bonne, prise au vol sur le Sébasto. Un piéton marchait sur la chaussée, un automobiliste lui lance : « Alors, c'est fait pour qui, l'trottoir ? » Et le gars, posément mais du tac au tac : « Pour ta femme, mon p'tit pote ! » Bombard riait aux larmes.

En 1950, ces vannes-là fleurissaient, en 1960 encore, jusqu'à l'équarrissage des Halles, « l'assassinat de Paris » – je reprendrai toujours Louis Chevalier tant il a dit juste. Lui rendant hommage dans *Panégyrique*[11], Guy Debord dresse un constat identique : « La ville a été saccagée, et détruit intégralement le genre de vie qu'on y avait menée. Ce qui arriva à partir de 1970. » Les questions sur le Paris populaire ont affleuré au fur et à mesure des expropriations, rénovations et innovations. Forcément : la nature historique profonde et intime de Paris était chamboulée, bousillée. Jadis, personne ne se serait demandé ce qu'était Paname : on en était empli, empreint, irradié. Le vieux Paris, les rues noires, les dames de la rue des Lombards, Mistinguett, Chevalier, Gabin étaient, à leur façon, des expressions du Paris populaire, autant de facettes synonymes entre elles. Paname recouvrait Paris et lui insufflait sa bonne humeur.

Les der de der

Si j'ai insisté sur 1950, c'est que ces années en étaient les dernières. Ce vieux clodo qui, une nuit, à la Rambut', s'était fait enguirlander d'un « va t'faire enchtiber ! » sonore n'avait pas foncé porter le pet chez les lardus. À l'image de Paris, la langue était gaillarde. « La gaminerie est une nuance de l'esprit gaulois[12] », affirme Hugo. Au XXIe siècle, la gauloiserie est battue en brèche par des « cultures » venues des quatre points cardinaux de la planète. La gauloiserie, c'est-à-dire notre « culture », pour encore employer cette notion fourre-tout. Louis Chevalier préférait parler de « civilisation parisienne ». Paradis perdu : « *Cernimus exemplis oppida posse mori* », écrit-il en introduction à *L'Assassinat de Paris*[13]. « Les villes aussi peuvent mourir », un vers de Rutilius Namatianus, poète gallo-romain, sinon gaulois, du Bas-Empire, « pleurant les capitales du monde antique, dévastées par les Barbares ».

Maintenant qu'un autre Paris pousse sur les ruines de l'ancien, on s'interroge sur ce Paname si bon enfant à en croire l'art cinématographique. La date de la fin, la fin des haricots, on l'a : la destruction des Halles, les années 1970. Reste à savoir ce qu'était ce genre de vie, cette vie populaire. Quels en étaient les multiples rouages, de quelle manière s'imbriquaient-ils entre eux ? Comment les Parisiens vivaient-ils, parlaient-ils, s'amusaient-ils ? Avant de démonter et de remonter ce Meccano aux pièces infinies, une question se pose : si le rideau tombe en 1970, à quelle date s'était-il levé ? À quand ce Paris dit populaire remontait-il, sa notion ? Par quel prodige Paris – ou Pantin, ensuite Pantruche puis Paname – s'était-il éployé, si majestueusement qu'il est devenu « cet aigle », père et patrie du titi, son « moineau franc » ?

1. À Paris, libellé des rues et façons de dire ne se recoupent pas toujours. Certes, les panneaux indiquent « rue *de* Lesdiguières », mais c'est « rue Lesdiguières » qui se dit. Ou plutôt, se disait, car, depuis quelques années, les gens se conforment davantage à ce qui se lit officiellement. Jadis, on parlait du « boulevard Sébastopol » et non « *de* Sébastopol ». Idem pour la « place Clichy » et jamais « *de* Clichy ». Encore qu'il n'y eût aucune règle : l'usage avait force de loi. En revanche (voir un peu plus loin), on n'évoquait pas la « rue Maître-Albert » mais « *du* Maître Albert ». De même, pour le métro, on disait « descendre *au* Châtelet », « *à la* Bastille », alors qu'aujourd'hui c'est « *à* Châtelet », « *à* Bastille » qui s'entend. Autant que faire se peut, je respecterai la tradition orale.

2. La Table Ronde, 1977.

3. Robert Laffont, 1986.

4. Éditions du Milieu du Monde, 1941.

5. En perdant les maisons de son flanc occidental au profit d' « ensembles » modernes, la rue de Flandre s'est tellement élargie qu'au début 1994, elle a été rebaptisée « avenue de Flandre ».

6. Calmann-Lévy, 1977. Réédition Ivrea, préface de Claude Dubois, 1997.

7. *Les Misérables*, 1862.

8. *Idem*

9. *Op. cit.*

10. Gallimard, *Nostalgie de Paris.*

11. Gérard Lebovici, 1989.

11. *Les Misérables, op. cit.*

13. *Op. cit.*

2.
PEUPLE DE PARIS ET PARIS POPULAIRE

Dans la Cité et sur les deux rives de la Seine – la gauche s'appelait l'Université et la droite, la Ville –, il y a toujours eu des riches et des pauvres : le Paris populaire est de toutes les époques. Ou plutôt, à ce que disent les vieux livres, le peuple parisien. « Paris populaire » est moins incarné que « peuple de Paris », plus formel et scientifique. En un mot, plus sociologique. On considère d'abord la ville, son entité, alors que le peuple désigne un ensemble d'hommes. La preuve *ab absurdum*, cette appréciation de Rabelais dénuée d'abstraction : « Les Parisiens, faits de toutes gens et de toutes pièces », ne sont qu'un ramassis de « marouffles », *id est* de chats de gouttière. Et Louis Chevalier de s'exclamer dans *Les Parisiens*[1] : « Digne préambule aux travaux sur l'origine des Parisiens et sur l'immigration ! » Quatre siècles plus tard, au premier chapitre de *Pays parisiens*[2], « Doute sur Paris », Daniel Halévy semble faire chorus avec Rabelais, la moquerie en moins. Les provinciaux pensent que les Parisiens n'ont pas de « *pays*, un véritable pays natal, écrit-il ; votre ville, murmurent-ils, est à tous ; on l'habite dix ans, on est parisien ; c'est un carrefour, un passage, l'amusement de l'univers ; un pays, c'est tout autre chose – un secret que nous ignorons ». Doute provisoire :

faisant sienne la méthode de Descartes, Halévy s'interroge pour mieux affirmer, comme son titre, *« Pays » parisiens*, en témoigne. Pour intéressants qu'ils soient, ces préliminaires sur le peuple parisien ne renseignent guère sur l'aspect populaire de Paris.

Une gent « riche-en-gueule »

« Il n'est bon bec que de Paris », se réjouit Villon. À savoir qu'à Paris on a du bec, la langue bien pendue. La dénomination de certaines rues très anciennes exprime cette caractéristique. Des rues chaudes, la gaillardise s'en est donné à bouche que veux-tu. Dans *Aux belles de Paris*[3], René Héron de Villefosse se lamente de l'altération du nom originel desdites rues, par exemple : « Troussenonain, Trotteputain ou Tasdeputain devenu Transnonain, Tirevit amélioré en Tireboudin, puis métamorphosé en Marie-Stuart, Gratecul, Pute y muse émasculé en Petit-Musc, Poilaucon [...] baptisée Pélican, [...] Putigneuse [...] transformée en une impasse refroidie, Merderet amenuisé en Verderet ». Ces rues appartenaient au cœur de la ville et, Camille Jullian l'a magistralement montré en 1923 désirant « qu'on ne change jamais un vocable de rue », « la rue a appelé [...] le nom du quartier ; elle l'a fixé sur elle : elle l'a conservé ; c'est un gros morceau de notre sol dont elle raconte l'histoire[4] ». Certaines de ces rues ont disparu, d'autres subsistent[5]. Avec un plaisir non dissimulé, Héron exhume le « premier *Guide Rose* » de la capitale, ce *Dict des rues de Paris* écrit par Guillot au XIIIe siècle, à la fin du règne de saint Louis. Au hasard des ruelles qui recouvraient le Parvis Notre-Dame et l'Hôtel-Dieu actuels, donnant sur ce qui est aujourd'hui le quai de la Corse près du pont Notre-Dame, dans l'ancienne rue du Val-d'Amour-Glatigny, Guillot signale des

« Dames au corps gent
Qui aux hommes si comme moi semblent
Volontiers charnellement assemblent... »

À l'image des rues, les mœurs étaient nature. Deux siècles plus tard, en poète, voleur et criminel, bref, en affranchi qu'il est, Villon est plus vert encore. Avec les femmes, dit-il :

« J'ay mon pain cuit,
Je suis paillart. »

Son pain, où donc Villon l'enfournait-il ?

« En ce bordeau où tenons notre estat. »

« Bordeau », la forme ancienne de « bordel ». Révélatrice de sa vigoureuse santé, la paillardise est un trait, sinon le trait de caractère natif et premier du peuple parisien. L'expression est indissociable du fond : à Paris, langue et amour allaient de pair.

Le poissard, des Halles au boulevard

Un recueil de 1821 l'atteste : Paris était « riche-en-gueule ». Sous-titré *Le Nouveau Vadé*, ce livre est, entre autres, « dédié aux dames des halles et marchés ». La singularité de Jean-Joseph Vadé (1719-1757), l'inspirateur du volume, a été, au travers d'un roman, de poèmes et d'opéras-comiques, d'utiliser le parler des marchandes de la Halle, des pêcheurs du fleuve ou des racoleurs pour l'armée du roi[6]. Vadé est l'inventeur du genre *poissard.* Aux Halles, les harengères étaient réputées pour engueuler le chaland comme du poisson pourri : « poissard » provient vraisemblablement de ce « poisson » distribué gratis par les marchandes. À la veille de la Révolution, Louis-Sébastien Mercier publiera son *Tableau de Paris*[7]. À propos de Vadé, il remarque :

> « Les Parisiens se sont amusés, pendant quelques années, des expressions burlesques et des jurements des poissardes : on copiait leur ton. Vadé s'est distingué en ce genre ; mais les calembours sont venus, et ont tout

> anéanti. On ne se souvient plus de Vadé ; on ne parle que du marquis de Bièvre et de Jeannot. J'ai vu s'éclipser la gloire de l'auteur de la *Pipe cassée* ; je tremble pour celle de l'auteur de la *Comtesse-Tation.* »

Si Mercier avait raison de craindre pour la postérité du marquis de Bièvre, sur Vadé son jugement était hâtif. Deux siècles et demi plus tard, le nom de Vadé n'a pas entièrement disparu. Mais peu importe, Mercier vient de montrer qu'au XVIIIe siècle déjà, le langage faisait l'objet d'une mise en scène. Il se parlait non seulement dans la rue, mais s'entendait sur les tréteaux. Sa force et son attrait étaient tels que des écrivains éprouvaient le besoin de le consigner noir sur blanc. Et mieux, de le faire dire par des comédiens à travers des farces ou des pièces de théâtre. Au XXe siècle, l'argot triomphera au cinéma dans des dialogues signés Henri Jeanson ou Michel Audiard : le processus est le même.

Au XIXe, Delvau critiquait le boulevard, au XXe, Truffaut a dénigré Audiard

Dès avant la Révolution, le peuple aimait l'ambiance et les spectacles du boulevard du Temple[8], dit du Crime sous la Restauration[9]. Au milieu du XIXe siècle, en vertu de l'adage *panem et circenses*, Alfred Delvau[10] critique rudement ce boulevard pour le mauvais goût, les mauvaises mœurs et les mauvais exemples qu'il entraîne. Delvau s'en prend aux farces grossières, souvent obscènes, à base de calembours ou de cuirs, qui faisaient rire « nos pères “depuis le talon gauche jusqu'à l'oreille droite” », selon l'expression de Tabarin, saltimbanque célèbre du XVIIe siècle. Par exemple :

> « Cassandre : Eh bien ! mon ami, il paraît que tu reviens d'un long voyage.
> Paillasse : Oui, monsieur Cassandre, je viens de voyager dans la marmite…
> Cassandre : Tu veux dire dans l'Amérique, Paillasse ?…

Paillasse : Oui, monsieur, dans l'Amérique… dans la suie…
Cassandre : Imbécile ! Dis donc dans l'Asie… »

Ou encore, rapporté par Pierre Gascar[11], ce passage du *Journal de Bobèche*, que nous retrouverons au chapitre 9 : « Des savants naturalistes ont découvert depuis peu que le cocuage était une plante qui prenait sa racine dans le cœur de la femme et étendait ses branches sur le front du mari. » La conclusion de Delvau étant que les théâtres du boulevard, « au lieu d'élever l'âme du peuple, […] l'abaissent », on affirmera qu'ils étaient un lieu de haute jouissance populaire. Ce boulevard, le décrit d'ailleurs Delvau, était « une Kermesse perpétuelle, une sorte de Ducasse parisienne qui durait depuis le premier janvier jusqu'à la Saint-Sylvestre ».

De manière identique, quand Audiard accédait à son zénith, des articles de presse ironisaient sur la vacuité, l'inanité, la facilité, bien sûr, de ses dialogues. Ils « dépassent en vulgarité ce qu'on peut écrire de plus bas dans le genre » : François Truffaut ne mâchait pas ses mots dans *Arts*[12], en 1957. La postérité a donné raison à celui qui a su faire jacter Gabin, Blier, Ventura et consorts. Les répliques des *Tontons flingueurs* ou, je les préfère, du *Cave se rebiffe* sont un feu d'artifice. Et, en même temps qu'un précieux exemple, le plus bel hommage qui soit au parler populaire parisien du XXe siècle.

Le Vert Galant en entend des vertes et des pas mûres

Mais revenons au XVIIe, aux Halles. Advenue sous Henri IV, une menue péripétie montre la verdeur du parler du Carreau. « Une salade aussi verte que la langue des Halles », j'aurais volontiers écrit : hélas ! « salade », pour « péripétie embrouillée », ne date que du XIXe. Ce que vendait la femme Ladoucette, je l'ignore, mais elle était, assure-t-elle, « dame de la Halle et, depuis le Roy Saint-Louis, de mère en fille[13] ». Une aussi longue filiation contredit passablement les déclarations désagréables de Rabelais. Les critiques de la Ladoucette à l'encontre des écarts amoureux du roi lui avaient valu une mise à pied d'un mois. Mécontente, elle profite d'un bouquet offert à la reine Marie de Médicis, le 30 août 1608, pour y glisser une supplique :

> « Ma langue a été trop brusquette, mais point menteuse. J'ai dit que Monseigneur le Roy, qui au fond est un brave homme, frétillait par trop à la vue des cottes qui ne sont point les vôtres, que c'était mal à lui, ayant femme si appétissante, une Reyne si bien conditionnée pour avoir des petits princes, de le voir tourner autour des coquettes et faire des bâtards de compte et demi avec un quelconque grand ou petit seigneur. Je ne suis pas méchante, Madame la Reyne, mais si la Beaufort venait à s'égarer dans la Halle, je lui baillerais une volée pour l'amour de Vous. »

Libre de ton, libre tout court, la femme Ladoucette ne l'envoie pas dire. Son cri du cœur sera récompensé : grâce à la reine, elle sera pardonnée et deviendra « fournisseuse royale ».

Moins de deux ans plus tard, l'après-midi du 14 mai 1610, vers quatre heures, un embouteillage immobilise le carrosse d'Henri IV, rue de la Ferronnerie. Ravaillac, qui guettait le roi, saute sur une borne puis sur une roue de la voiture et l'assassine de trois coups de couteau. Qu'en a pensé la Ladoucette ? on ne sait. En revanche, ce fait-divers royal, ce fait historique montre combien les Halles étaient encombrées.

Des rues très embarrassées

Boileau en 1660, Rousseau en 1776

Cinquante ans plus tard, en 1660, la *Satire*[6] de Boileau donne une vue d'ensemble de la rue parisienne. Elle est communément appelée du nom de son prétexte : *Les Embarras de Paris*[14]. Les embarras et le tintamarre, pourrait-on ajouter : sous Louis XIV,

Paris mettait l'ouïe à rude épreuve. La nuit les chats miaulent, dès potron-minet les coqs commencent « leur ramage », bientôt relayés par les « cent coups de marteau » d'un « affreux serrurier ».

> « J'entends déjà partout les charrettes courir,
> Les maçons travailler, les boutiques s'ouvrir ;
> Tandis que, dans les airs, mille cloches émues
> D'un funèbre concert font retentir les nues. »

Plus loin apparaît le mot « peuple » :

> « En quelque endroit que j'aille, il faut fendre la presse
> D'un peuple d'importuns qui fourmillent sans cesse »,

non dans son sens courant, mais dans celui de « foule ». Les désagréments rencontrés par Boileau vont avoir le mérite de révéler quelques types parisiens. Des travailleurs, des hommes du peuple. Même si Boileau ne parle que de « sa funèbre ordonnance », l'enterrement qui passe est conduit par des prêtres et des croque-morts. Ensuite, Boileau s'agace de « laquais » qui

> « Font aboyer les chiens et jurer les passants ».

Le 24 octobre 1776, cent seize ans après, au temps de Louis XVI, à cause d'un chien, Jean-Jacques Rousseau sera victime d'un accident, *grosso modo* à l'intersection du boulevard de Ménilmontant et de la rue Oberkampf actuels. Cette mésaventure est le sujet de la deuxième « Promenade » des *Rêveries du promeneur solitaire* :

> « Sur les six heures [du soir], des personnes qui marchoient devant moi s'étant tout à coup écartées je vis fondre sur moi un gros chien danois qui s'élançant à toutes jambes devant un carrosse n'eut même pas le temps de retenir sa course ou de se détourner quand il m'aperçut[15]. »

Avant qu'il ne se rende compte de ses « dents fracassées », Jean-Jacques plonge dans un « moment délicieux » d'évanouissement. Rentrant dans la ville pour retourner chez lui rue Plâtrière – l'actuelle rue Jean-Jacques-Rousseau –, il mentionne « les embarras, les voitures » qu'il cherche à éviter.

« Laborieux » et « bandits »

Pour Boileau, embêtements et dangers sont partout. Ici des paveurs lui « bouchent le passage », là des couvreurs « font pleuvoir l'ardoise et la tuile à foison ». Soudain, un embouteillage plonge charretiers, cochers, bouviers, muletiers et cavaliers dans un pêle-mêle gigantesque, indescriptible. Boileau voit « vingt carrosses [...] suivis de plus de mille » et « cent chevaux ». Il exagère, mais l'effet recherché est atteint, on imagine le tintouin :

> « Dieu pour s'y faire ouïr tonnerait vainement. »

Que Boileau ne reproduise aucun des jurons des bonshommes manœuvrant charrette ou carrosse est regrettable – plus bas, on verra pourquoi. Les seules phrases qu'il donne sont : « La bourse !... », « Au meurtre ! on m'assassine ! » et « Le feu vient de prendre à la maison voisine ! » En 1660, la nuit, Paris n'était pas sûr. On connaît ces deux vers célèbres de la satire :

> « Le bois le plus funeste le moins fréquenté
> Est, au prix de Paris, un lieu de sûreté. »

Quelques années encore et, en 1667, Nicolas de la Reynie, premier titulaire de la lieutenance générale de police, s'attachera à traquer les voleurs. En particulier, il reconquerra la dernière cour des Miracles de Paris, installée derrière la rue Saint-Denis – du n° 237 jusqu'à la place du Caire actuelle – depuis le XIIIe siècle.

Jadis, j'ai expliqué ce que j'entendais par le concept de « Paris populaire mâtiné voyou[16] » : Boileau apporte de l'eau à mon moulin. Chez lui, réalité et métaphore du Paris de 1660 se superposent : la ville diurne bruyante, gesticulante, est le domaine du peuple laborieux, celle nocturne et sombre, le royaume des « bandits ». Il est notable que, à part le Marché-Neuf – le quai longeant le flanc sud de la préfecture de police –, pas un seul lieu ne soit cité. Le résultat est une confusion délibérée, non une description fidèle. Au Grand Siècle, le langage de la rue, celui des laborieux ou des bandits, n'a pas voix au chapitre. Il n'y a de langue que celle des salons, la belle langue française qu'épurent et purifient Malherbe puis Vaugelas. Les messieurs qui la parfont au contact des dames n'ont que faire du « peuple » et de ses « importuns » :

> « L'un, me heurte d'un ais, dont je suis tout froissé ;
> Je vois d'un autre coup mon chapeau renversé. »

Plus qu'il ne dépeint la rue, Boileau en vilipende la nature populacière, sans intérêt pour l'homme de qualité. C'est comme si la ville n'était pas. Commentant cette satire, Brunetière dit que « les vers heureux y abondent, et précisément parce que le détail [...] en a quelque chose de plus vulgaire, elle est intéressante pour l'étude du goût de réalisme » de Boileau. À la fois, *Les Embarras de Paris* font exception et pèchent par leurs lacunes. Au XIIIe siècle, avec son *Dict des rues*, Guillot avait inauguré la tradition du badaud de Paris. Si, à sa suite, des bourgeois avaient, au gré de leurs journaux, souvent consigné leurs impressions de la ville, au XVIIe l'habitude est en reflux.

La rue de l'époque de Corneille et de Racine, c'est chez François Berthod, François Colletet et Claude Le Petit qu'on la trouverait. Au regard de la critique, leurs œuvres – respectivement *Paris burlesque* (1652), *Les Tracas de Paris* (1652) et *Paris ridicule* (1668) – sont jugées mineures. À l'image de Scarron (1610-1660), « le maître du burlesque », ces écrivains ont du goût pour souligner « d'une remarque terre à terre, d'un trait gaulois, voire d'un mot vilain, comme un ricanement au milieu d'une chanson, les travers du commun des mortels et la niaiserie des choses[17] ». Autant de qualificatifs qui dénotent le peuple et, revers de la médaille, le dédain dans lequel, trois siècles plus tard, continuait d'être tenu leur idiome. Il résulte de ce mépris du réalisme, pour reprendre Brunetière, et de la réalité tout court qu'aucun grand nom de la littérature ne s'est attaché à décrire les embellissements de Paris survenus au temps du Roi-Soleil.

Les boulevards agrandissent Paris

Le fait le plus visible des transformations de la ville est la destruction des restes de l'enceinte de Charles V. À partir de 1668, de la Bastille à la porte Saint-Denis puis au-delà, le tracé du mur est transformé en une promenade plantée d'arbres, appelée administrativement « boulevards intérieurs du nord » – autrement dit ce boulevard où, déjà, l'on est allé. À la demande de la ville de Paris et à la gloire de Louis XIV, Blondel bâtit la porte Saint-Denis en 1672, tandis que Pierre Bullet, son élève, édifie la porte Saint-Martin en 1674. La première célèbre la conquête de la Hollande, la seconde, celle de la Franche-Comté. Capital pour Paris et ses plaisirs, l'essor dudit boulevard ne commencera qu'à partir de 1760. *Paris ridicule* est antérieur à la création de cette promenade. Utilisant le parler sans chichis du peuple, Le Petit raille la vieille forteresse de la Bastille, située à l'extrémité sud du boulevard – lorsque, bien entendu, il aura été édifié :

« Est-ce une tour ? En est-ce quatre ?
Et qui seroit le cul foireux
Qui n'eust la force de l'abattre
D'une pétarade ou de deux[18] ? »

Le Petit ne s'embarrassait pas de circonlocutions, de plus il était prémonitoire. Las ! ses poésies obscènes lui ont été fatales : Le Petit a fini brûlé en place de Grève en 1662. Le 14 juillet 1789, sans probablement l'avoir lu, le peuple de Paris lui a rendu un hommage inattendu et secret en mettant à bas la Bastille.

À Charonne, « ils sont dans les vignes, les moineaux ! »

Jean-Jacques Rousseau n'aimait guère Paris. Son accident a lieu en 1776, treize avant le début de la Révolution, mais sa découverte de Paris remontait à la fin mai, début juin 1731. Une première impression déterminante, Jean-Jacques a 19 ans : « En entrant par le faubourg Saint-Marceau je ne vis que de petites rues sales et puantes, de vilaines maisons noires, l'air de la malpropreté, de la pauvreté, des mendiants, des chartiers, des ravaudeuses, des crieuses de tisane et de vieux chapeaux[19]. » Le faubourg Saint-Marceau ou Saint-Marcel, c'était ce quartier pauvre et dangereux de la rue Mouffetard, des Gobelins et de la Salpêtrière. Un coin lugubre. Un siècle plus tard, dans *Les Misérables*, Hugo y campera la masure Gorbeau. Si, à cause du faubourg Saint-Marceau, un « secret dégoût » est toujours resté à Rousseau « pour l'habitation de » Paris, le jour de sa mésaventure il est heureux de suivre les boulevards jusqu'à la rue du Chemin-Vert, « par laquelle, continue-t-il, je gagnai les hauteurs de Ménilmontant, et de là prenant les sentiers à travers les vignes et les prairies, je traversai jusqu'à Charonne le riant paysage qui sépare ces deux villages ». Les vendanges sont finies, les paysans quittent « les champs jusques aux travaux d'hiver », Rousseau herborise à sa guise. Entre le méchant décor du faubourg Saint-Marceau et cette « impression douce et triste » que lui procure la nature, Jean-Jacques préfère la seconde. Sur une distance réduite, quels profonds contrastes offrait le Paris du XVIIIe siècle, ou des siècles précédents a fortiori !

Si en 1776 le mur des Fermiers généraux n'était pas encore élevé, en 1850 il n'avait plus que dix ans à rester debout, et les fortifications de Thiers étaient déjà bâties. Joseph Charlemont a alors 11 ans, la scène qu'il narre se déroule entre les deux enceintes. Surnommé plus tard « le Phénix de la boxe française[20] », Charlemont a été le champion et le codificateur de la spécialité : à la vieille savate parisienne, manière de se battre avec les pieds, elle allie la boxe des poings, la boxe anglaise. Dans un livre rarissime, *La Boxe française historique et biographique. Souvenirs, notes, impressions, anecdotes*[21],

Charlemont a raconté sa vie. Enfant, il habitait 139 rue de Charonne, au fin fond de Paris, et, ma foi, aux beaux jours, de l'autre côté du rempart des Fermiers généraux, « les vignes de Charonne, les belles pêches de Montreuil et les succulentes reines-claudes de Bagnolet recevaient souvent les visites » du petit maraudeur qu'il était. Un jour, à coups d'échalas, un paysan manque de l'estourbir, lui et ses copains. Plus loin, une autre fois, surpris par des pioupious qui faisaient une ronde le long des fortifications, Charlemont se lance dans une course effrénée qui le conduit sur le haut de la muraille : il saute et atterrit dans « des ordures et du fumier », sa planche de salut. On passait vite de la ville à la campagne, et vice versa. Quelques décennies plus tard, les rues du faubourg Saint-Antoine se seront étendues à ce « riant paysage », pour reprendre Jean-Jacques. L'âme des Parisiens s'en ressentira forcément.

La populace, huitième classe de la société

Peuple et populace

À la fin du XVIIIe siècle, le *Tableau de Paris* fait de Mercier un grand novateur. Enrichie, pendant la Révolution, du *Nouveau Paris*, publié en 1798, cette œuvre monumentale ausculte la ville par tous les bouts de la lorgnette. Les lignes de Mercier sur le faubourg Saint-Marcel sont terrifiantes :

> « C'est le quartier où habite la populace de Paris, la plus pauvre, la plus remuante, la plus indisciplinable. Il y a plus d'argent dans une seule maison du faubourg Saint-Honoré que dans tout le faubourg Saint-Marcel, ou Saint-Marceau, pris collectivement. »

Le mot a été lâché : « populace ». Jusqu'ici, le peuple a plus été suggéré, montré à travers certains hommes de métier qu'il n'a été défini. Et pour cause, Mercier l'avoue lui-même : « On a dit à Londres la majesté du peuple anglais : on ne sait à Paris comment nommer le peuple. » Il est pourtant formel :

> « Il y a dans Paris huit classes d'habitants bien distinctes : les princes et les grands seigneurs (c'est la moins nombreuse), les gens de robe, les financiers, les négociants ou marchands, les artistes, les artisans, les manouvriers, les laquais, et le bas peuple. »

Louis Chevalier résume : « La cour, la ville, le peuple, à quoi s'ajoute la populace. »

Mercier aime les « hommes occupés à tirer du sein de la terre les vrais biens, les seuls qu'on puisse regarder comme des richesses réelles. Ce sont [...] les hommes de travail qui font la richesse de l'État, et sans eux, tout languit, tout dépérit, tout meurt ». S'il a la dent dure contre les oisifs, nobles en sous-ordre, commis ou rentiers qui végètent, Mercier pare les artisans de toutes les qualités : ils se tiennent à leur place, ils sont honnêtes et civils. Le peuple, le voilà. En revanche, nul doute que « les cochers, les postillons, les palefreniers » cités en dernier ne soient à ranger dans le bas peuple.

Les cabarets borgnes, fief de la lie du peuple

Pour chasser le roi, la bourgeoisie aura besoin des piques et des fourches de la populace. En se rendant dans certains endroits ignominieux, Mercier ignore qu'à sa façon il passe en revue les troupes de la toute prochaine Révolution. Celle de la bourgeoisie à laquelle il appartient. Cette bourgeoisie d'un autre tonneau, *rincez vos verres !* que le bas peuple. En effet, une fois la Révolution assise, en avant-propos du *Nouveau Paris*, Mercier vilipendera les factieux et les membres atroces de la rebelle Commune de Paris qui « ont appuyé leurs projets sur la canaille ». Afin de mieux flétrir leur mémoire, il reprend cette phrase de Montaigne : « La populace, par tous les pays, déchiquette les cadavres et s'en met jusqu'aux coudes. »

C'est dans les cabarets borgnes, « autrement dits *tavernes* », que se trouve « la lie du peuple ». Pourtant, « la vie des gueux a une franchise qui mérite d'être observée ; car les passions qui sont à nu ont une originalité piquante » : l'entrée en matière surprend. Pourquoi ? Parce que Mercier, avec quelque avance, entrevoit le credo du siècle suivant : ces gueux, cette troupe formant « un ramas de mendiants, de chiffonniers, de ces revendeurs et revendeuses qui arpentent les rues » a besoin d'éducation. « Qui fera donc un catéchisme à l'usage du peuple pour lui donner à la fois quelques idées saines de morale et de physique ? » supplie-t-il à la fin de son article. Il n'en demeure pas moins que sa visite des bas-fonds épargnera aux « délicats lecteurs » les sensations désagréables d'une observation *in vivo*. Au fait, Mercier a-t-il lui-même effectué le voyage ? Il entre « au lieu désigné », s'en retire quand arrivent « dix-neuf pendards, seize créatures et dix enfants », puis, explique-t-il : « Je fis semblant de sortir, et me jetai dans un petit cabinet, d'où je pouvais tout voir et tout entendre. » Qui parle à cet instant, Mercier ou Restif de la Bretonne, spécialiste de ce genre de subterfuge ? Restif a-t-il rêvé ses *Nuits de Paris*, les a-t-il vécues ? Quelle part accorder à son expérience propre, quelle part à ce qu'on lui a raconté ?

Revenons au spectacle qui s'offre à Mercier : les gueux boivent et fument plus que de raison. Les gueux et aussi les gueuses qui, c'est notable, ne se laissent pas faire. Que les femmes du bas peuple se rebiffent, les hommes n'y voient pas malice : « Une rixe s'étant élevée, et une femme ayant pris au collet un homme, et le secouant vigoureusement, son voisin calma tout à coup sa colère, en lui disant : "Assieds-toi, c'est une femme qui parle !" » Comme m'avait lancé, deux cents ans plus tard, un vieux voyou avec qui je buvais un verre au 47, le rade du 47 rue Basfroi, pas loin de la place Voltaire : « On n'a pas d'instruc', mais on a de l'éduc' ! » Cette éducation remontait à loin, on en conviendra.

Chez Ramponneau, au diable la différence !

Lorsqu'il traite de la Courtille et, sans le mentionner tel quel, du fameux cabaret de Ramponneau, Le Tambour royal[22], Mercier parle indifféremment du peuple, de la populace et du bas peuple qui y fréquente, preuve de la difficulté à « nommer », à sérier le Paris populaire de ce temps. Le dimanche, écrit-il, le peuple, « presque sans voile », se consacre à la boisson et au libertinage, « que, dans un étage au-dessus, on appelle galanterie », la prostitution. « Cette populace étourdit sa raison sur le profond sentiment de sa misère. C'est la brutalité de la passion, qui, dans ce qu'on appelle le bas peuple, fait le grand nombre d'enfants », etc. En argot contemporain, ce désir compensatoire se dit « café du pauvre » – Boudard a emprunté l'expression pour intituler l'un de ses romans. À l'instar de Rousseau, Mercier croit à une supériorité biologique : « C'est là où la nature gagne, car elle perd avec les classes supérieures ; et ce sont les inférieures qui la dédommagent des pertes qu'elle fait chez les grands et chez le bourgeois trop aisé. » Une comparaison avec le temps présent s'impose : si, jadis, peuple et bas peuple étaient réputés faire des enfants, cette vocation est maintenant dévolue aux populations immigrées. À en croire *La Guinguette de Ramponneau*, une chanson de 1760, les amusements du Tambour royal ne faisaient pas dans la dentelle, ils s'affichaient sans voile du tout. Mercier était dans le vrai : chez Ramponneau, s'amuser, c'était « jouer à cul contre pointe » ou « jouer au trou madame », expressions d'époque :

« Chantons l'illustre Ramponneau
Dont tout Paris raffole,
L'on a chez lui du vin nouveau
Et fille qu'on cajole.
C'est là que Michaud
Renverse Isabeau
Sur le cul d'un tonneau.
Et ziste, et zeste, point de chagrin,
L'on y rigole avec son vin. »

Les bouchers, hommes de sang et de volupté

Lorsque Mercier évoque la rue du Pied-de-Bœuf, cette puissance du désir devient hallucinante. Comme la rue de la Vieille-Lanterne où Nerval s'est pendu, qui lui était perpendiculaire, la rue du Pied-de-Bœuf se trouvait quelque part sur l'emplacement du Théâtre de la Ville-Sarah-Bernhardt. Évoquée plus haut, la rue Merderet y donnait. À l'époque, à côté de la prison du Grand Châtelet, les bouchers abattaient les bêtes : « Tout cela ne compose qu'un même bloc empesté, emboué et placé à la descente du Pont-au-Change. » Ces mots ne sont rien comparés à ceux par lesquels Mercier, en ce lieu, traduit la furie du rut :

> « Qui croirait que les victimes de la volupté grossière vont se loger là, au-dessus des victimes qu'on égorge ; et que dans un lieu si puant, si abominable, elles se prostituent au bruit des hurlements, des bêlements lamentables des troupeaux égorgés, des coups d'assommoirs et à la fumée de leur sang ! Ces créatures sont à la fenêtre tout le jour ; le jaune de leur figure est couvert par un placard énorme de rouge. Et qui va trouver ces monstres femelles ? Les garçons bouchers. »

On est déjà, et de quelle manière, dans ce que, cent cinquante plus tard, Mac Orlan appellera le « fantastique social ».

« Par le sang sacré de Notre-Seigneur Jésus-Christ, je vous conjure de ne pas accepter la "paix fourrée" qu'on nous propose ! » Caboche, chef des bouchers de Paris, haranguait ainsi la foule en juillet 1413. Le roi Charles VI était fou, Armagnacs et Bourguignons s'entre-tuaient : quatre mois durant, Paris avait connu sa « première véritable Commune », raconte Pierre Gascar[23]. De tout temps, la confrérie des bouchers a bénéficié d'un prestige mêlé d'admiration et de crainte : les bouchers savent donner la mort. Vérification faite, Félix-François Denot, l'homme qui, le 14 juillet 1789, vers six heures du soir, sur la place de Grève, tue le marquis de Launay, gouverneur de la Bastille, n'était pas boucher. Il était cuisinier, mais, précise son interrogatoire, « en raison de son travail il savait travailler les viandes[24] ». D'un coup de sabre, il tente de trancher la tête de Launay, mais l'arme est mal aiguisée. Il prend alors un petit couteau de poche et achève « de couper le cou de M. de Launay »...

Ecce le XIXe siècle, *ecce* Paris

Un « peuple horrible à voir, hâve, jaune, tanné »

Au XVe siècle, Caboche était blond ou un peu roux. Au XVIIIe, les créatures avec qui, rue du Pied-de-Bœuf, ses successeurs « mettaient Villejuif dans Pontoise » avaient la figure jaune. Au XIXe, en 1834, au début de *La Fille aux yeux d'or*[25], Balzac apporte sa touche à cette vue d'ensemble du teint parisien : « Un des spectacles où se rencontre le plus d'épouvante est certes l'aspect général de la population parisienne, peuple horrible à voir, hâve, jaune, tanné. » On pourrait croire au ressentiment, à l'encontre du peuple, d'un homme peu enthousiaste de la Révolution : non ! il s'agit d'un jugement à la fois objectif et collectif. Quand il évoque la physionomie cadavéreuse des Parisiens, Balzac ne pointe pas du doigt la populace : il parle des Parisiens dans leur totalité, c'est une nouveauté.

Mine de rien, depuis Mercier, certaines idées d'égalité ont fait leur chemin. À Paris, sous la Restauration et au début de la Monarchie de Juillet, un certain brassage social est entamé. L'âme de Paris est le sujet de cette entrée en matière de *La Fille aux yeux d'or.* « Qui donc domine en ce pays sans mœurs, sans croyance, sans aucun sentiment [...] ? L'or et le plaisir. » Les siècles ont pu passer, la soif de jouissance rencontrée chez Guillot au XIIIe, chez Villon au XVe puis chez les Parisiens pressés de courir chez Ramponneau au XVIIIe demeure. « Vivre quelque part, énonçait déjà l'Écolier de Senlis au XIVe siècle, c'est exister relativement

– *secundum quid* – ; vivre à Paris, c'est exister au sens absolu du mot – *simpliciter* », rappelle Louis Chevalier[26]. Balzac le démontre en s'attachant d'abord au « monde qui n'a rien ». Mieux, il admoneste le peuple, ce « monde de sueur et de volonté », du moins ces « quadrumanes » qui, grands seigneurs d'un jour, jettent « leur argent dans les cabarets, qui font une enceinte de boue à la ville ; ceinture de la plus impudique des Vénus, [...] où se perd [...] la fortune périodique de ce peuple, aussi féroce au plaisir qu'il est tranquille au travail ». En dépit de ce tableau, Balzac ne désespère ni du futur ni de l'homme : « Le hasard a fait un ouvrier économe, le hasard l'a gratifié d'une pensée, il a pu jeter ses yeux sur l'avenir. » Ce que plus tard on nommera « promotion sociale » est en germe. « Souvent le cadet d'un petit détaillant veut être quelque chose dans l'État », à condition que son père pense à lui, économise et l'envoie au collège. Ces lignes annoncent le Paris moderne : il y sera plus facile de changer de situation, de condition.

Pas seulement des pauvres, des misérables

Pour lors, explique Chevalier, « malgré la disparition de l'ordre ancien des rangs et des conditions, [...] malgré les luttes sociales et les révolutions, la répartition par classes reste à peu près la même pendant la première moitié du XIXe siècle ». La vie des pauvres à Paris est extrêmement dure, le moment est arrivé de substituer « misérables » à « pauvres ». *La Fille aux yeux d'or* sort trois ans après la révolution avortée de 1832, le morceau de bravoure des *Misérables*. Mais, on le sait, Hugo a écrit son roman longtemps après. À un moment, il joue à saute-mouton avec la chronologie et compare l'« ébauche », l'« embryon » de barricade de la rue de la Chanvrerie, fatale à Gavroche, « aux deux barricades colosses » de juin 1848 du faubourg Saint-Antoine et du faubourg du Temple, annonciatrices, dans leur ordre architectural, de temps meilleurs.

La nouveauté entrevue chez Balzac se confirme chez Hugo : j'en reviens au Livre Ier de la troisième partie des *Misérables*, essentielle à Paris, à la connaissance de son histoire, à celle du peuple et de son âme. À l'image des Parisiens de toujours, Gavroche est « blême » et a l'air « maladif », mais l'extraordinaire est que le gamin, l'« *homuncio* » – le petit homme –, est l'avenir du peuple même. La grande différence, c'est que Hugo est entré dans la symbolique. Au début des *Parisiens*, Chevalier récapitule brièvement ce qu'avant Hugo on a dit et pensé du gamin. Rien de bon : que ce soit chez Barbier, Balzac ou Chateaubriand, c'est un sale gosse. Sous la plume de Hugo, le gamin n'est pas blanc-bleu, il a plus d'un tour dans son sac, et même, puisque « le vice le distrait », des tours de vice : Gavroche est ami du bandit Montparnasse, c'est dire. Mais voilà, Hugo le magnifie et l'absout si bellement que notre « chérubin du ruisseau » met, je le répète, le lecteur et Paris en bouteille. L'esprit de Pantin, de Pantruche puis de Paname, tel que les Parisiens s'en enorgueilliront au fur et à mesure, est défini, posé de manière intangible : « Quant à des mots, cet enfant en a comme Talleyrand. Il n'est pas moins cynique, mais il est plus honnête. Il est doué d'on ne sait quelle jovialité imprévue ; il ahurit le boutiquier de son fou rire. Sa gamme va gaillardement de la haute comédie à la farce. » Hugo n'oublie pas que son Gavroche est un miséreux, qu'il porte en lui la rédemption de Paris et, au-delà, du pays : « Somme toute, et pour tout résumer d'un mot, le gamin est un être qui s'amuse, parce qu'il est malheureux. » Malheureux, c'est-à-dire une victime, non de la fatalité, mais de la misère sociale : un misérable.

La faute à Gavroche…

Si, aux environs de 1970, la démolition des Halles marque la fin du Paris populaire, la figure de Gavroche est trop puissante pour n'en être pas le début. Au sens où, on vient de le voir, à un moment de l'histoire, le peuple parisien s'est rendu compte de son existence et de sa puissance latente. Daté de 1831, le tableau de Delacroix *La Liberté guidant le peuple* a beau être antérieur de trente ans aux *Misérables*, dans l'imaginaire, le petit personnage du peintre, aux côtés de la Liberté, et celui de Hugo n'en font qu'un. Si Delacroix a mis une casquette sur la tête de son gamin, Gavroche, quand il apparaît boulevard du Temple, n'en a pas. Itou sur la barricade : c'est « cheveux aux vents » que, debout, il fixe les gardes nationaux qui lui tirent dessus. « C'est la faute à Rousseau », il leur chante. Delacroix a mis un pistolet dans chacune des mains de son momignard, c'était prémonitoire.

Lors des funérailles du général Lamarque, le 5 juin 1832, boulevard Bourdon, un coup de pistolet est à l'origine de l'émeute. Le commandant Chollet en est la victime, et l'auteur, un « gamin d'une douzaine d'années, vêtu d'une veste couleur auvergnate », tenant « à la main un pistolet d'arçon presque aussi long que son bras », écrit Louis Canler (1797-1865) dans ses *Mémoires*[27]. Nommé chef de la Sûreté le 3 mars 1849, ce policier avait assisté à la scène. Hugo a eu vent de la tragédie, elle lui a servi à enfanter Gavroche. Avec sa casquette et son pantalon, le gosse de Delacroix, c'est-à-dire Gavroche, fait très contemporain. Au XIXe siècle, soixante-quinze ans durant, Paris aura été à la recherche de lui-même et de cette France dont la capitale est le fer de lance. Gavroche est autant de 1830 que de 1831, 1832, 1848 ou 1871[28]. « *Ecce* Paris, *ecce homo* » : tel est Paris, tel est l'homme. Hugo n'entrevoit pas l'un sans l'autre. Il le dit : « Paris est un total. »

À travers une infinité de tableaux, Mercier n'avait pas réussi à donner de Paris une idée unique, à remonter jusqu'au cœur, jusqu'à l'âme. Subdivisions des trois états de la société française, les huit classes parisiennes l'empêchaient de trouver l'unité motrice. Que Gavroche soit « l'avenir latent dans le peuple », et voilà ce moteur dévoilé, l'*anima*, l'âme. Gavroche lie la tradition à l'avenir. Autant par sa gouaille, son caractère frondeur, typiques du peuple, que par sa personnalité qu'il faut qualifier de politique, le gamin de Hugo fonde le Paris populaire. Ce Paris qui s'est éteint avec la disparition des Halles à partir de 1969, la mort de Maurice Chevalier le 2 janvier 1972, celle de Jean Gabin le 4 novembre 1976.

L'esprit a pris les patins du gamin

De façon plus savante, Louis Chevalier explique que, pendant plusieurs centaines d'années, la bourgeoisie a exprimé Paris. La rue Saint-Denis était alors la voie royale : les rois y effectuaient leur entrée et leur sortie solennelles. La plus vivante de toutes les rues au XVIIe siècle, elle est le terreau de l'esprit parisien, encore au XVIIIe et au début du XIXe. Et Chevalier de citer *Les Caquets de l'accouchée*, petit livre du début des années 1600 dans lequel caquettent ou cancanent des « bourgeoises faisant visite à une jeune accouchée de la rue Saint-Denis ». Molière est le fils d'un tapissier de la rue Saint-Honoré toute proche, il naît dans la maison qui fait le coin avec le 2 rue Sauval. Le père de Beaumarchais était horloger rue Saint-Denis, au 30, lieu de naissance de l'auteur de *Figaro*. En 1791, Scribe voit le jour, juste à côté, au 32, à l'angle de la rue Saint-Denis et de la rue de La Reynie – son père était fripier, à l'enseigne du Chat Noir. « Vérité psychologique, sens critique et sens comique : tel est l'apport de cette société bourgeoise d'Ancien Régime. » Une fois parvenue au pouvoir, la bourgeoisie perdra de son mordant : « Comment y aurait-il esprit, c'est-à-dire esprit critique, quand il y a satisfaction ? » Chevalier suit ce déclin.

Une ère nouvelle est advenue : « Dans la deuxième moitié du XIXe siècle, à la bourgeoisie succède le peuple. » Même si, dans *Les Misérables*, à propos de Gavroche, Hugo disait déjà : « Il y avait de cet enfant-là dans Poquelin, fils des Halles ; il y en avait dans Beaumarchais », il énonce différemment cette passation de l'esprit parisien de la bourgeoisie au peuple : « Paris commence au badaud et finit au gamin, deux êtres dont aucune autre ville n'est capable ; l'acceptation passive qui se satisfait de regarder, et l'initiative inépuisable [...]. Toute la monarchie est dans le badaud. Toute l'anarchie est dans le gamin. » Par « toute la monarchie », Hugo entend l'ère de la monarchie. Le badaud est d'essence bourgeoise, mais, Chevalier vient de le démontrer, la bourgeoisie ne s'est pas contentée de regarder. Quand Hugo écrit,

1848 est passé, la Seconde République, le coup d'État de Louis Bonaparte : il est en exil. Sous Louis-Philippe, le roi bourgeois, Hugo avait été pair de France. Contre « Napoléon le Petit », ainsi que Hugo surnomme Napoléon III, c'est le peuple qui doit se dresser, y compris certaines forces vives de la bourgeoisie dont il est, et qui lui confèrent sa virulence. « Toute l'anarchie est dans le gamin » signifie qu'elle est dans le peuple et, partant, dans la bourgeoisie. Désormais, l'esprit parisien se manifestera en contestant, et pêle-mêle me viennent les noms de Jehan Rictus, Bruant, Carco, Henry Poulaille, Eugène Dabit, Céline. Que la plupart parmi eux aient été d'origine bourgeoise ne change rien à l'affaire : ils ont tenté de faire entendre le peuple ou d'écrire comme parlait le populo. Ce faisant, le peuple – pas simplement son expression littéraire, cinématographique ou artistique – deviendra l'image de marque de Paris. C'est pourquoi, pour en revenir au chapitre Ier, aujourd'hui que la capitale a délaissé ces lettres de noblesse populaire pour d'autres qui restent à écrire, les nostalgiques regrettent certains films, bouquet final d'un long feu d'artifice. Les *nostalgiques*. Comment dire autrement ?

Ces petits noms qui allaient si bien à Paris

Un rien d'histoire et de géographie

Au fil de l'histoire, le Paris populaire se cherche au rythme de la ville elle-même. Au XIIIe siècle, lorsque Guillot dit qu'il y a à Paris « dix moins que seize vingts » rues – c'est-à-dire 310 –, la ville a déjà été ceinte par Philippe-Auguste. À l'ouest, Paris ne dépassait pas le pont des Arts actuel, au nord, la rue Étienne-Marcel, à l'est, la rue des Jardins-Saint-Paul, et au sud, l'endroit du boulevard Saint-Michel où aboutissent les rues Monsieur-le-Prince et Soufflot. Au XVe, à l'époque de Villon, Paris a été agrandi sur la seule rive droite. Bâtie à partir de 1367, la muraille de Charles V va de la Seine à la

Bastille et s'allonge sur l'emplacement ultérieur des boulevards jusqu'à la porte Saint-Denis. De là, par la rue d'Aboukir, elle rejoint l'emplacement de l'arc de triomphe du Carrousel. La superficie de Paris est de 430 hectares, celle de Gand, par comparaison, de 566. On évalue la population à 70 000 habitants, alors que Venise ou Milan, les plus peuplées d'Europe, atteignent les 100 000. De 1633 à 1636, Louis XIII fait prolonger l'enceinte de Charles V jusqu'à la rue Saint-Florentin et, de ce point, jusqu'à la Concorde et la Seine. Trente-cinq ans plus tard, sous Louis XIV, commenceront les travaux d'aménagement du tracé de ladite enceinte. La femme Ladoucette et Boileau étaient donc, à part le mur ordonné par Louis XIII, dans un Paris similaire. En 1776, lorsque Rousseau prend la rue du Chemin-Vert, il n'a aucun mur à franchir pour gagner la campagne. Une dizaine d'années plus tard, les Fermiers généraux ont commencé à édifier le leur, d'abord sur la rive gauche.

Hugo « a été longtemps rôdeur de barrières »

À la parution du *Tableau de Paris* de Mercier, l'enceinte est achevée. Mercier critique âprement cette barrière douanière qui « *taxe sur tout*. On paie, on entre dans dix bureaux [...]. Si vous avez des livres avec vous, [...] l'inspecteur de la librairie saura quel est le goût de vos lectures ». De 500 000 à 600 000 habitants vivent intra-muros. « Celui qui écrit ces lignes a été longtemps rôdeur de barrières à Paris, et c'est pour lui une source de souvenirs profonds », révèle le Hugo des *Misérables*. Suit une évocation mélancolique de ces lieux singuliers, la Cunette, le hideux mur de Grenelle tigré de balles, « thébaïdes le jour, coupe-gorge la nuit ». Un tableau d'une beauté insolite – « les guinguettes au coin des cimetières » –, désolée, presque inquiétante, « le charme mystérieux des grands murs coupant carrément d'immenses terrains vagues inondés de soleil et pleins de papillons », tout cela attirait Hugo. Sous Louis-Philippe, la construction de l'enceinte fortifiée de Thiers s'est étagée de 1841 à 1845 : jusqu'en 1860, quand celle des Fermiers généraux a été détruite, Paris avait une double ceinture, militaire et fiscale. La ville ne cesse de s'accroître : elle comptera environ un million et demi d'habitants au Second Empire, près de trois millions en 1921, un peu plus en 1959[29]. La décrue s'amorce alors, contemporaine, c'est notable, de la disparition des Halles. Simultanément aux démolitions de toutes sortes et au temps qui passe s'abolissent des images de Paris – celles de Mercier et de Hugo ne sont que gouttes dans l'océan. D'autres naissent, le parler change, s'adapte. C'est ainsi que, en argot ou en langage populaire, Paris s'est successivement appelé Parouart, Pampeluche, Pantin, Pantruche et Paname.

Parouart

On trouve « Parouart » dans les ballades qu'au XVe siècle Villon a écrites en *jobelin, id est* en jargon, l'argot des Coquillards, ces affranchis de la confrérie criminelle de la Coquille. Mais, fait observer l'érudit Auguste Vitu[30], « le titre du premier dictionnaire où le Jargon ait été qualifié d'argot [est, d'Olivier Chéreau] *Le Jargon ou langage de l'argot réformé comme il est à présent en usage parmi les bons pauvres* » – qu'il ampute de « *tiré et recueilly des plus fameux Argotiers de ce temps* ». Vitu poursuit : « Le mot *argot*, au sens qui nous occupe, a été imprimé pour la première fois entre 1617 et 1626, et l'on n'en connaît aucun exemple antérieur. » Cette importante précision faite, retournons à Villon, au premier vers de sa *Ballade* I, « À Parouart, la grant mathe gaudie », et à celui de sa *Ballade* VII : « En Parouart, la grant masse gaudie ». Vitu les traduit respectivement par « Au gibet de Montfaucon, la grande réunion joyeuse » et par « Au gibet de Montfaucon, la grande masse joyeuse ».

Le « gibet », parce que Parouart, explique-t-il, est

> « l'homophone jargonnesque de *paroir*, mot de la langue ordinaire, qui signifie : "chevalet où sont étendues les peaux qu'on veut *parer*". Littré. Notre Jargon est plein de ces rapprochements entre les opérations du métier de la tannerie et le tannage naturel que le soleil, le vent et la pluie font subir au cuir, c'est-à-dire à la peau des pendus ».

S'il y a « grant mathe gaudie », c'est « où accolez sont duppes et noirciz » : le lieu où les condamnés sont pendus et noircis. Donc Montfaucon et, au-delà, Paris : les argotiers franchissent d'autant mieux le pas que « Parouart » et « Paris » sont phonétiquement proches.

Avant de devenir synonyme de « jargon » puis de le supplanter, l'« Argot » – avec une majuscule – avait désigné la société des Argotiers. À s'en tenir à la louange que Chéreau fait de l'Argot, on définira les Argotiers par les pauvres et les truands :

« Ô Argot incomparable,
L'appuy de tous les souffreteux,
Le confort des miserables,
Indigens et nécessiteux !
Vive l'Argot et tous les Gueux[31]. »

« Le confort des miserables », Chéreau écrit-il déjà en 1620 et quelque. La parenté entre l'Argot et *Notre-Dame de Paris*[32], que Hugo publie en 1831, saute aux yeux. À défaut de Chéreau, que Hugo avait lu *Histoire et Recherches des antiquités de la ville de Paris* d'Henri Sauval[33], qui, lui, connaissait Chéreau. C'était suffisant pour que, au Chapitre VI du Livre II de son roman, Hugo imagine la cour des Miracles du temps de Louis XI, en 1482. Avant que Pierre Gringoire ne soit choisi pour mari par la Esmeralda et échappe ainsi à la mort, Clopin Trouillefou, « suzerain suprême du royaume de l'argot », lui a demandé s'il voulait devenir « sujet du royaume d'argot », « truand ». Nous voilà dans l'« "extrême dessous" [...], le monde du crime, celui dont la *Gazette des Tribunaux*, que cite Hugo [au XIXe siècle], relate les exploits, celui qui ne change guère, celui que la ville sécrète en permanence et qui diffère à Paris de ce qu'il est en d'autres capitales du monde », commente Louis Chevalier. La vérité historique oblige à rectifier qu'au XVe Villon parlait, non l'argot, mais le jargon, le *jobelin* de ceux de cet « extrême dessous ». Par Maître François interposé, on doit à ces hommes, les Coquillards, le premier petit nom de Paris.

Pantin, Pampeluche et Pantruche

En 1836, dans son dictionnaire d'argot des *Voleurs*, Vidocq, pour « Paris », donne « Pampeluche » et « Pantin[34] ». Dans *Les Misérables*, Hugo néglige Pampeluche, mais emprunte Pantin à l'ancien bagnard. Pampeluche et Pantin, pourquoi ? « Pampeluche » n'a pas survécu à Vidocq, les argotiers ultérieurs ne le citent que pour mémoire. Dans celle de ses *Nuits d'octobre* intitulée « Pantin », Nerval explique la différence entre Pantin et Pantruche : « Pantin – c'est le Paris obscur –, quelques-uns diraient le Paris canaille, mais ce dernier s'appelle, en argot, Pantruche[35]. » Il s'agit de l'une des premières mentions littéraires de Pantruche[36]. Pampeluche et Pantruche : force est de reconnaître l'étroite proximité phonétique des deux vocables. À telle enseigne qu'il s'agit peut-être du même mot. L'argot étant d'abord oral, les confusions sont fréquentes. Par exemple, « peuple » se dit « trèpe », mais beaucoup énoncent « trèfle ». Le mélange Pampeluche-Pantruche permettrait l'économie de conjectures sur l'origine de Pampeluche – qui fait penser à Pampelune, on s'en demande bien la cause.

Avant d'aborder Pantruche, il faut cerner pourquoi Pantin signifie « Paris ». En gros, pour les mêmes raisons qui font que Parouart, le gibet de Montfaucon, finit par désigner Paris dans son ensemble. La figure de rhétorique qui consiste à prendre la partie pour le tout, le singulier pour le pluriel, est une synecdoque. C'est ainsi que Pantin désigne Paris. Avec, au début, ce fait, relevé par Émile Chautard[37], qu'« après Austerlitz, la garde impériale [1806] vint, avant de faire son entrée dans Paris, camper dans la plaine et le village de Pantin ». Plus tard, le 28 mars 1814, le corps d'armée du général Compans « se posta dans cette commune, où il défendit la place héroïquement ». L'idée est tentante d'affirmer que, dans le parler des soldats, « Pantin» s'est mêlé et substitué à « Paris ». D'autant que Jean-Paul Colin répertorie le mot dès 1815 dans la *Chanson de Winter*[38]. « Pantruche » est une façon amusante, un rien codée, de dire « Pantin ». Pour « argot », Vidocq donne « arguche », non « argomuche » comme plus tard. Le suffixe « -uche » plaisait. Parce que la suppression de « -tin » facilite la prononciation, aux trois syllabes de « Pantinuche » la rue a préféré les deux de « Pantuche » en intercalant un « r » : « Pantruche » se dit plus aisément que « Pantuche ». Quant à Vidocq, il aura cru entendre « Pamp'luche » – Pampeluche –, tout simplement.

Paname

En 1866, Delvau[39] dit qu'un panama, c'est un gandin, « par allusion à la mode des chapeaux de Panama ». Ensuite, par un élargissement de cette métonymie, on passe à la ville des élégants[40]. En même temps, « Pa-nama », accentué sur la première syllabe, perd son « a » et devient « Panam » ou « Paname » – les deux écritures se rencontraient au début. Que le scandale de Panama (1891) ait eu sa part dans la création de « Paname » paraît avéré : Paname, Paris, la ville des élégants, de la rutilance, et, par un retournement fréquent en argot, du miroir aux alouettes, des illusions brillantes et perdues. L'explication de Gaston Esnault sur la « ville panama, ville énorme (où il est dur de "percer[41]"?), » n'est en rien contradictoire. Le terme existait-il avant 1914 ? Si « Panama » est à la source de « Paname », sûrement. Le linguiste Albert Dauzat l'affirme, mais, c'est regrettable, sans aller plus loin.

Quoi qu'il en soit, « Paname » doit son étonnant succès aux poilus de la Grande Guerre. Dans Paname, les soldats mettaient tous leurs espoirs, leurs désirs que, vite, s'achève la riflette et qu'ils retournent à Paris :

« Paname, Paname,
La tour Eiffel, la plac'Blanche, Notre-Dame,
Les boul'vards et les bell's madames,
Tu le r'verras, Paname ! »

Antérieurement à cette chanson, *Tu le r'verras, Paname !*, datée de 1917[42], j'ai trouvé « Paname » dans un livre de 1916, *Crapouillots. Feuillets d'un carnet de guerre*, signé Paul Duval-

Arnould[43], et dans *Les Innocents*, le deuxième roman de Carco, publié aussi cette année-là[44]. Que « Paname » soit absent de *Jésus-la-Caille*[45] (1914), le premier roman de Carco, signifie soit que le mot ne se disait pas, soit que Carco ne l'avait pas encore entendu. En effet, désireux de montrer ce nouveau petit nom de Paris, il l'utilise aux premières pages des *Innocents*, puis le prend pour titre d'un recueil de petites scènes croquées sur le vif, *Panam* – sans« e »–, en 1922[46]. À ce moment, l'essor de « Paname » commence. Par rapport à ses synonymes, « Paname » s'auréole d'une sorte d'universalité, caractéristique des années où il s'épanouit. « Paname » s'est employé non seulement dans tous les milieux de la capitale, mais aussi en province. Et toujours avec un clin d'œil malicieux : à Paname, on s'amuse.

La Grand'Ville, aussi

L'universalité du Paname des années 1920, des années dites folles, c'est d'être, plus que jamais, Paris la « grand'ville » – contraction orale de « grande ville ». Une locution, la « grand'ville », que j'ai entendue pour la première fois dans la bouche de M. Toni, notre voisin de la rue du Plâtre. Bien qu'en usage depuis belle lurette, elle trouve rarement grâce auprès des dictionnaires, généraux ou d'argot. En outre, doit-elle s'écrire avec ou sans majuscules ? En 1860, dans son article sur le Collège de Cluny, Auguste-Marc Bayeux[47] cite un acrostiche « sur le nom de la *grand'ville* », donc Paris, en se contentant des minuscules mais en utilisant l'italique.

« À Paris la *grand'ville*
Des ombres vont la nuit [...]
Ce sont les nocturnes
Les papillons de nuit. »

Damia en 1931, Berthe Sylva en 1935 et Jane Chacun en 1947 interpréteront ces *Nocturnes*, grand succès du bal-musette.

La chanson date de 1914[48]. Sur la retranscription que j'ai, il n'y a ni italique ni majuscules à « grand'ville ». Dans *Choses et Gens des Halles*, rédigé aussi en 1914[49], Charles Fegdal écarte l'apostrophe et met les majuscules : « Lorsque j'étais à des centaines de lieues de Paris, ha ! comme j'aimais à retrouver dans les yeux des étrangers ou des paysans de France, cette petite flamme qu'y allume la seule préoccupation de la Grande Ville ! » Le livre est sorti en 1922, quatre ans après l'armistice. La fièvre s'était emparée de la Grand'Ville, une irrésistible envie de vivre, de jouir, ce qui à Paris est *jus vert et verjus*. Paname rayonnait sur la France entière, et Paris sur le monde. Étrangers, provinciaux et originaires des colonies se sont mis à affluer, une fois encore la population de Paris s'apprêtait à changer, et la ville elle-même.

1. Hachette, 1967.

2. Grasset, 1932.

3. Union bibliophile de France, 1947.

4. Conférence faite à l'Hôtel-de-Ville, le 17 janvier 1923, à l'occasion du 25e anniversaire de la Commission du Vieux Paris, *Ne touchez pas aux noms des rues*, La Nuit des Rois, Bordeaux, 2007.

5. Sur le tracé de la rue Beaubourg, ouverte en 1851, depuis le début du XIIIe siècle la rue Transnonain – anciennement aussi Trace-Putain, selon Jacques Hillairet (*Dictionnaire historique des rues de Paris*, Minuit, 1967) – allait de la rue Michel-le-Comte à la rue au Maire. Entre 1241 et 1289, Gratecul a été le nom de la portion de la rue Dussoubs entre les rues Tiquetonne et Greneta. Au XIIIe siècle toujours, la rue Putigneuse reliait la rue Geoffroy-l'Asnier à la rue des Barres. « Composé de deux mots *Pute et Teigneux*, [son nom] est caractéristique de ce "val d'amour" qu'elle était lorsqu'elle devint cul-de-sac », précise Hillairet. Après la dernière guerre, cette impasse attirait les joueurs de boules du 4e arrondissement. Elle a disparu lors de l'édification du Mémorial juif en 1956. Quant à la rue Verderet, qui unissait la rue de la Grande-Truanderie à la rue Mauconseil, elle a sombré dans le percement de la rue Étienne-Marcel en 1858. Une autre rue Merderet se trouvait sur l'emplacement de la place du Châtelet, bâtie en 1855.

6. Claude Duneton, *Histoire de la chanson française*, Le Seuil, 1998.

7. Mercure de France, 1994.

8. Voir chapitre 9.

9. « Une âme sensible voulait qu'on appelât le boulevard du Temple le boulevard du Crime : hélas ! Ce nom ne serait que trop mérité, on a fait le recensement de tous

les crimes qui s'y sont commis depuis vingt ans ; en voici le résultat : Tautin a été poignardé 16 302 fois ; Marty a subi 11 000 empoisonnements avec variantes », etc., lit-on dans l'*Almanach des spectacles* (Janet, 1823). Ces crimes ne sont heureusement que des crimes de théâtre, ceux des mélodrames qui se donnaient sur le boulevard.

10. A. Delvau, Th. Gautier, A. Houssaye, L. Duranty, J. Castagnary, M. Bayeux, *Paris qui s'en va et Paris qui vient*, A. Cadart, 1860.

11. *Le Boulevard du Crime*, Hachette, 1980.

12. Cité par Alain Paucard dans *La France de Michel Audiard*, L'Âge d'Homme, 2000.

13. Cité par Louis Chevalier dans *Les Parisiens, op. cit.*

14. Boileau, *Œuvres poétiques, précédées d'une notice biographique et littéraire et accompagnées de notes par F. Brunetière*, Hachette, 1899.

15. Jean-Jacques Rousseau, *Œuvres complètes*, tome 1, La Pléiade, 1959.

16. Claude Dubois, *La Bastoche, bal-musette, plaisir et crime (1750-1939)*, Le Félin, 1997, réédition Punctum, 2007, et *Paris gangster*, Parigramme, 2004.

17. Joseph Bédier, Paul Hazard et Pierre Martino, *Littérature française*, tome 1, Larousse, 1948.

18. *Le Crapouillot*, n° 67, juillet 1965 : *Le 14 Juillet inconnu.*

19. Jean-Jacques Rousseau, *Œuvres complètes*, tome 1, *op. cit.*

20. Voir chapitre 8.

21. Paris, À l'Académie de boxe, 24, rue des Martyrs, 1899.

22. Ce cabaret ou, mieux, cette guinguette était située au coin de la rue Saint-Maur et du chemin des Moulins – l'actuelle rue de l'Orillon. Jean Ramponneau (1724-1802) l'a tenue de 1750 à la fin 1772, date à laquelle il émigrera aux Porcherons à La Grande Pinte, à l'angle des rues Saint-Lazare et de Clichy, tout près de l'emplacement de l'église de la Trinité bâtie en 1851. Ramponneau restait propriétaire du Tambour et s'en occupait parfois encore. Pour plus de précisions, voir l'étude exhaustive de Michèle Viderman : *Jean Ramponneau. Parisien de Vignol* (L'Harmattan, 1998).

23. *Le Bal des Ardents. Charles VI*, Gallimard, 1977.

24. *Le Crapouillot*, n° 67, *op. cit.*

25. *La Comédie humaine*, tome 5, La Pléiade, 1977.

26. *Les Parisiens, op. cit.*

27. Hetzel. Librairie Claye, 1862.

28. « Le dernier frère de Gavroche a été, en 1871, atteint comme son aîné, par les coups de feu de la bataille », écrit, en février 1882, Jules Vallès, non encore remis de l'écrasement de la Commune, dans *Le Tableau de Paris* (Messidor, 1989). Après dix ans d'exil, il était rentré à Paris le 14 juillet 1880.

29. Jacques Hillairet, *Dictionnaire historique des rues de Paris, op. cit.* ; et Alfred Fierro, *Histoire et Dictionnaire de Paris,* Robert Laffont, 1996.

30. *Le Jargon et le Jobelin, comprenant cinq ballades inédites, d'après le manuscrit de*

la Bibliothèque royale de Stockholm avec un dictionnaire analytique du jargon, Paul Ollendorff, 1889.

31. Auguste Vitu, *Le Jargon et le Jobelin, op. cit.*

32. Préface de Louis Chevalier, Folio, 1974.

33. Rédigé entre 1650 et 1670, ce livre n'a été publié qu'en 1724.

34. *Mémoires. Les Voleurs*, « Bouquins », Robert Laffont, 1998.

35. *Sylvie. La Bohème galante*, Plon, 1933.

36. Selon Jean-Paul Colin (*Dictionnaire de l'argot*, Larousse, 1990), la plus ancienne mention de « Pantruche » se trouve chez François-Vincent Raspail, dans *Les Lettres sur les prisons de Paris*, parues dans *Le Réformateur* en 1835.

37. *La Vie étrange de l'argot*, Denoël, 1932.

38. *Dictionnaire de l'argot, op. cit.*

39. E. Dentu.

40. Lazare Sainéan, *Le Langage parisien au XXe siècle*, De Boccard, 1929.

41. Gaston Esnault, *Dictionnaire historique des argots français*, Larousse, 1965.

42. Paroles de Roger Myra et Robert Dieudonné, musique d'Albert Chantrier, dans Martin Pénet, *Mémoire de la chanson. 1 200 chansons du Moyen Âge à 1919*, Omnibus, 2001.

43. Plon.

44. *Romans*, « Bouquins », 2004.

45. *Idem.*

46. Stock.

47. *Paris qui s'en va et Paris qui vient, op. cit.*

48. Paroles de Charles Cluny et Raoul Le Peltier, musique de Gaston Gabaroche, dans Martin Pénet, *Mémoire de la chanson, op. cit.*

49. Athéna.

3.
LES PARISIENS « NÉS NATIFS » ET LES AUTRES

Au hasard de *Visages de Paris* d'André Warnod[1], je regarde les photos de Germaine Krull, ses clochards, ses « patrons de La Grappe d'Or[2] » à l'air abruti par l'alcool, sa « marchande de frites » prise quelque part sur la zone. Sous les yeux, j'ai maintenant *Les Gens de Paris*, la série de dessins qui, en 1845, illustraient *Le Diable à Paris. Paris et les Parisiens*[3]. Là, deux commères, des concierges peut-être, se sont arrêtées de balayer pour faire marcher la langue : « En v'là, du guignon ! la femme à Salanthoud qui perd son homme le même jour que son chien ! – Pauv' femme !... un si beau caniche ! » Pareille aux tauliers de La Grappe d'Or, la bonne femme de face a le nez sacrément culotté : la boisson, probable. Entre les trognes de Gavarni et celles de Germaine Krull, seule diffère la technique pour les saisir.

Les gueules de ce genre étaient légion dans mon enfance, tout au long des bistrots de la rue Rambuteau. Maintenant, lorsqu'on en voit dans des livres montrant des Parisiens d'autrefois, on s'étonne. Les miséreux sont réellement miséreux, ils portent des hardes, des guenilles. Les riches sont replets, satisfaits, beaucoup ont l'air rose, dodu, passablement ridicule. Les parlementaires qu'a croqués Daumier représentent des types définitivement disparus[4]. Ces transformations sont dues aux progrès de l'hygiène, de la santé publique, aux améliorations sociales, parmi lesquelles s'inscrit cette volonté de rester jeune le plus longtemps possible – à tout le moins d'en donner l'impression. Enfin, on ne saurait passer sous silence l'origine différente, plus composite encore aujourd'hui qu'hier ou avant-hier, des habitants de Paris. Parisiens véritables ? ce serait une autre question. Elle importe moins qu'autrefois, quand les Parisiens étaient fiers de se proclamer « nés natifs ».

Yeux bleus, cheveux châtains et peau blanche

De la couleur blanche et vermeille à la pâleur des misérables

Pour dire qu'au début du XVe siècle le boucher Caboche était « blond ou un peu roux, comme nombre d'habitants de Paris, où les apports de population viennent surtout du nord », Pierre Gascar se fonde sur les chroniqueurs, Froissart, Guillebert de Metz en particulier, ainsi que sur les poètes, l'Ardennais Guillaume de Machaut, le Champenois Eustache Deschamps[5]. « J'ai le chef blond », se flatte la jeune fille du poème *Je suis belle*, de Deschamps. De surcroît, elle a « blanche gorgette, durs seins et haut assis ». Célébrant sa bien-aimée, Machaut évoque « la grande douceur de son visage clair », de « sa couleur blanche et vermeille ». Le 20 juin 1389, lors de son entrée solennelle à Paris avec le roi Charles VI, son époux, la reine Isabeau de Bavière (1371-1435) suscitera une immense surprise : elle est brune. Gascar en tire un nouvel argument pour affirmer : « Le type septentrional domine dans la population française. » Quatre cents ans plus tard, on se rappelle le jaune de la figure des créatures de la rue du Pied-de-Bœuf, relevé par Mercier, et les adjectifs « hâve, jaune, tanné » qu'en 1834 Balzac accorde au teint des Parisiens. Nul doute que l'extrême pauvreté y fût pour beaucoup, l'étroitesse des rues, la boue qui recouvrait la chaussée, bref, une insalubrité quasi généralisée dont, aux premières lignes de *La Fille aux yeux d'or* toujours, se lamente Balzac :

> « Si l'air des maisons où vivent la plupart des bourgeois est infect, si l'atmosphère des rues crache des miasmes cruels en des arrière-boutiques où l'air se raréfie, sachez qu'outre cette pestilence, les quarante mille maisons de cette grande ville baignent leurs pieds en des immondices [...]. La moitié de Paris couche dans les exhalaisons putrides des cours, des rues et des basses œuvres. »

Cette pauvre Fantine

Douze ans auparavant, en 1822, dans sa *Topographie médicale*[6], Lachaise s'était appuyé sur de semblables observations pour ébaucher le type physique du Parisien :

> « Sa peau blanche et douce au toucher forme un contraste frappant avec celle de l'habitant des petites villes et surtout des campagnes qui reste plus que lui exposé aux intempéries atmosphériques et à l'action du soleil et de la lumière. Ses cheveux sont blancs ou châtains et ses yeux bleus. »

Deux, trois ans de malheur, de privation, suffisent à ce que la physionomie de la Fantine des *Misérables* s'altère dramatiquement. En 1817, Fantine est une grisette, une petite ouvrière de Paris, native de Montreuil-sur-Mer exactement. Avec ses « épais cheveux blonds », ses « yeux d'un bleu profond », sa « peau blanche », elle n'a rien à envier aux belles de Deschamps et de Machaut. En revanche, lors de sa rencontre avec la mère Thénardier à Montfermeil, elle est « pâle », « très lasse et un peu malade ». La misère, cette « pauvreté moralement sentie », l'a frappée : dans ses bras, elle tient sa petite Cosette qu'elle ne peut plus nourrir. En 1832, Hugo voit Gavroche « blême ». Dans *Choses vues (1830-1871)*[7], recueil de scènes prises sur le vif, Hugo, le 22 février 1846, a la vision des « misérables ». Il fait très froid, Hugo arrive en vue de la Chambre des Pairs, le Sénat. Soudain, écrit-il : « Je vis venir rue de Tournon un homme que deux soldats emmenaient. Cet homme était blond, pâle, maigre, hagard », il était le « spectre de la misère ».

À Paris, la mistoufle ne cessera pas de sitôt, en 1854 elle est présente à chaque page de *Paris Anecdote*, d'Alexandre Privat d'Anglemont[8]. Martiniquais d'origine, Privat d'Anglemont a été un amoureux impénitent de la capitale, de ses coins et recoins. Du côté de la montagne Sainte-Geneviève, il rencontre la mère Brichard, une cuiseuse de légumes. Sa fille Annette est « blonde, jolie, avec de beaux yeux bleus ». En 1876, *À travers Paris inconnu*, de Pierre-Léonce Imbert[9], démarre par la visite d'une « bibine » du quartier Mouffetard, à savoir « une espèce de taverne où vont manger et boire » les pauvres diables. « *Bibine* signifie débine », explique Imbert. Les chiffonniers, réfractaires et sans-chemise qui en composent la clientèle ont des « visages sans teint, comme de vieux portraits enfumés ». Exception notable, identique à chaque fois, « une fille splendide sous son misérable vêtement d'ouvrière. [...] Ses cheveux blonds, touffus, rassemblés en nattes qui descendent aux jarrets, ont de chauds reflets à la lumière et des tons d'or mat dans le clair-obscur des ondulations ». On croirait la Nana de Zola.

Nana, Blonde Vénus

Fille de Gervaise et de Coupeau de *L'Assommoir*, Nana a pour nom de baptême Anna Coupeau. Elle est née en 1852 à la Goutte-d'Or, de l'autre côté du mur des Fermiers généraux. Le début de *Nana*[10] se passe au théâtre des Variétés, 7 boulevard Montmartre, sous le Second Empire[11]. « Enfin on allait donc connaître cette fameuse Nana, dont Paris s'occupait depuis huit jours », s'impatiente l'assistance. Avant de monter sur les planches interpréter *Blonde Vénus*, Nana raccrochait le passant au coin de la rue de Provence. Dans ce même quartier de la Chaussée-d'Antin, le 9 janvier 1841, rue Taitbout, Hugo avait vu « un jeune homme ficelé, et cossu dans sa mise », mettre une grosse poignée de neige « dans le dos d'une fille qui stationnait au coin du boulevard[12] et qui était en robe décolletée » – Hugo a repris cette anecdote pour raconter les aléas de Fantine. Mais revenons à Zola : « Et Vénus parut. Nana, très grande, très forte pour ses dix-huit ans, dans sa tunique blanche de déesse, ses longs cheveux blonds simplement dénoués sur les épaules. » Après l'entracte, Nana est nue, « Vénus naissant des flots, n'ayant pour voile que ses cheveux ». Et, s'enflamme Zola, « lorsque Nana levait les bras, on apercevait aux feux de la rampe, les poils d'or de ses aisselles ». Devant cette femme qui, d'un coup, révèle l'inconnu du désir, le Tout-Paris suffoqué demeure muet. « Fichtre ! dit simplement Fauchery. »

Ce flux et reflux entre la hideur pâle, livide, des Parisiens et la beauté de telle fille est une longue tradition. D'un côté, Barbier :

> « La race de Paris, c'est le pâle voyou
> Au corps chétif, au teint jaune comme un vieux sou[13] »,

auquel se rattache Carco quand il décrit Villon, « espiègle écolier [...] chétif », mais brun, de l'autre, Hugo et Zola lorsqu'ils encensent la Parisienne. Et encore – ou déjà – Eugène Sue, qui, en 1842, orne la Goualeuse des *Mystères de Paris* d'une « natte de cheveux d'un blond cendré magnifique », puis Aristide Bruant. À la Belle Époque, soixante ans après, Rose-Blanche, l'héroïne de *Fleur de Pavé*[14], a « de grands yeux clairs », « de beaux cheveux blonds », une « expression d'angélique douceur ».

Une trentaine d'années ont passé, on est en 1932-33, le premier amour, un béguin secret et platonique, de Clément

Lépidis s'appelle Suzanne. De père grec, Clément était noir de poil, la petite, une Bellevilloise du 51 de la rue Piat, à dix mètres de chez lui, « avait le teint clair, les cheveux clairs et un regard où, s'extasie-t-il, je découvrirais aujourd'hui des bateaux[15] ». L'image est belle, mais classique. En parlant de ses « calots », Gabin lançait à José Giovanni : « C'est pas ma faute si quand j'ouvre les châsses on voit la mer[16] ! » À propos de la Parisienne, de son attrait, Louis Chevalier écrit : « De tous les mythes de la capitale il est probablement le plus ancien, le plus immuable, le plus sacré. Un mythe ? On devrait dire un dogme. » De façon un rien iconoclaste, Carco y souscrit en présentant son Jésus-la-Caille : ses cheveux ébouriffés « étaient blonds, ses joues fermes et pâles, et sa peau si blanche », on aurait cru une fille. Dans son avant-propos[17], Carco raconte que, juste avant la guerre de 14, celui qui a inspiré son personnage était « un petit blond qui répondait au surnom de "La Caille" et qui s'appelait en réalité Lucien B… »

La beauté des martyrs

Quant à la physionomie cadavéreuse des Parisiens, du « pâle voyou », elle subit une transmutation chez Gavroche, censé mourir en 1832, mais dont les exploits sont écrits après la révolution de 1848. Semblable transmutation s'opérera encore, en plus fort, au lendemain de la Commune : tel est le sujet du chapitre 3 de la première partie de *Montmartre du plaisir et du crime*[18] de Louis Chevalier. Se référant à Alphonse Daudet et à Jules Vallès, vanté par le fils d'Alphonse, Léon Daudet – aux idées politiques pourtant opposées –, Chevalier constate que soudain « le peuple devient beau ». Même Zola, surtout Zola, dans *L'Assommoir*, avait décrit à la Goutte-d'Or une humanité affreuse. *Nana*, où il loue les appas d'or de la fille de Gervaise, date, rappelons-le, de 1880. La blondeur du peuple est alors non seulement constatée – « le blond l'emporte sur cette foule » –, mais proclamée : il s'agit de « la beauté des martyrs ».

Le charme des bruns

Le fond de la population parisienne sera à dominante blonde jusque dans les années 1930, constate Louis Chevalier. Les *bavelles blavondes*, comme on disait en javanais, étaient appréciées. Exemple, à la Belle Époque : Amélie Hélie, alias Casque d'Or. Née à Orléans le 17 juin 1879, elle était arrivée deux ans plus tard à Paris, impasse des Trois-Sœurs, dans le quartier de la Popinc', 22 rue Popincourt. Son homme, Joseph Pleigneur, surnommé Manda, avait trois ans de plus qu'elle. Tous deux étaient blonds, mais Dominique Leca, le second lascar du trio, un Corse, ne l'était pas. Pleigneur avait de petites moustaches de rien, Leca, d'épaisses charmeuses noires. Décapité pour le meurtre d'un agent de police le 2 juillet 1910, le cordonnier et souteneur Jacques Liabeuf était du même type que Pleigneur. *Idem*, ou peu s'en faut, Georges Hainnaux, de l'affaire Stavisky, surnommé selon l'époque « Jo la Terreur », « Jo les Cheveux gris », puis « Jo les Cheveux blancs ». Né le 27 avril 1895 à Boulogne-sur-Seine, il était brun mais avait les yeux azur[19]. En 1905, dans *Le Tigre et Coquelicot*[20], inspiré des péripéties de Casque d'Or et de ses amants, Charles-Henry Hirsch s'attarde « sur la jolie tête efféminée [encadrée] de boucles noires » du troisième comparse de l'histoire, M. Facchino, qui sait si bien dire « la Corse, son pays parfumé de thym ».

Un quart de siècle plus tard, en 1929, Paul Bringuier, journaliste à *Détective*, sera sensible au charme particulier du dénommé Charlot l'Algérien, alias Smadja le Tunisien. En fait, ce Charles Smadja, garçon « aux yeux fendus, au teint chaud, à la bouche épaisse », est un juif d'Algérie. Pour l'heure, il est soupçonné d'avoir tué sa maîtresse, Marie-Louise Bataille, plus connue sous le surnom de Loulou, rue des Prêcheurs dans les Halles, où elle se prostituait. Avant que Smadja soit mis hors de cause, *Détective* envoie Bringuier puis Henri Danjou enquêter à La Java, le bal-musette du 105 rue du Faubourg-du-Temple, les 12 et 19 septembre : Charlot et Loulou y allaient gambiller. Seize ans plus tôt, en 1913, André Warnod était parti à la découverte de certains guinches[21]. Aux Grav', 65 rue des Gravilliers, une valseuse retient son attention :

> « Elle n'est pas encore du métier [celui qui consiste à faire le trottoir]. C'est une ouvrière en plumes ou bien en cartonnage. C'est une belle môme de faubourg, du vrai sang de Paris, avec sa peau claire, ses cheveux dorés, des yeux pétillants de malice et au coin des lèvres la riposte toujours prête. Elle s'agite dans le bal avec une audace de moineau franc [...]. On l'a surnommée le *Petit Piaf*, ce qui veut dire petit moineau. Elle s'amuse de tout son cœur et se moque de tout. »

La filiation est avérée : Hugo parlait déjà de « moineau franc » et, à la phrase suivante, Warnod s'amuse des blagues de « gavroche » de la fille. Du coup, on comprend mieux le surnom d'Édith Gassion au début de sa carrière, en 1935 : « la môme Piaf », plus tard Édith Piaf.

Être parisien

Dans *Féerie pour une autre fois*[22], Céline se plaint qu'au Danemark il ait été obligé de parler en anglais avec sa femme quand elle lui rendait visite en prison. Ferdine vitupère que Lucette Destouches, Arlette dans le roman,

> « est née Française Française Française rue Saint-Louis en l'Île, moi Rampe du Pont, 11, Courbevoie !... Bébert à la Samaritaine !... nous forcer à parler anglais !... moi l'horreur des langues étrangères !... biaiseuses baragouineries infâmes !... C'est de l'humiliation capitale ! Nous natifs de Seine comme personne !... »

Une façon impérieuse d'affirmer son appartenance à la Seine, à Paris, ce « nous natifs de la Seine comme personne », Bébert y compris, le « greffier » – le chat de Céline. Si la locution « être né natif de Paris » se disait beaucoup autrefois, elle ne s'entend plus. Elle figure encore dans le Petit Robert, l'édition de 1969 du moins. Le 6 décembre 2006, dans sa longue étude intitulée « D'où viennent les Parisiens », *L'Express* parle du « Parisien de souche », du « vrai Parisien » et encore du « titi parisien », mais jamais du « Parisien né natif ». Pourtant, ce tour remontait à loin puisque, en 1859, il est employé, entre guillemets, dans l'article de Delvau sur le boulevard du Temple[23] : « On ne connaît pas Paris pour l'avoir traversé. Ceux-là même qui en sont "nés-natifs" ont quelque peine à savoir à quoi s'en tenir à son sujet. » En 1929, dans *Images cachées*[24], rue Saint-Martin[25], Carco visite une « taule », un bordel où il s'en passe de belles. On lui présente une Russe, Véra, qui, après la troisième bouteille de « champe, écrit-il, ne put prolonger l'équivoque » : elle était « "née native de Belleville" [...], fille d'une honnête blanchisseuse, d'un père ivrogne [et] à quinze ans on l'appelait déjà dans les bastringues "Belle-Viande" ». Un succédané de Nana et une argotière de première.

« Né » et « natif »

Des deux adjectifs, « natif » précise le côté géographique de la naissance, et « né », l'appartenance familiale à Paris, la branche. Caboche était « fils d'une tripière des Halles », la femme Ladoucette, « dame de la Halle et, depuis le Roy Saint-Louis, de mère en fille ». Au XIXe siècle, la Fanny Legrand de *Sapho*[26], roman quasi autobiographique d'Alphonse Daudet, est fille de cocher. Autant de Parisiens pur jus, ou presque. Pour en revenirà Céline, certes il avait les yeux bleus, mais, s'il était né « natif » de Courbevoie – donc « de Seine » – il n'en était pas « né natif » puisque ses parents étaient d'ascendances normande et bretonne. On aura d'ailleurs remarqué que Céline écrit « natifs » de Seine et non « né natifs ».

D'un père dont Daudet ne précise pas les origines, Sapho a vu le jour « au Moulin-aux-Anglais, dans la banlieue ». Ce lieu-dit, que je ne situe pas, se trouve quelque part entre Paris et Châtillon : sur ce trajet, le père de Sapho « faisait le service des voitures ». Sapho est le fruit des étreintes d'un cocher ivrogne « et d'une servante d'auberge, entre deux tournées de comptoir ». Une femme tentante « dans le flot de ses cheveux », blonds, non, c'est notable, mais « bruns », et aux « grands yeux gris éclairés de flammes libertines ». Une « faubourienne passée par les ateliers » et les bouges, ainsi que Daudet exprime sa filiation à Paris. À propos d'un autre de ses personnages, la petite Cousinard, il s'enthousiasme : « Et si bon enfant, si peuple, du Paris de la Halle où sa mère vend de la volaille... » Encore que le vieux Legrand soit cocher, peut-être une différence serait-elle à établir entre la Halle, le cœur de Paris, et les faubourgs, domaine de l'ouvrier parisien[27] ? Quoi qu'il en soit, Joseph Charlemont est contemporain de Fanny Legrand : elle est de 1836, lui, de 1839. La vie de Charlemont montre un lien profond à Paris, pourtant le Phénix de la boxe française était originaire du Nord. Si peu : à un an, en 1840, Charlemont a gagné la capitale et, jusqu'en 1856, il a habité au 139 rue de Charonne. Son enfance, son adolescence sont celles d'un titi.

À considérer le détail, être « né natif » de Paris est ardu à définir. Certes, avec ses yeux bleus et sa blondeur, Jean Gabin était le Parisien type. Certes, ses parents étaient de Pantruche, pourtant aucun de ses grands-parents n'y était venu au monde. Dans mon enfance, je sentais la famille de mon copain Titi, « les Titis », davantage de Paname que nous. Le père de Titi y était arrivé tôt, sa mère était de la rue Mouffetard. À l'image de sa mère, Titi est châtain clair, blond, il a les yeux bleus. À la maison, nous étions bruns et d'œil noir. Ma mère était née à Paname, mais, Mémé Jolie oblige, elle était très tournée vers la Gironde. Manière de parodier cette chanson qui a popularisé Enrico Macias quand il a rejoint Paris à l'indépendance de l'Algérie, Paris avait pris mon père dans ses bras, mais, en 1936, il avait déjà 22 ans.

Louis Chevalier et Auguste le Breton

Forts de ces arguments, d'aucuns soutiendraient qu'on n'est pas de Paris, on en devient. Oui et non. Un jour que je lui proposais un article sur *Montmartre du plaisir et du crime*, Dominique Jamet m'avait dit de Louis Chevalier qu'il était « l'homme qui connaît le mieux Paris ». Parisien, Chevalier l'était plus que quiconque, pourtant il demeurait vendéen. L'origine géographique s'ajoutait non tant à la classe sociale qu'à la fonction de l'homme, pour contrarier son assimilation, son « acculturation » au Paris qui nous préoccupe, le Paris populaire. En 1980, j'ai donné un coup de main à Robert Lageat pour écrire *Des Halles au Balajo*[28], ses mémoires. Chevalier et Lageat étaient de 1911. Le premier était professeur au Collège de France, le second, ancien catcheur puis organisateur de catch, venait d'acquérir le Balajo. La manière différait lorsque, avec l'un ou l'autre, je discutais des journées entières de Paris.

S'il n'avait été qu'un natif sans instruction de L'Aiguillon-sur-Mer, débarqué en 1930 à Paris, peut-être Chevalier en eût-il pris l'accent, les us et coutumes et tout le toutim – je pense à Auguste Montfort, alias le Breton, né en 1913, arrivé à cette époque. Mais Chevalier était un homme d'études, l'école de la rue n'a pas été la sienne. Immanquablement, les questions d'appartenance à Paris sous-entendent ou signifient le Paris populaire. Dans les années 1980, je me rappelle combien *Avant-Mémoire*, travail monumental du professeur Jean Delay sur sa famille, sur ses origines parisiennes plusieurs fois centenaires, ne correspondait pas à ce que j'avais envie de lire sur Paris. En l'occurrence, papiers notariés et archives diverses m'intéressaient moins qu'un Lageat m'expliquant pourquoi la vie aux Halles l'obligeait à « se taper » tous les jours : « À 12 ans j'avais les yeux bleus, le genre mignon, mais la main au fion, j'étais pas bon, hein ? Alors, badaboum ! » De ce point de vue – être du Paris populaire, *en être* –, être né à Paris n'apparaîtrait presque plus que comme une condition parmi d'autres. Il n'en est rien : l'enfance, les souvenirs que l'on en garde sont primordiaux.

Être né à Trifouillis-les-Oies n'était pas être né à Paname

Comment le fait d'être né à Paname, d'avoir fait ses premiers pas dans la rue, d'y avoir joué à la sortie de l'école, d'avoir découvert ses mille attraits ne serait-il pas une condition *sine qua non* ? L'appartenance, le sentiment d'appartenance à Paris enfle encore si les parents, les grands-parents en sont eux-mêmes et qu'ils racontent à leur progéniture la Grand'Ville de leur temps. Personne mieux que Daniel Halévy n'a exprimé cette « magie d'un autre monde » dans lequel, chaque matin, les récits de sa grand-mère paternelle le transportaient[29]. Seulement, « l'Institut, toujours l'Institut », Halévy ne risquait pas de connaître Pantruche. C'est pourquoi l'origine sociale est une deuxième condition pour appartenir au Paris populaire, et les fréquentations, que j'aime à qualifier de mauvaises, une troisième, quasi déterminante.

Né dans le Finistère, Auguste le Breton ne remplissait que les deux dernières. Son enterrement a montré la nécessité de voir le jour à Paris pour en être tout à fait : son cercueil était recouvert du drapeau breton. Auguste devait, il est vrai, le surnom qui l'a rendu célèbre à sa Bretagne natale. Quand il parlait, un soupçon d'accent *maho*, curieusement chantant, subsistait sous ses intonations moulées dans celles de la Grand'Ville. Encore qu'Auguste ait été enterré au Vésinet[30], ses soixante-neuf ans de Paname et ses fréquentations du Montmartre de la grande époque ne lui avaient pas fait oublier le *pays*.

En revanche, chez le peintre Gen Paul, chez Robert Lageat et chez Jo Privat, les trois conditions étaient réunies. Même si Jo, au contraire de Gen et de Robert, avait les yeux et le cheveu noirs. Par sa mère, Fornara de son nom de jeune fille, Jojo était italien. Le pointillisme, cet excès de précision, conduit à l'absurde. On conclura en posant qu'être du Paris populaire renvoie, chaque fois, à être du Paris populaire mâtiné voyou – à tout le moins le côtoyer ou ne pas ignorer ce qu'il est. Villon, Balzac, Hugo, Bruant, Carco, Chevalier et consorts comprenaient de cette façon l'appartenance à Paris. Ceux qui, depuis le milieu du XIXe siècle, ont témoigné de la succession échue au peuple, aux dépens de la bourgeoisie, d'incarner l'âme parisienne n'ont cessé de balancer entre classes laborieuses et classes dangereuses. Le côté folklorique, *vert*, comme leur langue, des classes dangereuses les rend plus exaltantes à décrire que les laborieuses.

Auvergnats et consorts

« C'est surtout dans les faubourgs, insistons-y, que la race parisienne apparaît ; là est le pur sang ; là est la vraie physionomie ; là ce peuple travaille et souffre, et la souffrance et le travail sont les deux figures de l'homme », écrit Hugo, mêlant constatations d'ordres biologique et sociologique. Une raison supplémentaire de dire que la notion de Paris populaire date de son époque. Bientôt deux cents ans auront passé : cette « race parisienne », ce « pur sang », cette « vraie physionomie » sont obsolètes, les différentes immigrations en ont eu raison. Faire l'histoire des vagues d'hommes qui se sont installés à Paris serait infini, y compris celles depuis le Second Empire. L'intéressant est d'observer comment les Parisiens « nés natifs » et ceux qui, bien qu'habitant Paris, n'en étaient pas entièrement, se sont regardés, considérés. Et aussi de cerner pourquoi certains de ces Parisiens nés ailleurs, tout en étant de la Grand'Ville, restaient si fort attachés à leurs racines externes.

Avant la disparition des Halles, les Auvergnats et les juifs constituaient les colonies – pour reprendre le terme en usage chez les Auvergnats – les plus présentes à Paris. Déjà en 1847, dans *Le Cousin Pons*[31], Balzac avait mis en scène le ferrailleur auvergnat, devenu marchand d'art, Rémonencq, et l'amateur d'art juif Élie Magus. En 1956, dans *Boulevard*[32], de Robert Sabatier; vivent entre autres, chichement, au sixième étage du 2 rue Houdon, à Pigalle : Georges, le gamin héros du roman, fils de Castagnier, un bistrot cantalou de la place des Abbesses,

« le malheureux petit juif Rosenthal » qui rêve de devenir Rockefeller, et les Benazzi, une famille italienne. Sans oublier le jeune peintre Giuseppe, surnommé « Pittore », italien également. On s'attardera en priorité sur les Auvergnats, dont l'histoire à Paris n'est pas aussi bien connue qu'on le penserait. Mais parler des uns, c'est les comparer aux autres, les juifs, les Bretons, les Limousins, les Italiens aussi, qu'on retrouvera au chapitre 9, à propos du bal et de la musique musette.

« Auverpins » ou encore « Auverploums » et « Ploums »

« La population grandit, pendant les premières décades du XIXe siècle, par une immigration des départements situés dans la moitié nord de la France », résume Louis Chevalier, dans *Classes laborieuses et Classes dangereuses*, ses recherches exposées dans *La Formation de la population parisienne au XIXe siècle*[33]. Ainsi pense-t-il la place accordée par Balzac et d'autres aux Auvergnats surestimée par rapport à leur importance réelle. Peu importent les chiffres exacts, difficiles d'ailleurs à déterminer : les Auvergnats sont depuis longtemps à Paris, et leur résistance aux façons communes d'y vivre, bref, leur personnalité a bâti leur réputation, ce pittoresque qui d'emblée les désigne.

Charcutiers, bougnats ou bistrots, tous dansaient

De tout temps j'ai connu le mot « auvergnat » et, au moins, un Auvergnat : M. Raynès, le premier propriétaire de la Ville de Rodez, la charcuterie-salaisons du 22 rue Vieille-du-Temple, ouverte en 1920. Un Aveyronnais, ce M. Raynès, mais l'Aveyron fait partie des sept départements de l'Auvergne à Paris[34]. La saucisse de M. Raynès était bonne, on en mangeait souvent : « la saucisse de chez l'Auvergnat », on disait à la maison. M. Raynès portait la blouse noire des maquignons, parfois le chapeau rond. Je l'entends blaguer mon père de son accent rouergat : « Alors, d'accord-déon ? »

Le soir, quand M. Toni montait faire la conversation, il évoquait la rue de Lappe. Mon père l'avait fréquentée avant la guerre. J'ai toujours su qu'à la Bastille, entre les rues de la Roquette et de Charonne, elle était celle des Auvergnats. Sur le tard, en 1936, ma grand-tante Isabelle s'était mariée à un Limousin de la Haute-Vienne, Joseph Mathias, un chauffeur de taxi. Un sacré danseur de bourrée. Quelques années après la mort de mon grand-père maternel, en 1933, les Mathias emmenaient ma grand-mère, ma mère et la cousine Yvette *dansa* à La Boule Rouge, au 8, chez Pouyet. Le Paris de mon enfance, le Paris populaire du 4e arrondissement faisait la place belle aux « Auverpins », comme les Parisiens appellent les Auvergnats. Rue du Plâtre, au 15, il y avait un bougnat. Sac à charbon sur la tête et le cou en guise de colletin, il livrait le *carbi* avec une charrette à bras. « Astier », je lis son nom sur mon Bottin de 1950. Plus tard, au coin de la rue du Temple, ma mère avait sympathisé avec M. et Mme Serre. Lui s'appelait Dédé, il est mort jeune.

Un souvenir m'est resté. Un jour, mon copain Titi était allé chercher sa sœur invitée par les parents d'une camarade dans leur café, au coin de la place de l'Hôtel-de-Ville et du quai de Gesvres – Lagriffoul, s'appelaient ces gens. Il s'agissait d'une réunion familiale. À un moment, les convives s'étaient élancés dans je ne sais quelle *crousade* ou *montagnarde*. Ça l'avait marqué, Titi, ces coups de pied répétés, ces cris des danseurs, l'*ahuc* des buronniers d'Aubrac. Le fils Lecouvreur itou, Maurice – Eugène Dabit lui-même –, qui, au début de *L'Hôtel du Nord*[35], raconte l'achat par ses parents, en 1923, de ce fameux hôtel, 102 quai de Jemmapes, sur le canal Saint-Martin. « De vrais Auvergnats », juge le père Lecouvreur en parlant des Goutay, le couple auquel il s'apprête à reprendre l'affaire. Pour fêter la transaction, les vendeurs invitent les Lecouvreur et l'agent immobilier à dîner. « Au dessert, Goutay, la face hilare, fit sauter le bouchon d'une bouteille de "mousseux" » et, surtout, un brin pompette, poursuit Dabit, il propose « à sa femme de danser la bourrée. Les chaises rangées dans la cuisine, les tables poussées contre les murs, Marthe Goutay et son mari glissèrent sur le carrelage et battirent de lourds entrechats. Goutay s'accompagnait en chantant. [...] Quel bon bougre, ce patron-là ! »

Depuis le XVIIe siècle au moins, les Auverpins sont habitués à « descendre » de façon saisonnière à Paris puis à « remonter » au pays. Au XVIIIe, Mercier dit qu'ils font « le métier de chaudronnier, de raccommodeur de faïence, de parasols, de rémouleur ». Il ajoute que les Auvergnats, « ces hordes, voyagent ainsi depuis Jules César et plus anciennement encore ». Dans sa thèse consacrée à ses compatriotes de Paris, Françoise Raison-Jourde explique que certains, déjà présents rue de Lappe sous Louis XV, ont fait fortune durant la Révolution en récupérant le fer des carrosses des nobles[36]. Même si l'appellation « bal-musette » a été officialisée plus tard[37], elle remonte au début du XIXe siècle. Quand, dans *Le Nouveau Paris*, Mercier s'attarde sur « les Auvergnats [qui] dansent à ébranler les planchers et à faire craindre les réparations locatives », il ne parle que des « bals pour tous les états : les porteurs d'eau et les charbonniers ont les leurs ». On le constate : qu'il soit de Titi, de Dabit ou de Mercier, l'étonnement des Parisiens à voir « s'élever et retomber sans cadence et sans mesure [ces] danseurs inimaginables » que sont les « Ploums » est identique.

Pour les Auverpins, les Pantruchards avaient la face blême

À la fin de la Révolution, Pujoulx[38] recommandait aux amateurs de franche gaieté d'aller à « la barrière Montceaux » – aujourd'hui la station de métro Villiers – voir boire, danser et entendre chanter « les hommes grands, secs et noirs, des charbonniers suivis par quelques fruitières ». Moins d'un siècle plus tard, en 1882, dans *L'Auvergnat de Paris* et le *Gil Blas*, Jean Richepin se fait le défenseur des bals-musettes. C'est l'époque où, les voyous parisiens commençant à les fréquenter, leur bonne réputation auvergnate, familiale, s'en ressent. Richepin vilipende les « faces blêmes [...] souvent tatouées de pochons noirs qu'on y trouve » au profit des « bonnes grosses faces rougeaudes, qui sentent encore le soleil et l'âpre vent de là-bas ! Pas d'yeux clignotants aux paupières rongées, continue-t-il ; mais des regards simples et sains, bruns comme la peau des châtaignes ou bleus comme le ciel d'été ». Certes, il y a des Auvergnats blonds, la majorité pourtant me semblent bruns. D'ailleurs, la mariée que, plus loin, Richepin montre animer un bal de la rue Laugier est « une jolie brunette ».

De préférence au contraste brun-blond, les défenseurs de l'Auvergne à Paris insistent sur l'opposition de la bonne et de la mauvaise santé – au détriment, bien sûr, des Parisiens. Ainsi Legoyt salue-t-il, en 1841, chez les Auvergnats de la montagne « de belles races d'hommes à la carrure puissante, à la taille athlétique, et qui portent sur leur mâle figure le type de la force et d'une sorte de grandeur morale[39] ». Cette célébration de la race se retrouve souvent dans les articles de Louis Bonnet, fondateur, le 14 juillet 1882, du journal maintenant bien plus que centenaire *L'Auvergnat de Paris*. Roger Girard, un ami tôt disparu, l'avait relu, annoté et résumé en 1982 dans *Journal d'un Auvergnat de Paris. Les Fondations 1882-1907*[40]. En juillet 1885, Bonnet soutenait : « En Auvergne, la population est bien portante et vigoureuse ; c'est ce qu'on pourrait appeler des hommes, ils sont dignes de faire souche et pourraient servir à l'amélioration de la race. » Il invitait les Parisiennes « à venir chercher l'union des sexes dans ces vallées honnêtes ». L'apologie physique se doublait d'une apologie morale. La réponse de Bonnet aux moqueries essuyées depuis toujours par ses compatriotes devenait ainsi louange du caractère auvergnat. À partir de ce moteur essentiel, il tentera de mettre au point un programme économique puis politique de conquête de Paris.

Pour les Parigots, les Ploums parlaient charabia

Restons-en aux moqueries. Petit, je me suis entendu gentiment reprocher par mon père de « parler auvergnat », c'est-à-dire charabia : j'avais quelque difficulté à m'exprimer avec clarté. Reprenant ce qu'en 1847 Balzac en dit dans *Le Cousin Pons* – toutes les affaires du ferrailleur Rémonencq « se traitaient en patois d'auvergne, dit *Charabia* » –, le Larousse du XIXe siècle affirme que le charabia est la langue des Auvergnats. Ce n'est vrai qu'au figuré. Le patois des Auverploums résonnait bizarrement aux oreilles parisiennes, de surcroît l'Auvergnat était si typique dans ses métiers de prédilection que les dessinateurs l'ont immortalisé. Les boulevardiers s'en sont mêlés. « Fouchtra », « bougnat », le juron « bougri de bougra », la danse « matchtagouine », « charabia » sont des mots inventés[41], en particulier par Eugène Labiche, qui fait apparaître « fouchtra » et « bougnat » dans sa pièce *Le Misanthrope et l'Auvergnat*.

Sur la moquerie, le XIXe siècle était moins regardant que le nôtre, même si Girard écrit[42], en le regrettant manière de le regretter, sans plus, que la pièce de Labiche a définitivement ancré dans l'esprit des Parisiens certains « clichés aberrants » sur les Auvergnats. Ceux, spécialement, concernant leur manière de prononcer et de parler le français : le son « ch » ou « tch » y est exagéré à l'extrême. Dans *Le Cousin Pons*, Balzac avait ouvert le bal en transcrivant comment charabiait Rémonencq. Plus tard, dans *Contes du lundi*, Alphonse Daudet donnerait la première description littéraire de la rue de Lappe. On est à l'époque du siège de Paris, le faubourg Saint-Antoine est en armes. Dans l'« espèce de ghetto auvergnat » qu'est la rue de Lappe, étrangement, la tranquillité règne. « Les femmes charabiaient en tricotant sur la pierre de la porte », note Daudet. En novembre 1882, Vallès se promène faubourg Saint-Antoine[43]. Ses origines auvergnates ne l'empêchent nullement de moquer le charabia du *« fouchtra »* lorsqu'il reçoit un *« cougin »* ou marie une *« payge »*.

« Je les connais tous, ces rapiats-là ! » (Balzac)

À propos du caractère auvergnat, Vallès reprend les traits des Parisiens à son encontre. Cent ans plus tôt, Mercier écrivait : « Chaque Auvergnat, l'un portant l'autre, rapporte quatre ou cinq louis d'or dans sa triste patrie. L'enfant de dix ans en a gagné deux ; ils les cousent dans la ceinture de leurs culottes, et les enfants mendient le long des chemins. » Vallès, lui, relève que, rue de Lappe, royaume de la ferraille, « la bande des Auvergnats » a ramassé « dans ce fumier de métal des pépites d'or plus grosses que les châtaignes du Puy-de-Dôme et du Cantal ! » Sur cette question de l'argent, M. Toni déclarait péremptoirement : « Les Auvergnats, y sont pires qu'les juifs ! » Il était limousin : pour le Limousin, l'Auvergnat était l'ennemi traditionnel, et réciproquement. Il répétait en outre ce qui se colportait à Paris. Dans *Le Cousin Pons*, l'Auvergnat Rémonencq rivalise si fort de cupidité avec Élie Magus, « un Juif qui ne fait plus d'affaires que pour son plaisir », que Balzac ironise : « Comme on le voit, tous les juifs ne sont pas en Israël. »

Aujourd'hui, l'assimilation de telle habitude, décriée, à tel groupe de population est une pratique épineuse. Avec prudence, Françoise Raison-Jourde rappelle que les procédés d'affaires des ferrailleurs de la rue de Lappe ont été comparés à ceux d'une « sorte de maffia ». Quant à l'activité usuraire, dit-elle, il s'agit d'une « accusation couramment portée, mais difficilement vérifiable, qui assimile souvent l'Auvergnat au juif ». En mars 1883, Louis Bonnet ne s'embarrassait pas de litote, qui se repaissait à l'avance de la réussite de la « franc-maçonnerie » auvergnate :

> « Quand nous autres, les émigrés qu'on appelle les juifs modernes, nous aurons partout fait pénétrer les nôtres, dans les chambres de commerce, dans les conseils communaux, au Parlement si c'est nécessaire, l'Auvergne n'en sera que plus riche en influence et en gloire aussi. »

Deux ans plus tard, il écrira :

> « Je prends le mot dans le meilleur sens. À Paris, les Auvergnats se sentent étrangers comme les Juifs sous les tentes bibliques. Ces montagnards, qui pourraient se détester et se nuire dans leur pays, deviennent frères, quand ils en sont loin et quand, entendons-nous bien, aucune question d'intérêt ne vient se mettre à la traverse[44]. »

En résumé, l'union fait la force. C'est le credo de chaque groupe humain, suffisamment nombreux, se retrouvant en terre « étrangère », même si Chevalier, comparant les sociétés auvergnate et bretonne de Paris, remarque que « l'intérêt est proscrit des retrouvailles bretonnes comme une inconvenance, une injure à l'amitié, une ruse, une malhonnêteté, la tache sur l'hermine ». Quant à la société juive, si composite, « elle tient [à la fois du] regroupement auvergnat, économique et matériel, et [du] breton, religieux et moral ». Ce n'est là, on le comprend, qu'une brève esquisse desdites sociétés.

Sur l'accent titi

Se penchant sur les « enfants des bougnats », dont, à l'instar du Georges de Sabatier, il était, Girard détaille leur double personnalité, parisienne et paysanne :

> « Quand ils habitaient les quartiers populaires, ce qui était souvent le cas, ils parlaient le même français avec l'accent "titi". Mais l'été ils redevenaient instantanément des petits Auvergnats parlant patois, portant des sabots, s'occupant des animaux et courant les chemins[45]. »

Les Auvergnats n'étaient pas les seuls à bénéficier d'un tel régime. Étant donné la petite chambre où ses parents habitaient, leurs faibles ressources, jusqu'à 7 ans, en 1926, ma mère avait été élevée par sa grand-mère maternelle en Gironde. Elle était née le 15 mai 1919 à Paris, Lino Ventura, le 14 juillet de cette même année, à Parme, en Italie. Dans *Lino*[46], sa femme Odette nous apprend qu'il a suivi sa mère à Paris, à Montreuil précisément, en 1926. Ensuite, il retourne deux ans en Italie, revient, etc. J'ignore si, chez Lino, à l'exemple de ma mère et de Girard, le *pays* – la Margeride pour Girard, le Langonnais pour ma mère – l'emportait sur Paris, mais c'est dans l'ordre du probable. Je constate simplement que, si ma mère et Girard n'avaient pas l'accent titi véritable, Lino, de langue italienne jusqu'à 7 ans, l'avait, lui. Quant à se demander comment parlait et prononçait Léonie Bathiat, la question est superflue tant Arletty, son nom d'artiste, reste, à l'égal de Mistinguett, Chevalier ou Gabin, l'incarnation du Paris populaire. Elle était née dix-neuf ans tout juste avant la mienne, le 15 mai 1898, à Courbevoie, d'une mère lingère et d'un père auvergnat employé aux TPDS, les Tramways de Paris et du département de la Seine. En bon Ploum, Bathiat envoie sa fillette chez la grand-mère. « J'ai aussi été élevée en Auvergne pendant plusieurs années. À Charbonnières, près de Manzat », a raconté Arletty[47] : sa grand-mère tenait une buvette, son grand-père était maréchal-ferrant. À entendre Arletty gouailler à qui mieux mieux dans les films que l'on sait, qui se serait douté de ses jeunes années dans le Puy-de-Dôme ?

Francis Lemarque, môme juif de la rue de Lappe

Francis Lemarque aussi avait l'accent de Paname, en moins prononcé toutefois. Le cas de Lemarque, né Nathan Korb, comme il le révèle dans *J'ai la mémoire qui chante*[48], ses mémoires, est précieux à plus d'un titre. Lemarque était né 51, rue de Lappe, le 25 novembre 1917, de parents juifs – le père de Pologne, la mère de Lituanie[49]. Jusqu'à l'âge de 3 ans, sa seule langue a été le yiddish. Dans l'entre-deux-guerres, les juifs ont été nombreux à habiter le quartier auvergnat de la Bastille. Les

Ploums, le jeune Nathan les a connus. Par exemple, la famille du troisième au fond de la cour, un maçon, sa femme et le petit Raymond, 9 ans. De ses fenêtres, Mme Rissmann, une voisine, assiste à un si curieux spectacle qu'elle s'en ouvre à Mme Korb : la mère ose donner à Raymond « une chopine de vin rouge à tous les repas, midi et soir, sous l'œil attendri de son ivrogne de mari, le maçon ». Ce n'est pas tout. Il faut voir le maçon lamper son potage de vermicelle, entendre le bruit écœurant de sa bouche, et, le pire, le regarder *faire chabrot*, pratique et locution inconnues chez les juifs, d'où l'ahurissement de Mme Rissmann :

> « [Le bonhomme] verse dans le reste de son potage… un verre de vin rouge ! et il avale ce mélange en portant l'assiette à sa bouche… Quand il la repose, il y a plein de brins de vermicelle collés à sa grosse moustache, comme des vers blancs. Oui, madame, y a vraiment de quoi s'évanouir de dégoûtation ! »

Le plus drôle est qu'au contact des Auverpins, non seulement Francis Lemarque s'entichera de leur musique – mariée à l'accordéon italien –, jusqu'à composer *Rue de Lappe*, l'hymne de la rue, mais surtout il apprendra les jurons auvergnats du cru : « millediou », « macarel ». En sus, il partira en colonie de vacances en Auvergne même.

Depuis longtemps, Paris est le carrefour privilégié de « cultures » différentes, ainsi qu'on répète tant et tellement aujourd'hui. Un demi-siècle avant Lemarque, constate Vallès en l'expliquant par l'absurde, le prix du loyer oblige beaucoup d'« enfants de Paris » à quitter le faubourg Saint-Antoine. Outre ceux qui restent – « le peuple » –, il y trouve, rue Mercœur, « des Bretons qui vendent de l'ail bénit », rue Sainte-Marguerite, des Italiens montreurs de marmottes, de singes et joueurs de violon, et aussi « des bataillons d'Allemands » travailleurs du meuble qui, s'offrant au rabais, « coupent ainsi le poignet aux grèves.

Spectacle douloureux, s'exclame le proscrit de 1871, quelle que soit l'opinion qu'on ait sur la question sociale ! Ce sont des étrangers – et ceux-là ! – qui font à Paris pencher la balance dans les grands débats du travail ! »

Le populo menait à tout

En notant au passage combien, en 1880, l'œcuménisme culturel n'allait pas de soi, le Paris populaire dériverait vers le Paris ouvrier, celui de la prise de conscience, des luttes syndicales et politiques. Du temps où il travaillait chez Mettetal, 17 rue Beautreillis, dans le 4e, le jeune Lemarque avait été traité de « sale petit youpin ». Sans qu'il établisse une relation de cause à effet entre cette injure et ses engagements, Lemarque a d'abord rejoint le Groupe Mars, puis le Groupe Octobre, axés sur la « culture populaire », très avancés politiquement. Jacques Prévert était l'âme du Groupe Octobre, Mouloudji et Raymond Bussières en étaient membres – tous trois Parisiens bien nés aux yeux du public[50]. Durant l'Occupation, Lemarque a intégré le corps franc Bayard du côté de Mazamet, transformé ensuite en 12e régiment de Dragons de l'armée de Lattre de Tassigny. Une fois devenu le chanteur représentatif de Paris que l'on sait, Lemarque était resté proche des communistes.

Pour ne pas quitter la rue de Lappe et ses personnages, avant la guerre Robert Lageat était à gauche. Lui, le « né natif », et Lemarque, Parisien de parents juifs immigrés, étaient *grosso modo* dans le même camp. À l'instar de Lemarque, Lageat est passé par les corps francs et la Résistance. Si Lemarque est demeuré très à gauche, Lageat a ensuite opté pour de Gaulle. Leurs racines expliquent-elles cet engagement divergent ? Difficile d'en juger sans nuance. Pour Lageat, de Gaulle, c'était la France. J'ai peu connu Lemarque. Dans *J'ai la mémoire qui chante*, il raconte comment l'école de la IIIe République a fait de lui un Français. Les choix politiques de Lageat et de Lemarque expriment une idée différente de la France, encore que gaullistes et communistes aient longtemps été alliés « objectifs ».

Pour n'avoir pas connu la réussite exceptionnelle de Lemarque, le parcours de Lageat est néanmoins digne d'intérêt. Aux Halles, s'il affirmait ne pas avoir été bon pour « la main au fion », Robert reconnaissait avoir pris des trempes. Surpasser l'adversité physique puis l'adversité tout court va le faire progresser du Carreau des Halles au catch, puis du catch au music-hall. Le catch avait été interdit sous l'Occupation, Robert s'était reconverti à l'acrobatie portée. Blessé dans les maquis du Lot, il était perdu pour le ring, à la Libération ils s'est mis à organiser des réunions. Robert est un gars des Halles qui prend du galon et s'en sort. Dans son équipe de catcheurs, il a Lino Ventura, ensuite il lance l'Ange Blanc, il est « big boss » du catch en France, et du Balajo à la décarrade. Il pouvait basculer dans le monde interlope, il s'est contenté d'être « un bordurier du milieu » – son expression, une de plus à faire mouche. Au hasard de ses péripéties, jamais Robert ne s'est départi de son accent et de sa verve titi. Jusqu'au bout, il est demeuré le Robert des Halles qu'il était en 1930. Si j'en crois ceux qui l'ont côtoyé, Jean Gabin aussi. Maurice Chevalier *idem* : dans *Ma route et mes chansons*[51], il sait placer le mot juste, le mot d'argot. C'est pourquoi, bien qu'ils n'aient pas eu *une vie d'épicier*, ces Parisiens, nés natifs ou seulement nés à Paname tel Lemarque, sont à jamais du Paris populaire.

Fréhel et Bécassine, ça faisait deux

Recouvrant le Paris laborieux et le Paris plus trouble, historiquement le Paris populaire a d'abord été caractérisé par la blondeur. À partir de la fin du XIXe siècle, les immigrations méridionales, provinciales et étrangères, ont modifié le visage de Pantruche et, davantage encore, de Paname. L'âme n'en a pas été altérée. Quand, entre les deux guerres, Fréhel, alias Marguerite Boulc'h, fille de Bretons née à Paris, chante :

« J'fais les pieds au mur comme un échalas,
Le grand écart et je crache à quinze pas...
Je bois du groooos qui taaache,
Je suis la Môme Catch-Catch[52] !... »,

mille fois plus que de Bécassine, elle est la sœur de Gavroche. À son exemple, elle « jure comme un damné [...], parle argot, chante des chansons obscènes ». Dans *La Vagabonde*[53], Colette l'a immortalisée sous le nom de Jadin, une goualeuse des rues de 18 ans, qui « n'a fait qu'un saut du boulevard extérieur sur la scène ». Avant de retrouver le public, « elle jure en toussant, parce qu'elle marche chaque fois sur l'ourlet de sa robe, c'est un rite... » mais, en scène,

> « [elle] rayonne et jubile. Elle reconnaît, tous les soirs, dans le public des secondes galeries, quelque compagnon d'enfantine vadrouille et ne résiste point, pour le saluer, à couper sa rengaine sentimentale par un joyeux coup de gueule, un rire aigu d'écolière, voire une "basane" bien claquée sur la cuisse... »

Un geste obscène, la *basane*, un geste d'homme qui consiste – Colette l'écrit – à claquer la main sur sa cuisse et à faire mine – Colette ne le dit pas – de montrer, par défi, ce qu'avant la guerre de 14 on appelait à Pantruche, mot d'argot parigot parmi tant, le *bibelot* ou, plus drôle, le *bibelosco*. La parole et le geste, en somme.

1. Firmin-Didot, 1930.

2. La Grappe d'Or, dit J.-F. Louis-Merlet dans *De minuit au petit jour* (Louis Querelle, 1929), était un bistrot miséreux et puant de la rue Courtalon, aux Halles. Pour deux francs, les sans-logis avaient un verre de vin rouge ou blanc et le droit de s'asseoir et de dormir.

3. George Sand, Charles Nodier, Honoré de Balzac, Gérard de Nerval, Théophile Gautier, Alfred de Musset *et al.*, Coll. Capitale, 1992.

4. *Daumier et les Parlementaires*, Assemblée Nationale, 1996.

5. *Le Bal des Ardents. Charles VI, op. cit.*

6. Cité par Louis Chevalier dans *Classes laborieuses et Classes dangereuses*, Plon, 1958.

7. La Palatine, Genève, 1944.

8. Les Éditions de Paris, 1984.

9. Maurice Dreyfous éditeur.

10. La Guilde du Livre, Lausanne.

11. Si Nana naît en 1852 et qu'elle a 18 ans quand elle débute aux Variétés (voir ci-après), le livre commence en 1870. Plus loin, cependant, Zola apprend au lecteur que l'action se déroule sur plusieurs années : d'*avant* l'Exposition internationale de 1867 – seule et imparfaite précision – à 1870. Étant de 1852, Nana n'aurait que 15 ans en 1867 : c'est jeune pour être la reine de Paris ! Il y a là une confusion certaine. En respectant le temps du roman et la suite des faits et gestes de Nana, on conclut que la date de naissance de Nana ne peut qu'être antérieure à 1852 de plusieurs années – au moins cinq.

12. *Choses vues, op. cit.* Plus loin, aux chapitres 8 et 9, on verra qu'à cet endroit habitait lord Seymour, plus connu sous le sobriquet de Milord l'Arsouille.

13. Cité par Louis Chevalier dans *Classes laborieuses et Classes dangereuses, op. cit.*

14. Jules Tallandier, 1953.

15. *Des dimanches à Belleville*, ACE, 1984.

16. Guillaume Andreu et Frédéric Menant, *Les Mots de Gabin*, Philippe Rey, 2005.

17. *Op. cit.*

18. Robert Laffont, 1980.

19. Auguste le Breton, *Les Pégriots*, Laffont-Plon, 1973.

20. Albin Michel.

21. *Bals, cafés & cabarets*, Eugène Figuière & Cie.

22. Gallimard, 1952.

23. *Paris qui s'en va et Paris qui vient, op. cit.*, voir chapitre 2.

24. Albin Michel.

25. Selon la liste Arnal (voir chapitre 10, note 44), une maison de tolérance, chez Marie, se trouvait au 339 de cette rue – juste après la rue Notre-Dame-de-Nazareth à gauche, face à la rue du Vertbois. Dans mon souvenir, très flou, il me semble qu'un jour, Louis Chevalier m'avait raconté de Carco que, quelque part, il décrivait l'un de ces établissements, très libertin, situé à côté du bal Ladirat, en fait le Petit Saint-Martin (Lucien Lariche, *Les Jetons de bal. Lieux de danse célèbres et petits bals de quartier*, A.C.J.M., 2006) du 18 rue du Faubourg Saint-Martin. Si tel était le cas, ce pourrait être au 10, chez Marie, ou au 12, chez Louise. Pour la petite

histoire, la rue du Faubourg-Saint-Martin s'enorgueillissait de deux autres maisons encore : au 35, chez Madeleine, et au 93, chez Denise. Dans *Images cachées*, cependant, Carco dit bien « rue Saint-Martin ».

26. G. Charpentier & Cie, 1884.

27. Dans le fil de Hugo, Louis Chevalier entend par « faubourg », et nous-même à sa suite, « l'ensemble des quartiers ouvriers de la ville ». La signification du faubourg, c'est « tout ce qu'il résume de travaux inférieurs, incertains et mal payés, de misère et aussi de criminalité ». Les « gens du faubourg sont différents de ceux de la ville », ce sont ceux que Hugo nomme les misérables *(Classes laborieuses et Classes dangereuses, op. cit.)*.

28. Éditions de Paris, 1981.

29. *Pays parisiens, op. cit.*

30. Le 8 juin 1999, il était mort le 1er. Dans l'assistance, il y avait Alphonse Boudard et José Giovanni. À la sortie, j'ai entendu l'un des croque-morts dire à son collègue en désignant Boudard : « Tiens, l'grand, là, qu'on voit à la télé, comment y s'appelle, déjà ?... Audiard, ah ! ouais, c'est Audiard. »

31. Pétion, Paris.

32. Albin Michel, 1956.

33. PUF, 1950.

34. À savoir le Puy-de-Dôme, le Cantal, la Haute-Loire (l'Auvergne historique), plus l'Aveyron, le Lot, la Lozère et la Corrèze. Si, administrativement, l'Aveyron (le Rouergue) et le Lot (le Quercy) faisaient jadis partie de la Guyenne-et-Gascogne, aujourd'hui ces deux départements sont intégrés à la région Midi-Pyrénées. La Lozère (le Gévaudan) appartenait autrefois au Languedoc, elle est maintenant rattachée au Languedoc-Roussillon. La Corrèze, quant à elle, a toujours été limousine.

35. Denoël et Steele, 1929.

36. *La Colonie auvergnate de Paris au XIXe siècle*, Ville de Paris, Commission des travaux historiques, 1976.

37. Je vois « bal-musette » écrit pour la première fois, le 21 novembre 1861, dans une lettre du préfet Boitelle, sur la réglementation des bals (*La Bastoche, op. cit.*)

38. *Paris à la fin du XVIIIe siècle*, Mahé, An X.

39. Cité par Françoise-Raison Jourde dans *La Colonie auvergnate, op. cit.*

40. Fayard.

41. François-Paul Raynal, *Les Auvergnats de Paris*, Éditions internationales, 1946.

42. *Quand les Auvergnats partaient conquérir Paris*, Fayard, 1979.

43. *Le Tableau de Paris*, Messidor, 1989.

44. Cité par Louis Chevalier dans *Les Parisiens, op. cit.*

45. *Quand les Auvergnats..., op. cit.*

46. Robert Laffont, 1992.

47. Christian Gilles, *Arletty ou la Liberté d'être. Avec un portrait-entretien*, L'Harmattan, 2000.

48. Presses de la Cité, 1992.

49. Depuis la mort de Francis Lemarque, le 20 avril 2002, une plaque a été apposée sur la façade du 51, rue de Lappe. Elle rappelle que Francis y est né et y a passé ses jeunes années.

50. Prévert (1900-1977) était né à Neuilly dans un milieu petit-bourgeois, Moulou (1922-1994), du côté du canal Saint-Martin, d'un père maçon qui venait d'Algérie, et Bubu (1907-1982), dans l'Eure à Ivry-la-Bataille.

51. Julliard, 1946. Voir chapitres 7 et 9.

52. *La Môme Catch-Catch*, chanson de 1938, de M. Alexander et M. Vandair.

53. Le Livre de poche, 1987.

4. LE PARLER POPULAIRE PARISIEN : DU PATOIS À L'ARGOT

J'ai eu la chance de connaître six grands argotiers, par ordre de rencontre : Alphonse Boudard, le seul écrivain célinien à avoir acquis sa personnalité propre par rapport à Céline, le peintre Gen Paul, très lié à Ferdine avant la guerre, Albert Simonin, l'auteur de *Touchez pas au grisbi*, Robert Lageat du Balajo, l'accordéoniste Jo Privat, en son temps roi de la rue de Lappe, et Auguste le Breton, que la postérité ne dissociera pas du *Rififi*. Quand je repense à ces messieurs, les développements de Hugo au Livre VIIe de la troisième partie des *Misérables* me font l'effet d'un vieux costard de la Belle Jardinière : le plaisir de les entendre est vachement gêné aux entournures.

> « *Pigritia* est un mot terrible.
> Il engendre un monde, *la pègre*, lisez : *le vol*, et un enfer, *la pégrenne*, lisez : *la faim*.
> Ainsi la paresse est mère.
> Elle a un fils, le vol, et une fille, la faim.

> Où sommes-nous en ce moment ? Dans l'argot.
> Qu'est-ce que l'argot ? C'est tout à la fois la nation et l'idiome ; c'est le vol sous ses deux espèces, peuple et langue. »

Affaire de mentalité

À ce chapitre sentencieux je préfère, au livre précédent, la façon nuancée d'on-dit et de non-dits dont Gavroche parle aux petits Thénardier et, plus encore, celle dont il converse avec le bandit Montparnasse, rue Saint-Antoine, en face de l'église Saint-Paul :

> « Sais-tu où je vas ? demanda Montparnasse.
> – À l'abbaye de Monte-à-Regret, dit Gavroche.
> – Farceur !
> Et Montparnasse reprit :
> – Je vas retrouver Babet.
> – Ah ! fit Gavroche, elle s'appelle Babet.
> Montparnasse baissa la voix.
> – Pas elle, lui.
> – Ah ! Babet !
> – Oui, Babet.
> – Je le croyais bouclé.
> – Il a défait la boucle, répondit Montparnasse. »

Le Parisien aimait blaguer

Le maître mot de ce dialogue est « farceur ». Il définit l'état d'esprit de Gavroche quand il parle argot. À savoir qu'il n'emploie pas les mots de la langue courante qui traduiraient directement sa pensée, mais des mots détournés, allusifs, agencés de manière à amuser, qui établissent une connivence entre lui et Montparnasse. « Farceur » même est utilisé par antiphrase. En effet, en répondant « à l'abbaye de Monte-à-Regret » – la guillotine – à Montparnasse qui lui demande s'il sait où il va, à la lettre Gavroche n'est en rien farceur. Son expression a beau être indirecte dans son tour, Gavroche met les pieds dans le plat. Il dit ni plus ni moins à Montparnasse qu'il est un gibier de potence. Et de surcroît une *tante* puisqu'au sujet de Babet, Gavroche s'exclame : « Ah ! elle s'appelle Babet. » Or, Gavroche connaît Babet, il sait que ce n'est pas une femme. « Ah ! elle s'appelle Babet » signifie que *la chérie* de Montparnasse, prêt à « retrouver Babet », est un homme.

Il conviendrait de compléter « farceur » par « déluré », voire « affranchi » puisque Montparnasse est un hors-la-loi, que Gavroche est à deux doigts d'imiter. Il n'ignore rien des potins de la pègre puisqu'il pense Babet encore « bouclé » – emprisonné. Pour ce qui est d'être délurée, ou affranchie des choses de la vie, la Sapho de Daudet déclare : « Moi, d'abord, à douze ans, je n'avais plus rien à apprendre... » Louise Weber, alias la Goulue, pas davantage : sa vertu, elle l'a « laissée » dans l'île de la Jatte, en 1877 ou 1878, au temps de sa première communion avec Edmond, un garçon « mignon, blond, frisotté, bien qu'un peu grassouillet[1] ». On est bien dans le même monde. J'ignore si en écrivant son dialogue de la rue Saint-Antoine, Hugo avait des sous-entendus en tête, mais enfin, pour créer Montparnasse, il s'est inspiré de l'assassin Lacenaire (1800-1836), *inverti* notoire.

Subtilités entre populaire et voyou

Montparnasse est un criminel, Gavroche, un malfaiteur imminent. Bientôt le gamin aidera Thénardier, son père, à *décarrer de belle* de la prison de la Force. Pourtant, à la considérer avec attention, leur discussion a moins la tournure d'une réelle discussion entre bandits qu'entre Parisiens portés à la farce. Pourquoi ? Parce qu'entre hommes de la pègre – mais Hugo, ancien pair de France, ignorait vraisemblablement leurs subtiles convenances – on y regarde à deux fois avant d'envoyer les *vannes* que Gavroche vient d'adresser à Montparnasse. En balançant le premier, il risque de porter la guigne à Montparnasse, en *balancetiquant* le second, Gavroche se permet une allusion de nature à lui déplaire. Comme proclamait Robert Lageat : « Les vannes à la graisse de chevaux de bois, j'préfère m'les servir seul ! » En revanche, quand, plus loin, Gavroche apprend à Montparnasse qu'il rentre chez lui – dans l'éléphant de la place de la Bastille – et que, s'il a besoin de le voir, « tu viendrais me trouver là. Je loge à l'entresol. Il n'y a pas de portier. Tu demanderais monsieur Gavroche », Gavroche travestit sa triste réalité en belle réalité d'un monde moins misérable – « monsieur Gavroche ».

En se rappelant, dans les années 1920-30, à Ménilmontant, le 46 rue des Panoyaux de son enfance, Jo Privat devenait goguenard : « Le Bristol, c'était. On créchait au troisième, les tartisses étaient au premier et la lance au deuxième. » Les « tartisses », les toilettes, la « lance », l'eau. Précision : je n'ai jamais entendu « lance », l'eau, que dans la bouche de Jo. Au XVIIe siècle, le mot figurait déjà dans *Le Jargon ou Langage de l'argot réformé* dont il sera question plus loin. Quant à Lageat, pour dire que chez lui il n'y avait pas d'ascenseur, il sortait : « On est au troisième, y'a une corde à nœud ». Pince-sans-rire, il précisait : « C'est bon pour les bradillons. » Les bras.

La vulgarité a été une qualité française

Sans crier gare, on est passé de l'argot au langage populaire parisien, des mots secrets – apanage de l'argot – aux images et tournures métaphoriques – génie du pavé de la Grand'Ville. Divers niveaux et deux sortes de parlers se trouvent ainsi confondus – à tort, pourraient rechigner les puristes. Cette différence entre argot et langue du populo est le tonneau des Danaïdes. Plus instructif est ce préalable que, jusqu'au début du XVIIe siècle, « bourgeois et gens du peuple parlent un même langage, peu différent de celui de la cour et haut en couleur », selon Louis Chevalier[2].

Cette mise au point est à rapprocher d'une interview de Céline : *Rabelais, il a raté son coup*.[3] À l'origine, le français – ou plutôt *les* français, les langues d'oïl et d'oc, leurs nombreux dialectes et formes patoisantes – « est une langue vulgaire », affirme Céline avec raison. Ce qui signifie une langue populaire : « vulgaire » vient du latin *vulgus*, le commun des hommes, on est tout près du peuple. Reconnaissant en Rabelais son inspirateur, son précurseur, Céline estime qu'il « avait voulu faire passer la langue parlée dans l'écrit ». La tentative a été un échec puisque c'est Amyot (1513-1593), le traducteur de Plutarque, qui a gagné : « On a académisé le français que [Rabelais] parlait pour en faire une littérature de bachot et de brevet élémentaire. » À son habitude, Céline vitupère. Avec la componction du savant, Chevalier montre la verdeur de la langue du temps des « contemporaines du Vert-Galant et de Louis XIII », et, partant, de la mentalité même : « Il est difficile de traiter de l'une sans tenir compte de l'autre. » À un moment, Céline paraît se reprendre : « Oh ! je ne recommande pas l'érotologie. » En fait, il ne reprend que son souffle avant de réattaquer sur son intention profonde qui est d'exhumer, de ressusciter « le français gras » de Rabelais et d'enterrer le « français maigre » – selon le distinguo du critique Robert Poulet, un ami de Céline.

Propos de dames

Le « français gras », Chevalier le savoure à chaque ligne des *Caquets de l'accouchée*, du début des années 1600. À l'époque, autant que les femmes de la populace, les bourgeoises étaient des gaillardes pratiques et sans pruderie. Chevalier commente :

> « Elles ramènent tout, et sans détour, à l'essentiel, c'est-à-dire au gain et à ces choses du corps sur lesquelles la bourgeoisie du XIXe siècle jettera un voile pudique et rabaissera ses lourdes jupes [...]. Propos de boutique et d'alcôve s'entremêlent et traduisent de mêmes préoccupations. »

Le terme « érotologie » qu'emploie Céline est trop lourd, il lui a échappé, c'est pourtant d'Éros, de *luquès*, de *fignedarès*, de *fouinedé*, de *fion*, pour savourer des mots qu'on n'entend plus, qu'il est question chez ces commères de la Saint-Denis. L'une se plaint que sa fille en soit à son septième enfant : « Si j'eusse pensé que ma fille eût été si vite en besogne, je lui eusse laissé gratter son devant jusqu'à l'âge de vingt-quatre ans sans être mariée. » Une autre renchérit : « Que de jeunes filles donnent tant de privautés aux jeunes gens qu'ils empruntent un pain sur la fournée ! » On constate au passage que, plus d'un siècle et demi après, l'image de Villon,

« J'ay mon pain cuit,
Je suis paillart »,

assimilant l'acte d'amour au pain qu'on enfourne pour cuire, est d'un emploi courant chez des dames de la bourgeoisie. Au XXe siècle, elle s'utilisait encore, probablement pas chez les bourgeoises, mais à Belleville. « Je mettais mon brignolet au four facile », m'a plus d'une fois fait rire Clément Lépidis, natif de la rue Piat – le brignolet, c'est le bricheton, le pain. Clément regrettait l'heureux temps où, encore un coup, à moi Lageat : « À 20 pigettes avec les frangibus, j'f'sais pas des p'tites séries de un comme maint'nant à 70 que j'me bavoche sur les rouleaux ! » Certains inventent, moi non. Ainsi jactait Lageat, président très distingué de l'académie d'Argot. La mienne, celle qui me tourne dans la tête, on croirait un petit vélo.

Au XVIIe, l'argot a pris le contre-pied du « bon usage »

Chacun à sa façon, Amyot, Malherbe (1555-1628) et Vaugelas (1585-1650) ont concouru à détourner la langue de sa nature vulgaire, pour garder l'adjectif de Céline. Exposé par Vaugelas en 1647 dans *Remarques sur la langue française*, le critère du « on usage » tend « à couper le langage de ses racines populaires en paralysant l'élan créateur[4] ». Il n'y a de langue que celle des Grands. À l'exemple de Malherbe, Vaugelas repousse « la contagion des provinces ». On assiste ainsi à la victoire du français de Paris et de Versailles, mais c'est du bon, du beau français qu'il s'agit. Un français qui, sous Louis XIII, se parle déjà à l'hôtel de Rambouillet[5] chez la marquise du même nom – Catherine de Vivonne (1588-1655), célébrée sous le surnom d'Arthénice –, et qui acquerra ses lettres de noblesse à la cour du Roi-Soleil.

Est-ce un hasard ? En 1596 sort un opuscule plusieurs fois réédité, *La Vie généreuse des mercelots, gueuz, et Boesmiens, contenans leurs façons de vivre, Subtilitez et Gergon*, d'un auteur dont on ne sait rien : Péchon de Ruby. Écrit en argot et suivi d'un petit lexique français-argot, ce livre fait alterner « gaillardises rabelaisiennes », « cérémonies faussement sérieuses de l'initiation » et « scènes d'orgies crapuleuses », résume Jacques Cellard en concluant : « La vie des truands est "généreuse", c'est-à-dire digne de noblesse courtoise[6]. » Est-ce un hasard ? À partir de 1628 est publié un autre ouvrage, dont une trentaine d'éditions se succéderont jusque dans la première moitié du XIXe : *Le Jargon ou Langage de l'argot réformé*, d'Olivier Chéreau, dont il a déjà été question au chapitre 2. Ce livre montre que le jargon – le *gergon* de Péchon de Ruby –, ou argot, est un procédé d'identification et une preuve d'appartenance à la corporation nomade des merciers – les *mercelots* – obligés de s'accointer aux gueux un peu mendiants, un peu voleurs. Ensemble, ils « font échange de bons procédés : le langage des merciers contre les trucs des gueux. Ainsi naît l'argot », explique Cellard.

Est-ce un hasard ? Je ne sais, mais ces recueils paraissent au moment où le français tente de séparer l'ivraie vulgaire du bon grain, du grain pur. Comme si un monde tenu à l'écart, dévoyé – hasardons « voyou », même si le mot n'a germé que deux siècles plus tard –, ressentait le besoin d'émerger en le faisant savoir à l'aide d'un langage spécial, son langage propre. Un idiome aux antipodes de la belle langue que d'aucuns cherchent à imposer, à ériger en tant que modèle unique du français.

Le patois parisien

Encore que l'argot se soit utilisé dans les cours des Miracles, ces royaumes d'Argot, à l'époque il n'est pas spécifique du parler parisien : les merciers voyagent, leur langue est itinérante. Les marchands se sont toujours déplacés. Les autres aussi, d'ailleurs. C'est pourquoi, sans se soucier de l'argot, dans son *Étude sur le langage populaire du patois de Paris et de sa banlieue*, Charles Nisard jette un tel *coup d'œil sur le commerce de la France au Moyen Âge, des chemins qu'il suivait, et l'influence qu'il a dû avoir sur le langage* – sous-titre de cet ouvrage[7].

Paris en proie aux influences provinciales

À en croire Nisard, longtemps le Paris populaire a été caractérisé, non par un parler, par un patois unique, mais par plusieurs. En amont de la Seine, étant donné le vin, le blé et le foin qui arrivaient de Bourgogne, Nisard rappelle que les Bourguignons ont exercé, plus de trois siècles durant, une action presque exclusive sur son langage. À partir de 1724, grâce à l'ouverture du canal du Loing reliant ceux de Briare et d'Orléans, les vins de la Loire parviennent à la capitale : aussi les parlers de ces régions se sont-ils mis à concurrencer l'influence bourguignonne. En aval de la Grand'Ville, le commerce par la Seine était l'affaire des Normands et des Picards. Nulle surprise, donc, si « le langage populaire parisien se parlait à la Rapée et au port Saint-Bernard un peu autrement qu'au port de l'École et autres lieux en aval de celui-ci », pose Nisard[8]. Il l'affirme : ce « langage où le normand et le picard étaient mêlés à très forte dose : c'est celui de Vadé », le père du poissard au XVIIIe siècle. Quant au commerce par terre, il est aux mains des Normands, mareyeurs et coquetiers – œufs, beurre, volailles et fruits. Aux Halles, continue Nisard, « le patois normand parvint à dominer le patois parisien ».

***Postérité de la femme Ladoucette*[9]**

Ce parisien, alors, où s'employait-il ? Après avoir montré l'équivalence entre langages de Paris et de la banlieue, Nisard dit qu'on l'entendait sur les marchés, tels ceux de la place Maubert et du marché Saint-Jean[10], « renommés sous Catherine de Médicis, comme des écoles en quelque sorte du pur patois parisien ». Le plus ancien témoignage de ce parler est contenu dans les *Nouveaux Compliments de la place Maubert, des Halles, cimetière Saint-Jean, Marché-Neuf et autres places publiques. Ensemble la réjouissance des harengères et poissonnières faite ces jours passés au gasteau de leurs reynes*, paru en 1644. Les marchés sont absents des *Embarras de Paris*, contemporains desdits *Compliments*. Pour un monsieur tel Boileau[11], l'atmosphère y était trop vile, aussi crue que le poisson qui s'y vendait. On se rappelle la Ladoucette, mieux valait ne pas être la cible des harengères, de leurs quolibets. Un client a le malheur de trouver trop chère la raie d'une poissonnière, la sanction n'attend pas :

> « En despit soit fait du beau marchand de marde ! Hé, je pense qu'ous estes enguiéblé. Allez, de par tous les guiébles ! à vote jolly collet, porté vote argent aux trippes, vous ayrez du mou pour vote chat. Pencé-vous que je soyen icy pou vos beaux rieux ? »

« Marde », c'est la merde, « guiéble », le diable, « trippes », les tripes – ici, le marchand, le tripier –, et « rieux », les yeux. Les autres exemples que donne Nisard sont aussi malaisés à comprendre. L'impression générale est que les Parisiens étaient logés à la même enseigne que les paysans, qu'ils parlaient comme eux – accent et expressions. Pour « je suis », selon l'endroit de Paris où il vivait, le Parisien disait « je sis », « je sus », « j'étions » – aussi prononcé « j'équions ». « Je sus », explique Nisard, est du picard et se trouve « en plusieurs cantons de la Champagne et de la Bourgogne ». Pour « j'ai », c'était « j'ons ».

À la fin du XVIIIe, rue de l'Arbre-Sec avec Restif

Jusqu'à quand ces tournures se sont-elles entendues à Paris ? Les douze premières parties des *Nuits de Paris*, de Restif de la Bretonne, ont paru en décembre 1788, sept mois avant le début de la Révolution[12]. Au cours de la huitième, Restif entre « dans un cabaret de la rue de l'Arbre-Sec, où, consigne-t-il, j'entendis rire et chanter ». Sa visite ressemble fort à celle, entrevue au chapitre 2, de Mercier d'un cabaret borgne. Sans être borgne, l'établissement de la rue de l'Arbre-Sec n'accueille cependant, ce soir de Mardi-Gras, que des « gens de la populace », à savoir

> « des crocheteurs, des Auvergnats établis, des marchandes de fruits du Pont-Neuf, avec leurs hommes et leurs enfants, quelques-uns des principaux décrotteurs, des commissionnaires de porte, et le reste. Tout ce peuple était laid, grossier, haïssable, sous tous les points de vue »,

ne peut s'empêcher de juger Restif, en se reprenant toutefois, comme Mercier : « Mais c'était à raison de sa misère. »

Le vin aidant, « les têtes commencèrent à fermenter ». Un crocheteur embrasse Javotte, « sa maîtresse, le père d'icelle le trouva mauvais » : une dispute s'embringue. D'autant que Restif va souligner le « ton des harengères » adopté par la mère de Javotte – *id est* le ton poissard, le langage cher à Vadé –, il s'attache à retranscrire au mieux la façon de prononcer des protagonistes. Ainsi retrouve-t-on « gue » pour « de », par exemple « O monguieu ! » pour « mon Dieu », ou « Agieu » pour « adieu ». « Que » remplace le son « te ». Le père de Javotte ayant menacé de lui asséner son « poing su la mine », la mère prend la défense de sa fille en lançant au père, « *(du ton des harengères)* : "Toûche-lli dônc !… N'ont-i's pas fait grand mal, quién, que d's'embrasser ! I's sont l'un pou' l'aute !" » « Quién », c'est « tiens », et « tu la souquiens », « tu la soutiens ». À une autre table, une mère, offusquée de la conduite de Javotte, lance un soufflet à sa propre « fiye » – fille[13] – « seulement pou' lli montrer qu'i' faut qu'a' charrèye drait » ! Un siècle et quelque plus tard, à la Belle Époque, Bruant le rappelle dans ses chansons : pour « elle », le peuple de Paris disait encore « a » :

« Ben merde ! En v'là
Un' marmit' qui fait sa soupière.
A rouspète, a fait du chichi,
A r'naude, a crâne, a rogne, a gueule,
A tient l'boul'vard à ell' tout' seule
Depuis Montmart' jusqu'à Clichy[14]. »

Quant à « charrèye drait », c'est « marcher droit », d'un vieux verbe, oublié à Paris, auquel se rattachent « char », « chariot », « charrette », etc. « Oi » se prononce « ai » : « drait » pour « droit », et « j'le crais bén » pour « j'le crois bien ». De même qu'au siècle précédent, « c'que j'savons » s'utilise à la place de « c'que j'sais ». « Salope » apparaît à deux ou trois reprises et, une fois, « dessalée » : « C'est eune dessalée ! » pour « délurée », « affranchie ». Restif vient d'en témoigner : le fait qu'à la veille de la Révolution le peuple parisien patoisait encore donne sa mesure à ce texte des *Nuits de Paris*.

Les engueulements, clou de la descente de la Courtille

En 1821, trente-trois ans plus tard, *Riche-en-gueule, ou le Nouveau Vadé* est le dernier des livres de patois parisien que cite Nisard. « Bacchanale moderne » selon Privat d'Anglemont, la fameuse descente de la Courtille se passait le Mardi-Gras. « Il n'y avait pas de beau carnaval sans une bruyante descente de la Courtille », poursuit l'auteur de *Paris Anecdote*[15], daté de 1854. La dernière descente avait eu lieu seize ans plus tôt, 1838. Privat en regrette « les *engueulements* ». On s'engueulait d'une voiture à l'autre, de fenêtres à voitures, de piétons à fenêtres :

« Ces conversations se composaient ou s'apprenaient par cœur longtemps à l'avance. On trouve encore sur les quais certains exemplaires du *Catéchisme poissard, ou l'Art de s'engueuler proprement en société sans se fâcher* », imité, écrit Privat, du toujours même Vadé, l'inventeur, au XVIIIe siècle, de cette « sorte de langage par assonances ». Au début du XIXe siècle, ces engueulements s'échangeaient-ils en patois parisien ou en parisien un peu plus moderne ? Privat d'Anglemont ne le précise pas.

Si au XXIe siècle le souvenir de la descente de la Courtille est aboli, dans les années 1930 il était vivace, du moins chez le dialoguiste Henri Jeanson. En 1935, à propos de Jean Gabin qui, dans *Golgotha*, de Julien Duvivier, joue le rôle de Ponce Pilate, Jeanson avait émis cette remarque : « Quant à Gabin, ce n'est pas du Golgotha qu'il descend mais de la Courtille, et d'ailleurs il s'en lave les pognes[16] ! »

Aux Halles, oreilles chastes priées de s'abstenir

À son chapitre « Les Oiseaux de nuit », Privat d'Anglemont décrit « la halle de Paris à la lumière du gaz ». Après avoir montré des paysans en costume picard et normand, des femmes des « environs de Paris avec leurs mouchoirs rouges enveloppant le bonnet blanc, avec leurs jupes bariolées, leurs manteaux de laine blanche, aux capuchons de velours noir », il s'attarde sur le langage :

> « La langue qu'on parle n'est qu'un patois composé de vingt autres patois, qui ne se parle qu'à la halle, dans les transactions de fruitières à maraîchers, ne se comprend nulle autre part et n'existe dans le monde que l'espace de quelques heures par nuit, de deux à quatre heures du matin, à Paris, au centre du monde civilisé. »

Privat d'Anglemont n'y est guère sensible : il s'agit d'un ancien idiome pauvre, sans couleur et sans poésie, conclut-il de façon surprenante et en totale contradiction avec ce qui s'en est constamment dit. Néanmoins, le fait de noter aux Halles un « patois composé de vingt autres patois » irait dans le sens d'une survivance du parler parisien ancien, en 1854 encore.

Parigot pur jus et croquant d'alentour

Plus près de nous, dans *Choses et Gens des Halles*[17], rédigé avant la guerre de 14 mais publié en 1922, Charles Fegdal remarque le « parler si étrange des paysans de la banlieue », « ce parler si "croquant" », « ce parler où se mêlent drôlement les sons nasillards et gutturaux, les déformations de mots et les accentuations bizarres ». S'il sonne si curieusement à ses oreilles, c'est, cette fois, qu'il diffère du parisien. Fegdal donne quelques exemples de dialogues purement parigots entendus aux Halles. En transbahutant un cageot, un porteur manque de faire tomber la casquette d'un autre. Il suffit d'un « attention là ! » pour que s'engage un rigolo *mano a mano* oral :

> « D'abord, pourquoi qu't'as une casquette ? T'as bien assez d'ta tignasse ! » ricane le porteur.
>
> À quoi l'autre réplique : « Non, mais !... Est-ce que c'est parce que t'as du poil aux fesses qu'tu dois pas porter d'culotte ? »

On est bien dans ce qu'on entend aujourd'hui par langage populaire parisien : la réplique qui fuse, l'image. Robert Lageat avait commencé à travailler aux Halles à l'époque de la publication du livre de Fegdal, en 1925, il avait 14 ans. Il se rappelait la *bagoulette* de son arrière-tante Julie à qui, « comparée à elle, des haricots verts, madame Angot ! » Voilà, sur la terrasse de la tante Julie, sise à l'angle de la rue Saint-Honoré et de la rue du Pont-Neuf, un échantillon de son rimatoire :

> « Qui qui veut ma belle carotte, bien grosse, bien rouge, ma belle carotte ?... Allons, allons, les bonnes

> femmes, ma belle carotte ça peut toujours servir !... Non, t'en veux pas ? va donc, hé, fauchée ! Ça vient se faire admirer, ça vient tortiller du fiacre, mais ça n'a pas le rond ! Toi, là-bas, le père Bande-mou, hein qu't'en voudrais une comme ça de belle carotte dans ton calecif ! Ça vaudrait mieux que la cacahuète que t'as entre les jambes !... Qui qui veut ma belle carotte[18] ? »

Dans sa préface, Louis Chevalier avait apprécié cette gouaille : « Goûtez un peu ça », écrivait-il. En faisant apparemment *du léger* pour qu'on excuse sa crudité, Robert avait renchéri : « Avec la tante Julie, ah ! ça, on f'sait dans les mondanités. »

Survivances du patois

Fort d'environ quatre mille mots, le dictionnaire du patois de Paris qu'avait élaboré Nisard a été détruit par « les incendiaires de la Commune », regrette-t-il amèrement. Deux cents mots bizarres ou provenant de corruption avaient d'abord été préservés. Sur ce nombre ont survécu *à la revoyure* – « au revoir » –, *clins d'œil* pour « clignements », et *touche* – « allure ». *Tapette* – « petite tape » – appartient encore au langage enfantin. C'est peu.

Plus tard, Nisard a retrouvé d'autres mots, réédités – ou édités, ça n'est pas précisé – en volume en 1980[19]. Sont passés à la postérité *baver* – « parler », « bavarder », et « dire » dans son emploi transitif ; *être chien* – « dur en affaires » ; *camarades comme soçons, comme chochons*, c'est-à-dire comme des « soces », des « sociaux », des « associés » (corrompu en *comme cochons*) ; *cocotte* – « fille galante » ; *ne pas cracher* sur quelque chose – « aimer », « apprécier » (la locution première étant *ne pas cracher sur la vendange*) ; *être bon biberon* – « avoir une bonne descente » (*biberon* a donné *biberonner* – « boire » –, qui s'entend encore). Ont également résisté : *dégouliner* – « couler » ; *déquiller* – « faire tomber comme une quille », « abattre » et « tuer » en argot ; *empatrouiller*, devenu *empatouiller* – « empêtrer » –, dont le contraire, *dépatouiller*, a résisté ; *environ* – « à peu près » ; *eustache* – « couteau » en argot ; *foire d'empoigne* – « être porté aux attouchements grossiers avec les femmes », qui, maintenant, signifie une compétition déloyale du genre ôte-toi de là que je m'y mette ; *foutriquet* – « homme de peu de valeur » ; *gambille* « jambe » – (et ainsi *gambiller*, « danser » ; *gambilleur*, « danseur » ; *gambille*, « danse ») ; *huile* – « homme d'importance » ; *à l'œil* – « gratuit » ; *remoucher*, « espionner », transformé en « reconnaître » dans l'argot moderne ; *saton*, « bâton », devenu *coup de saton*, « coup de pied », sur quoi s'est formé *satonner*, « battre à coups de pied ».

Sur l'argot, Mercier est hâtif

Ce détour par le patois parisien n'était pas inutile, autant pour en apprécier les persistances que pour se rendre compte de l'écart entre les façons de parler ancienne et actuelle. Un profond sentiment d'inachevé demeure néanmoins. Dans sa présentation du *Journal de ma vie. Jacques-Louis Ménétra, compagnon vitrier au XVIIIe siècle*[20], Daniel Roche n'aborde pas ces questions de langage. Ceci tient à Ménétra, qui n'y vient jamais. Né en 1738 et mort dans les premières années du XIXe siècle, Ménétra écrit en français. À deux ans près, lui et Mercier (1740-1814) ont le même âge. Lors de sa visite des cabarets borgnes, Mercier émet quelques remarques pertinentes. Les expressions des femmes, souligne-t-il, « avaient un caractère de liberté absolue, et leur idiome grossier rendait facilement toutes leurs idées ». À propos des gueux, hommes et femmes réunis, il poursuit : « Il m'est impossible de redire une multitude de mots bizarres qui formaient leur argot ; mais leur langage était précis, énergique, et aucun d'eux ne tardait à répondre : ils s'entendaient parfaitement et avec rapidité. » Ces mots bizarres, Mercier les comprend-il ou s'empêche-t-il de les livrer par pudeur ? « Argot » est pris dans son sens premier et restreint de langue des gueux, de langage spécial, comme le classent philologues et linguistes. Un quart de siècle plus tard, en 1808, sortira un *Dictionnaire du bas-langage*, signé d'Hautel. La question serait de savoir si les « pendards » de Mercier ne s'exprimaient qu'en argot, ou si des mots, locutions et tournures du patois parisien, de bas-langage, s'y mêlaient. Cet « argot » de 1785 était-il la semence de celui de Gavroche, cinquante ans plus tard, ou pas ? La question, je le crains, n'aura jamais de réponse.

L'argot dit parisien

Une fois de plus, Gavroche nous est utile. Lorsque Hugo, reproduisant telle expression du gamin, écrit « Dieu de Dieu ! ai-je du malheur », et explique que « *ai-je* se prononce *j'ai-t-y* », on entend Jean Gabin. Au cinéma, Gabin dit souvent : « Où qu'est-y ? » En usage dans le Paris populaire, ce tour était une survivance du patois, une façon ancienne, *croquante*, de parler. Dans *Fric-Frac*[21], Michel Simon, d'origine suisse, adopte à merveille l'accent de Paname. À l'entrée de je ne sais plus quel champ de courses, il fait le bonneteau. Les cartes passent et repassent dans ses mains. Pour le joueur, le jeu consiste, sur trois cartes, à trouver celle qui n'est pas de la couleur des deux autres. Pour appâter la future victime, Simon ne cesse de demander Où qu'est-y ? Où qu'est-y ? » – preuve, parmi d'autres, de la pérennité du langage populaire parisien, dans sa forme, sur un siècle, un siècle et demi. En voici une seconde, extraite du dialogue entre Gavroche et Montparnasse vu plus haut : l'un et l'autre, pour « je vais », disent « je vas » – comme à la cambrousse.

L'accent

La troisième preuve de la persistance du parler de Paris est celle de la prononciation. À la suite de Mercier qui, déjà au XVIIIe, avait noté que « les Parisiens sont fort sujets à grasseyer »,

Hugo fait dire à Gavroche : « *Ohé, Titi, ohéée*! [...] *Pâsse par l'égout*! » Son accent circonflexe sur le « a » transcrit au mieux ce grasseyement qui s'entendra longtemps encore chez les Parisiens : Maurice Chevalier, Gabin, Bernard Blier, Audiard, Ventura, André Pousse et, parmi les vivants – honneur aux dames –, Zizi Jeanmaire, Patachou, et – chez les hommes – Bertrand Blier, Eddy Mitchell, Daniel Guichard, maintenant sexagénaires, et encore Gérard Lanvin – il est de 1950.

À propos du Carreau des Halles, Lageat avait remarqué : « Et "cârreau" à la parisienne avec ce bon vieil "â" qui s'empâte et grasseye, pas "kérreau" presque comme on entend aujourd'hui. » À un moment, dans *Fric-Frac*, Loulou-Arletty est assise à une table de bistrot face au *baveau Mavarçavel* – en javanais, le beau Marcel –, interprété par Fernandel, un Provençal pas affranchi pour un rond. Arletty commande : « Deux pernods bien tassés. » Il faut l'entendre prononcer « tassés » : « tâssés », presque « tâossés » – et tant pis si Arletty, native de Courbevoie, aux confins de Puteaux en 1898, avait déclaré : « Mon accent parisien, si accent il y a, c'est celui de Puteaux[22]... » Décidément, en 1832 à Pantin, Gavroche *jaspinait* déjà comme en 1939 à Paname. Les plus jeunes Parisiens que je connaisse à enrober le « a » de cette manière sont mon vieux Marco, dit de Paname – il a vu le jour en 1958 –, le guitariste de jazz manouche Patrick Saussois – né en 1954 à La Villette, rue – devenue avenue – de Flandre, dans le 19e –, Jeannot de la rue de Lappe, patron du Tribar, au 20 – il est de 1950 –, et, je l'ai rencontré une fois, le cinéaste et romancier Gérard Mordillat – de 1949.

Voix de gorge, voix de nez, et aussi de pif enrhumé

Dans *Vive la sociale !*[23] Mordillat déclare que l'histoire du XXe se confond avec sa propre histoire, puis il proclame : « Je suis le dernier des Mohicans, le dernier vrai Parisien. » Son arrière-arrière-grand-père avait vu le jour à Belleville, aux confins de Ménilmontant, il est vrai. Quand il parle, Mordillat a, de façon assagie, les intonations, les inflexions de Maurice Chevalier. Le « r » en particulier, qui, dans un contexte propice, ne demanderait qu'à « rouler » davantage. La caractéristique de Mordillat est ainsi l'accent parisien précis de Belleville et de Ménilmontant.

Dans Paname, plusieurs accents ou sous-accents se faisaient la nique. Chevalier, Julien Carette (1897-1966) et Gabin ont tous trois l'accent du cru, mais, s'ils prononcent de façon identique, leurs intonations diffèrent sensiblement. Carette, je crois, était né aux Batignolles : il traîne sur les mots. Le « r » roulé de Gabin est davantage *croquant*, grande banlieue – au sens où, plus haut, l'entendait Fegdal – que celui de Chevalier : Gabin avait été élevé à Mériel, dans l'Oise. En outre, selon l'époque et les rôles qu'il incarne, Gabin laisse sa voix s'attarder plus ou moins sur les mots, jamais en finale, mais dans le corps du mot ou de la phrase. Ainsi, ceux qui s'amusent à imiter Arletty se trompent-ils le plus souvent : quand elle dit « atmosphère », Arletty insiste sur le « -sphèr' » (« atmosphèèèr' »), et non sur le « e » terminal (« atmosphèr-eee ») comme, selon une toquade parisienne des années 1985, eût prononcé en nasalisant beaucoup le « -èreee » la Béatrice Dalle de *37°2 le matin*[24]. Autre spécificité parisienne : la voix de gorge – Gabin –, de nez – Audiard –, et de gorge avec le nez un rien bouché – Pousse. En résumé : si la prononciation, c'est la manière de parler, de dire les mots, les phrases, l'intonation est l'effet donné à la prononciation et l'accent, le résultat final, la musicalité qui exhale d'une suite, d'un discours oral.

Pour en revenir au « r », il est vraisemblable que Gavroche le roulait encore plus que Chevalier et Gabin. Le « r » parisien jeté tel un crachat est apparu au début du XXe siècle, Chevalier et Gabin n'en avaient pas hérité, Mordillat à peine. En revanche – et là, il s'agit de prononciation –, voici deux siècles et quart, il n'avait pas échappé à Mercier qu'« un Parisien a une peine inouïe à mouiller deux *ll* et ne peut prononcer comme il faut "bouillon" et "Versailles"[25] ». Il dit, et encore au XXIe siècle : « rue des Gravi-iers » et non « Gravi-liers ».

Le chemin de fer a écrasé le patois

Après l'ère napoléonienne, alliés à l'instabilité politique, révolution industrielle et machinisme bouleversent la France. Tout au long du XIXe siècle, les provinciaux vont affluer à Paris. Sous Louis-Philippe, montre Yves Lemoine[26],

> « ce sont les douze départements du Bassin parisien, de la Picardie et du Nord qui fournissent le plus grand nombre d'immigrés : à peu près 40 %. Viennent ensuite les Normands et les Bourguignons avec chacun 13 % [...] ; 3 % de Lorrains que les Parisiens prennent pour des Allemands ».

Il y a déjà les Auvergnats. Comparant, à l'instar de Louis Chevalier, les cartes de 1833 et de 1891, Lemoine montre « un renversement quasi général de la tendance observée en 1833 ». Sans oublier les étrangers : « les ouvriers briquetiers, manœuvres et autres cordonniers belges, cochers ou domestiques allemands, horlogers, ébénistes suisses, artistes, comédiens ambulants italiens ».

Même s'il ne s'en tient qu'au langage, en 1872, Nisard sous-entend déjà l'importance de ces déplacements humains. Les causes qui « ont amené la dissolution et la ruine du patois parisien, dit-il, sont tout économiques et découlent [...] principalement de la révolution radicale et presque instantanée produite par les chemins de fer dans les rapports commerciaux de Paris avec la province[27] ». Lui qui, au début de son *Étude*, écarte de ses considérations l'argot, « langage vicieux parlé par le peuple de Paris », est obligé de constater que, suite à ces bouleversements, ce même argot tend de jour en jour « à devenir tout à fait [le] vrai patois parisien ». Et, à bien suivre Nisard, « nouveau » serait préférable à « vrai ».

« Argot », « parisien », « argot parisien », « langue verte »

Simultanément, l'argot, langage secret à l'origine, ne va plus cesser de voir ses mystères éventés par l'édition et la littérature. Comment ne pas lier ce fait à cette réalité que, au fur et à mesure du XIXe siècle, le peuple devient l'image de Paris ? Tout se tient. Près de trente-cinq ans avant *Les Misérables*, en 1829 avec *Le Dernier Jour d'un condamné*, Victor Hugo est le premier écrivain de renom à utiliser l'argot. Eugène Sue suivra, en 1842, avec *Les Mystères de Paris* et, en 1847, Balzac, *Splendeurs et Misères des courtisanes*. Tous trois ont été influencés par le personnage de Vidocq, par ses *Mémoires* parus en 1828, par ses termes et expressions jusque-là inconnus ou presque de la bourgeoisie et de ses écrivains. Cette exploitation littéraire de l'argot est la face visible de l'iceberg. La langue parisienne de tous les jours est soumise à un renouvellement intense. Si la part de l'argot est primordiale, des mots d'origine provinciale s'immiscent, tandis que résistent des termes de vieux patois de Paris. Le renouveau est si marqué que, note Jean-René Klein[28], « des signes d'une prise de conscience “parisienne” dans le domaine du langage peuvent être perçus, ne serait-ce qu'à travers les titres de certains ouvrages ».

Si, avant 1850, aucun lexique ne porte dans son titre la mention « Paris » ou « parisien », ce sera différent après. En 1872, Lorédan Larchey ouvre le bal avec son *Dictionnaire historique, étymologique et anecdotique de l'argot parisien*, édité et réédité cinq fois auparavant depuis 1858 sous le titre *Les Excentricités du langage*. Six ans plus tôt, en 1866, Alfred Delvau avait publié un *Dictionnaire de la Langue verte*. La « langue verte », telle qu'il la définit dans sa préface, c'est, par opposition à l'argot particulier, l'argot général : « Les voleurs parlent spécialement le premier ; tout le monde à Paris parle le second. » Delvau dit « langue verte » pour éviter la confusion[29]. Avec pertinence, Klein souligne qu'alors « le concept d'argot se dilue » au profit de celui de « langue verte » ou d'« argot parisien », synonymes recouvrant en définitive « une notion assez confuse ».

Le mérite de Delvau, faubourien de père en fils depuis cinq ou six générations, est d'essayer de donner une origine à chacun des mots de son dictionnaire. Ainsi, il distingue, chaque fois qu'il le peut, les argots du peuple, des bourgeois, des bohèmes, des voyous, des voleurs, des prisons, des casernes, des troupiers d'Afrique, des saint-cyriens, des faubouriens, des ouvriers, des garçons de café, des filles, des petites dames, de Bréda-Street[30] – liste à peu près exhaustive. Ces différenciations ne sont que sociales. Concernant l'étymologie des mots, Delvau avoue lui-même s'être livré à des « devinettes ».

L'histoire passionnante des mots d'argot

L'histoire des mots, qui plus est ceux de l'argot dit parisien – de la langue populaire parisienne, en vertu de ce qui précède –, est passionnante. Si les classes défavorisées, les classes laborieuses et dangereuses, ont colporté les mots, elles n'en sont pas nécessairement à l'origine. Remontant à loin, datation et détermination « géographique » voire « ethnique » sont souvent imprécises.

Dans leur *Dictionnaire du français non conventionnel*[31], Jacques Cellard et Alain Rey font, par exemple, remonter *limace*, « chemise », au bas latin *limas*, « robe ». Plus avant, en latin, dit le Gaffiot, le *limus* était une sorte de jupe bordée d'une bande de pourpre, à l'usage des victimaires, ces prêtres qui frappaient les victimes. « Lyme » s'est s'employé au XVIe siècle, « limace » apparaît au XVIIe dans *Le Jargon*. Aussi m'étais-je demandé, à bon escient me semblait-il, « si finalement *lime* et *limace* n'ont pas toujours coexisté, le second finissant par l'emporter en prenant un tour argotique ?[32] » Cette hypothèse, presque une affirmation, je le reconnais, avait provoqué l'incrédulité ironique d'Alice Becker-Ho. La robe, écrit-elle : « Quel rapport avec la chemise ?[33] » Le rapport ne me paraît nullement indu. Au Moyen Âge, les hommes portaient la robe, avec le temps elle s'est raccourcie, la lyme est devenue la chemise. Qu'Alice Becker-Ho[34] montre qu'en argot de Barcelone ou dans ce vieil argot italien du XVe, appelé fourbesque, *llima* et *lima* ou *limatta* existent apporte plutôt de l'eau à mon moulin : ces langages viennent du latin. Il est amusant de constater combien l'argot, si réjouissant à entendre dans la bouche d'Arletty ou de Gabinos – le petit nom qu'Arletty donnait à Gabin –, peut devenir objet de spéculation infinie.

Le sirop de la rue

Une anecdote me revient. À Belleville, le 10 août 1977 au soir, Alphonse Boudard et moi sortions d'un rendez-vous arrosé chez Jacques Pradel. À l'angle d'une rue, nous étions tombés sur un populaire totalement *poivre*. Aussi sec, Boudard avait flairé le bon client. On s'était mis à parler, Phonphonse poussait à la roue. Le sujet de notre conversion, très à bâtons rompus ? Ma mémoire me joue un tour. Je me rappelle seulement, le plus important, qu'en guise de concluse le gars nous avait lancé d'un coup : « Tous ces trucs à la mords-moi-l', mézigo, j'm'assois d'ssus ! » Et crac ! en fléchissant sur ses jambes, de sa boîte à camembert, « peeuuiiittt ! » il avait imité le bruit d'un pet très sonore. « Excusez-le », sa bourgeoise s'escrimait à nous faire comprendre par gestes. On s'était barrés en se marrant, Alphonse me persuadant autant qu'il tâchait de s'en convaincre : « Des vrais, tu vois, y' en a encore ! » Au théâtre de Belleville, au 46 de la rue, dans *Paris vécu*[35], Léon Daudet (1867-1942) rapporte un souvenir encore plus arrosé. On est avant 1900. Un soir, du balcon, un poivrot dégobille « dans l'orchestre ; et la femme squelettique, qui l'accompagnait, nous dit avec une voix de tuberculeuse : "Vous effrayez pas. C'est sa fréquence (elle voulait dire son habitude). On l'appelle Toto l'Arroseur." »

« Là, ça tournait grossier ! » se serait exclamé Robert Lageat. Le langage populaire parisien l'était forcément, le bas-langage.

Pourtant, une petite dose d'argot suffisait à adoucir l'expression. « Le mec, y s'est fait miser », « le mec, y s'est fait daufer », ou, avec un rien de verlan, « le mec, y s'est fait culer-en » est moins cru que « le mec, y s'est fait enculer ». Robert avait un rare talent de mêler argot et mots d'argot non argotisés. Exemple : pour se faire demander les papiers, l'expression classique est « se faire taper aux fafs », lui disait « se faire taper aux papiers ». *Idem* pour « mettre un coup de poing dans le ventre », « cloquer une droite dans le burlingue » : Robert se contentait de « mettre une droite dans le bureau ». Avec sa voix, l'effet était percutant.

Sans avoir lu Céline, Robert avait spontanément fait sienne cette mise en garde d'*Entretiens avec le professeur Y* à l'usage de l'argot en littérature : « L'émoi de l'argot s'épuise vite ! deux… trois couplets ! deux, trois bons vannes… et votre lecteur se ressaisit !… un livre tout entier d'argot est plus ennuyeux qu'un "Rapport de la Cour des Comptes"… » Dans une conversation au coin d'un rade itou. Le fin du fin, c'est la repartie. Louis Chevalier aimait celle-ci, tirée du *Sublime* de Denis Poulot. À Belleville, en 1872, un patron confie un travail à un apprenti. L'arpète casse une pièce, le singe l'incendie. Alors « le gamin, se reculant, d'un ton tragique, lui dit : "Elle me résistait, je l'ai assassinée." Le patron ne put s'empêcher de rire ». Un jour, j'étais allé chercher des planches de bois, 5 ou 7 rue Bailly, aux Arts-et-Métiers. Le grouillot laisse tomber son crayon, bang ! le contremaître : « Te baisse pas, Toto, y va r'bondir ! » C'était Paris, le sirop de la rue. Tout môme, Gilbert de la Butte-aux-Cailles en a été grisé, il en parle toujours.

« Ruban à transformations » : « Keksekça ? » (Gavroche)

En 1924, dans *De la Popinqu' à Ménilmuch'. Observations vécues*[36], Jacques Valdour décrit le faubourg du Temple, le soir, quand les ouvriers, ouvrières et employés remontent du centre de Paris vers Belleville. « *Il y en a, du trèfle !* » ainsi qu'il reprend les façons de jacter du cru. Au coin du passage Corbeau, un camelot fait le boniment :

> « Ah ! ce que je vous vends, ça n'est pas cher : un franc ! *vingt croques* ! c'est-à-dire quatre sous d'avant-guerre, car, vous savez, l'argent d'aujourd'hui, c'est du camembert comprimé garanti incassable. [...] La chanson que je vends à ce prix dérisoire, c'est donné ! Mais je ne vous recommande pas d'aller la chanter dans les rues, [...] vous auriez droit, tout comme moi si on me surprenait ici, au panier à salade et à une place pour le pôle Nord, la mer glaciale, je veux dire la Glacière, où il en faut, une Santé[37] !... »

Après le boulot, on se retrouvait dans la rue. Cette rue à laquelle, depuis belle lurette, est associé le langage de Paname. Comme la tante Julie de Robert Lageat, le camelot de Valdour joue davantage sur les images. Certaines sont scabreuses. Le type sait que dans le passage Corbeau « rôdent, fardées, les filles ». Égrillard, il se lance dans l'éloge de son fameux « *ruban à transformations*. Voyez plutôt... ». Pressés autour de lui, hommes, adolescents et garçonnets sont conquis. Dans les années 1950 encore, sur le boul'Mich', les camelots attiraient les gens. Celui-là, par exemple, qui envoyait à la foule : « Mon grand-père, qui avait une jambe de bois poilue, parcourait des kilomètres dans les orties pour rejoindre ma grand-mère qui faisait du vélo, à quatre pattes sur un tonneau. » Si Bernard Demory ne se rappelle pas ce que le gars vendait, en revanche, un demi-siècle plus tard, il en reste aussi estomaqué[38].

Retournons passage Corbeau. L'année suivante, en 1925, le passage est devenu la rue d'Aix. La Java se trouve plus haut, passé la rue Saint-Maur, au 105 rue du Faubourg-du-Temple. Le 19 septembre 1929, Henri Danjou y enquête pour *Détective*. À propos des femmes, un mec à la redresse lui confie : « Les morues, à leur naissance, c'est entortillé de peau de vache ! » La langue prenait dans la réalité visible, palpable, les images naissaient de cette union. Pas plus qu'il ne disait « les femmes », mais « les morues », le mec à la redresse en question, Bébert pour les intimes, ne prononçait pas les « e » muets : « C'est entortillé *d'peau d'vache* ! » En entendant des ouvriers, Valdour définit ainsi l'accent réputé faubourien, l'accent populaire, voire populacier : ils « mordent dans les *a*, à la parisienne, traînent sur les dernières syllabes en donnant un coup de gosier et ne disent pas "oui" mais *ouè-vè-vè* ! ». Pour Claude Blanchard[39], c'est l'accent traînant du faubourg Saint-Antoine, « plus encore que celui de Belleville, [qui] est la quintessence du langage parigot et qui "perle comme çin" ». Du côté du Pont des Arts, un bouquiniste, Jean-Pierre Finet, un copain, a encore cet accent *inouï*, au sens propre du terme, en ce début de XXIe siècle.

Au XIXe, on le sait par Gavroche, le Parisien ne disait pas « qu'est-ce que c'est que cela ? » mais *« keksekça ? »*. En 1935, un siècle plus tard, à 9 ans, Jacques Borel arrive à Paris en provenance de Mazerme – en fait, Saint-Gaudens. Il l'explique dans *L'Adoration*[40] : désormais, il va vivre rue Jean-Beausire à la Bastille chez les Lohénec – son oncle, sa tante et ses cousins. Aussitôt, il est choqué par les tournures qu'ils emploient, « des manières de parler propres à Paris », et leur accent qui, constate-t-il avec regret, « n'était pas non plus le mien ». Ses cousins disent « quelle heure qu'il est ? comment qu'on fait ça ? » et encore « à quoi qu'on joue[41] ? ». Cette surabondance du pronom « *que* » – du son « ke », donc – souligne en tout cas la ressemblance des façons parisiennes de parler au XIXe et au XXe siècle. Que les Lohénec commettent des fautes de genre « *un* alcôve, *du* réglisse » et prononcent *« gruhère »* pour « gruyère » écorche aussi les oreilles de Borel. Je n'ai jamais entendu que ma grand-mère, originaire du Sud-Ouest, dire *« gruhère »*. Jusque-là, je pensais que c'était une incorrection due à ses origines géographiques, et non une impropriété parisienne. En énonçant « *gruhère* », Mémé Jolie s'était-elle, au contraire, appliquée à s'exprimer comme à Paris où elle était arrivée pendant la guerre de 14 ? Mystère.

« À cause des grosses gonzesses qu'est là » (Carco)

À la Java, nous en étions aux vaches, restons-y. À l'époque peu ou prou de Danjou et Valdour, une nuit de 1929, Carco se trouve dans le même quartier, à la République[42] :

> « – En face, m'indiqua Bob, c'est la "Vacherie".
> Je vis une brasserie avec des femmes et des lumières.
> – À cause des grosses gonzesses qu'est là, poursuivit l'étonnant garçon, l'nom de "Vacherie" a été donné à la boîte. Ceux qu'aiment le gras peuvent y aller. Ils sont servis. Comme près des gares ou des casernes. »

Insensiblement, on a glissé des ouvriers à ceux qui, de peur de salir leurs beaux costards, ont le cambouis à la caille. À quelques termes de métier près, hormis celui des bouchers[43], l'argot parisien était commun aux uns et aux autres. Dans ses dialogues, Carco transcrit les fautes de français qu'il entend. Avant d'arriver à la République, Bob a dit à Carco « moi *qu'a* connu des malabars », et maintenant « à cause des grosses gonzesses *qu'est* là ». Cette manie du détail fait qu'aujourd'hui Carco paraît avoir vieilli. Dommage : personne mieux que lui n'a transcrit la vérité d'une époque. Le parler argotique en a pris un coup, pourtant on aime entendre *bagouler comac'*. C'est contradictoire, mais c'est ainsi. Enfin, on aime l'argot surtout au cinoche, ce Conservatoire du Jars.

Miniflorilège

La première fois que je l'ai vu, le 28 mars 1973, Alphonse Boudard m'avait sorti :

> « Un Goncourt, ça vaut un bon braquage ! »

Il l'avouait : gagner sa croque à l'encre de son stylo était préférable à faire du retrait à vue, brelica à la pogne. Il fallait être

Mesrine pour retirer ses éconocroques à la banque, au premier guichet venu. Alphonse avait du goût pour les métaphores qui exhalaient le monde voyou. À près de 80 piges quand je l'ai rencontré, Gen Paul (1895-1975) surprenait par son accent de la rue « L'pic », ses intonations grasseyantes. Un vieux monsieur ne parle pas argot, jacter le jars aidait Gégène à rester jeune :

> « Carre-toi là gros mec, icigo c'est pour les nénettes. »

Albert Simonin était un précieux du jargon, il aimait les mots rares, il a lancé « grisbi ». Au sujet de Gen Paul, il avait demandé un jour à Boudard :

> « Avec ses mains tombées, l'Gégène, il est toujours aussi naquant du fla ? »

« Naquer du fla », « flaquer », être « sciant », comme dit, trop polie pour être honnête, la Sapho d'Alphonse Daudet. Le verbe d'origine est « flaquer », Albert en avait utilisé l'adjectif verbal masculin, « flaquant ». D'abord, il avait déformé le mot en inversant les deux syllabes comme en verlan : « quant-fla », mais en ajoutant « na » devant « quant » – « naquant », donc – et en plaçant « du » entre « naquant » et « fla » – ce qui, à la finale, donne « naquant du fla ». Quant à la « main tombée », elle consiste, pour un homme attablé avec une dame, à se baisser pour ramasser quelque chose, et en profiter pour glisser une pognette sous la jupe.

Auguste le Breton non plus ne rechignait pas au vocabulaire recherché. En 1953, Simonin avait sorti « grisbi », en 1954, le Breton a répondu par « rififi ». On s'appelait, Lagus me causait de Robert Lageat :

> « Ah ! Robert, quand au trembleur y m'raconte qu'y s'lavave les rouleaux sur son bidet à musique : un as, Césarin ! Des vrais, des vieux Parigots comaco : macache bono bésef, mon p'tit pote ! »

À Jo Privat qu'il connaissait d'avant la guerre, du bal du Jardin, 26 avenue de Clichy, le Breton avait conseillé :

> « Ton crabe, tu fonces à Gustave-Roussy, c'est pas ton jardinier qui va t'l'soigner ! »

Le crabe, Auguste l'avait eu. Il était tenace, son crabe avait rengracié. Jo n'a pas eu cette chance. Il a joué jusqu'au bout. Avant de se mettre à titiller le bouton, Jojo aimait rentrer dans le gras à son public :

> « J'ai les croque-morts au valseur, alors j'prends une chaise. J'suis d'Ménilmontant, tout près du cimetière. Les corbeaux, d'ailleurs, "l'Père- Lachaise", y m'appellent. »

Lire ce que racontait Jo Privat est une chose. Voir son air goguenard et entendre sa voix pleine de rustines en était une autre. Au columbarium du Père-Lachaise, l'épitaphe qu'il avait voulue et qui figure sur son urne funéraire traduit on ne peut mieux son esprit crépitant : « Ci-gît un dur à cuire. »

1. Michel Souvais, *La Goulue. Mémoires d'une insolente*, Bartillat, 1998.

2. *Les Parisiens*, *op. cit.*

3. *L.-F. Céline*, L'Herne, 1972.

4. Joseph Bédier, Paul Hazard et Pierre Martino, *Littérature française*, *op. cit.*

5. Construit au début du XVIIe siècle, cet hôtel se dressait peu ou prou à l'emplacement de notre pyramide du Louvre.

6. *Anthologie de la littérature argotique des origines à nos jours*, Mazarine, 1985.

7. Librairie A. Franck, 1872.

8. Le port de l'École se trouvait quai de l'École, le quai du Louvre actuel. De cette appellation ne subsiste que la place de l'École, attenante aux magasins de l'ancienne Samaritaine, rue de l'Arbre-Sec, derrière l'église Saint-Germain-l'Auxerrois. C'est là qu'était né Louis-Sébastien Mercier en 1740.

9. Voir chapitre 2.

10. Ce marché était situé à l'emplacement de la place Baudoyer actuelle.

11. Voir chapitre 2.

12. Louis-Sébastien Mercier, Restif de la Bretonne, *Paris le jour, Paris la nuit*, Robert Laffont, « Bouquins », 1990.

13. Voir ci-après, note 25.

14. Cité par Francis Carco dans *La Belle Époque au temps de Bruant*, Gallimard, 1954.

15. *Op. cit.*

16. Cité par André Brunelin dans *Gabin*, Robert Laffont, 1987.

17. *Op. cit.*

18. *Des Halles au Balajo, op. cit.*

19. *De quelques parisianismes populaires et autres locutions non encore ou plus ou moins imparfaitement expliquées des XVIIe, XVIIIe et XIXe siècles*, Éditions de la Butte-aux-Cailles.

20. Montalba, 1982.

21. À l'origine, *Fric-Frac* est une comédie théâtrale d'Édouard Bourdet, de 1936. *Fric-Frac* sera porté à l'écran en 1939 par Maurice Lehmann, dialogues de Michel Duran. Arletty et Michel Simon étaient présents dans la pièce et dans le film. Au cinéma, Fernandel reprenait le rôle tenu au théâtre par Victor Bouchet.

22. Christian Gilles, *Arletty ou la Liberté d'être, op. cit.*

23. Mazarine, 1981.

24. Film de Jean-Jacques Beinex de 1985, adapté d'un roman de Philippe Djian.

25. Cité par Louis Chevalier dans *Les Parisiens, op. cit.*

26. *Crimes à Paris. Archives de la cour d'assises de la Seine*, Michel de Maule, 2004.

27. Une rapide comparaison avec l'époque actuelle s'impose. En relation avec le progrès de l'économie et des moyens de communication, c'est maintenant d'une part la diffusion de l'anglais, de l'autre les immigrations d'origine étrangère qui contribuent à transformer profondément le langage – je pense en priorité à l'éclosion récente du parler, « néopopulaire », des cités. Sans oublier, puisqu'elle est de plus en plus partie prenante, cette puissance de changement que constituent la radio, la télévision et l'informatique.

28. *Le Vocabulaire des mœurs de la « vie parisienne » sous le Second Empire. Introduction à l'étude du langage boulevardier*, Bibliothèque de l'Université de Louvain, Édition Nauwelaerts, 1976.

29. Selon Klein, *op. cit.*, « l'expression *langue verte* n'est pas due à Delvau. Sainéan [dans *Le Langage parisien au XXe siècle, op. cit.*] note qu'elle apparaît pour la première fois dans une pièce de Marc Fournier, *Les Nuits de la Seine* (1852), avec le sens "argot des tricheurs" par allusion au tapis vert utilisé par les joueurs ».

30. Dans son dictionnaire, à « Bréda-Street », Delvau donne la définition suivante :

« Cythère parisienne, qui comprend non seulement la rue Bréda [aujourd'hui Henri-Monnier, à Montmartre, dans le quartier Notre-Dame-de-Lorette], mais toutes les rues avoisinantes, où s'est agglomérée depuis une vingtaine d'années une population féminine dont les mœurs laissent à désirer – mais ne laissent pas longtemps désirer. Mœurs à part, langage spécial formé, comme l'airain de Corinthe, de tous les argots parisiens qui sont venus se fondre et se transformer dans cette fournaise amoureuse. »

31. Hachette, 1980.

32. *Paris Villages*, n° 8, 1985.

33. *L'Essence du jargon*, Gallimard, 1994.

34. *Les Princes du jargon. Un facteur négligé aux origines de l'argot des classes dangereuses*, Gallimard, 1990.

35. Robert Laffont, « Bouquins », 1992.

36. Éditions Spes.

37. La prison de la Santé se trouve près de la rue de la Glacière, faut-il comprendre.

38. *Au temps des cataplasmes, 1944-1968. La France d'avant la télé*, Ginkgo, 2003.

39. *Le Parisien de Paris*, La Jeune Parque, 1946.

40. Gallimard, 1965.

41. *L'Aveu différé*, Gallimard, 1997.

42. *Images cachées*, Albin Michel.

43. À l'origine, le louchébem est un procédé qui consiste à déformer les mots afin que le client ne comprenne pas. Soit « boucher » : on enlève le *b* du début, qu'on remplace par un *l*. On a « loucher ». On rajoute le *b* à la fin, et on le fait suivre du suffixe *-em*, *-oc* ou *-é*. On obtient « loucher-bem », soit « louchébem ». « Fou » a ainsi donné « lou-foc », « loufoque ».

5.
CRÈCHE, DEUIL DE LA BLANCHISSEUSE, FRUSQUES ET CROQUE

La crèche, ou encore la taule

Punaises, cancrelats et cafards à tous les étages

« Des punaises ! » s'exclame ma grand-mère. Elle en avait, nichées derrière un petit cadre accroché au mur. En 1950, ces satanées bestioles avaient beau sévir, Mémé Jolie n'en avait pas fait un monde. Grâce à la *tèchenique* moderne, elle les avait vite *esquintées* – Isabelle, sa sœur, ma grand-tante, aimait ce verbe.

En 1977, dans *Confessions d'un enfant de La Chapelle*[1], Albert Simonin gardait un souvenir dévorant de la « société punaisique ». Né en 1905, il avait passé sa jeunesse 73 rue Riquet. Son père gagnait son bout en teignant des fleurs artificielles, il le reperdait à traquer « l'outsider sur les hippodromes ». À domicile, sa mère faisait des travaux de couture d'appoint. Un costumier fournisseur du Châtelet lui commandait des tutus à orner de paillettes. Un jour, le bonhomme regarde la livraison, des tutus pailletés de rose virginal, aïe ! une punaise. Toute une colonie. Séance tenante, Mme Simonin est virée « comme une malpropre », mais Albert rétablit la vérité : « Dieu sait pourtant si l'infortunée menait à la gent punaisique un combat sans relâche. » Punaisol oriental, feu de la lampe à souder, ouate imbibée d'alcool à brûler, anhydride sulfureux – le gaz de la combustion du soufre –, Simonin passe en revue les procédés de lutte au résultat toujours provisoire.

Stéphane Grappelli, le violoniste de jazz, aurait acquiescé. Il était né le 26 janvier 1908, à Lariboisière, d'un père italien et d'une mère française. À la mort de la maman en 1912, le père et Stéphane quittent le coin square-rue de Montholon pour le 59 bis rue de Rochechouart, une minuscule chambre de bonne au sixième, sans eau, sans chauffage et encore moins de climatiseur. « L'été, nous vivions dans le couloir, à cause de la chaleur », se souvenait Grappelli[2]. Les punaises pullulaient, l'odeur du soufre pour les éliminer « était épouvantable ». La voisine, une vieille un peu folle, était à l'origine de la vermine. Un jour, le bureau de la salubrité publique s'en mêle, la dame est envoyée dans un asile. Grappelli pousse un ouf de soulagement : « Peu de temps après, nous ne nous grattions plus. »

51 rue de Lappe, le fléau avait aussi marqué Francis Lemarque. Sa mère proférait des imprécations « en yiddish, elles étaient inefficaces[3] ». Un jour, un voisin s'attaque au mal avec du pétrole. Deux jours après, les pompiers interviennent en catastrophe. Y a-t-il eu des punaises à l'Hôtel du Nord ? C'est probable : à un moment, Dabit explique qu'on a enlevé le papier des murs et que « c'est peint au Ripolin. À cause des punaises[4] ». Le pire témoignage reste celui de Valdour : en 1924, au cœur de la Popinc'[5], il loge dans un hôtel d'où il entend « l'accordéon du bal voisin ». Des bals, il y en avait partout dans les parages, aux 44 et 51 rue Basfroi, aux 6 et 26 rue Popincourt, sans oublier le 9 du passage Basfroi, et éventuellement le 90 de la rue de la Roquette. Les nuits d'été, les punaises étaient encore plus nombreuses que les guinches : de 11 heures du soir à 6 heures du matin, Valdour affirme avoir exterminé six cent quatre de ces

« parasites acharnés ». Les punaises, et aussi les cancrelats noirs géants, les cafards – je fais confiance à l'énumération de Simonin.

La crasse

Dans *Montmartre du plaisir et du crime*[6], Louis Chevalier se livre à un état des lieux des maisons de La Chapelle, avant la guerre de 14. Il est ahurissant, mais confirme autant le constat de Mercier à la veille de la Révolution – « En général, le Parisien vit dans la crasse » – que celui, un siècle plus tard, de Zola, rue de La Rochefoucauld, chez la petite Satin. Lorsque enfin la copine de Nana se décidait à nettoyer son deux-pièces, « il lui restait aux mains des barreaux de chaise et des lambeaux de tenture, à force de se battre là-dedans avec la crasse. Ces jours-là, c'était plus sale, on ne pouvait plus entrer, parce qu'il y avait des choses tombées en travers des portes[7] ».

Mais repartons à La Chapelle avec Louis Chevalier. Bâties à la hâte dans les années 1880, les maisons sont contemporaines des beaux immeubles des boulevards Rochechouart et Clichy qui, en pleine pierre sur leur façade, gardent, gravés, date de construction et nom de l'architecte. Elles sont étroites et dégingandées, leurs fenêtres ouvrent sur un spectacle de désolation. Enclavée entre les lignes du chemin de fer du Nord et du chemin de fer de l'Est, La Chapelle offre un décor de voies, d'ateliers de réparation, d'entrepôts, de hangars, d'usines dont « les cheminées pointant un peu partout, au milieu des maisons, à quelques mètres des fenêtres où les ménagères font sécher leur linge », salissent tout, empuantissent tout. À l'intérieur, le spectacle est aussi dégoûtant :

> « Planchers pourris, lits défaits, draps traînant à terre, édredons éventrés, tables boiteuses, chaises cassées, ustensiles rouillés, portes à moitié défoncées ou criblées de trous par des voisins curieux de voir ce qui se passe. Un décor de misère, de crime, de viol. »

Une sorte de malédiction semble frapper ce coin de Paris ; les crimes les plus sordides s'y sont toujours produits et, d'octobre 1984 à novembre 1987, c'est par là en priorité que Paulin et Mathurin assassinaient les vieilles dames[8]. Le décor est propice à l'éclosion de ce réalisme fantastique, de ce fantastique social qui donne tant à rêver à Mac Orlan. Chevalier l'ignore moins que quiconque, lui-même y est irrésistiblement soumis.

Ces palais où vivait ma famille

Le Paris populaire du cœur de la ville était autre, sa vétusté, son âme, et ainsi les façons de vivre, d'être. À Saint-Paul, « la vieille baraque » de ma grand-mère remontait au XVIIe siècle. Mémé Jolie a vécu de 1922 à 1979 dans une pièce de 18 m^2, mais de près de 4 mètres de plafond. Avec mon grand-père et ma mère, ils y étaient à trois. Au-dessous, en plus sombre, la pièce était identique : dans les années 1950, les Lévy s'y entassaient à six ou huit. Derrière chez ma grand-mère, il y avait un mur mitoyen : de 1936 à 1939, mon père avait vécu avec son frère Maurice dans 8 m^2, bas de plafond. La Compagnie du Gaz leur avait installé le gaz et un réchaud sur le palier, ça se faisait. Du côté de chez Mémé Jolie, qui demeurait au deuxième, les goguenots étaient au troisième et la lance, sur le palier. L'eau, ma grand-mère se l'est fait mettre vers 1955, pas avant.

Parenthèse sur un grand-dab champion des virgules

Tout môme, le samedi, je dormais chez elle, Mémé Jolie à la tête, moi aux pieds. Le seau hygiénique était blanc. Il avait servi la nuit, le matin ma grand-mère montait le vider, elle le nettoyait. Je sens encore l'odeur de la Javel, coupée de flotte, qu'elle laissait dedans. La journée, on grimpait au troisième, des chiottes à la turque, c'était l'expression. Forcément, ceux qui ont connu en parlent. Simonin : « Un graffiti d'époque, répété dans presque toutes les tartisses des bâtisses pauvres, intimait alors sans euphémiser : “Chiez dur…, chiez mou…, mais chiez dans le trou…” »

Et Albert d'évoquer les querelles de voisinage à propos de « l'embrennage quasi perpétuel des marches de la cuvette de faïence ». Chez ma grand-mère, je n'en ai pas souvenir. Sur le sujet, en revanche, Gilbert de la Butte-aux-Cailles est disert. Ses grands-parents paternels étaient concepiges, 35 rue Pascal, dans le 13e. *In vino veritas* et âme de poète à la clef, le grand-dab était docteur en casuistique, celle concernant le papier journal. À l'époque, le papier hygiénique était un luxe, même celui, rêche, de couleur marron. « *Paris-Presse*, c'est d'la gnognotte, c'est trop fin, tu passes le doigt à travers, le grand-père faisait la moue. Non, l'meilleur de tous, épais juste c'qu'y faut, souple, c'est *France-Soir*, fais-moi confiance », il enseignait à Gilbert. Lequel n'a jamais résolu cette aporie : étant donné sa science, comment son pépé pouvait-il être le roi des virgules sur les murs des cabinces ?

Nous « avions les cabinets »

Ma grand-tante Isabelle et Yvette, sa nièce, la cousine de ma mère, logeaient ensemble 18 rue Bourg-Tibourg, tout en haut – c'était tout petit. En 1951, Yvette s'est mariée. Elle, Pierre et Dédé, leur fils, ont alors demeuré 12 rue du Pot-de-Fer, à la Mouff', dans une cambuse d'à peine 10 m², au deuxième. Elle donnait sur la rue. Une rue si étroite, la rue du Pot-de-Fer, qu'elle envahissait la piaule. La maison était dans un état ! Ensuite, Yvette, Pierre et Dédé ont traversé la rue Monge pour emménager rue Quatrefages, au 11. Il y avait une cuisine de rien et deux pièces minuscules, de plain-pied dans une courette. Gog' et flotte étaient inconnus au bataillon, autant rue Bourg-Tibourg que rue du Pot-de-Fer.

Avec nos W.-C., nous étions privilégiés, rue du Plâtre. J'ai créché au 12 de 1944 à 1976. Construits, je le répète, pour le compte de la Sagi en 1934, les appartements ne comportaient ni cabinet de toilette ni salle de bains, seulement des *cabinets*. Ma mère n'avait pas la folie des grandeurs : « C'est pas un appartement, où on vit, mettait-elle les points sur les « i », c'est un logement. » Dans *Eau et gaz à tous les étages.*

Paris, 100 ans de logement, de Jacques Lucan[9], figurent des plans de « types de logement de la Sagi vers 1933 ». Ceux des « logements sommaires notamment prévus pour le relogement des zoniers » sont, vocabulaire actuel, sans salle d'eau – nous en étions. La cuisine était agrémentée d'un évier avec eau froide. Le matin, on la faisait chauffer sur le gaz, on en remplissait la grande cuvette verte et on se débarbouillait au gant de toilette – une « main », disait ma mère à la parisienne.

Confort moderne

En 2003, Bernard Demory a écrit un livre, minutieux dans l'inventaire de ses souvenirs : *Au temps des cataplasmes*[10]. Né en 1939, il est du 7e, un arrondissement a priori non populaire. Le 60 rue de Verneuil de sa jeunesse était « le type même de "maison de rapport" dont parle Balzac, destinée à des petits-bourgeois ». En bas de chez lui, pareil à la rue de Monttessuy de mon oncle Mimile, il y avait des artisans, des commerçants et un bougnat. Bref, le 60 rue de Verneuil était « ni trop cossu, ni trop "populaire" ». Ses parents y avaient emménagé en 1933. Comme ailleurs dans Paris, à l'origine l'appartement n'avait pas d'endroit pour la toilette. Aussitôt, le père Demory a transformé le cagibi « en un cabinet de toilette (le terme de salle de bains eût été sans doute trop prétentieux pour qualifier cet espace où l'on avait peine à se remuer) ». Ces remarques sont loin d'être superflues : au-delà du Paris strictement populaire, elles montrent l'unité de Paris dans son ensemble.

Au 14 rue du Plâtre, étant donné leur surface réduite, les Titis n'avaient pu faire installer de cabinet de toilette. En revanche, ils avaient eu l'eau chaude de bonne heure. Un frigo a suivi, radio avec pick-up, télé. « On a le confort moderne », souriait Titi. Une notion, le confort, relative à l'époque. Dans *Le Tout sur le tout*[11], sorti en 1948, Henri Calet se moque gentiment de sa mère. Avant et après la guerre de 14, écrit-il, « le beau rêve de sa vie a été d'avoir l'eau courante chez elle, un robinet lui appartenant en propre ».

Ma mère est morte depuis longtemps, il n'empêche, je continue de la *chiner*, comme elle disait. Sur ce fameux confort, à la maison j'entendais une autre musique. Non seulement la Sagi n'avait pas joué les pères Noël, mais nous nous en contentions. Ma mère la première : « Comment on f'sait, dans l'temps ? » ou « Comment y font, à la campagne ? » Résultat : jusqu'à mes 25 ans, je n'ai eu ni douche, ni frigo, ni téloche, sans en être affecté. À ce compte-là, nous nous serions adaptés à l'inconfort du temps de Joseph Charlemont – les années 1840-50. Au 139 rue de Charonne, Charlemont[12] mentionne, dans la cour, « le puits garni de sa grosse corde en écorce et de son seau de bois en forme de baril. C'était là, hiver comme été, le cabinet de toilette du père et des trois fils », eau froide et savon noir. La maman et les sœurs, pas un mot. L'eau du puits n'était pas potable,

> « il fallait l'aller chercher loin, à la grande fontaine de la rue Basfroi, à au moins mille mètres de la maison. C'était dur pour de jeunes enfants contraints de porter deux seaux d'eau, surtout l'hiver, les mains étaient gelées, l'eau se répandait sur les jambes. [...] Les charbonniers vendaient bien de l'eau, mais les malheureux ne pouvaient pas en acheter. Aujourd'hui, c'est du vin que vendent les charbonniers, mais les pauvres ne peuvent pas en acheter ».

L'eau s'est changée en vin, les Auvergnats sont devenus bougnats : à Paris, chaque détail est bon pour passer d'un sujet à l'autre.

Le terme

Restons-en au logement. Thénardier a beau être un affranchi, la maison Gorbeau, une masure, il a son terme à payer. « Voilà, monsieur. Je dois quatre termes, une année ! » attendrit-il M. Leblanc, alias Jean Valjean, avant de tenter de l'estourbir.

À quand remontait cette coutume d'acquitter son loyer quatre fois l'an – les 8 janvier, 8 avril, 8 juillet et 8 octobre –, je l'ignore, mais Mercier la connaissait déjà. *Idem* les affres qu'elle procurait : « Combien parmi vous pâlissent, mes chers et pauvres Parisiens, en lisant seulement le titre de ce chapitre *payer son terme !* » Dans *Mort à crédit*[13], à la Belle Époque, Arthur, l'un des oncles de Céline, est un « vrai bohème ». Il vit dans une soupente avec une boniche, et sa spécialité, Céline s'en amuse, est de tomber malade, « et fort gravement à l'époque du terme ». Pour la maman Simonin, l'échéance du terme prenait « des allures de chemin de croix », obligée qu'elle était de joindre les deux bouts – les Simonin tiraient continuellement le diable par la queue.

« Terme », le terme a disparu. Le loyer est devenu mensuel. Les enveloppes que le père ou la mère de famille préparait à l'avance itou : celle du terme, celle de l'électricité, celle du manger, etc. Si le manque de confort, la promiscuité, l'habitude de se laver dans la cuisine, la pratique du terme ont duré des siècles, tout n'était pas équivalent à n'importe quelle époque et dans n'importe quel endroit de Paris.

Réalité et littérature

Dix, quinze ans séparent l'action des *Misérables*, 1832, de la jeunesse de Charlemont – toujours le Paris louis-philippard. Au coin de la rue Léon-Frot, la maison du 139 rue de Charonne n'a pas été détruite[14]. Hormis le fait qu'elle est située dans un quartier moins désert, moins lugubre, qu'elle a deux étages au lieu d'un, elle ressemble étonnamment à la masure Gorbeau. Forte de huit membres, la famille Charlemont logeait au second, lambrissé. Les Jondrette-Thénardier ne vivent qu'à quatre dans leur galetas, au premier étage de la masure Gorbeau. À cinq lorsque Gavroche, le fils, leur rend visite. Thénardier est un maître chanteur, un bandit, le père Charlemont est ouvrier tisserand. Avec femme et enfants, il a quitté le Nord pour Paris en 1840. Même si Charlemont écrit qu'« ils trouvèrent la misère, ce qui arrive généralement aux pauvres gens de la campagne qui se figurent qu'à Paris, les alouettes tombent toutes rôties », sa misère, vécue et remémorée, est moins affreuse que celle imaginée par Hugo. Malgré l'école, qu'il n'aime pas, et les torgnoles paternelles, Charlemont donne davantage l'impression d'un gamin joueur, frondeur, heureux de vivre que d'un enfant à chaque instant entre vie et mort. On retire le *pathos* qui nimbe Gavroche, on a Charlemont.

Pour évoquer La Chapelle, Chevalier s'est inspiré de Simonin. Conséquence de ce qui vient d'être dit, les descriptions de l'historien qui, là, se fait écrivain sont plus oppressantes que les souvenirs réels du gosse de La Chapelouze. Fort de ces remarques, de mes souvenirs familiaux et de ma vie propre – un berceau en or massif comparé à Gavroche, Charlemont et Simonin –, je me défie quelque peu du tableau consternant parfois brossé du Paris ancien. Au début de *La Fille aux yeux d'or*, Balzac affirme que « Paris a été nommé un enfer ». Son Paris de 1834 est terrifiant. Dans le peuple, l'ouvrier abuse de l'eau-de-vie et se vautre dans la fange des barrières, il « meurt à l'hôpital, quand son dernier terme de rabougrissement s'est opéré ». À partir, explique Chevalier, des études de Villermé et de Quételet sur la taille des populations urbaines et son inégalité par classes sociales, Hugo – dans *Les Misérables* – écrit, à l'instar de Balzac : « Il est remarquable que la taille a encore décru [dans la populace] depuis cinquante ans ; et que le peuple des faubourgs de Paris est plus petit qu'avant la Révolution ». Le fait est scientifiquement avéré. Comme, montre encore Chevalier analysant Alexandre Parent-Duchâtelet – spécialiste alors des égouts et de la prostitution – : « Les quartiers de plus forte mortalité sont aussi les quartiers de plus forte criminalité et la prostitution couche sur les égouts. » Certes, mais il s'agit d'une esquisse générale qu'un exemple individuel peut, sinon contredire sans appel, du moins contrebattre suffisamment pour que demeurent les questions sans réponse :

à tel moment, en fonction de l'état de la ville, comment les miséreux ressentaient-ils intimement leur situation ?

Charlemont n'ayant pas raconté sa jeunesse sur l'instant, qui sait si le temps n'en a pas adouci certains mauvais aspects ? Mais, bref, sa vitalité fait passer le jeune Charlemont au-dessus du malheur social. De même, quarante ans plus tard, Maurice Chevalier oublie assez vite la mistoufle de sa prime enfance. Cependant, peut-on mettre sur un même pied l'époque de Charlemont et celle de Maurice ? Louis Chevalier nous convainc de ce fait essentiel que,

> « à partir de la deuxième moitié du XIXe siècle, les conditions de vie se sont améliorées à ce point que l'expression même de "conditions de vie" a perdu ce sens plein qu'elle avait au temps où elle désignait cette limite entre la vie et la mort que la plus petite augmentation du prix du pain suffisait à effacer ».

Qu'en conclure, sinon qu'au XIXe et au début du XXe siècle la misère, très variable, est fonction de la décennie considérée, parfois de quelques années seulement ? En outre, d'un individu à l'autre, la commotion est plus ou moins puissante.

Audiberti urbaniste, un désastre !

En décembre 1937, pour *Le Petit Parisien*, Jacques Audiberti publie une série d'articles intitulés « Îlots de la misère[15] ». Entre autres, il a erré de la rue Quincampoix à la rue du Figuier – le quartier de ma famille, le mien. Prétendant regretter « par avance l'abolition de certains coins penchants, moussus, magnifiques décors de film ou de roman », Audiberti le poète décrète néanmoins que « le cas des îlots insalubres est clair » : il faut les liquider sans retard. Sa raison est la petite fille qui meurt de tuberculose. Depuis lors, la pénicilline a remédié à la maladie. Quant aux vieilles maisons qui ont échappé à la destruction, la rénovation, on le sait maintenant, leur a donné une nouvelle jeunesse. Le prix à payer en a été l'expropriation des plus pauvres. Expropriation ou expatriation, car les pauvres étaient chez eux, depuis longtemps, sinon toujours, dans ces anciens taudis.

Le cœur de Paris a pâti, tel est le bilan. Si, entre 1923 et 1934, l'îlot insalubre n° 1 n'avait pas été détruit, une catastrophe financière aurait été évitée[16] et, aujourd'hui, l'affreux centre Georges-Pompidou ne déparerait pas les reliquats du Paris ancien. On le sait, l'édification de « Pompidou » est allée de pair avec la disparition des Halles, le marché et les constructions de Baltard. La naissance d'un autre Paris s'en est suivie : celle-ci, je l'ai vécue et j'en souffre encore. Or, la remise à neuf des masures prouve que la démolition n'était pas l'unique, que dis-je ! n'était pas *la* solution. Si l'on avait regardé à deux fois avant d'abattre tels coins délabrés, le cœur de Paris serait-il demeuré populaire ? Rien n'empêche de le penser.

L'hôtel

Avoir un chez-soi dépourvu de confort était une chose, ne pas en avoir, une autre. L'hôtel était une solution provisoire, l'hôtel garni, le « garno », était plus durable. Mercier l'avait déjà observé au XVIIIe siècle : « Les chambres garnies sont sales. Rien n'afflige plus un pauvre étranger, que de voir des lits malpropres, des fenêtres où sifflent tous les vents, des tapisseries à demi pourries, un escalier couvert d'ordures. »

Cent quarante ans plus tard, rue de la Roquette, Léon Daudet constate :

> « Par les fenêtres, ouvertes en été sur des logements lugubres et des garnos du genre "dégueulasse", on aperçoit des draps sales, des édredons crevés, des miroirs cassés, des toilettes cernées de noir, des chromos et des photographies agrandies, qui font de chaque portrait, un signalement anthropométrique, une bobine de délinquant, ou de syphilitique mal guéri[17]. »

Si quelqu'un a manié l'insulte, c'est bien « l'gros Léon », comme le fils d'Alphonse n'ignorait pas qu'on le surnommait. Si Léon Daudet était l'un des chefs de l'Action française, Eugène Dabit était presque communiste. En littérature, il a été l'un des tenants du populisme, du réalisme. Avant d'acheter l'Hôtel du Nord, les Lecouvreur-Dabit le visitent, l'effet est saisissant. Les chambres sont si petites qu'il n'y peut guère tenir qu'un visiteur à la fois :

> « Louise Lecouvreur s'y attarda. Une lumière grise s'accrochait aux rideaux déchirés, un papier à fleurs déteint attristait les murs ; le lit se trouvait serré entre une armoire de bois blanc et la table de toilette ; dans un coin, près du seau hygiénique, traînaient de vieux souliers. L'exiguïté, le dénuement, l'odeur de ce lieu, créaient un malaise. Louise Lecouvreur se détourna ».

Qui y loge ? « L'ouvrier, quelques jeunes filles, et au troisième les ménages, sans gosses bien entendu. [...] Il y a aussi de vieux locataires qui finiront leurs jours dans l'hôtel ».

L'état des lieux, précis et détaillé, de Valdour

Autant dans le faubourg du fer – Marais, Popinc', Belleville, Ménilmont' – que dans celui du bois – Charonne et le faubourg Saint-Antoine –, Valdour est rapide à changer de carrée. Ses revenus de manœuvre ne lui permettent que les hôtels les moins chers. Plus encore que Dabit, Valdour crie la vétusté de l'entre-deux-guerres. Dans le faubourg Saint-Antoine, la pièce qu'on lui propose fait 2,5 mètres sur 1,8 mètre : la clarté est celle d'« une lueur de fin de crépuscule ». Dans le faubourg du Temple, près de l'avenue de la République, la chambre mesure 2,5 mètres sur 1,5 de largeur et moins de 2,5 de hauteur. Une douzaine d'années plus tard, avec son frère, mon père vivait dans 8 m^2 – les proportions sont identiques. Ici, on demande 18 francs par semaine à Valdour, là, 20.

Dans le faubourg Saint-Antoine, le mobilier se compose d'« une couchette de fer, une chaise, une commode de bois graisseux, une minuscule table de toilette couverte de taches. Sur le papier gris sale qui tend les murs, se succèdent les traces de punaises écrasées ». Valdour a l'habitude des logis ouvriers mais, confesse-t-il, « pour la première fois, j'ai hésité à louer cette pièce ». Une odeur de moisi flotte dans l'hôtel et, à l'intérieur de la chambre, l'humidité et la pourriture. Au matin, il se rend compte que le principal foyer d'infection est le contenu de son oreiller, « à demi pourri par l'humidité ambiante ». Quant aux « "water", au pied de l'escalier, [ils] occupent un retrait minuscule, à peine aéré, mais pourvu d'une chasse d'eau qui fonctionne ». Il semble que ce soient les seuls W.-C. pour une centaine de locataires. Parmi lesquels plusieurs Italiens, très présents dans le haut du faubourg, et « deux indigènes d'Algérie ».

En prenant la chambre, Valdour s'est fait violence pour se « plier à la loi que tant de braves gens subissent pendant des années, toute leur vie peut-être ». Le temps avait pu passer, trois révolutions, deux empires, deux républiques, depuis Mercier rien n'avait changé : « Les chambres trouvent toujours des locataires. [...] Les petits se disputent des tanières et des mansardes. » Valdour, lui, travaille alors dans une menuiserie d'art : 54 heures par semaine à 3 francs de l'heure. Par mois, il gagne 648 francs : l'hôtel représente 1/8e de son salaire.

À l'hôtel, il s'en passait, des choses...

Chez Carco, on ne cesse d'être à l'hôtel. Celui de Jésus-la-Caille[18] est situé dans une impasse près de la place Pigalle. Vacillante et bleue, la flamme d'une lanterne y guide les couples toute la nuit. Au début du roman, Jésus-la-Caille se retrouve dans sa chambre. L'horreur du décor de la cambuse n'est pas moindre que chez Dabit et Valdour, mais Carco n'insiste pas. La Caille pense à Bambou, son homme, il vient d'être « poissé ». Le sordide de la piaule n'est rien comparé à la situation de Bambou, « le Dépôt, le réduit ignoble et la brutalité qu'on entretient dans ces milieux… ». Quelques pages plus loin, de la fenêtre de sa cagna, rue Lepic, Fernande contemple le « ciel bas d'automne ». Elle est si malheureuse que, Carco a cette étonnante réflexion, « le lit en désordre la dégoûtait du repos ».

Mais l'hôtel, c'est l'amour. Peu importe « le jour, qui entrait par la fenêtre, éclairait tristement la tapisserie ancienne et déchirée », Fernande s'est glissée dans le lit de la Caille. Dehors, la tragédie gronde, Fernande sanglote – « Leurs premières caresses furent mêlées de larmes. » À la fin du livre, le dénouement a lieu dans la chambre de Fernande. Les trois amants de Fernande sont réunis. Devant elle et Jésus, le Corse tue Pépé-la-Vache à coups de couteau, puis il s'enfuit. « Moi… la Fernande… Oui… Oui… Moi, j'ai crevé mon homme ! » Elle a choisi d'être héroïque.

Robert Lageat n'avait pas choisi le lieu de sa conception, un hôtel de la rue Quincampoix, l'été 1910. Peut-être au 16, le premier logis de Julien Blanc avec sa mère en 1908[19]. *Le jour se lève*, le film de Carné de 1939, montre Gabin, « un bon p'tit boulot » que la vie a poussé à bout, se suicider dans une piaule d'hôtel. Sur l'absence de signification de l'hôtel et, au-delà, de la vie en général, en 1931, Dabit était définitif :

> « On habite quelques mois l'Hôtel du Nord. On le quitte un matin. On part, une valise à la main, sans jeter un regard derrière soi. […] Dieu sait où l'on va. Dans quelque garni sombre, un autre Hôtel du Nord, près de l'usine qui vous emploie[20]. »

L'hygiène à la six-quatre-deux

Du débarbouillage

L'action de *Jésus-la-Caille* détourne Carco de se préoccuper de l'hygiène de la Fernande et de ses hommes. Dommage pour l'histoire, car la malpropreté parisienne et française était une tradition. « Ils portent le deuil de leur blanchisseuse », disait-on de ces gens visiblement cracra. Au XVIIIe siècle, sur la Seine, il y avait pourtant des « bains chauds à vingt-quatre sols », bon marché : « Voilà, s'exclame Mercier, de quoi décrasser la gent parisienne : eh bien ! il y a la moitié de la ville qui ne se lave jamais et qui n'entrera dans aucun bain pendant tout le cours de sa vie. » J'étais tout petit, ma grand-mère m'cmmenait aux douches municipales du 8 rue des Deux-Ponts, dans l'île Saint-Louis : c'était gai, les femmes chantaient. Mon père allait à celles de la rue Saint-Merri, au 33, ma mère, jamais : douches et bains la « saisissaient ». « Vous m'faites rigoler, avec vos douches, se défendait-elle : j'sais m'laver et j'ai la prétention d'être aussi propre qu'n'importe qui ! »

Les précisions qu'à la Belle Époque Charles-Henry Hirsch donne sur M. La Teigne, dans *Le Tigre et Coquelicot*[21], n'infirment en rien les prétentions de ma mère. Et encore moins celles concernant le Matelot, le premier amant de Casque d'Or en 1892. Mlle Coquelicot est un succédané de Casque d'Or. Il n'est pas indu de supposer que Hirsch s'est inspiré de la propreté du Matelot pour dépeindre M. La Teigne, barbeau de son état, très soigneux de sa personne. Un jour, M. La Teigne emmène Mlle Coquelicot dans son garno de la rue de Charenton. Que lui montre-t-il aussitôt ? Pas ce qu'on supposerait, mais, « avec orgueil, une brosse à dents dans un verre ». M. La Teigne utilisait-il déjà le dentifrice ou bien se contentait-il de se brosser les dents à la suie pour les garder blanches ? Cette suie, m'avait appris Mémé Jolie, se grattait à l'intérieur de la cheminée. Puisque Hirsch n'épilogue pas, passons à Casque d'Or, au Matelot, plutôt. Pareil aux Charlemont, nu jusqu'à la ceinture, le Matelot se lave à grande eau. Cette habitude surprend tellement que le reste, ma foi, sous la ceinture, motus et bouche cousue.

Deux, trois ans plus tard, retour à la normale : Bouchon, le successeur du Matelot dans le cœur de Casque d'Or, ne se débarbouille que le bout du nez. Il n'empêche : « Rasé, pommadé, les cils soulignés d'un coup de crayon, Bouchon passait un complet de cheviotte ou un gilet à fleurs, chaussait des chaussures vernies ou des souliers jaunes, et se couvrait d'un chapeau mou ou d'un melon[22]. » Un barbe, dira-t-on, un dos vert[23], un souteneur. Certes, mais le matin il « revêtait une blouse bleue, se coiffait d'une haute casquette de soie noire et allait prendre possession de sa voiture basse à deux roues de marchand des quatre-saisons », manière de donner le change à ceux de la rue de Jérusalem, les « bourres[24] ». Il était du meilleur ton qu'un alphonse eût un boulot.

De la culotte

Retournons au XVIIIe siècle. Sur la crasse, Daniel Roche ne va pas à l'encontre de Mercier. L'inattendu provient de cette évolution intime et utilitaire des vêtements qu'il met à jour. « Pour les femmes comme pour les hommes du peuple de Paris, la chaussure est une conquête du Siècle des Lumières[25] », révèle-t-il. En outre, « les culottes font leur apparition ». Quant aux bas, « chaque femme du peuple en conserve une demi-douzaine [de paires], surtout blancs, rarement colorés, le plus fréquemment de fil et rarement de soie ». Cinquante ans plus tard, chez Hugo, le Siècle des Lumières a fait place à la nuit, symbolisée chez les femmes par la fille Thénardier. « Hâve, chétive, décharnée ; rien qu'une chemise et une jupe sur une nudité frissonnante et glacée », ainsi qu'elle apparaît à Marius, son voisin de la masure Gorbeau, avec « pour ceinture une ficelle, pour coiffure une ficelle ». Plus loin, elle a « aux pieds de gros souliers d'homme tachés de boue qui avait jailli jusque sur ses chevilles rouges ».

Dans sa jeunesse, Charlemont se souvient que « ses vêtements ne le gênaient guère : comme souliers, la chaussure du père Adam, un pantalon court à corsage, la chemise passant par la fente ménagée derrière pour les nécessités journalières, voilà pour le costume ». Commençant à être présente à la fin du siècle précédent, la culotte, la *petite culotte*, a disparu. Alors, il est vrai, Charlemont est un enfant, son pantalon court est à la fois culotte courte et caleçon. La fille Thénardier a-telle ou n'a-t-elle pas de culotte ? Hugo ne le précise pas. Rue Saint-Antoine, en revanche, à un moment, Gavroche avise, « toute glacée sous une porte cochère, une mendiante de treize ou quatorze ans, si court vêtue qu'on voyait ses genoux ». Et davantage, qui sait, puisque Gavroche a ce mot : « Pauvre fille ! [...] Ça n'a même pas de culotte. »

Les surprises du XVIIIe siècle

À 7 ou 8 ans, Charlemont travaillait déjà. L'hiver, sa mère l'affublait d'« une veste d'artilleur qu'on lui avait donnée et qui lui descendait sur les jarrets, les manches dépassaient ses mains de 25 cm ». Honteux ou pas, il devait y aller. L'été, sa blouse était ouverte aux coudes, ses pantalons aux genoux, et ceux des copains *idem*. La littérature pittoresque du XIXe siècle et du début du XXe est emplie de miséreux couverts de hardes – les *« zardes »*, comme Gavroche les appelle en avalant le « h » aspiré. Or, au XVIIIe, constate Roche, « les haillonneux sont rares ». Mieux, il rencontre chez l'homme du peuple un goût pour l'élégance. Un poème anonyme de 1773 montre les cordonniers, tailleurs, perruquiers, harangères, ravaudeuses, écosseuses, blanchisseuses, servantes, mignons du port et portefaix galoper le dimanche à la guinguette. « Bas blancs, souliers fins, chevelures poudrées à blanc » pour les messieurs, « courte chemise et longues manches, quelques breloques aux oreilles » pour les demoiselles, la mise est recherchée.

Une fois « la Révolution stabilisée, écrit Roche, la palette des couleurs masculines explose sur les vêtements ; [...] le peuple laisse ses vestes grises dans les armoires, il passe des habits lilas, enfile des gilets de coton blanc à raies jaunes, met des culottes de draps vert bouteille », etc. Il se vêt à l'imitation des gens de la noblesse. Roche n'hésite pas à parler de « révolution vestimentaire » dans les couches populaires. Peut-être « les misérables et les paumés » n'y sont-ils pas inclus, mais ils sont minoritaires. Se posant à l'encontre des idées convenues sur le peuple à la veille de la Révolution, Roche conclut : « Pour la première fois dans l'histoire s'expérimente avec le vêtement populaire un système de consommation massive fondé sur le transitoire et faisant place au superflu. »

La Révolution et ses suites, l'ère napoléonienne, les guerres, vont contrarier ce mouvement, le faire partir en sens inverse. La taille des Parisiens en sera même affectée, c'est dire l'indigence de cette période. Conséquence de l'extrême récession et de l'instabilité politique : de la fin de la Restauration au début du Second Empire, le crime sera « l'un des thèmes principaux de tout ce qui a été écrit à Paris et au sujet de Paris », écrit Louis Chevalier en ouverture de *Classes laborieuses et Classes dangereuses*. Le crime parce que la vie est dure, tel est, en trois mots, le sujet de Chevalier. À défaut de vivre, il faut survivre. Ainsi, la misère qui empreint Paris grippe pour longtemps le « système de consommation » mis en exergue par Roche au XVIIIe. Alors, onguents onctueux et bains parfumés, les misérables ont autre chose dans la tête. Quant au corps, les petites bêtes y élisent souvent domicile.

L'odeur des femmes

Chez Louis Chevalier, l'histoire de Paris est souvent source de lyrisme, par exemple quand il montre comment, au XIXe, reprenant le flambeau de la bourgeoisie, le peuple impose son image à la ville tout entière[26], ou lorsqu'il explique la façon dont, sur le boulevard, ce qu'il nomme la « nuit parisienne » naît de l'éclairage au gaz. À la fin du Second Empire, le Paris de Zola, « éblouissant de la lumière du gaz, davantage encore ébloui par cette lumière et comme enivré d'elle, c'est le Paris de la lumière », s'émerveille-t-il. Zola, dit Chevalier, *Nana*[27] pour être précis. La folie des sens est le maître mot de ce roman. Certes, la lumière qui éclabousse l'obscurité, mais plus encore, aux Variétés, Nana, dont les « les pointes roses » de sa gorge d'amazone « levées et rigides », « les poils d'or de ses aisselles » et cette « odeur de vie » qu'elle dégage, cette « toute-puissance de femme » conquièrent le public en le grisant d'un coup. Les envolées de l'historien se greffent sur celles du romancier : « l'odeur terrible de la joie populaire » imprègne le *Montmartre du plaisir et du crime* de Chevalier – les jouissances parisiennes de jadis. Chevalier s'enivre aussi de Nana, cette « mouche couleur de soleil » pas encore « envolée de l'ordure » quand, rue de la Goutte-d'Or, « elle traînait son derrière de gamine », et qui, finalement, aura Paris à ses pieds. Une odeur nimbe Nana, elle ne la quittera jamais tout à fait. Une « odeur de femme », de *femelle* – une « odeur fauve », écrit Zola –, dans laquelle, subjugué, hagard, va se perdre le comte Muffat. Sur la scène des Variétés, Georges, « jeune échappé du collège », devient subitement « très rouge » à regarder Nana : « C'était ça, c'était la femme. »

Sensualités intimes

Cette odeur, Chevalier la magnifie-t-il comme, au lendemain de la Commune, la blondeur des Parisiens s'est trouvée transfigurée en beauté des martyrs[28], ou bien n'était-elle qu'une exhalaison violente, peu ragoûtante, dont, *nolens volens*, l'odorat se satisfaisait ? Encore qu'elle préfigure, par l'impérieuse domination de Nana, fille du peuple, de la populace, sur Muffat, comte et chambellan de l'impératrice, l'effondrement prochain de la « société », la part du propre – si l'on peut dire – et du figuré est difficile à établir : depuis lors, le goût des odeurs et, partant, les odeurs et les goûts eux-mêmes ont changé. Pas depuis si longtemps.

Dans *Edmonde et Léontine*[29], Martin Rolland narre son enfance à Boulogne-Billancourt dans les années 1940. Pour les mômes qui ne partent pas en vacances, « dans ma rue, ma fête, mon festival », se réjouit-il, le grand jour est arrivé : les travaux de voirie, voilà la goudronneuse. Et attention ! aux fenêtres, « des femmes en peignoir se penchent sur la barre d'appui, sourient, lèvent les bras en direction des manieurs de pelles.

C'est une explosion de bigoudis, d'épaules nues, de poils dorés sous les aisselles », s'émeut Rolland. De même, une douzaine d'années plus tôt, l'été, dans la rue, Dabit est attiré par les femmes légèrement vêtues. Les appas qui attisent Zola, Chevalier, Rolland et tant d'autres suscitent aussi son attention d'homme : « Bien sûr, on en respire l'odeur animale, on peut voir la broussaille brune, blonde, de leurs aisselles ; beaucoup, humides, défaites, semblent s'offrir », s'enflamme-t-il le 4 juin 1932 dans son *Journal intime*[30].

Les aisselles velues des femmes, leur odeur agissent tel un puissant stimulus sur la gent mâle. « Diverse comme la couleur des cheveux, ondoyante comme les boucles qui la recèlent, l'odeur du gousset [...] décage [...] la bête chez l'homme », Huysmans exprime-t-il justement, en 1880, la puissance capiteuse des fragrances du creux de l'aisselle – le « gousset », un mot qui ne s'entend plus[31]. « Nature, brute de décoffrage comme les filles du cinéma néoréaliste italien *"qui ont des poils sous les bras"* : ainsi voyait-on Bernadette Lafont il y a quarante ans », lisait-on à la une du *Monde* le 24 octobre 1997. « Nature, brute de décoffrage » : autant dire populaire, les auteurs cités plus haut le proclament assez. En tant que femme, Louise Lecouvreur n'est pas sensible à ces arguments-là. Il n'est plus question des poils, mais du pomponnage. À l'Hôtel du Nord, le matin, les petites ouvrières bichonnées provoquent la rouspétance intérieure de la Louise : « Toutes des fricoteuses ! pense-t-elle. Elles feraient mieux de se laver que de se mettre de la poudre de riz ! » En 1929, ce n'est pas elle, ni d'ailleurs les petites ouvrières, qui se seraient épilées sous les bras. Il aura fallu la mode, ce fait de société d'être de plus en plus dénudées pour les femmes, et les grands moyens de l'industrie cosmétique leur faisant accroire qu'elles sont toutes des *stars glamour* de Hollywood, belles d'une beauté sans surprise, *formatée*, et ainsi moins *animale*, moins *populaire*, pour que l'épilation, qui n'était pas la tradition en France, soit érigée en règle.

Puanteur

L'odeur des femmes, Huysmans en savoure les subtilités, du « cri de chaleur de la bête humaine » à la senteur « délicieusement hardie et timidement fine ». Cette odeur, à la source du désir, est d'un autre ordre que celle, âcre et écœurante, de certains lieux publics qui infestent. Dans *Classes laborieuses et Classes dangereuses,* Louis Chevalier consacre un chapitre entier aux rues, aux voiries, aux cloaques[32] et à leurs puanteurs pestilentielles. Précédemment, on a vu, dans les intérieurs, combien, ainsi qu'écrit encore Chevalier, « les habitudes de propreté [étaient] étrangères à la population ». En 1883, au cœur du faubourg Saint-Antoine, Louis Barron pénètre dans une maison de la rue Sainte-Marguerite[33]. À l'intérieur de la cour, il est assailli par les « senteurs nauséabondes de ce fumier d'êtres vivants ». Son guide ouvre une porte : « Je le suis, poursuit-il, et je recule aussitôt, demi-asphyxié par les émanations d'une chambre immonde. » Le reste est à l'avenant. La rue Sainte-Marguerite était l'une des plus sales de Paris. C'est là que l'épidémie de choléra de 1884 a pris naissance[34]. Aux Halles, à La Villette du fait des usines, partout, dehors comme dedans, de puissants remugles se faisaient sentir. Marius Boisson et Daniel Halévy[35] se sont attardés sur, je cite le premier, à La Villette, les « relents ammoniacaux », « les atroces odeurs du suif et de la charogne », « l'acide carbonique qui planait dans l'atmosphère » et l'« émanation écœurante de fumée et de lis » qui montait « de la pluie d'escarbilles qui couvrait les choses et les êtres ». Le résultat est qu'à Montmartre, ainsi que le raconte Halévy, « l'air, par les chaudes soirées d'été, s'empesta. [...] Pantin devenait pays d'industrie, et ses usines, ses raffineries, nous envoyaient, quand le vent soufflait d'Est, leurs odeurs de noir animal, leurs émanations de charogne ». Des mauvaises odeurs, on est passé à la pollution, question qui, à Paris, on s'en rend compte, n'est pas nouvelle.

Le métro

Le 6 juin 1932, Dabit note dans son *Journal* : « À 8 heures du soir, après l'affluence de 7 heures, on respire dans les voitures du métro un air lourd où flottent des odeurs aigres de sueurs, de linge sale, de mauvais parfums, et surtout une puanteur humaine. » À se rappeler le métro, Simonin aussi se bouche le nez : « L'homme du faubourg, en ce temps, avait une fâcheuse tendance à sentir le fauve. » Gilbert de la Butte-aux-Cailles acquiesce, mais en tempérant. À la fin des années 1950 et au début des années 1960, cela dépendait de la ligne, de l'heure. En 1959, il travaillait 117 rue des Pyrénées. À 7 heures le matin, du côté de Buzenval, des Maraîchers, « un coup d'Air-Wick aurait pas été d'trop pour knockouter les r'lents de galtouze, de claquos, d'oignon et d'panard qui emboucanaient l'tube ». *Idem* au retour, il descendait à Place-d'Italie. En revanche, quand il commence à 9 heures dans le 17e, qu'il va jusqu'à Opéra et prend direction Villiers, la différence lui saute aux yeux autant qu'au pif : « Y'a d'belles gonzesses : au lieu des pinceaux, ça sent l'parfum. »

Trente ans avaient passé depuis les récriminations de Louise Lecouvreur à l'encontre des petites ouvrières, le goût de la propreté se répandait. Pour Jean Ratinaud, professeur d'histoire au lycée Charlemagne, le phénomène était à mettre au crédit de la réclame qui, inlassablement, à la T.S.F. et au cinéma, vantait Monsavon, Dop et le superdentifrice Colgate. Mon père a longtemps utilisé le dentifrice Gibbs, qui se présentait sous la forme d'une grosse pastille rose. D'un jour à l'autre, la fraîcheur de la chlorophylle *active* a été portée au pinacle : toutes les pâtes dentifrices sont devenues vertes. Il était loin, le temps où, dixit Simonin, « l'hygiène voulait, pour les semi-raffinés, le bain de pieds du dimanche matin dans une petite cuve de zinc ». Que les Charlemont père et fils se récurant au puits avec du savon noir aient pu être l'exception, voilà qui est impensable aujourd'hui. De même cette anecdote, racontée par Pierre-Léonce Imbert, « Auvergnat de contrebande[36] », mais

Auvergnat quand même. En 1876, un charbonnier surprend son enfant en train de se débarbouiller. Il lui donne une raclée et, pour raison, cette explication : « Est-ce que quelqu'un se débarbouille, dans notre famille ? »

Les fringues des hommes

Lipètes, bigorniaux et la suite[37]

À défaut de dire comment était attifé ce bougnat, Imbert décrit minutieusement l'habillement des danseurs du bal des Auvergnats, situé à la Mouff', impasse des Vignes – aujourd'hui rue Rataud. Le costume change selon qu'on vient de la Limagne ou des hautes terres. Les montagnards ont un bonnet rouge ou un chapeau noir à grandes ailes, les autres, une casquette de feutre gris ou un chapeau noir à claque. Dans *Les Parisiens*, Louis Chevalier confirme le tableau d'Imbert : « Savoyards, Limousins, Auvergnats, Creusois – ainsi baptisés de noms qui évoquent aussi bien le métier que l'origine provinciale – sont vêtus à peu près de la même manière » au XIXe siècle que sous l'Ancien Régime, « parce que le costume du métier est celui de la province et que la permanence du costume provincial, insensible à la mode, renforce la permanence du costume professionnel ».

Les « *ouverriers* » portaient la blouse

À Paris, dans le peuple, la blouse domine chez les ouvriers. Lors de l'émeute du 12 mai 1839, Hugo mentionne à plusieurs reprises des ouvriers ou des hommes en blouse[38]. Dans *L'Éducation sentimentale*[39], à l'orée de 1848, Flaubert parle d'« hommes en blouse, tous patriotes, tous travailleurs, tous braves gens ». En décembre 1851, la blouse est le signe distinctif des émeutiers, souligne Hugo[40]. À la fin de *Nana*, en juillet 1870, la guerre contre la Prusse va éclater. Sur le boulevard, « dans une coulée énorme de la Madeleine à la Bastille [...], une bande d'hommes en casquette et en blouse blanche [crient] sur une cadence de marteaux battant l'enclume : – À Berlin ! à Berlin ! à Berlin ! » *Bel-Ami*[41] se déroule dans le Paris des années 1880. Clotilde, Clo, bref, Mme de Marelle, la maîtresse de Georges Duroy, aime s'encanailler. Dans tel caboulot populaire, « au fond du bouge enfumé, sur des chaises boiteuses, devant une vieille table de bois [...], des hommes en blouse gueulaient en buvant des petits verres », note Maupassant.

Le beau linge populaire

En recoupant Jean Lorrain, en 1905[42], avec Émile Chautard, en 1931[43], on constate que la blouse disparaît à la Belle Époque. Que les précieuses indications de l'un et de l'autre concernent les façons de se linger de ceux de la pègre ne change rien à l'affaire, on verra pourquoi. En 1830, selon Chautard, les malfaiteurs sont vêtus d'une veste très courte – d'ailleurs appelée blouse dans la légende de l'illustration afférente. En 1848, leur blouse était « blanche ouverte, à revers, [...] le col s'en allait en arrière ». Les uns optent pour le foulard rouge, les autres pour la cravate Colin au nœud démesuré. En 1878, les malfrats ne portent plus que le foulard, « bleu ou rouge, serré par un nœud dont les bouts étaient ramenés derrière le cou ou bien sur l'épaule ». La blouse est alors « blanche ou bleue, fendue par-devant, à col et poches ». En 1883, blouse et foulard sont bleus. L'été, le veston blanc à grand col fait son apparition. Il se vend au Franc Picard, un mago du faubourg du Temple. En 1898, affirme Chautard, la blouse a disparu au profit de la veste noire de lustrine que rehaussent une chemise de couleur et la casquette Grivel.

De fait, l'accoutrement de l'affranchi renseigne sur celui de l'*« ouverrier »*, comme le premier aime à prononcer « ouvrier » – par ironie plus que par dédain. C'est ce que montre Lorrain, à la Belle Époque. Sa *Maison Philibert* nous emmène faubourg du Temple, probablement dans le passage Corbeau entrevu en

1925 chez Valdour[44]. Chez Lecomte, marchand de vin, « c'est un rancart de grinches, de fricfracs et de barbes ». À l'entrée se jouait une

> « partie de manille entre quatre déménageurs, déménageurs ou garçons bouchers, car la tenue est la même. En longues blouses bleues aux plis tombant sur le pantalon de velours, les quatre robustes gars manipulaient fiévreusement des cartes. Leur jeu passionnait tout un groupe d'aminches en gilet de chasse ou en veste de toile : vagues couvreurs, équivoques zingueurs, et plus sûrs marlous, appareillés par la même casquette et le même foulard noué coquettement autour du cou ».

On note, *primo*, qu'au moins chez les déménageurs et les bouchers la blouse est encore de mise en 1905 – au XXIe siècle, elle n'a pas disparu chez les louchébems –, et, *deuzio*, la promiscuité entre couvreurs, zingueurs et « vagues couvreurs [et] équivoques zingueurs », à la vérité « plus sûrs marlous ». La frontière entre populaire et populaire mâtiné voyou est une passoire.

Les demi-sel

Par avance, en 1865, dans *Germinie Lacerteux*[45], les Goncourt révélaient l'appartenance réciproque du populaire et du voyou. Germinie s'est éprise de Jupillon, le fils de la crémière de la rue Saint-Georges, dans le quartier Notre-Dame-de-Lorette. Au début, Jupillon est ouvrier gantier. « À l'atelier, sur la rue, avec sa chemise blanche, sa petite cravate noire à la Colin, son pantalon serré sur les reins, il avait pris les dandinements, les prétentions de tenue, les grâces "canailles" de l'ouvrier regardé. » Au lieu de « populaire mâtiné voyou », les Goncourt auraient dit « populaire canaille » – on ne change pas de monde. Les « douteuses élégances [de Jupillon], la raie au milieu de la tête, les cheveux sur les tempes, des cols de chemise rabattus lui découvrant tout le cou, la recherche des apparences et des coquetteries féminines » lui donnent une tournure incertaine qui annonce Jésus-la-Caille, à la fois « jésus » et petit homme de la Fernande. Chez Lorrain, sans être un jésus, Thomas le lutteur, l'homme de la belle Mélie, a eu une « coquine », un homme. Mélie y a mis bon ordre. Thomas est « blond du seigle mûr », il a une blouse aux plis amples, « l'avancée de la casquette et le foulard professionnel, [...] avec des espadrilles au pied ». Au fond, comme le juge quelqu'un, « il est resté boulot, c'est un demi-sel ».

Rien n'avait changé au début du XIXe

Si ce n'est la question de l'origine régionale, probablement caduque, que n'aborde pas Simonin, ses remarques sur le vêtement au début du XXe siècle recoupent celles de Louis Chevalier pour le XIXe. La tenue précise des travailleurs selon le métier est durablement assise :

> « Veste d'alpaga rase-pet et pantalon demi-hussarde rétréci pour les travailleurs de force, terrassiers, couvreurs, plombiers-zingueurs, paveurs, charpentiers. Veste à petits carreaux bleus et froc de toile blanche chez les bouchers, pâtissiers, volailleux. Cotte et pantalon bleus sont l'uniforme du mécano, de l'électricien, du chaudronnier. La blouse grise ou blanche, celui de l'horloger, de l'opticien. [...] Nul n'a alors honte de sa condition, et même tient à l'affirmer par le port, dimanches et fêtes, d'une réplique, dans son neuf, de sa tenue de boulot. »

À la fin des années 1940 encore, me raconte l'accordéoniste Jo Maurage, les ouvriers allaient danser en bleu au bal-musette[46]. C'est ce qu'on voit en 1955 dans *Des gens sans importance*[47]. Gabin y est camionneur. Lorsqu'il danse avec Dany Carrel, sa fille, il est en salopette propre, et, sur le « timbre », il a sa « bâche ».

Redingote et complet-veston, marques d'embourgeoisement

Au XIXe, tous les hommes du peuple n'étaient pas vêtus de la blouse. Ainsi, les instituteurs. Avant 1848, Charlemont était allé à l'école, rue de Charonne, « qui se trouve actuellement rue Keller », précise-t-il[48]. Une excellente école communale dirigée par M. Maltaire. Voilà le maître dépeint par l'élève :

> « Cinquante ans environ, de taille moyenne, gras, ventre rebondi, tête presque chauve, couronnée des tempes à l'occiput par des cheveux presque blancs, complètement rasé, sauf deux petits favoris également blancs, figure fraîche, honnête et sévère. Comme costume, il portait toujours le pantalon et la jaquette noirs, gilet blanc, cravate blanche, pantoufles de cuir noir, d'une propreté exemplaire. »

Selon Hugo[49], en 1848 à l'Assemblée nationale, l'abbé Lamennais (1782-1854) était vêtu d'une redingote brune usée, et le révolutionnaire Blanqui (1805-1881) « avait sur le corps les mêmes habits depuis douze ans, ses habits de prison, des haillons », râpés, « des chapeaux troués, des bottes percées ». La précision suivante n'est pas superflue pour notre propos : « Avec cela des ablutions fréquentes, la propreté mêlée au cynisme. » Revenons à Lamennais : son vaste pantalon de nankin ressemble à celui, noir à la hussarde, de Leboucher (1807-1866), professeur réputé de boxe française. Lui aussi avait choisi la redingote. Louis Vigneron (1827-1871), le célèbre Homme-Canon, grand champion de boxe française, l'ami de Charlemont *idem*. Il se couvrait le chef d'un superbe chapeau haut de forme et, selon l'habitude du temps, prisait avant d'entamer une conversation amicale. De même, dans *Nana*, Barillot s'approche de Mignon, « sa tabatière ouverte. Cette prise offerte et acceptée lui donnait une minute de repos ». Pour en conclure avec la blouse et la redingote, le port de l'une ou de l'autre permet encore, au XIXe siècle, de distinguer le peuple du bas peuple ou de la « populace », comme Hugo qualifie les insurgés de 1848.

Au XXe siècle, l'embourgeoisement sera marqué, non plus par la redingote, mais par, relève Simonin, le complet-veston, qui

> « n'a pas encore conquis les couches populaires. Seuls les gandins, employés des commerces de luxe ou des bureaux dans le centre, donnent dans cette mode, nouvelle pour le faubourg, imités par de rares ambitieux en voie d'émancipation et mûrs pour l'embourgeoisement ».

« Embourgeoisement » : Simonin l'écrit expressément. Sans développer, il distingue à bon escient « le centre » du « faubourg ». Quand, rue de la Roquette, dans les années 1920, Léon Daudet[50] observe que « l'extension des métiers féminins par les magasins de mode et la machine à écrire fait que bon nombre de "mannequins" de petit style, de petites ouvrières et de dactylos » y habitent, il ne fait que prendre acte des manières du cœur de la ville, qui, petit à petit, s'étendent aux faubourgs.

La casquette

Rue de la Roquette, Léon Daudet dit aussi avoir souvent rencontré « des jeunes fauves à casquettes, hommes et femmes, tendus par une haine concentrée de la société ». Si, au XIXe, la blouse signale l'appartenance aux classes laborieuses et dangereuses, révolutionnaires ou criminelles, au XXe, la seule casquette la remplace. Le 13 janvier 1932, Dabit[51] se rend à Belleville. Eu égard aux valeurs ouvrières de ce quartier, à savoir la passion de l'indépendance, le respect de la dignité humaine, le sens de l'honneur, la conception des relations et des luttes syndicales et l'allure très particulière et affranchie du syndicalisme et du socialisme, Louis Chevalier affirme qu'alors « la tradition du peuple de Paris passe par Belleville ». Dabit va voir son cousin Henri, 23 rue Vincent. Une très vieille maison, sale, emplie d'odeurs, « tout cela désespérément pauvre et triste ». Chez Henri, « un intérieur ouvrier », Dabit remarque pourtant que « le luxe du dehors lentement pénètre ». Henri, le voici : « Il est mal rasé, casquette, assez mal vêtu : en ouvrier, quoi », consigne Dabit en liant la casquette à l'état. Le 4 juin 1932, au Marché aux Puces, les « gars en casquette » en train de manger des moules et des frites sont des travailleurs. En vertu de ses idées politiques, Dabit n'avait aucun goût pour la pègre : si les gars en question avaient été souteneurs, il l'aurait signalé. En revanche, ces femmes à l'« allure de putain » qui attirent le regard des hommes ne sont *probablement* pas des putains : l'ambiguïté persiste.

Le chapeau

Le livret de mariage de mon grand-père maternel indique qu'en 1920 il était chocolatier. Ensuite, il avait été chauffeur à la Sorbonne, chauffagiste. Avant sa mort, en décembre 1933, je sais qu'il devait prendre une station-service en gérance. Un ouvrier, donc, qui pourtant, racontait ma mère, aimait être bien habillé et partait chaque jour le melon sur la tête. Simonin a raison : chez l'homme du peuple, l'ambition, le désir d'arriver décidait de l'abandon de la casquette au profit du chapeau. Henri Calet avait un an de moins que Simonin. Dans *Le Tout sur le tout*[52], pour traduire cette détermination en marche chez ses parents, il a ce mot : « Nous nous élevions. » Autant que le père de Calet, mon grand-père voulait « monter » – là, j'entends mon père. Après la guerre de 14, Calet dit du sien qu'« il s'habillait mieux qu'avant ». Il souligne « la découverte du faux col en celluloïd, lavable, économique » adopté par son père, « orné d'un nœud papillon ». J'ai retrouvé l'adresse d'High-Life Tailor, où le vieux Calet s'était acheté « un costume élégant – laine et coton – pour vingt-quatre francs » :

à Richelieu-Drouot, au coin de la rue de Richelieu – le 112 – et du boulevard Montmartre – le 23. High-Life Tailor, qu'à la française Calet prononce « Hiche-Life Tailor ».

Simonin itou, je suppose, à l'orée de 1920, mais, « ébloui par la variété des choix en costards, limaces, cravates, pompes et chapeaux offerts à la convoitise des coquetteries » de cette même boutique, il oublie de le préciser dans ses *Confessions*.

Après la Grande Guerre, la ville gagne sur les faubourgs : la concurrence du « doulos » et de la « bâche » en est une illustration. Le chapeau lui-même est l'objet d'une lutte entre melon et feutre mou. Elle tournera à l'avantage du dernier. Le feutre apparaît dès l'armistice de 1918. Dans *Mon homme*[53], Fernand est décidé, élancé, habillé avec soin d'un complet marron, chapeau de feutre, chaussures à tiges claires, moustaches coupées à l'américaine, faux col mou.

Bada or not bada

Quelques années ont passé, Robert Brasillach en témoigne[54], les étudiants,

> « même les plus modestes, arboraient très volontiers des costumes de couleur mauve ou vieux rose, et des cravates de "batik", tissus légers imprimés à la cire, que l'on portait avec de très petits cols durs hauts d'un demi-centimètre. En 1925, les pantalons étaient rétrécis dans le bas. Brusquement, l'année d'après, ils devinrent très larges ».

Si ceux qui faisaient des études étaient « presque tous des va-nu-tête », en simultané au sein du populo, une double opposition voit le jour. La première : alors que l'ouvrier reste en casquette, l'homme du peuple qui veut monter manifeste son ambition par le port du chapeau. La seconde : le galurin permet à l'affranchi de montrer son côté *modern style*, tandis que la bâche reste le lot des purotins de la pègre. Plus tard, les films de gangsters contribueront à la généralisation du chapeau, sauf dans les quartiers ouvriers. Je garde l'image d'un cousin de 17, 18 ans qui était chapeauté, ça faisait drôle. À cette époque, 1949, au début de *Morsure*, son avant-dernier roman[55], Carco dépeint Georges, alias Jojo, un jeune mec de la rue de la Roquette, « coiffé d'un élégant chapeau de feutre beige qu'il portait sur l'oreille ». L'intention de frimer les durs est patente, l'honnête homme, lui, avait le bada, pardagon ! le chapeau, droit sur le crâne.

En 1954, pour *Elle*, Henri Calet enquête sur la jeunesse[56]. Michel, 19 ans et demi, qu'il interroge, lui paraît « être coiffé au dernier cri, c'est-à-dire qu'il a sur le devant de la tête une manière de houppe horizontale, ou de huppe, ou de touffe qui lui cache une bonne partie du front ». En outre, « il a une très jolie petite moustache, que l'on ne distingue pas à première vue, tant elle est blonde et mince ». Un Parisien, alors ? Oui, à cela près que ses parents sont « d'origine vaguement russo-polonaise ; il n'a pu être bien précis là-dessus ». Michel est un vrai gars de Paname, un débrouillard un rien douteux, tel est son charme. Plus de chapeau ni de casquette, la coiffure de Michel est celle, déjà, des blousons noirs qui apparaîtront trois, quatre ans plus tard. C'est vers 1955-60 que les hommes ont commencé à délaisser le chapeau pour, tous, aller nu-tête.

Les escarpins pointus, ça fait « plus “chic” » (la Môme Piaf)

Les chaussures ont connu des variations de toutes sortes. Pour se reposer les pieds, les ouvriers se les carraient dans des pantoufles. En 1883, au Caveau des Halles, 15 rue des Innocents, un rendez-vous de rôdeurs, loupeurs, souteneurs et filles, il n'y a « pas une blouse, pas un prolétaire, écrit Louis Barron[57]. Tous gens comme il faut, portant le vêtement de drap bourgeois ». Leur casquette est en soie et, aux pieds, ils ont « de jolies pantoufles brodées qu'ils étalent complaisamment, fiers de leur chic, étendant quelquefois leurs jambes sur la table pour qu'on puisse mieux admirer le dernier cadeau de leurs “dames” ». La broderie marquait la différence entre les pantoufles des dos verts et les charentaises des boulots.

À la Belle Époque, vingt ans plus tard, Arthur, l'oncle de Céline qui tombe gravement malade au moment du terme, est un luron qui ne s'en fait pas, il donne dans la « conquête ». Son neveu l'observe : il a un « velours grimpant » et des « tatanes en pointe ». Dans les *Confessions d'un enfant de La Chapelle*[58], Simonin, tout au début des années 1920, évoque ses « lattes dites marseillaises, claque vernie à trou-trous et tige de gabardine gris souris ». Il en est fier, mais on lui fait comprendre qu'elles le dénoncent « comme vivant à Marseille de l'exploitation des charmes de quelque dame » ! À *croume*, à crédit, il s'offre alors « une paire de richelieu de chevreau glacé de chez Manfield, discrète et légère aux paturons. Je n'avais jusqu'alors, récapitule-t-il la gamme des souliers accessibles aux pauvres, chaussé que des lattes à tiges : bottines à boutons dans l'enfance, puis galoches d'écolier, avant le solide brodequin en tous labeurs » et, bien sûr, ses marseillaises.

Une décennie a passé. À Pigalle, la Môme Piaf a trois amants à la fois. C'est Pierrot qu'elle préfère, un lascar qui n'en écosse pas lourd. Un jour, elle lui offre « une belle paire de chaussures d'escarpe, noires et pointues ». Las ! elles sont trop petites, Pierrot a mal dedans. La Môme lui rachète « des pantoufles fourrées. Dans la rue, quand tu seras seul, tu marcheras avec, lui demande-t-elle. Mais quand tu seras en ma compagnie, tu mettras tes escarpins », *because* des petits pieds dans des escarpins pointus, ça fait « plus “chic”[59] ».

Sous l'Occupation, les zazous avaient aux pieds des écrase-crottes à double ou triple semelle de crêpe. En 1950, la mode était à la chaussure anglaise, genre Church's, bout fleuri, élégante mais solide, en crêpe moins épais. Je revois mon père, cette sorte de chaussure aux pieds, dans les rouges, me semble-t-il. Dix ans allaient s'avérer nécessaires pour que revienne la vogue des tatanes en pointe.

Sinuosités de la mode depuis 1950

Au Carreau du Temple, chez le tailleur ou à la Belle Jardinière

Sur des photos de 1945-46, mon père est vêtu d'un seyant *complet*, comme on disait alors. Selon le Petit Robert, le complet, ou complet-veston, est un « vêtement masculin en deux (ou trois) pièces assorties : veste, pantalon (et gilet) ». Mon père n'avait pas de gilet, et sa veste était droite, à deux boutons. Ce complet datait-il d'avant les hostilités ou du rétablissement de la paix ? Le fait que le veston soit assez court, un rien cintré, et le pantalon, large du haut en bas, peut plaider pour l'avant-guerre. En dépit de sa belle allure, ce complet n'en était pas moins *sport*, à cause du veston droit. Dans le registre chic, le plus sport était l'ensemble dépareillé veste et pantalon. Vers 1950, mon père a eu une veste claire, deux boutons encore, qu'il portait avec un pantalon gris, sans cravate, chemise ouverte. Quand la cousine Yvette a convolé en 1951, il était son témoin. Il s'était fait couper un costume plus habillé, bleu nuit, croisé, six boutons – un *costume* et non plus un *complet*. Sur les photos, mon père a une pochette blanche et des chaussures noires.

Dans le Bottin de 1950, la rubrique « tailleurs » occupe huit pleines pages. Sans que d'ailleurs tous les noms y figurent, par exemple celui de M. Séverac, chez qui mon père était allé. Homme du Sud-Ouest, de Tarbes, je crois, pourvu d'un fort accent, M. Séverac était établi 38 rue du Temple – son fils et moi étions copains d'école. Le prêt-à-porter était dans les limbes, on achetait ses vêtements en confection ou on se les faisait faire sur mesure, la confection industrielle ou la grande confection étant un moyen terme. 2 rue du Pont-Neuf, face à la Samaritaine, se tenait la Belle Jardinière. À un moment, ce magasin a proposé le *bodygraph*, façon nouvelle de prendre les mesures, une réclame passait au ciné. On restait néanmoins dans la confection et, véridique ou erroné, « s'être fait faire un costume à la Belle Jardinière » signifiait qu'il tombait mal, que les manches étaient trop longues, etc. Dans l'esprit populaire de ces années, l'expression s'est mêlée à l'histoire de Fernand Raynaud, « Le Tailleur », datée de 1953 ou 1954. Le client répète : « Là, là, y'a comme un défaut », le tailleur rétorque : « C'est parce que vous vous t'nez mal », et, grâce aux contorsions auxquelles il astreint son clille, finit par le convaincre qu'il est un tailleur incomparable. « Le meilleur tailleur du Carreau du Temple[60] », s'était d'entrée de jeu défini le faiseur – aux deux sens du terme.

Le pas de deux des pantalons

Avec Titi, nous nous en souvenons, les pantalons de nos pères étaient confortables à la taille et aux cuisses. Comme dans les années 1930, ils étaient ornés d'un revers, mais ils s'étaient un tantinet rétrécis vers le bas. J'ai eu mon premier *rider* en 1956, pour ma communion. Il était gris, l'une des deux seules couleurs avec le bleu. J'ai oublié si la veste était agrémentée de deux ou de trois boutons, et le bas du futal, d'un revers. En 1958, j'avais minci, je m'étais allongé. Pour le mariage du cousin Bernard, le tissu de mon deuxième costume était anthracite avec une fine rayure. En 1956, nous nous étions fournis chez Manby, 10 rue Auber près des Grands Magasins, en 1958, chez Kim, 91 rue de Rivoli – ça venait d'ouvrir. L'architecte en était Roger Steens, celui des chaussures Heyraud, un copain de ma mère. On aurait pu voir chez Tom, 30 boulevard Poissonnière, mais il me semble que « Tom habille les jeunes » déplaisait à Maman. Ces maisons, les Parisiens de mon âge les ont connues, elles n'étaient pas pléthore.

La veste du costard de chez Kim avait trois boutons, des revers assez courts et, en bas, le froc n'avait pas de pli. Sur le boul'Mich', je garde le souvenir d'étudiants africains ou antillais dont le pantalon étroit cassait, tire-bouchonnait sur la godasse. Un effet du plus bath qui fût. *Idem* les premiers blousons noirs, les seuls, les vrais, me reprendrait Gilbert de la Butte-aux-Cailles, de 1957, 1958, 1959. J'ai eu une veste-blouson noire alors, pas en cuir mais en plastique. On l'avait achetée à la 5e Avenue, 12, boulevard Bonne-Nouvelle. Avant que le prêt-à-porter n'envahisse le boulevard Saint-Michel puis Saint-Germain-des-Prés, les boutiques de fringues étaient situées sur les Boulevards. À l'image des fameux *teddy boys* anglais qui les ont précédés de quelques années – à partir de 1953-54, je pense –, les blousons noirs avaient le froc très étroit. Si les étudiants étaient en costume, les blousons noirs portaient le plus souvent le *black* ou le *blue jeans*. Chez Kim, j'avais demandé un dégoulinant rétréci, sans revers. C'est en 1958, justement, que les pantalons ont pris le pli de ne plus en avoir. « Terrib' ! » on se répétait avec Titi. J'ai trois ans de moins que lui, en 1958 Titi était déjà au fait de la mode : veste en velours marron et fendard prince-de-galles. À ce moment, renversement de tendance, les fines chaussures pointues italiennes se sont mises à faire fureur. Au début du boulevard Saint-Michel, après le cinéma, celles de chez Carvil suscitaient les convoitises. Dix ans plus tard, elles avaient encore les faveurs des *play-boys*, ceux chantés par Jacques Dutronc. En 1958-59, pour me persuader du chic transalpin, je regardais et regardais encore une photo de Fausto Coppi, le *campionissimo* cycliste italien, mort le 2 janvier 1960. Au bord de la piste du Vigorelli, à Milan, il applaudit Roger Rivière en train de battre le record du monde de l'heure. Belles pompes et fut' idoine, Coppi est très smart.

Un jeudi de printemps 1960, devant le Caveau de la Montagne, 18, rue Descartes, en face de Polytechnique, avec mon copain René Latowicki, nous avons eu *la* révélation. Nous attendions que la mère Loyer ouvre sa cave pour descendre danser. Arrive un gars un peu plus vieux, un danseur, un *bopper* de première. La Fouine, on le surnommait entre nous, Lato et moi. « Mate son bénard ! » me fait Lato. Il était droit, coupé comme un blue-jeans Levi's – on a toujours prononcé « Lewis[61] ». De l'inattendu, du jamais vu, du *méchamment* chouette. Ah ! le mec, il *faisait mal* avec son bénouze tuyau de poêle. Pendant deux, trois ans, je n'ai pas démordu de la coupe droite et des 19 cm de large – surtout pas un de plus ! Dès 1961, j'ai passé mes vacances en Espagne. Je m'y faisais tailler pantalons et costumes, c'était bien meilleur marché. À Pâques de cette année-là, le Gros Daniel, autre gars du Caveau, s'était pointé à Saint-Michel dans un pantalon blanc de marin américain, très large en bas, avec des mocassins légers. *Sciés à la base*, on a été ! Inutile de préciser que j'ai foncé aux puces de Saint-Ouen me procurer un ou deux *bèn'* de mataf amerlo. Une culottière de la rue Quincampoix me les retouchait. Ainsi, chaque été, j'arborais fièrement des bénards de toile blanche *made in US Navy* : ça en jetait. Il y a eu alors une mode du *pattes d'éph'*, mais elle n'a pas tenu. En effet, à Pâques 1966, chez Conti, *loqueur* barcelonais de renom, je m'étais offert un beau costume bleu marine croisé six boutons, trois pièces, gilet, avec le pantalon étroit. Dans certains films, Belmondo et Delon portent le gilet, revenu à la mode. Le plus étrange est qu'à la Sorbonne les professeurs faisaient leurs cours en costume deux ou trois pièces, par exemple Vladimir Jankélévitch, que je trouvais des plus élégants. Mai 1968 mettrait fin à cette unanimité vestimentaire.

La mode, une notion qui tourne en eau de boudin

Plus haut, en 1954, Michel, le blond de 19 ans et demi qu'interroge Calet, « a une très jolie petite moustache ». Il me fait penser à Georges Rapin, alias M. Bill, fils de bonne famille dévoyé, décapité le 26 juillet 1960[62]. En 1954, Bill avait 18 ans, il portait une petite moustache. Né comme Bill en 1936, Jacques Mesrine aussi en avait une en ce temps-là – brune, la sienne. René Fallet était de 1927. Le 14 avril 1947, il n'a pas encore 20 ans. Dans ses *Carnets de jeunesse*[63], il constate : « Rasoir. Demain une semaine que je laisse ma moustache à l'abandon et elle n'est pas fournie, loin de là. » Dans les milieux truand et populaire, la moustache pas trop voyante, à la Clark Gable, avait de nombreux adeptes. Les blousons noirs et leurs successeurs en étaient souvent pourvus. Les bacchantes à la Brassens étaient réservées aux artistes. Pour tenter de m'affirmer, j'ai préféré ce dernier genre – à partir de 1965, la première fois. Après 1968, les grosses moustaches sont devenues presque banales. Heureusement, j'étais doté d'un poil très noir : mes charmeuses étaient vraiment touffues. Le style Che Guevara prévalait, même chez ceux qui ne se réclamaient pas du *Comandante*. Avec des *moustagaches* et une barbe de plusieurs jours, on donnait l'impression d'arriver d'un maquis sud-américain. En simultané, les cheveux avaient notablement poussé. En France, les blousons noirs les avaient déjà portés long. Néanmoins, ce sont les Beatles qui, vers 1963, ont inspiré le mouvement d'ensemble des chevelures opulentes. À l'image des *teddy*, les quatre de Liverpool avaient des favoris sur les joues. Les pattes se sont généralisées quelques années plus tard, aux alentours de 1970.

On s'en rend compte dans certains films : en 1970-75, la façon de s'habiller des hommes frise le ridicule. Les tifs ne sont pas coupés, les vestes sont trop ajustées, les pointes des chemises trop aiguës, les nœuds de cravate énormes. Pour les grandes ou seulement les moyennes occasions, le nœud papillon était revenu à la mode, de bonne taille et souvent en velours. Autant pour le costume que pour la chemise, on ne lésinait pas sur la couleur. Un hiver, peut-être deux de suite, le pardessus en fourrure a été apprécié, principalement des parvenus, des m'as-tu-vu et des truands ou assimilés. Je ne sais pas jusqu'à combien le bas du froc a pu mesurer – 30 cm ? –, mais les pattes d'éph' étaient gigantesques. On était retourné au style populaire des années 1870. À l'époque, Bénard était un tailleur fixé 65 rue Mouffetard. C'est lui qui a lancé le pantalon à pattes d'éléphant, vite appelé de son nom, un « bénard ». Lancé ou plutôt relancé car, en 1817, Tholomyès, l'éphémère amant de Fantine – et, ainsi, le père de Cosette –, a « pour ornement principal, dit Hugo, un pantalon jambes-d'éléphant ». « Avec sous-pieds de tresse de cuivre », il est vrai. Dans les années 1970, les hommes de toute classe ont suivi la vogue. Le prêt-à-porter s'était généralisé à partir de 1964-65. Dans le haut de la rue Saint-Denis, débordant du Sentier, les boutiques de gros ont commencé à remplacer, un à un, les bistrots, les boulangers et le reste. Au Quartier latin et à Saint-Germain-des-Prés, celles de détail ont racheté tout ce qu'elles ont pu. Pour mon mariage, en 1974, j'avais adopté une position bâtarde : le pantalon, 24 cm, venait de chez Renoma, rue de la Pompe, et la veste avait été coupée sur mesure chez M. Drobinsky, tailleur, 10 rue du Trésor, dans mon quartier.

En dépit d'une sorte d'uniformité de plus en plus visible, selon la boutique où l'on s'habillait et le prix qu'on y mettait, dans le détail la mise n'était pas la même. Il n'empêche, ces années-là ont contribué à estomper les différences sociales de l'apparence

La toilette des nénettes

Pied, chaussure et hauts talons

Dans *Les Misérables*, Hugo consacre un long développement à la toilette de Fantine. En 1817, Fantine a un chapeau de paille « aux longues brides blanches », « une robe de barège mauve, de petits souliers-cothurne mordorés dont les rubans traçaient des X sur son fin bas blanc à jour », et un spencer en mousseline. Somme toute, sous Louis XVIII, le vêtement féminin ressemble à celui de 1773, sous Louis XV :

« En rouge, en brun, la courte cotte
Propre à mieux sauter la gavotte...
De fil ou coton bas à coin,
Qu'on tient serrés avec grand soin...
Le soulier fin, ou gris ou bleu
Et les talons couleur de feu[64]... »

Hugo a-t-il voulu accentuer le contraste ultérieur entre la jeune fille insouciante et la fille-mère aux abois, mais Fantine, lorsqu'elle est petite grisette, n'est ni malheureuse ni miséreuse. Hugo ne le souligne pas, tant cela va de soi : la robe est longue. Elle a la même dimension que la « cotte », cette jupe « courte » que Roche vient de mentionner. La hardiesse de l'une et de l'autre ne va qu'à découvrir le pied.

À la veille de la Révolution, dans *Les Nuits de Paris*[65], Restif de la Bretonne s'attarde sur les talons hauts et les pieds des femmes. « Pour Paris, explique le mari d'une jeune dame à la jambe parfaite, l'origine des talons des femmes » a eu pour cause la boue des rues : une femme de qualité devait éviter d'en être souillée. « Le pied de ma femme ne pose que sur une pointe, continue cet érudit de mari, mercier de son état, elle prend peu de boue, et n'en renvoie point », alors que « sa sœur dont le talon [est] large et bas [est] crotté à faire peur ». Dans l'histoire, le plus drôle est qu'un passant, amoureux « à la fureur [de] ces talons élevés, et bien faits », finit, moyennant « une belle bague », par acquérir le soulier de la belle en question, « d'une petitesse, précise Restif, augmentée par sa forme, et par un talon élevé, mince ». Une fois en possession de la jolie chaussure, le monsieur « s'enfuit, comme s'il l'eût volée ». Un fétichiste ? Pas seulement : aussitôt après, aux dires de la dame, il la poursuivra de ses assiduités et tentera tout pour la séduire.

Créé en 1822, le bal de la Boule Noire était situé à l'angle de la rue des Martyrs et du boulevard de Rochechouart, à l'ancienne barrière des Martyrs extra-muros. En 1865, les Goncourt s'y rendent pour les besoins de leur *Germinie Lacerteux*. « Côté femme couleur prédominante, le noir » : ainsi résument-ils le « deuil de pauvreté » de ce bal. Les créatures qui le fréquentent sont les mêmes qui, la nuit, rôdaient près du mur des Fermiers généraux avant sa démolition en 1860[66]. Des pierreuses dont on ne saurait prétendre qu'elles sont plus riches que les grisettes, ces humbles filles « en robe d'indienne, en bonnet de linge, en bottines à cinquante-neuf sous », décrites cette fois par Delvau en 1860[66]. En comparaison aux lorettes du bas de la rue des Martyrs, « en chapeau de paille de riz, en cachemire-Biétry – et en tout ce que vous voudrez de cher et de voyant », par exemple leurs « mignonnes bottines à talon qui font le pied si cambré et aristocratique », c'est la nuit et le jour.

La jupe et autres atours

Pour vagabonder dans les bas-fonds avec Bel-Ami, Clotilde de Marelle se vêt en soubrette, « d'une robe de toile, la tête couverte d'un bonnet ». En ce temps-là, 1880, les femmes du peuple ont aussi les cheveux retenus par un filet de résille, ou bien elles se peignent à la chien. Telle, plus tard, Casque d'Or, elles vont, les mains dans les poches de leur tablier. Sur les photographies qu'on a d'elle, Casque d'Or a la chevelure en choucroute, ramenée sur le dessus et tortillonnée pour qu'elle tienne. En 1904, dans *Bubu de Montparnasse*[67], Charles-Louis Philippe décrit la mise d'une petite ouvrière : « une jupe noire, un corsage simple et un chapeau sans ornement ». Neuf ans plus tard, en 1913, à la Goutte-d'Or, rue de la Charbonnière, André Warnod[68] se trouve dans un bal-musette. Si la mode des jupes étroites a pénétré jusqu'à La Chapelle, dit-il, « la jupe "plissé-soleil" n'est pas et ne sera jamais tout à fait détrônée ». En satin noir, cette jupe ample était à la fois l'apanage des marchandes de quatre-saisons et des filles de rue. Arborée par d'autres femmes, la jupe fendue sur le côté découvre « leurs jambes gainés de bas à jour », observe Warnod.

Après l'armistice de 1918, c'est la révolution : jupe et robe raccourcissent étonnamment. Au temps des « années frivoles », « les femmes portaient la robe au genou, en forme de chemise, la taille basse, les cheveux souvent coupés "à la garçonne" », se souvient Brasillach[69]. En 1929, constate Jean-José Frappa dans *1930*[70], « la taille des femmes revint à sa place normale ! » Du coup, les jupes s'allongent. Frappa mentionne ensuite les cheveux « à la Ninon », puis « "à la garçonne", c'est-à-dire très courts et collés avec de la gomina argentina, comme ceux des gigolos dernier modèle ». La femme sort maintenant « le feutre enfoncé jusqu'aux oreilles, le tailleur sanglé, la cigarette à la bouche » : l'égalité des sexes est annoncée. Au passage, on remarquera que la mise négligée et désinvolte des femmes galantes a souvent précédé la mode. Le vent a toujours soufflé dans le sens du relâchement. Eh bien, avant tout le monde, on le sait, Nana « roulait des cigarettes, qu'elle fumait en se dandinant, renversée sur sa chaise ».

Depuis 1930, la mode a changé et changé encore. Les femmes ont fumé de plus en plus, des cigarettes blondes au début, des *anglaises* – ma cousine Annie ne goûtait que les Craven pourvues d'un bout en liège. Depuis quelques années, à cause de l'augmentation du tabac, les filles ont pris – ou repris, si l'on remonte jusqu'à Nana – l'habitude de rouler leurs « sèches ». Traditionnellement, seuls les hommes, les ouvriers et plus encore les paysans, le faisaient – certains, d'une seule main. Dans un registre plus chic, féminin si l'on veut, autrefois les femmes avaient souvent des gants. L'été, ils étaient ajourés. Qu'il soit cloche, à voilette, mignon bibi ou cerisier un rien chargé, le chapeau a duré jusqu'à la fin des années 1940, début des années 1950. Ces atours, les dames de la haute s'en embellissaient constamment, et les autres, pour les grandes occasions.

Le pantalon a fait grincer bien des dents

Le 3 mai 1947, *Samedi-Soir* donnait à ses lecteurs le « signalement de l'existentialiste », garçon et fille. Voici pour le « sexe féminin » :

> « – Chevelure tombant droit sur la poitrine.
> – Dans les poches de son pantalon, quelques souris blanches apprivoisées.
> – L'usage du fard est rigoureusement interdit[71]. »

Mine de rien, une offensive d'importance venait d'être lancée : celle des femmes désireuses de concurrencer les hommes sur leur terrain, le port du pantalon, si longtemps leur apanage. Avant même cet article, la mode germanopratine avait essaimé. En 1947, René Fallet a 19 ans, il partage son temps entre Villeneuve-Saint-Georges, sa banlieue natale, et Paris. Il travaille au journal *Libération*, situé d'abord 37, rue du Louvre, puis rue d'Enghien – au 18, je pense. « Chemise à carreaux rouges, cravate blanche à dessins fantastiques, veste et pantalon brique, pochette verte et, natürlich, socquettes blanches », René est fringué de façon excentrique, celle, il y tient, du jazzman américain blanc, le clarinettiste Milton « Mezz » Mezzrow[72]. Autrement dit en zazou, en existentialiste – même si Fallet récuse cette dernière appartenance. Mais revenons aux filles, à Janou, sa chérie. Elle a 16 ans. Le 9 mars, René a rendez-vous avec elle pour aller au cinéma. En voyant arriver Janou avec des copines, il tique : elle est « habillée en gouine », *id est* en pantalon. Les notes de Fallet, ce jour-là et plus tard, ne manquent pas de saveur. *André Hardy s'enflamme*, le film – « un joyeux navet » –, n'est pas sa préoccupation première, René. Attaquer « le minet » de la môme lui importe davantage. Il commence à caresser Janou, et vite, il s'énerve :

> « Ah ! quand elle se décidera à porter des jupes comme tout le monde… Évidemment, il y a la fermeture Éclair, à ce pantalon, mais elle est loin d'être le rêve. Une fermeture Éclair par excellence est un geste brutal dont on est forcé de se rendre compte. Alors qu'une main qui monte, et qui revient si on la chasse, ce n'est pas grand-chose… »

Le dimanche suivant, Fallet se réjouit : « Janou est en jupe, enfin ! Depuis que je la fréquentais elle portait ses éternels pantalons longs. » Las ! son contentement est de courte durée :

« Effectivement, elle n'a pas de belles jambes. Elles sont même assez moches, sans cheville ni finesse, mais, conclut-il, je ne me plains pas malgré tout, loin de là. » L'intéressant aurait été de savoir si Janou était passée au pantalon pour suivre la mode ou à cause de ses jambes...

Deux, trois petits riens, et les hommes s'émoustillent

Si, en 1947, le nylon, arrivé deux ans plus tôt avec les Américains, permet aux Françaises d'avoir des bas aussi seyants qu'apparemment soyeux, les Parisiens n'ont pas attendu les soldats de la victoire pour apprécier les mollets des dames. Rue des Lombards, au XVIIIe siècle, Restif se pâmait devant la « jambe parfaite » de la jeune femme d'un mercier. Ailleurs, il vante la « grâce », la « marche noble » d'une passante juchée sur de hauts talons, puis se répand en louanges sur la « majesté » que lui confèrent ces « deux ou trois doigts de plus ». Revenons au XXe siècle. Dans *Le Hotu*, de Simonin, censé se dérouler en 1928, Johnny et Petit-Paul sont à l'affût de nénettes. Avenue du Bois[73], « la canne nerveuse et le pétoulet déjà épanoui » de la petite Lulu sont mis en évidence par son tailleur bleu. Le « pétoulet », c'est le pétard, le valseur, le faubourg, bref, le postérieur. Le maître-fessier de la môme, Johnny et Petit-Paul n'y sont pas insensibles. En deux coups, les gros, ils vont lever Lulu. Dans les années 1930, c'est Lucienne, « Vénus des Halles », qui saute sur le jeune Jo Privat, une nuit de 14 Juillet. Elle l'emmène dans un petit hôtel de la rue du Caire. En la voyant se déloquer, « avec son porte-jarretelles et sa culotte à volants », Jojo affure un coup de sang[74]. À la même époque, Lépidis est fier de s'envoyer une putain au béguin, « une grande blonde chaussée d'escarpins à talons hauts et qui, à déambuler sur le trottoir, faisait son effet[75] ». Sous l'Occup', dans *Les Combattants du petit bonheur*[76], le jeune Boudard est grouillot à l'imprimerie des Myosotis dans le quartier de la Glacière[77]. Il rêve aux cuisses de Jeanne, qui travaille au brochage :

« Elle ne devait pas avoir de porte-jarretelles puisqu'elle se peignait les jambes… c'était devenu la mode pour remplacer les bas… l'ersatz de bronzage ? Je me demandais jusqu'où elle se les peignait les guibolles. Le mystère ? La remontée, le pèlerinage aux sources ! »

Le porte-jarretelles taraude Alphonse. Au début du livre, en 1977, au coin de la rue du Moulin-de-la-Pointe et de la rue du Docteur-Laurent, dans son 13e natal, Boudard se rappelle le cinéma Fontainebleau. Trente-cinq ans plus tôt, il allait y voir jouer « Viviane Romance… *La Carthacalla !… La Vénus aveugle !…* en bas de soie et porte-jarretelles… On s'en contentait la pognette nocturne ». Alphonse aurait pu évoquer la fameuse scène d'*Hôtel du Nord*, en 1938, quand, agenouillé aux pieds d'Arletty, Bernard Blier tombe en adoration devant ses jambes aux bas à moitié roulés. En 1947, Fallet, donc, préfère la jupe au pantalon. Et si les « jambes couperosées et gravosses » de Janou le font rechigner, c'est qu'à l'instar des hommes de ce temps il se retourne sur les femmes pour les reluquer de bas en haut et de haut en bas.

Les bas nylon avec couture

Sous Louis XV, on s'en souvient, les filles qui dansaient la gavotte portaient des bas de coton ou de fil. En 1929, rue Malebranche, au Quartier latin, parmi les étudiantes qui fréquentent un restaurant dîner-dansant, Roger Vailland remarque « les toilettes […] presque élégantes, mais beaucoup de bas de fil[78] ». Ceux en soie étaient réservés aux dames et demoiselles qui pouvaient se les offrir – ou se les faire offrir. Accessible à toutes, le bas nylon a constitué une véritable révolution. Aujourd'hui, un bas filé se jette, voici cinquante ans, les femmes allaient le faire « stopper » et remmailler. Çà et là dans Paname, remmailleuse était un petit métier couru. Un local de quelques mètres carrés suffisait, il y en avait partout. En nylon noir, les bas sont l'un des ingrédients de la Série de même couleur, romans ou films – Auguste le Breton le montre suffisamment. En 1953, aux premières pages du *Rififi chez les hommes*[79], il rend hommage aux charmes d'Ida, « la meilleure gagneuse de la Madeleine » : « Par leur promesse nerveuse, ses gambilles gainées de nylon asséchaient la gorge des caves. » Au début de *Razzia sur la chnouf*[80], Auguste reprend la même image. Gabin et Magali Noël sont en voiture. L'œil de Gabin, alias Henri le Nantais, s'attarde « sous le tablier de l'auto, là où les jambes gainées de nylon brillaient doucement dans l'ombre ». Une fois dans la piaule, le Nantais désape la belle Lisette-Magali, qui, pourtant, tient « à conserver son brin de slip noir et son soutien-gorge ». Sans pouvoir l'affirmer, je crois que dans le film[81], Magali Noël se montre plutôt en guêpière noire – soutien-gorge, bustier et porte-jarretelles d'une seule pièce.

Repassons à la littérature. En 1956, le môme Georges, héros de *Boulevard*, de Sabatier[82], en pince secrètement pour Jenny, sa voisine, une danseuse de music-hall. Un matin, ils se rencontrent au bas de l'escalier et, « pendant six étages, [Georges voit] devant lui les pieds de la femme se poser légèrement sur chaque marche, les muscles des jambes trembler sous la fine chair gainée de nylon brun ». Le Breton et Sabatier omettent de signaler la fameuse couture des bas nylon. De cette ligne sombre qui courait le long de la jambe émanait la quintessence trouble de la chose. En 1961, le bas *sans* couture a été lancé : du jour au lendemain, l'autre a été oublié. Sauf, bien sûr, de celles et ceux pour qui la coquinerie n'était pas qu'un mot. À lire les hommages précédents aux dessous affriolants, on aurait pu croire qu'elle était une règle intangible. Erreur.

Dans le vif du sujet

Sans donner de date précise, Demory écrit : « Les collants que hait tant San Antonio étaient encore rares et les bas, maintenus par des porte-jarretelles, monnaie courante (plus d'une fois je dus protéger Claude des regards indiscrets pendant qu'elle tentait de remettre en place une attache qui venait de sauter)[83]. » Demory commet une légère erreur : dès que les collants sont apparus, ils ont éclipsé bas et porte-jarretelles. Ou la gaine. À mes débuts amoureux, j'ai le souvenir d'une jeune femme parée d'une gaine noire élastique – pour *se maintenir*, disaient les dames. En même temps qu'éventuellement vaporeux, ces dessous étaient utilitaires : ils servaient à attacher les bas. À l'instar du soutien-gorge, le plus souvent ils étaient beiges, roses ou blancs. La couleur noire était le signe d'une intention, d'un je ne sais quoi d'érotique. *Idem* pour les bas dont la teinte normale était le marron. Au début des années 1960, il y a eu une percée des bas blancs qui, comme les autres d'ailleurs, pouvaient aussi être résille. Le collant a fait irruption vers 1965. J'ai le souvenir d'un collant constitué de deux jambes qui s'agrafaient devant et derrière et, ainsi, échappait à ce « système fermé » évoqué par Jacques Laurent dans un essai consacré aux dessous féminins. Indéniablement plus excitant que le collant d'un seul tenant, cet ensemble en deux parties a fait long feu. À la même époque, l'intermède du panty n'a duré qu'un hiver ou deux. Il s'agissait d'une culotte élastique, plutôt réservée aux jeunes filles. Je pensais que le panty s'était accompagné de jarretelles, une dame qui en a mis m'affirme le contraire. Le panty est allé de pair avec la mode des chaussettes dans des souliers plats, ce qui paraît exclure les jarretelles. Le fait est qu'alors la mode du collant a été irrésistible. Les bas qui tiennent tout seuls sont apparus en même temps, entre 1965 et 1968 – les *Dim Up*, du nom de la marque Dim. Tout en faisant l'économie du porte-jarretelles, ils conservent un indéniable pouvoir d'attraction sur la gent masculine. Les femmes disent parfois que la bande élastique leur serre trop la cuisse. Ou, au contraire, pas assez, alors le bas ne tient plus.

Que la lingerie des dames échauffe l'esprit des hommes, à sa façon, Jean-José Frappa n'hésite pas à l'affirmer. En 1929, il regrette l'« heureuse époque » d'avant le rallongement des jupes[84]. Pourquoi ? Parce que, précise-t-il égrillard, « quand une femme s'asseyait, on ne pouvait plus ignorer si elle était véritablement blonde, car, dans le même moment que le dessus se réduisait à sa plus simple expression, les dessous, eux, disparaissaient complètement ». Il ne parle pas des jupons, défunts depuis « dix-huit ans » juste, mais de

> « ces gracieux pantalons en crêpe de chine rose, de ces combinaisons-culottes, de ces minuscules cache-sexe qui scandalisent si fort les grands-mères quand elles les voient dans le trousseau de leurs petites-filles, et qui sont pourtant le charme incontestable des actuels déshabillés féminins ».

Les hommes aiment que la femme soit parée du moins de tissu possible, mais agencé et découpé de façon à mettre son corps en valeur. L'alliance de la chair et des atours de soie, de satin ou de nylon est souvent plus entêtante que la simple nudité.

« Elle s'habille comme lui »…

En 1954, « au Sweet Swing, rue de Rivoli, en face de la Samar[85] », Calet remarque que, parmi les jolies filles qui y dansent, « peu d'entre elles [portent] de pantalon ; peu de queues de cheval également ». Le raz-de-marée du froc pour les nanas n'est pas réellement amorcé. C'est pourquoi, deux ans plus tard, dans *Boulevard*, de Sabatier, Dicky le boxeur peut encore lancer à la petite Marietta : « Tu sais, fillette, de mon temps, les femmes elles ne portaient pas d'bénards. J'trouve ça tartignolle… » Mais, une fois que, simultanément à la mode du collant, la victoire du pantalon aura été assurée, elle ne se démentira plus. Pour une fille, au commencement, porter le pantalon était assimilé à une conduite olé-olé – on se rappelle les réactions de Fallet. Me reviennent les qualificatifs et appréciations un rien désagréables de ma mère à l'encontre d'une de ses collègues plus jeune, souvent en pantalon avec, de surcroît, la cigarette aux doigts : « culottée » – c'était le cas de le dire –, « crâneuse », « elle fume comme un pompier », etc. Il n'empêche qu'elles ont fini par lier amitié. Cette péripétie se passait au tournant des années 1950-60. Dans la décennie qui a suivi, certaines jeunes femmes qui ne se trouvaient pas assez bien faites n'osaient pas enfiler un pantalon. 1968 a eu raison de ces réticences. Rentrant, fin 1971, d'un séjour de deux ans outre-mer, j'avais été surpris par la quasi-généralisation du fut' chez les nénettes. Et du collant : pour les femmes très *femmes*, il était devenu presque impossible de trouver bas et porte-jarretelles. Le pratique, le confortable l'emportaient sur le voluptueux.

« Elle s'habille comme lui,
D'un pantalon, d'un blouson…
Quand on les rencontre, la nuit,
On dirait deux garçons… »

Composée en 1960, *Âge tendre et tête de bois*, la chanson de Gilbert Bécaud, était prémonitoire. En moins de cinquante ans, l'unisexe s'est imposé, on s'en convainc en regardant une entrée de lycée ou un cortège de manifestants. À l'exemple du costume pour l'homme, la jupe fait apprêté, d'autant qu'au travail le pantalon pour les femmes est maintenant admis depuis longtemps. À jeter un coup d'œil sur le « talon large et bas » des Nike des jeunes filles du XXIe siècle, Restif attraperait la jaunisse. Non seulement les chaussures, mais aussi le bas des jeans : il traîne souvent par terre, effrangé, sali. Puisque le pantalon est la règle, rue des Lombards ou ailleurs, Restif trouverait très malaisément à s'extasier sur une paire de jambes parfaites.

Coquinerie, mauvais genre, polissonnerie ?

Les femmes ont de la ressource. Si en ce début de XXIe siècle elles cachent leurs jambes, elles dévoilent d'autres parties de leur corps. Les aisselles, par exemple. En dépit des annotations précédentes de Dabit, jadis les aisselles ne s'exhibaient pas autant. Seules les estivantes sur les plages ou les ouvrières et les paysannes les découvraient à l'envi. En août 1944, les Parisiennes qui embrassent les soldats américains ont des robes ou des chemisiers à manches courtes. La « broussaille brune, blonde » de leur aisselles est préservée.

Dans *Jeunesses*, Calet raconte :

> « En chemin, Marie m'avait posé une devinette :
> – Quel est le plus beau jour de la vie d'une jeune fille ?
> – La première communion, ai-je répondu nettement.
> – Non, c'est le jour où elle est autorisée à mettre sa première paire de bas, et à mettre du rouge à lèvres. »

Longtemps, le rouge aux lèvres a été un sujet d'affrontement entre mères et filles. Les mamans ne voulaient pas que leurs petites en mettent trop tôt, ça faisait « mauvais genre ». *Idem* les talons hauts ou des façons de se tenir. Dans *Boulevard*, Georges a été invité chez les Benazzi. Il n'a pas 16 ans, Marietta les a déjà. À table, écrit Sabatier, « elle ne cessait de décroiser les jambes ; à chaque mouvement, sa jupe remontait un peu plus. Parfois, elle étirait son pull dans le dos et, se cambrant, faisait saillir sa poitrine ». Sa mère finit par lui dire : « Tou peux pas avoir ouné meilleuré ténoue ? » Les pères pouvaient aussi se mettre de la partie, ou même les amoureux. Le jour qu'il découvre que les jambes de Janou sont quelconques, Fallet rouscaille encore : « Elle s'est filé du rouge aux lèvres. Je râle contre cette innovation. »

Le fameux mauvais genre en question était celui des femmes de mauvaise vie. Pour attirer le client, elles se maquillaient, se fardaient. Les « femmes peintes », comme les appelait Jacques Borel dans *L'Adoration*[87], puis les « Ombres peintes », dans *L'Aveu différé*[88]. À partir de 1935 environ, il avait 10 ans, Borel avait vécu dans un hôtel de passe, 5 rue Jean-Beausire à la Bastille. Sa mère était veuve. Pour survivre, elle avait dû accepter de travailler comme femme de chambre à l'hôtel du Génie, tenu par son frère. Ces dames étaient peut-être fardées, mais Borel précise aussitôt : « Les jupes au ras des cuisses, à cette époque, et les bottes, les seins au vent, on ne les connaissait pas, à la Bastille, ni ailleurs je suppose, dehors, s'entend, ça ne se faisait pas. » Les Ombres peintes se contentaient de « sages tailleurs [et de] chemisiers ».

Pour l'époque 1955-65, en priant son lecteur de se reporter aux « films de Brigitte Bardot ou de Françoise Arnoul », Demory récapitule les

> « virevoltantes jupes en corolles serrées à la taille par une large ceinture, [les] pull-overs collants mettant en valeur une poitrine agressive, [les] chaussures à talons plats dites "ballerines" ou très hauts talons sur lesquels titubaient les débutantes. Pendant un temps la mode fut aux tissus à petits carreaux Vichy et aux cheveux rassemblés en paquet sur la tête (on appelait ça une "choucroute") ».

Vers 1962, il y a eu la mode éphémère de la robe-sac et de la jupe-cerceau. À l'époque, les filles se surlignaient le bord de la paupière supérieure d'un trait de maquillage noir. L'abandon du fard, du rouge aux lèvres, des ongles longs rouges, et, le rappelle Borel, du soutien-gorge s'est produit à la fin des années 1960 et dans la décennie qui a suivi. Surprise : près d'un demi-siècle plus tard, voilà que réapparaît le corset, rebaptisé « serre-taille ». Porté « au-dessus d'un jean taille basse ou sur un pull XXL », rien de plus « tendance » ni de « sexy attitude », écrit Hélène Vialla[89]. Il n'en demeure pas moins que le phénomène observé pour les hommes se retrouve chez les femmes : en tant que parangon strict, la notion de mode a vécu. À Paris, dans la rue, dans un bar, dans une soirée, les dames se vêtent de la façon qu'elles veulent, tout est possible. Vers 2003, certaines, désireuses de chic, ont mis leur point d'honneur à avoir de belles chaussures pointues. Entre elles, le bout très long leur a permis, un temps, de se reconnaître comme faisant partie de la caste assez fermée des femmes élégantes.

La tortore

Souvenirs d'un ventre creux

139 rue de Charonne, la table était garnie

> « d'une grande soupière de soupe aux légumes, et quelquefois d'un morceau de fromage de Brie, ou bien encore d'un grand plat de légumes fricassés. Quand le fond de la marmite avait un peu brûlé la fricassée, on appelait ça le gratin, c'était à celui des mioches qui l'aurait. Ce n'était pas bon, mais cela garnissait le ventre »,

se rappelle Charlemont. Puisée à la fontaine au coin de la rue Basfroi, l'eau était la boisson. Sauf le dimanche : « On mettait le pot-au-feu, on buvait une chopine de vin entre nous. » Jamais de friandises, ni fruits, ni gâteaux, dans son enfance Charlemont a constamment eu le ventre creux. Heureusement que le maître charron établi au 139 était un brave homme : contre un cornet de frites, il l'envoyait chercher son tabac ou lui faisait tirer le soufflet de sa forge. Cinquante ans plus tard, c'est le boucher chevalin de la rue de Ménilmontant qui, « toujours », donne au jeune Maurice Chevalier « un petit morceau de saucisson de cheval », ou la boulangère de la rue des Maronites, « n croissant rassis, laissé pour compte de la fournée de la veille[90] », gestes inestimables pour des petits pauvres. Dès qu'il a été en âge de chaparder des fruits, à Charonne, Montreuil ou Bagnolet, Charlemont ne s'en est pas privé. À ses risques et périls, on s'en souvient[91].

À la petite école du père Eugène, faubourg Saint-Antoine, Charlemont allait, son petit panier empli de deux petites tartines de beurre et fromage blanc. Un jour, le temps de le poser et de jouer à la marelle, le panier avait disparu. Le résultat est implacable : une « tripotée en rentrant à la maison ». À la communale de M. Maltaire, les élèves mangeaient ce qu'ils avaient amené de chez eux dans leur panier, ou ce qu'ils achetaient à la mère Botte, la concierge. Pour un sou, on avait des « petites gamelles contenant, soit des haricots, des lentilles, pois, pommes de terre en purée ou à l'huile, des pruneaux ou une tablette de chocolat ». Quand Charlemont avait un sou pour son repas, il préférait le dépenser chez la mère Aubry, rue Saint-Bernard, à acheter « un sou de crottes de biche (on en avait 12) ou bien un petit singe montant au mât de cocagne, ou encore, une image ». À midi, il se contentait de son pain sec. Souvent, un camarade l'invitait à partager son dîner.

Sucres d'orge, limonade fraîche et bonne

À « la foire au pain d'épice, barrière du Trône[92] », Charlemont raconte qu'avec les copains il boit un gobelet mousse de coco pour un liard. Au marchand de pain d'épice, il suffit d'acheter « quatre petits cochons ou un cornet de petits pavés, on boulotte, on n'a plus faim ». Le temps d'aller et venir, l'estomac est à nouveau vide : « Vite deux sous de frites en deux cornets (on en a davantage), on se fourre de la graisse jusqu'aux oreilles, cela ne fait rien on a bien dîné, avec deux verres de coco pour tous ». Boulevard du Temple, au théâtre du Petit Lazari, il faut faire la queue pour acheter sa place, « trois sous au paradis et huit sous aux premières loges ». Pendant ce temps passe le marchand de berlingots, « le père la Prise avec ses sucres d'orge à 2 liards, 2 pour 1 sou ». Charlemont s'en souvient : le père la Prise prenait « ses prises au-dessus de ses sucres d'orge ». Mais « cela ne faisait rien », s'en fiche Charlemont, tout à son contentement. À l'entracte, « on se payait un petit pain au beurre ou un chausson aux pommes ». Il faisait chaud, le marchand de coco donnait de la voix : « À la fraîche qui veut boire ? limonade fraîche et bonne, 2 liards le verre, 1 sou le carafon ; on prenait le carafon parce qu'il tenait 3 verres, c'était une économie[93]. »

Une soixantaine d'années après, au début du XXe siècle, l'été pendant les chaleurs, les mômes de Paris raffolaient autant du coco. Dans ses *Confessions*, Simonin se rappelle qu'à La Chapelle, le verre coûtait un sou – dix fois plus qu'au temps de Charlemont. « "Il est frais le coco !" » : ce cri des petits forains qui le vendaient « rassemblait fissa les moujingues, ceux du moins qui étaient parvenus à gratter sur les commissions maternelles quelque bigaille », note Albert.

Souvent, le pain était sec

Exceptionnelles, les précisions de Charlemont restituent autant sa vie d'enfant pauvre sous la Monarchie de Juillet qu'elles renseignent sur sa façon, ni abondante ni variée, de se nourrir. En 1780, Mercier avait établi un *Parallèle de Paris et de Londres*[94]. À Paris, dit-il, on mange beaucoup de soupe et de fricassées, plats à l'honneur chez les Charlemont, soixante-dix ans plus tard. Au XVIIIe siècle, avance Daniel Roche[95], « il est raisonnable de penser que l'alimentation populaire s'est améliorée ». En temps normal, le peuple de Paris absorbe « il est vrai moins de 2 000 calories par jour, ce n'est pas le Pérou ». La famille populaire, développe Roche, se cale l'estomac avec les produits bien relevés du traiteur et des regrattières.

Quand, vers 1850, Charlemont parle de se garnir le ventre, il n'est pas question de traiteur. C'est à la maison, chez ses parents, que lui, ses frères et ses sœurs raclent le fond de la marmite avec du pain et rien d'autre. « Eh ! critique Mercier, l'on se bourre de pain encore ! L'on dit aux enfants : mangez, mangez du pain ; et l'enfant mange trop, pour manger aussi quelque chose avec son pain. » Encore faut-il avoir ce « quelque chose ». Charlemont n'avait que le *bricheton* ou presque, et souvent du pain sec. Mais à quelque chose malheur est bon : « Nul besoin de brosse à dents après, Charlemont se fait une raison ; c'était le temps des bonnes mâchoires. » L'estimation est difficile mais, au XIXe siècle, *via* les souvenirs du Phénix de la boxe française, le populaire bénéficiait-il de plus de 2 000 calories par jour ?

Vieux métiers de bouche

Encore qu'elles concernent davantage le bas peuple que le peuple, les observations de Privat d'Anglemont[96] n'inclinent guère à une réponse positive. Contemporaines de celles de Charlemont, elles sont très instructives sur l'atmosphère du Paris de ce temps. Rue des Noyers[97], Privat rencontre la mère Maillard, « *bijoutière* ou marchande d'*arlequins* ». Il ignore l'origine de *bijoutier* mais pas celle d'*arlequin* : les plats à manger de la mère Maillard « sont composés de pièces et de morceaux assemblés au hasard, absolument comme l'habit du citoyen de Bergame ». La mère Maillard a passé un accord avec « les laveurs de vaisselle » des grands restaurants. À la plonge, les assiettes n'arrivent pas toutes vides : les laveurs lui vendent les restes, trois francs le seau. La mère Maillard récupère tout, « depuis le poulet truffé et le gibier jusqu'au bœuf aux choux. Les ortolans [...] y coudoient le modeste beefsteak ». La mère Maillard travaille tous ces rogatons, elle les assemble, les assortit, « et les vend aux gens aisés pour les animaux domestiques, et aux pauvres pour leur nourriture ».

De la façon de donner des yeux au bouillon

Les eaux grasses, les rognures, les épluchures se vendent à part. Cuits et recuits, les os aboutissent chez les gargotiers, « qui en composent une espèce d'eau chaude, qu'ils colorent à grand renfort de carottes, d'oignons brûlés, de caramel et de toutes sortes d'ingrédients ». Avant que cette eau chaude ne parvienne sur les tables, à l'*employé aux yeux de bouillon* de jouer. Il prend une cuillerée d'huile de poisson dans sa bouche, puis souffle sur la marmite qu'il nappe ainsi d'un brouillard d'« yeux qui charment tant les consommateurs ». Il suffisait d'y penser : l'eau chaude est devenue bouillon. Parmi les autres professions de bouche très insolites d'il y a un siècle et demi, citons le *fabricant d'os de jambonneau*, le *peintre en pattes de dindon* ou le *boulanger en vieux* – l'équivalent de la mère Maillard pour le pain. Privat d'Anglemont définit le *regrattier*, déjà présent chez Mercier : un pâtissier qui fabrique les chaussons aux pommes, les brioches sans beurre et les gâteaux sans sucre vendus aux écoliers et aux gamins de Paris. En revanche, pas un mot sur cet « aliment simple et salubre, admirable pour la santé, qui ne ruinera point votre bourse », arrivé à Paris au XVIIIe siècle et que Mercier porte au pinacle : la choucroute. Quand est-elle devenue un plat populaire à Paris ?

La tambouille économique, Simonin en avait soupé

À l'époque des *Confessions d'un enfant de La Chapelle*, le 20 mars 1978, Albert Simonin m'avait invité à déjeuner avec Alphonse Boudard chez Michel Oliver, au Bistrot de Paris, 33 rue de Lille. Il me remerciait de mon article dans *Le Quotidien de Paris* du 7 décembre précédent. Albert et moi avions pris des rognons de veau, « pour lesquels, raconte Simonin, lorsqu'ils sont convenablement préparés, je conserve, est-ce l'effet du souvenir ? un appétit particulier ». Il n'avait jamais oublié la première fois qu'il en avait mangé, agrémentés d'une sauce madère. Son frère Louis était alors « sous les drapeaux dans un régiment d'infanterie cantonné à Courbevoie ». Avec Yvonne, sa belle-sœur, le petit Albert lui avait rendu visite. « Dans un bouchon, aujourd'hui disparu au rond-point de la Défense », il avait dégusté ces fameux rognons qui, dans sa mémoire, ont jusqu'au bout joué le rôle de la madeleine chez Proust. Alphonse avait choisi autre chose. Il l'avouait, il n'était pas un gastronome averti. En outre, la rumeur selon laquelle, à l'instar de Blondin et de Fallet auxquels il était volontiers associé, Alphonse pictait est fausse. Il ne supportait pas et ne s'en portait pas plus mal : ça lui avait permis de ne pas tomber dans la « vinasse » – un mot qu'il affectionnait.

À l'époque de ces agapes, mon amitié avec Louis Chevalier débutait. Chevalier m'avait chargé de dire à Albert qu'il désirait entrer en contact avec lui, lui poser quelques questions pour son *Montmartre du plaisir et du crime*. Sans se rencontrer, ils se sont appelés, un long passage sur Simonin figure dans le livre de Chevalier. Pour continuer sur la tortore, le fait qu'Albert l'appréciait et aimait les restaurants où l'on becte comac' accrédite ses remarques sur les « tambouilles économiques, plâtrées de riz ou de pommes de terre » de sa jeunesse. Les plus démunis se laissaient voir, écrit-il, « achetant au marché de la rue l'Olive des arlequins, dits plus simplement "arlo". Il s'agissait de dessertes de grands restaurants où, dans la même assiette, voisinaient, sur fond de jardinière, pinces de homard et ailes de poulet » : sa description recoupe celle de Privat d'Anglemont. Comme Maurice Chevalier, Simonin mentionne les boucheries hippophagiques, pour les plus pauvres. Rue Riquet, il se souvient même d'une « hallucinante boucherie chevaline [...] affichant sans vergogne "bouillon et bœuf de cheval" »...

De la viande de cheval... et de la triperie

« L'annuaire du téléphone de 1994 ne recense plus qu'une cinquantaine de boucheries chevalines », constatait Alfred Fierro dans *Histoire et Dictionnaire de Paris* en 1996[98]. En 2006, ce chiffre est descendu à 22. Due, probablement, à « la raréfaction des chevaux et [à] l'augmentation » de son prix, la viande de cheval a vu sa consommation régresser considérablement. En outre, l'idée de manger du cheval, l'un des meilleurs amis de l'homme avec le chien et le chat, déplaît à beaucoup. Les observations de Simonin coïncident avec celles de Maurice Chevalier, si heureux d'avaler les rondelles de saucisson que lui glissait le *chevalin* de la rue de Ménilmontant : c'était les purotins qui mangeaient du cheval. Fierro l'explique, cette habitude était récente :

> « Longtemps considérée comme impure par l'Église chrétienne, qui ne faisait que reproduire l'interdit juif, la viande de cheval faisait toujours l'objet d'une interdiction à la vente au XVIIIe siècle et son renouvellement par les ordonnances des 19 mars 1762 et 31 mars 1790

> révèle l'existence d'un commerce clandestin. En 1803, la cherté des autres viandes contraint les Parisiens les plus pauvres à manger du cheval. En 1811, en pleine crise économique et sociale, des saisies sont opérées dans des boucheries des quartiers populaires, aux Halles, rues Saint-Victor et de la Huchette. »

Selon Fierro, les « anciens Germains » consommaient du cheval et, depuis belle lurette, l'Europe du Nord avait repris la coutume. En 1825, l'hygiéniste Parent-Duchâtelet et certains notables demandent que l'on puisse manger du cheval. Le changement va prendre du temps. « Le premier banquet hippophagique a lieu le 1er décembre 1855 à Alfort, relève Fierro, le second se déroule à Paris, le 6 février 1856, dans les salons du Grand-Hôtel, en présence de cent trente-deux invités, banquiers, industriels, journalistes, vétérinaires, etc.[99] » Dix ans plus tard, le 9 juin 1866, le préjugé religieux était levé et la vente de viande de cheval autorisée. Le 9 juillet suivant, la première boucherie chevaline ouvre 3 boulevard d'Italie – devenu Auguste-Blanqui en 1905 –, pas loin du marché aux chevaux, situé alors boulevard Saint-Marcel[100].

La guerre de 1870 et le siège de Paris vont faire augmenter la consommation de cheval, qui progressera jusqu'en 1962. À Vaugirard, cette année-là, on abat 111 675 chevaux, et Paris compte 559 boucheries chevalines. « Les arrondissements aisés ont peu de boucheries hippophagiques », constate Fierro. Confirmant indirectement les dires de Simonin, en 1908, à l'époque de ce dernier, Fierro ne pointe aucune boucherie de cheval « dans le 8e, [pour] une dans le 1er, 2 dans le 9e, 3 dans les 7e et 16e », et beaucoup plus « dans les quartiers pauvres : 36 dans le 20e, 27 dans le 18e, de 23 à 21 dans les 11e, 13e et 14e ». Dans les années 1950, au pont Louis-Philippe, 66 quai de l'Hôtel-de-Ville, Chez Hamon était un restaurant d'ouvriers, de mariniers. Il affichait du bifteck de cheval parmi ses plats. C'était rare, ça faisait étrange.

Des fermetures qui n'ont fait pleurer personne

Enfant, j'ai peu consommé de cheval. Mes parents estimaient cette viande « douceâtre », ils y rajoutaient de l'ail – de même dans le rosbif de bœuf, d'ailleurs. Quand je discute avec Gilbert de la Butte-aux-Cailles, ou Jeanne Lecomte, originaire elle aussi du 13e, la qualité première qui s'y rattachait est que le cheval était fortifiant. Et davantage encore s'il était haché, mais « attention ! se rappelle Gilbert, pas n'importe quel morceau : fallait qu'ce soit du bifteck, sans gras » ! L'année 1961-62, Philippe Servant, un copain de lycée, bénéficiait du studio de son oncle, 6, rue de Bretonvilliers, dans l'île Saint-Louis. Nous y faisions des petites surboums et, pour nous sustenter, Philippe préparait du steak tartare, de cheval exclusivement, très relevé, agrémenté de sardines à l'huile écrasées et d'une bonne giclée de vodka. Philippe associait à ce plat de mystérieuses vertus, aphrodisiaques je pense, où, en plus de la viande de cheval crue, le fait que les Huns avaient parcouru, à même leurs montures, sans selle, d'immenses étendues pour parvenir en Europe contribuait à encore exciter son imagination qu'il avait naturellement débridée. En y réfléchissant, au début, chez les plus pauvres, c'est manger de la viande qui avait été considéré comme nourrissant. Et, puisque c'était du cheval, par une sorte de fierté on avait renchéri sur ses qualités, vraies ou prétendues telles.

Dans les années 1990, à Paris, les triperies se sont mises à fermer les unes après les autres dans la plus grande indifférence. En mai 1994, Jean-Pierre Vaccani, le rédacteur en chef du *Figaroscope*, un copain pourtant, m'avait refusé une chronique sur le sujet. J'y évoquais ce tripier du 3 de la rue de Bretagne qui, la mort dans l'âme, s'était résigné à vendre à une Paëlla Store Olé. Il avait presque la larme à l'œil : « On était installés de père en fils ici d'puis cent ans. Mes enfants ont choisi une autre voie, et j'ai pas trouvé un seul repreneur dans la partie. » Deux ans plus tard, l'épidémie de vache folle a asséné le coup de grâce à la profession. En 1950, le Bottin recense 73 triperies pourvues du téléphone, en 2006, il n'y en a plus que 8. D'une autre façon que pour le cheval, dont on peut avoir des réticences à consommer la viande, les gens sont devenus *difficiles*. Gras, abats, bref, tout ce qui n'est pas formaté, conforme à on ne sait trop quels paragons hygiénico-alimentaires sans saveur, leur répugne. Eu égard à ce qu'on les voit avaler dans certains fast-foods, ils sont stupidement difficiles. Les temps ont changé : Simonin aurait fait des kilomètres, non seulement pour des rognons sauce madère, mais encore pour des ris de veau – il me l'avait confié.

Menus et prix de 1925

En 1924 et 1925, Valdour récapitule prix et menus proposés, le midi, par les petits restaurants populaires. Dans le Marais, pour un repas sans vin, il faut au moins compter 3 francs. Exemple : ces deux menus, dans deux restaurants :

« – Grillade de porc aux pommes : 2,00	– Foie de veau maître d'hôtel : 1,90
– Fromage : 0,60	– Épinards : 0,70
– Pain : 0,25	– Pain : 0,25
– Pourboire : 0,15	– Pourboire : 0,15
———	———
3,00	3,00 »

En 1924, dans l'atelier où Valdour travaille, le salaire horaire varie de 2 francs à 4,10 francs. Soit, pour neuf heures par jour, de 18 à 26,90 francs. Valdour a trouvé à se loger dans le faubourg du Temple. Là, le soir, au restaurant, il paie moins cher que le midi :

« – Pain : 0,20	– Pain : 0,25
– Sardine à l'huile : 0,60	– Andouillette aux pommes : 0,80
– Morue frite : 0,75	– Rizotto : 0,60
– Riz au gras : 0,40	– Suisse au sucre : 0,60
– Pourboire : 0,15	– Pourboire : 0,15
———	———
2,10	2,40 »

Pour Valdour,

> « il serait impossible à un travailleur de s'alimenter habituellement d'une façon aussi peu substantielle. Il reste donc acquis que la dépense strictement nécessaire à un repas modeste ne peut descendre au-dessous de 3,50 à 4 francs comme nous l'avons déjà vu au Marais et comme nous le constaterons dans les autres quartiers ».

Ailleurs, il mangera une omelette, un fromage. Ici, un gigot aux nouilles, une purée de pommes de terre, un fromage. Là, un maquereau vinaigrette (même prix que pour un bœuf garni), des macaronis, un camembert. Ou encore, un veau braisé, des haricots verts, un fromage. À Ménilmuche, les menus maigres sont meilleur marché. Pour 3,75 francs, avec le pourboire, il a un demi-setier[101] de rouge, deux morceaux de pain, des sardines à l'huile, des carottes, des haricots blancs, du fromage. À l'entrée du faubourg Saint-Antoine, en 1925, les restaurants populaires sont à la carte. Il faut compter de 4 à 5 francs. Pour un maquereau au vin blanc, une cervelle au beurre noir, du riz, un petit-suisse, deux morceaux de pain, un quart de rouge et le pourboire, il dépense 5,70 francs. Valdour est alors garçon d'atelier dans une menuiserie d'art : le salaire horaire varie de 3 francs – le sien – à 4 ou 5 francs. Les ouvriers font 44 heures, Valdour, moins qualifié, en fait 54.

À table, à la maison

On ne rigolait pas avec la cuistance

Quand mon père a débarqué à Paris, en 1936, « partout, c'était le bifteck-frites-salade », m'a-t-il souvent répété. Dans sa Saône-et-Loire natale, à la maison, la soupe de légumes était moins rare que la viande. La préférence allait au veau lorsque l'occasion se présentait. C'est pourquoi, à Paname, le bifteck l'avait tant surpris. 12 rue du Plâtre, ces considérations étaient fréquentes. Sur le tard, ma mère faisait la grimace : « Le bifteck, ça m'dégoûte ! J'peux plus voir la viande rouge en peinture. » « Tu nous as pourtant drôl'ment bassinés avec ton bifteck quand t'étais jeune, lui répondait mon père en s'adressant soudain à moi. Avant qu'elle se marie, l'midi, vite, en sortant d'chez Heyraud, elle ach'tait son p'tit bifteck et rentrait l'faire avec des nouilles. » Il l'imitait en train de mettre le steak dans la poêle, d'égoutter les pâtes. « Oh ! toi, avec ta boustifaille, un jour tu vas éclater », repartait ma mère. « Éclater », pas vraiment, mais mon père avait de la tension, du cholestérol, il avait eu des calculs : il a longtemps suivi un régime sans sel. La tambouille était sujet de conversation quotidienne. Chez moi, chez ma grand-mère, chez Isabelle ou Yvette, j'ai toujours très bien mangé.

Dans *Au temps des cataplasmes*[102], Bernard Demory récapitule bien l'ordonnancement des repas, chez lui, 60 rue de Verneuil, dans les années 1940 et 1950. De cinq ans mon aîné, Demory a connu l'époque de l'Occupation. S'il se rappelle le pain « grisâtre » de l'après-guerre, je ne me souviens que de la baguette. Rue du Plâtre ou chez Mémé Jolie, il n'était pas question de jeter le moindre quignon, ni d'ailleurs quoi que ce fût. « Ça coûte trop cher » était l'explication, largement répandue parmi les « petits ». En outre, ma grand-mère préférait le pain un peu dur. Quand elles étaient invitées à la maison, elle et ma grand-tante Isabelle apportaient leur reste de pain enveloppé dans un linge. Elles préféraient plutôt celui de campagne, bis. Signe que le pain avait été l'aliment essentiel durant son enfance, là-bas dans le Bordelais, Mémé Jolie mangeait le raisin avec du pain. Hormis les fruits et le chocolat, mes parents m'incitaient à tout accompagner de pain. « On pousse avec son pain » était, dans le peuple, un précepte à la fois alimentaire, d'économie et de savoir-vivre. L'après-midi, à 4 heures et demie, une fois l'école, maternelle puis communale, finie, je rentrais à la maison faire mes devoirs sous la houlette de mon père. Avant ou après ? j'ai la mémoire qui flanche, j'avais droit à un bon casse-croûte au fromage, camembert ou gruyère, et à un fruit. *Idem* le jeudi, lorsque mon père venait me chercher à La Villette, à la piscine Rouvet[103].

Beurre, sardines et saucisson

« Le dîner commençait invariablement par une soupe, écrit Demory : soupe de légumes, bouillon gras, velouté, etc. » Itou chez nous, au début. Comme tous les mômes de cette époque, j'ai eu droit à l'axiome « il faut manger d'la soupe, ça fait grandir ». Un jour, pourtant, ma mère en a eu assez : « Bah ! ta vieille soupe », maugréait-elle à l'adresse de mon père – de quoi dégoûter un régiment de soldats. Du temps où ma grand-mère tenait la cantine de la Esgétat, avenue Hoche[104], le soir, elle nous apportait quelques victuailles, charcuterie, côtelettes, nous ne pouvions les « laisser perdre ». Autrement, s'il n'y avait pas de restes, nous dînions de jambon, de pâté, de sardines en boîte. Dans le Sud-Ouest, traditionnellement, le beurre était inconnu, on cuisinait à l'huile, et, rue du Plâtre, il n'y en avait pas sur la table comme chez les Normands ou les Bretons. Pareil que pour les radis, les sardines à l'huile avaient droit à une adjonction de beurre, pour moi du moins, car mes parents se contentaient d'un hachis d'échalotes et d'un trait de vinaigre. Sous prétexte que, sinon, ça « revenait », il ne fallait pas boire sur les sardines. Ah ! oui, ma mère, qui n'était pas très *amateuse* de fromage, prenait du beurre avec le roquefort qu'elle aimait bien.

Pour en finir avec la Esgétat, j'ai encore le goût de ce saucisson, de qualité médiocre, trop gras, de couleur terne, qu'il arrivait à Mémé Jolie de nous apporter. Il n'avait rien à voir avec celui, plus gros, plus goûteux, persillé rouge et blanc, qu'elle ou mes parents achetaient chez l'Auvergnat de la rue Vieille-du-Temple. Mais le saucisson, les enfants de ce temps se seraient damnés pour en mordre quelques tranches. De même les sardines. L'été, en vacances dans le Limousin, Isabelle prétendait que, comme fortifiant, il n'y avait rien de tel, au petit déjeuner, qu'un casse-croûte aux sardines ou au saucisson sec, agrémenté de beurre. « *Lou saoucissoun* », patoisait-elle son propos pour lui donner plus de force, c'était la nourriture des « hommes », des « costauds ». Son avis n'était pas tombé dans l'oreille d'un sourd. Seulement voilà, Mémé Jolie, elle, soutenait que le saucisson, « ça échauffe », et que mes parents n'apprécieraient pas d'apprendre que, le matin, j'ingurgitais sardines ou saucisson. Après quelques échanges homériques, j'ai dû écouter ma grand-mère et repasser à regret aux seules tartines beurrées. Pourtant, en y repensant, quand j'ai eu 14 ou 15 ans, ma grand-mère jugeait que, « maintenant, *lou Clode* peut avoir son petit paquet de cigarettes dans sa poche ». Davantage encore que le casse-dalle au sauciflard, la cibiche était le signe de l'homme, d'une certaine virilité.

Rue du Plâtre, nous étions très viande, très charcuterie. Parce que nous n'étions que trois, je suppose, mes parents pouvaient consacrer un peu plus à la nourriture qu'une famille nombreuse. Comme exemple de plat de résistance, le soir, Demory évoque le gratin de macaronis – ils étaient cinq à table. Un demi-siècle après Céline, les nouilles restaient l'un des aliments de choix. On se souvient, dans *Mort à crédit*[105], du passage sur les nouilles, « passées au beurre », insiste la mère pour que Ferdine y repique : « Ma mère, elle reprenait des nouilles, stoïque, pour nos inciter… Il fallait une bonne gorgée de vin rouge pour s'empêcher de les vomir. » Céline tourne tout à la caille. Je l'affirme : j'avais un goût prononcé pour les pâtes. D'abord les *avions*, puis les spaghettis que ma mère appelait « spaguettes », à la française, et Mémé Jolie, « schpahiettis ». Vite, j'ai eu une préférence pour les Panzani, marque qui a germé au début des années 1950 – l'emballage de cellophane était nouveau. Mes parents y ajoutaient du gruyère, parfois du parmesan, moi, le beurre me suffisait. Ma grand-mère a été la première à utiliser les Panzani. Maintenant, je sais pourquoi je trouvais si bons ses spaghettis : ils étaient plus *al dente*, comme on dit de nos jours, un rien moins cuits que rue du Plâtre.

Ma mère ne voulait pas que la nourriture « traîne » dans le garde-manger, elle achetait au jour le jour ou presque. Aussi, pour le dîner, y avait-il souvent des restes du midi à terminer, un rôti quelconque, ou de la veille si nous étions le lundi et que le dimanche Maman avait préparé un pot-au-feu ou je ne sais quoi. Et toujours avec de la salade pour faire couler, mon père et moi étions réputés irrépressibles mangeurs de salade et de fromage – aux deux repas.

« Le dîner », ai-je écrit plus haut. À part « petit déjeuner », ces deux termes de « déjeuner » et de « dîner » – les noms communs autant que les verbes – n'étaient jamais prononcés par mes parents. Ils disaient : « midi », « soir » et « manger ». Aujourd'hui encore, j'ai de la difficulté à proposer à quelqu'un de « déjeuner » ou de « dîner » avec moi. C'est « manger » qui me vient spontanément. Pour employer une expression de jadis, très vulgairement, « ça m'écorche un peu la gueule » : j'ai l'impression de faire snobinard. À cette époque-là, « qu'est-ce qu'on mange ? » demandait, chaque midi sur Radio-Luxembourg, Jane Sourza à son compère Raymond Souplex, à la fin de « Sur le banc », émission au succès retentissant. « Sur le banc » parce que Carmen et La Hurelette étaient deux clochards qui refaisaient le monde assis sur un banc de Paname. « Qu'est-ce qu'on mange ? » et, imperturbable, se souvient mon pote Titi, La Hurelette répondait : « Pinces, pattes et têtes de crevettes. »

« Faut manger d'tout ! »

Jusqu'en 1960, date à laquelle, suite à une première dépression nerveuse, mon père avait été réaffecté à un service de jour, j'ai eu la chance de partager tous les repas du midi et du soir avec mes parents. Du temps où il était *à la nuit*, mon père s'était mis à la cuistance – autre terme qu'affectionnait Maman. Le midi, souvent, il faisait du rôti de porc au vin blanc et à la tomate. Pour mes parents, surtout mon père, l'impératif premier était qu'il fallait manger de tout. « Être difficile » était presque considéré comme une tare. L'Occupation était toute proche : « Si la guerre rev'nait »... Mes parents m'exhortaient à goûter avant de déclarer « j'aime pas ». À part les huîtres, les tomates et le riz, à quoi j'ai été long à me faire, rien ne me rebutait. Chez l'Auvergnat de la rue Vieille-du-Temple, mon père achetait du fromage de tête, des fricandeaux, des grattons aussi. « C'est ça qui t'fait du bien, tiens ! » le gourmandait ma mère. « Mais fais donc des r'marques, rétorquait-il la bouche pleine, à qui de droit », le « qui de droit » en question étant moi-même. Langue de veau ou de bœuf, foie, rognons de porc, lard, petit salé, tomates farcies, chou farci, canard, ragoûts, bœuf-carottes, choucroute, côtes de bettes, salsifis, la cuisine était variée chez les Dubois. Souvent aussi, un saucisson chaud, à la mode du pays de mon père – un saucisson à cuire. Longtemps, pour les fêtes, « la » Juliette, une cousine germaine de ma mère, nous en envoyait un de Lyon, un « sauce », comme on « y » dit, amélioré de pistache et de truffe. Parfois, autre spécialité campagnarde, de la poitrine ou de la rouelle de veau farcie – un morceau dans la cuisse, la rouelle. Mes parents n'étaient pas très croyants et encore moins pratiquants. Le vendredi saint, pourtant, la morue était à l'honneur : en salade et à la poêle avec des patates – aillée les deux fois. Parmi les poissons, on mangeait du merlan, de la sole – à l'époque, elle n'était pas hors de prix –, des tranches de cabillaud, de lieu. Un jour, mon père a cuisiné du thon avec des tomates et du vin blanc – comme le rôti de veau ou de porc. Ma mère appréciait les sardines fraîches, mais, dans la poêle avec de l'huile, « oh ! c'que ça pue », un jour elle a mis le holà. Peut-être parce que la rumeur racontait que les femmes *indisposées* la font tourner, la mayonnaise était la spécialité de mon père. Elle accompagnait le thon et le saumon en boîte et, gourmandise de mon père, le chatka, le crabe en boîte, toujours avec œufs durs et tomates.

Samedi et dimanche

Les parents de Titi avaient les mêmes habitudes : le samedi était le jour de la viande rouge. Chez nous, en général, une belle entrecôte, sur laquelle ma mère ajoutait de l'échalote crue, à la façon de Bordeaux. Pour tout l'or du monde – autre expression maternelle –, mon père n'aurait laissé le gras de l'entrecôte, ou d'une côtelette de porc ou de veau. Je lui ressemble. On pouvait nous inviter : nous nettoyions nos assiettes. Le samedi, avec la bidoche, mon père préparait des frites. « Y paraît qu'les meilleures, c'est à la graisse de ch'val », je l'ai entendu dire, mais il se contentait d'huile – d'arachide exclusivement, alors. Celles de tournesol, de maïs, etc. sont apparues ou réapparues plus tard sur le marché. « C'est bon, l'huile de colza », mon père se rappelait sa jeunesse. Le dimanche était souvent consacré au poulet rôti, Demory le note aussi. Puis est venue l'époque des poulets en batterie, les « poulets soufflés », mes parents faisaient une vilaine grimace. Ils étaient engraissés trop vite, les os étaient du véritable caoutchouc, la chair ne tenait plus, elle avait perdu toute saveur – mes parents avaient fait une croix dessus. Le rosbif a remplacé le poulet. Ou bien une épaule d'agneau en gigot, car un gigot pour trois, c'était beaucoup. Avec des *fayots*, comme il se devait et se doit encore. Des flageolets, des cocos, ou des lingots du Nord, mon père les aimait particulièrement, ils sont plus gros.

« "Ah ! si j'avais un œuf", c'qu'elle a pu me s'riner, ta mère, pendant la guerre, "j'f'rais une crème, un quatre-quarts." Aujourd'hui qu'les restrictions sont finies, elle fait plus rien. » Maman répondait par une moue de dégoût : « Autant ça m'disait, bof ! ça m'dit plus du tout maint'nant. C'est bizarre, hein ? » Elle m'a pourtant préparé de fameuses crèmes « jaunes » ornées d'œufs à la neige – je n'ai jamais entendu « crème anglaise » ni « île flottante » à la maison. Elle excellait aussi à faire la crème renversée avec un fond caramélisé – elle s'était malencontreusement brûlée pour ses 40 ans. Le 17 mai, j'ai vérifié sur mes carnets, le jour de Pentecôte 1959 – elle était du 15. Les tartes à la crème à la façon de Bordeaux, c'était plutôt Mémé Jolie ou Isabelle qui les confectionnaient. Isa apportait parfois des merveilles, des beignets qu'ailleurs en France on appelle des faveurs. Elle était la championne du clafoutis aux cerises très noires, juteuses. Las ! son dernier, me semble-t-il, avait un incroyable goût de gaz, le four avait dû s'éteindre alors que le clafoutis était à l'intérieur. Cette péripétie date du 18 juin 1966, un jour de fête des Pères. J'en suis le seul survivant. Il n'empêche, mes enfants, à qui j'ai narré l'anecdote quand ils étaient petits, me la ressortent parfois. Dans la lignée de leurs grands-parents paternels et de moi-même, ils ne sont pas très sucreries. Dans *Mort à crédit*, Céline rappelle une habitude que j'ai connue rue du Plâtre : « À la fin on retournait l'assiette pour goûter à la confiture. » Avec mes mômes, non, ma femme sortait des petites assiettes. Nous avions un lave-vaisselle alors que ma mère nettoyait le tout à la main dans une bassine, avec des *cristaux*.

À table, mes parents buvaient du vin rouge, acheté à la tireuse avant que n'apparaissent les bouteilles capsulées. Très jeune, j'ai eu droit au vin coupé d'eau. Comme mon père avait eu des calculs, l'eau du robinet, trop calcaire, lui était déconseillée. Contrexéville, Vittel, Évian, les marques se succédaient sur la table. Puis je me suis mis à la Vittelloise, « l'eau qui chante et qui danse », et surtout au Perrier, « l'eau qui fait pschitt ». En apéritif, mon père n'aimait rien tant qu'un petit coup de blanc, du Grap, je me souviens, 98 francs le litre dans les années 1950 – 0,15 euro. Ma mère préférait le vin cuit, généralement du banyuls. Pour Isabelle et Mémé Jolie, rien ne surpassait l'Ambassadeur ou le Saint-Raphaël *quinquina*. Le midi, après le café, mon père prenait une goutte de rhum, du Négrita, de marc ou d'eau-de-vie, ramenés souvent de chez quelque paysan de Saône-et-Loire, le premier, et de chez le cousin Gérard, la seconde. Des gnôles qui titraient un sérieux degré d'alcool. Papa n'était pas fumeur, mais, après ce petit pousse-café, et même ce *bossu* – café dans lequel on verse un doigt de goutte –, il grillait la première de ses deux ou trois cigarettes de la journée : une Gauloise jaune, « goût maryland ». Pour son anniversaire, la fête des Pères ou Noël, je lui offrais un paquet de cigarettes blondes, des Cavalier, des Philip Morris, peut-être des Lucky Strike. Mon père se contentait de peu, de très peu.

Plaisirs de famille

Le mariage de la cousine et le baptême du gamin

« Qu'on sache qu'alors un repas hors de la maison était, dans mon faubourg natal, un événement qui ne devait pas se reproduire plus de dix fois dans une existence », énonce Simonin. Cette vérité d'avant et d'après, juste, la guerre de 14 valait encore dans les années 1950 et 1960. C'est pourquoi je me rappelle si fort le 30 avril 1951, à l'Ambassade d'Auvergne, 22-26 rue du Grenier-Saint-Lazare, dans le 3e – la maison existe encore. Peut-être est-ce la première fois que j'allais au restaurant, j'avais 7 ans. L'occasion ? Le mariage d'Yvette et de Pierre. J'ai le menu, au nom de ma grand-mère :

> « Cochonnaille d'Auvergne – Colin froid à la Parisienne – Gigot de Pré salé aux primeurs – Poulet de Bresse rôti cresson – Salade de laitue mimosa – Plateau de fromages – Bombe glacée – Frivolités – Pièce montée. Vins – Blanc : Muscadet, Mâcon. – Rouge : Bourgogne, Beaujolais. Café – Liqueurs. »

Un gueuleton à tout casser, avec deux entrées, deux plats, fromages et deux desserts. Les menus se sont allégés, depuis. Six semaines plus tard, rebelote pour mon baptême. Le déjeuner avait eu lieu chez ma grand-mère, dans sa pièce de 18 m². On avait installé la table, des rallonges, nous étions une douzaine. Cette fois, pas question de préparer les agapes, de descendre le poulet chez le boulanger en bas, comme c'était l'habitude le dimanche : ma mère voulait garder les pieds sous la table, en profiter pleinement. Les plats avaient été choisis et commandés au Sanglier, le charcutier-traiteur du 49 rue Saint-Antoine. J'apprenais qu'ainsi on pouvait être servi à domicile. Les menus du 30 avril et du 10 juin se ressemblent. Ce 10 juin, nous avions mangé :

« Assiette à la Parisienne – Colin Bellevue – Gigot de Pré salé – Petits Pois à l'Anglaise – Poulets farcis à la gelée – Salade de saison – Fromages – Bombe glacée – Frivolités – Pièce montée – Fruits. Vins – Blanc : Anjou – Barsac. – Rouge : Fleurie, Châteauneuf-du-Pape. Champagne. Café – Liqueurs. »

Au mariage, je note l'absence de champagne. Alors, le champ' n'avait pas ses faveurs d'aujourd'hui. Le populo l'appréciait moins et buvait avant tout du demi-sec, comme ç'a été le cas au baptême, avec le dessert. En ce temps-là, en 1949 je crois, ma mère avait été conviée au mariage de la fille de son directeur des chaussures Heyraud. Au *lunch,* elle avait découvert le champagne *brut* : des deux, Maman a longtemps fait des gorges chaudes. Pour le mariage de sa cousine Yvette, après la mairie et avant le repas, un vin d'honneur avait été offert aux Armes de la Ville, la grande brasserie disparue du coin de la place de l'Hôtel-de-Ville et de la rue du Temple, face au Bazar – le Bazar de l'Hôtel de Ville, le BHV, j'ai gardé cette manière première de l'appeler. Des mets, je ne me souviens que du poulet farci à la gelée : jamais nous n'en avions dégusté à la maison.

Des gueuletons à tout casser

Daniel Roche[106] explique que, contrairement à ce qu'on avait pensé un peu vite, au XVIIIe, à Paris, « la famille populaire existe [et qu']elle a peut-être toujours existé avec un mode de relations originales en son sein ». *Le Pain quotidien*[107], d'Henri Poulaille, date de 1931. Entre 1903 et 1906, à Grenelle, rue Saint-Charles dans le 15e, ce roman quasi biographique témoigne de l'intensité, dans un immeuble d'ouvriers, de la vie familiale et de voisinage. Pour les fiançailles de Nini – la fille Radigond – avec Jean, la famille Magneux au grand complet – les voisins – est invitée. Le 3 mai 1956, lors de ma communion, Chonchon et Toni, nos voisins, avaient été de la fête. Elle avait eu lieu à La Strasbourgeoise, à la gare de l'Est. Les fiançailles de Nini se déroulent à la maison, la mère Radigond est aux fourneaux, le rôti attend, ou plutôt « n'attend pas » chez le boulanger. Poulaille ne s'attarde guère sur les mets. Il semble y avoir des hors-d'œuvre avec des sardines et du saucisson, un rôti – dont la viande n'est pas précisée –, des « patates », de la salade, du gruyère et des gâteaux – « des éclairs et des babas ». À l'apéritif, la « bleue », l'absinthe, est servie aux hommes, et le malaga aux dames. Nulle mention du vin. Ce repas me paraît un peu léger pour un repas de fiançailles. Gageons pourtant que les convives s'en souviendront, tel Mimar dans *L'Hôtel du Nord*. Il était parti convoler, il est de retour avec Lucie, Mme Mimar. On boit à la santé des nouveaux époux et, « appuyé sur le zinc, le mégot au coin de la bouche, Mimar parla du "gueuleton" qui avait suivi le mariage ».

Dans ma famille, on se rappelait ainsi les grandes occasions et leurs péripéties. La communion en 1947, là-bas à Brannens en Gironde, du cousin Guy : elle avait été la plus arrosée. Au baptême de mon petit-cousin Dédé – chez l'une de ses tantes paternelles à Vincennes, en 1952 –, en même temps qu'elle découpait le gigot, notre grand-tante Isabelle avait sa manche de chemisier qui trempait dans le jus. À ma communion, après le jambon sous la cendre, une nouveauté, mon père ne se sentait pas bien, il avait pris l'air. La Strasbourgeoise est au 5 rue de Strasbourg, il était parti s'asseoir dans un petit square à l'angle du faubourg Saint-Martin. Rien ne se perd : une bonne partie de ce qui n'avait pas été mangé, l'oncle Mimile et la tante Léone l'avaient enfournée dans un sac. « Ça s'fait pas », avait jugé ma mère, mais enfin, avec Mme Rochon, elle en riait. En 1963, lors de la communion de Dédé, chez Yvette et Pierre, là, il y avait eu de la viande saoule. Gérard, le père de Guy, le cousin germain d'Yvette et de ma mère, avait profité de l'occasion pour, enfin, venir à Paname. Avec Mémère, l'ancienne nourrice de Dédé, ils en avaient un bon coup. Nous étions descendus sur le boulevard Blanqui, et *lou Gérard, qué sé avouaï boutat les pantoufles aoux pés, avouaï dansa* sur l'air de *C'est le fils de la meunière* avec la Mémère en question. Yvette en rit encore aux larmes : « C'est vieux, tout ça. En c'temps-là, on s'amusait mieux qu'aujourd'hui, tiens ! » Elle est la doyenne de la famille, une famille dont les survivants sont moins nombreux que les doigts des deux mains.

Les grandes occasions changeaient de l'ordinaire

Ces instants de fête, de plaisir, de bonheur, il ne fallait pas les rater. De temps en temps, à la maison, mes parents faisaient une invitation à déjeuner, pour Noël, le jour de l'an ou un anniversaire. On dressait la table dans la salle à manger, la pièce où je dormais et travaillais. La vaisselle de porcelaine, les verres de cristal changeaient de l'ordinaire. Ma mère jouait les cordons-bleus et mettait les petits plats dans les grands – vieilles expressions qu'on trouve, la première chez Vidocq, la seconde chez Delvau. Mon père était allé chercher quelques bonnes bouteilles à la cave, ces repas avaient de l'allure, je les regrette bien. Un gueuleton se devait d'être réussi, bon et abondant, ou alors ça n'était pas la peine. « Faire un gueuleton », Claude Duneton[108] trouve la locution chez Vadé – du poissard, donc.

Quand les Duffourg, des amis de Gironde, venaient à Paname, s'ils invitaient mes parents, c'était toujours à l'Ambassade d'Auvergne – ils étaient de la gueule, les Duffourg. Au cœur de Paris, les gens qui avaient des origines paysannes préféraient l'Ambassade d'Auvergne à tout autre restaurant. On savait qu'on s'y tapait la cloche, qu'on allait s'en mettre plein la lampe, qu'on s'en mettrait dans le fusil, dans le cornet, dans le coco. Assuré, on lèverait le coude et on se calerait les joues. « À s'en faire péter la sous-ventrière », se serait exclamé Garnier, le beau-frère cordonnier de Mémé Jolie, avec qui il était fâché. Garnier aurait prononcé : « À s'en faire *peuter* la sous-ventrière », il était des Pays-de-la-Loire. Toutes ces façons de parler étaient courantes, rue du Plâtre. Dans les années 1970, à l'époque d'Alphonse Boudard, j'avais été surpris d'entendre l'un de ses amis, le mage Dieudonné, dire « se taper la tête » pour « se taper la cloche ». Je ne savais pas tout, non. Se taper un gueuleton, c'est se taper une cloche et, en plus argot, se taper une tête.

1. Gallimard.

2. Jean-Marc Bramy et Joseph Oldhenhove, *Mon violon pour tout bagage,* Calmann-Lévy, 1992.

3. *J'ai la mémoire qui chante, op. cit.*

4. *L'Hôtel du Nord, op. cit.*

5. *De la Popinqu' à Ménilmuch', op. cit.*

6. Robert Laffont, *op. cit.*

7. *Nana, op. cit.*

8. Dix-neuf au total. En novembre 1987, Mme Finaltéri avait miraculeusement échappé à la mort. Arrêté quelques jours plus tard, Paulin, malade du sida, a succombé en 1989 – il était alors incarcéré. Mathurin, son complice pour neuf de ces assassinats, a été condamné à la perpétuité en 1991.

9. Éditions du Pavillon de l'Arsenal, Picard, 1992.

10. *Op. cit.*

11. Gallimard, « L'imaginaire », 1998.

12. *La Boxe française, op. cit.*

13. La Pléiade, 1962.

14. Je renvoie à mon article du 19 janvier 1994 du *Figaroscope*, il y a peut-être contribué. J'ai récapitulé l'affaire dans le *Figaroscope* du 14 janvier 1998.

15. *Paris fut. Écrits sur Paris 1937-1953*, Claire Paulhan, 1999.

16. Jacques Lucan, *Eau et gaz à tous les étages, op. cit.*

17. *Paris vécu, op. cit.*

18. *Jésus-la-Caille, op. cit.*

19. *Confusion des peines*, Jean-Claude Lattès, 1979.

20. *Ville lumière*, Le Dilettante, 1987.

21. *Op. cit.*

22. Pierre Drachline et Claude Petit-Castelli, *Casque d'Or et les apaches*, Renaudot et Cie, 1990.

23. Alphonse Boudard aimait ce mot. *La Marche des dos*, une chanson d'Aristide Bruant, le réjouissait. Dans son *Étude sur le langage populaire du patois de Paris, op. cit.*, Nisard signale que « dos » est déjà répertorié dans un texte de 1773.

24. Dans l'île de la Cité, avant l'achèvement du quai des Orfèvres en 1907, la préfecture de police était située rue de Jérusalem, une rue perpendiculaire au quai, aujourd'hui disparue.

25. *Le Peuple de Paris*, Aubier, 1981.

26. Voir chapitre 2.

27. *Op. cit.*

28. Voir chapitre 3.

29. Olivier Orban, 1977.

30. Gallimard, 1989.

31. *Croquis parisiens*, Fleuron, 1996.

32. Livre 2, deuxième partie, chapitre 4.

33. *Paris étrange. Mœurs parisiennes*, C. Marpon et E. Flammarion. Cette rue date de 1622. En 1894, elle a été rebaptisée rue Trousseau, du nom du médecin Armand Trousseau (1801-1867).

34. Philippe Rivoirard, « Le Faubourg Saint-Antoine », *Paris Villages*, n° 6, 1985.

35. Respectivement dans *Coins et Recoins de Paris*, Bossard, 1927, et, en 1932, dans *Pays parisiens, op. cit.*

36. *À travers Paris inconnu, op. cit.*

37. Dans *Paris étrange. Mœurs parisiennes, op. cit.*, Barron appelle « lipètes » les Limousins et « bigorniaux », les Auvergnats, mots que je ne trouve dans aucun dictionnaire. Les Auvergnats étaient souvent ferrailleurs. Que l'on prenne l'explication de 1872 de Lorédan-Larchey – dans son *Dictionnaire de l'argot parisien* (Les Éditions de Paris, 1996) – sur « bigorne, argot » qui vient « du vieux mot *biguer*, "changer", "troquer" », ou celle, plus classique, de « bigorner », taper sur la « bigorne » – petite enclume – pour travailler le fer, dans les deux cas le rapport avec le labeur des Auvergnats et, ainsi, « bigorniau » est établi. En revanche, je cale sur « lipète ». Même si le mot était une déformation de « pipe » en largonji ou en louchébem – « lipepé », « lipepem » puis « lipète » –, quelle serait la relation avec les Limousins ? Étaient-ils connus pour fumer la pipe ?

38. *Choses vues, op. cit.*

39. Le Livre de poche, 1965.

40. *Histoire d'un crime*, Les Éditeurs Français Réunis, 1958.

41. Folio, 1973.

42. *La Maison Philibert*, Jean-Claude Lattès, « Les Classiques interdits », 1979.

43. *La Vie étrange de l'argot, op. cit.*

44. Voir chapitre 4.

45. Pierre Sabatier, *Germinie Lacerteux des Goncourt*, Sfelt, 1948.

46. Claude Dubois et Jacques Baker, *Gueules d'atmosphère*, documentaire de France 3 et Novi Productions, 2005.

47. Film d'Henri Verneuil.

48. *La Boxe française, op. cit.*

49. *Choses vues, op. cit.*

50. *Paris vécu, op. cit.*

51. *Journal intime, op. cit.*

52. *Op. cit.*

53. Cette pièce de théâtre, que Carco a écrite avec André Picard, a été représentée

pour la première fois au théâtre de la Renaissance le 10 mars 1920. Voir chapitre 9.

54. *Notre avant-guerre*, Plon, 1941.

55. Ferenczi.

56. *Jeunesses*, Le Dilettante, 2003.

57. *Paris étrange*, *op. cit.*

58. *Op. cit.*

59. Cité par Louis Chevalier dans *Montmartre du plaisir et du crime*, *op. cit.*

60. Située au nord et au sud entre les rues Dupetit-Thouars et Perrée et à l'est et à l'ouest entre celles de Picardie et Eugène-Spuller, dans le 3e arrondissement, la halle du Carreau du Temple actuel date de 1863. La tradition de marché en cet endroit de Paris remonte à 1809-11, après la démolition du donjon du Temple, construit vers 1265 à l'intérieur de l'enclos des Templiers. L'ordre de la Milice du Temple, ou des Templiers, avait acquis ce lieu au XIIe siècle et commencé à y ériger une véritable ville fortifiée aux alentours de 1240, sous saint Louis. Le donjon a été remplacé par les rues citées plus haut. À cette époque, explique Hillairet dans son *Dictionnaire historique des rues de Paris* (*op. cit.*), « le marché aux vieux linges, hardes et chiffons » a pris le relais de celui du cimetière des Innocents. Plus tard, au Carreau du Temple, écrit Marius Boisson dans *Coins et Recoins de Paris* (*op. cit.*), « des ouvriers, des bohèmes, des mendiants s'y habillaient à bas prix ; les grisettes, les comédiennes à leurs débuts, les demi-mondaines, y trouvaient au "Décrochez-moi ça" le corsage, la garniture de dentelle, le ruban, les bottines ou les souliers de bal nécessaires à leur embellissement. On se "montait", au Temple, à des prix invraisemblables ». Vers 1926-27, Robert Lageat s'y était offert « un choucard petit costard à carreaux après un marchandage mémorable », narre-t-il dans *Des Halles au Balajo* (*op. cit.*). Dans les années 1950, ma grand-mère y avait dégotté une jolie veste en mouton doré.

61. Les jeans, *black* ou *blue*, sont apparus au milieu des années 1950. Les *black* étaient, je pense, de fabrication française. Au début, on ne trouvait les blue-jeans, des Levi's Strauss exclusivement, qu'aux puces ou dans les surplus américains – par exemple à celui du 39 rue Jussieu dans le 5e. Encore fallait-il le savoir. Avant que les Levi's ne se vendent normalement, quelques marques françaises ont proposé des blue-jeans, mal coupés et pas dans le tissu idoine. L'été 1958, les gros mecs, futurs ou déjà blousons noirs, alliaient polo rouge et Levi's – ou ersatz, s'ils n'en avaient pas trouvé. Quant à moi, mes carnets m'apprennent que j'ai eu mon premier Levi's le 13 juillet 1960.

62. Claude Dubois, *Paris gangster*, *op. cit.*

63. *Tome 1 (5 mars-8 août 1947)*, Denoël, 1990.

64. Cité par Daniel Roche, *Le Peuple de Paris*, *op. cit.*

65. *Paris le jour, Paris la nuit*, *op. cit.*

66. *Les Dessous de Paris*, Poulet-Malassis et De Broise.

67. Ipomée, 1986.

68. *Bals, cafés & cabarets*, *op. cit.*

69. *Notre avant-guerre, op. cit.*

70. La Nouvelle Société d'édition.

71. Cité par Boris Vian, *Manuel de Saint-Germain-des-Prés*, Le Livre de poche, 1997.

72. *Carnets de jeunesse, op. cit.*

73. Percée par Haussmann lors de la création du bois de Boulogne, cette avenue s'est appelée « de l'Impératrice » de 1854 à 1870, « d'Ulrich » de 1870 à 1875, et « du Bois-de-Boulogne » ou « du Bois » de 1875 à 1929. Cette année-là, elle a reçu le nom du maréchal Foch, généralissime des armées alliées en 1918.

74. Clément Lépidis, *Monsieur Jo*, Le Pré aux Clercs, 1986.

75. *Les Tribulations d'un commis voyageur*, Le Temps des cerises, 1995.

76. *Op. cit.*

77. En fait la fonderie typographique « Deberny-Peignot, fondée, excusez du peu, par Honoré de Balzac lui-même », révèle-t-il dans *Mourir d'enfance* (Robert Laffont, 1995). Elle était située 14 rue Cabanis.

78. *Chroniques. Des années folles à la Libération (1928-1945)*, Buchet-Chastel, 2003.

79. Gallimard, « Série noire ».

80. Gallimard, « Série noire », 1954.

81. Réalisé par Henri Decoin en 1955.

82. *Op. cit.*

83. *Au temps des cataplasmes, op. cit.*

84. *1930, op. cit.*

85. Je suppose qu'il s'agissait de la première dénomination du Slow Club, 130 rue de Rivoli, en face de feu la Samaritaine.

87. Gallimard, 1965.

88. Gallimard, 1997.

89. *Le Monde*, 11 février 2007.

90. *Ma route et mes chansons, op. cit.*

91. Voir chapitre 2.

92. La future foire du Trône. L'histoire de cette foire est longue et compliquée. Selon Agnès Rosolen et Lionel Moureaux – dans *De la foire au pain d'épice à la foire du Trône*, Éditions L. M., 1985 –, la tradition du pain d'épice commence dès 957. Après de nombreux aléas, on s'en doute, « en 1841, les forains furent autorisés à occuper le rond-point [de la barrière du Trône, future place de la Nation] qui devint le centre de la fête. [...] Vers 1860, le public commença à employer indifféremment le nom de "Foire au pain d'épice" ou celui de "Foire du Trône" », donc après l'époque où, enfant, Charlemont l'avait fréquentée.

93. Le sou équivalait à 1/20e de franc ou encore 5 centimes. Le liard valait le 1/4 d'un sou, donc 1/80e de franc. Pour se faire une idée de ce que représentaient ces sommes, comparons avec ce que gagne Charlemont. À 7 ou 8 ans, il touche 50 centimes par

jour, 1/2 franc. L'ouvrier qu'il aide est content de son travail, le dimanche il lui donne 5 sous de pourboire. Petit déjeuner et déjeuner quotidiens s'élevaient à 4 sous. Ensuite, Charlemont touchera 1 franc par jour, puis 2. En 1856, à 17 ans, las de la vie d'ouvrier, Charlemont souscrira un engagement de sept ans dans l'armée.

94. Didier-Érudition, 1982.

95. *Le Peuple de Paris, op. cit.*

96. *Paris Anecdote, op. cit.*

97. Avant le percement, en 1855, du boulevard Saint-Germain, sur le côté sud de la place Maubert, la rue des Noyers reliait la rue de la Montagne-Sainte-Geneviève à la rue Saint-Jacques.

98. Robert Laffont, « Bouquins ».

99. Il serait tentant d'affirmer que ce second banquet a eu lieu 12 boulevard des Capucines et 2 rue Scribe, au Grand-Hôtel, fleuron du Paris haussmannien. Las ! dans son *Dictionnaire historique des rues de Paris* (*op. cit.*), Hillairet signale que le Grand-Hôtel « a été construit en 1860 », soit quatre ans après le repas. Ce luxueux établissement, poursuit Hillairet, a été élevé « par la société financière qui avait fait édifier, en 1856, l'hôtel du Louvre ». Or, en 1878, K. Baedeker précise que ledit hôtel s'appelait « Grand-Hôtel du Louvre » (*Paris et ses environs avec les principaux itinéraires entre les pays limitrophes de la France et Paris. Manuel du voyage*, Leipzig, 1878 ; réédition Les Yeux Ouverts, 1970). On pourrait penser qu'en 1856, l'hôtel du Louvre étant à Paris le seul à bénéficier de l'adjectif « grand », et la qualification « du Louvre » ayant sauté par commodité, les convives du banquet se sont retrouvés 1 place du Théâtre-Français, son adresse. Mais comme, dans leur *Almanach de Paris*, Jean Tulard et Alfred Fierro (Encyclopædia universalis, 1990) spécifient bien que le banquet en question s'est passé le 6 février 1856, « au Grand-Hôtel, *boulevard des Capucines* [c'est moi qui souligne], [avec], parmi les convives, Alexandre Dumas père, Flaubert, Roger de Beauvoir, Nestor Roqueplan, le docteur Véron... », j'avoue mon incapacité à résoudre l'énigme. À moins, nouvelle clé, de supposer qu'en 1856 la magnifique salle à manger du Grand-Hôtel ait été déjà terminée.

100. Après s'être tenu, depuis 1687, sur un emplacement compris entre le 15 de la rue Duméril et le boulevard de l'Hôpital actuels, en 1877, le marché aux chevaux avait été transféré boulevard Saint-Marcel, approximativement entre les numéros 21 et 35 de cette voie – jusqu'à la rue Jeanne-d'Arc. À l'endroit où, donnant sur le 157 du boulevard de l'Hôpital se dressent, rue Édouard-Manet, des dépendances des Arts-et-Métier, se trouvaient les abattoirs de Villejuif, réservés aux chevaux depuis la légalisation de la viande hippophagique. « Villejuif fut remplacé par l'abattoir de Vaugirard [rue Brancion], construit par Moreau en 1894-97 et destiné plus spécialement à l'abattage des chevaux et mulets », explique Fierro.

101. Selon le Larousse universel en deux volumes de 1922, un setier est une « ancienne mesure pour les grains ou les liquides : le setier de Paris contenait huit pintes ». Quant au « demi-setier », il s'agit du « nom qu'on donne abusivement à Paris et aux environs à une mesure pour les liquides valant 0 litre 250 », c'est-à-dire le demi de bière.

102. *Op. cit.*

103. Voir chapitre 1.

104. Voir chapitre 1.

105. *Op. cit.*

106. *Le Peuple de Paris, op. cit.*

107. « Les Cahiers Rouges », Grasset, 1986.

108. En collaboration avec Sylvie Claval, *Le Bouquet des expressions imagées. Encyclopédie thématique des locutions figurées de la langue française*, Seuil, 1990.

6.
ATELIER, CHOPINE ET CASTAGNE

Au boulot

Dans le Marais, chez ceux qui taraudaient le bronze

En 1924, Valdour situe le premier atelier qui l'emploie dans les combles « d'un magnifique hôtel construit sous le règne de Louis XIV[1] ». On est dans le Marais, un « quartier laborieux » qu'enrichissent de magnifiques architectures et « où elles forment un ensemble incomparable ». Valdour est aide-monteur en bronzes d'éclairage. Les conditions ne sont pas les mêmes dans la grande ou la moyenne industrie et la petite à laquelle se rattache son atelier. On ne pointe pas, entre le patron et ses ouvriers la confiance est réciproque. Dans les deux autres ateliers qui l'embauchent – un de bronzes d'éclairage, un second de statuettes de bronze où œuvrent ciseleurs, monteurs et patineurs –, l'ambiance est identique. Valdour écrit de ses collègues :

« Il travaillent avec entrain et bonne humeur, chantant et plaisantant : chansons de café-concert, qu'entonne l'un d'eux et dont les autres reprennent le refrain ; plaisanteries assez grosses et même grossières parfois ; et, tout en s'activant à tarauder, percer, souder, limer, ciseler, monter, ils échangent des phrases rapides, évoquent le souvenir de la veille au bois de Vincennes. »

On est lundi, ils parlent de leur dimanche. Ces hommes portent une longue blouse blanche « et quelques-uns chaussent des espadrilles, des *trottinettes*, comme ils disent ». En civil, tous sont vêtus proprement et simplement, certains de façon assez commune, mais plusieurs s'habillent avec une certaine recherche. Sous la plume de Valdour, le pantalon de velours est considéré comme très ordinaire. En revanche, tous les ouvriers ont des chaussures de fantaisie : cuir de couleur ou étoffe et cuir.

À Belleville, dans une fonderie

Ensuite, Valdour trouve une place de manœuvre à Belleville, dans une fonderie « au voisinage des boulevards extérieurs ». Louis Chevalier l'a souligné :

« La tradition du peuple de Paris passe par Belleville. C'est là que le parti communiste, dans ses débuts, va chercher ses titres de noblesse et gagne son authenticité parisienne : faisant élire Cachin dans le XIXe arrondissement en 1924, lors des premières élections où il se présente et, en 1930, Thorez et Duclos[2]. »

Valdour n'est pas communiste, son livre reflète mal l'importance du Parti en 1924. En outre, il n'aime guère les étrangers et déteste les juifs, qu'il accuse de tous les maux. Autant en 1924 qu'en 1925, ses *Observations vécues* valent surtout par la précision qu'il met à décrire le quotidien laborieux des quartiers est de Paris.

Le travail est plus difficile dans une fonderie que dans un atelier de bronze. La chaleur est étouffante et la poudre brune de l'argile séchée « se dépose sur tous les objets et sur le sol, sur les cheveux et les visages, les vêtements de travail et les vêtements de ville déposés au vestiaire ». Le travailleur est pénalisé. Valdour émet des doléances : « Pour se laver souvent, se vêtir proprement, changer de linge fréquemment, il faudrait consentir des sacrifices pécuniaires incomparables avec le budget ouvrier. » Le lavabo d'eau potable est notoirement insuffisant : « Les patrons pourraient installer les vestiaires tout à fait en dehors de l'atelier et mettre des appareils à douche à la disposition de leur personnel », en vient-il aux propositions. Qu'il ne soit pas communiste n'empêche pas Valdour d'être *social* : « Le crime de la bourgeoisie, affirme-t-il, a été, depuis cent ans, de laisser croupir l'ouvrier dans l'ignorance, la saleté et la misère. » Enfin, « il semble que cet état de chose fâcheux touche à sa fin ».

Une bonne humeur certaine

Pour l'heure, dans la fonderie, il fait soif. Le patron donne de l'eau de coco et, une fois par jour, un apprenti est autorisé à aller acheter du café ou de la bière sur le compte des ouvriers. Soudain, le même coup de sifflet qui avait retenti à 7 heures, à midi et à 1 heure et demie se fait entendre une quatrième fois : il est 5 heures et demie, la journée se termine. La dureté du travail n'a pas étouffé la bonne humeur. Si l'on se retrouve au lavabo, c'est pour se nettoyer avant de sortir. Un apprenti siffle joyeusement :

> « Va donc au bois de Vincennes ! lui dit en riant un mouleur.
> – Pourquoi ?
> – C'est là qu'il y a des merles en train de siffler ! »

À l'atelier de bronzes d'éclairage, Valdour avait été le témoin d'une légère dispute. D'un étau à l'autre, les épithètes rebondissent : les compagnons s'amusent à taquiner Gustave, un apprenti. Il riposte en traitant l'un des farceurs, un bedonnant, de « grosse terrine », et un autre, haut sur pattes, de « grande saucisse ». Ces mots ne prêtent pas à conséquence puisque tous s'amusent à faire enrager l'arpète. Jamais à court de répliques, le gars se défend : « Ferme ça ! eh ! bonbonne ! » lance-t-il au bedonnant, un Bordelais d'une cinquantaine qui aime à rire. Dans ces taquinerires, les anthropologues verraient des épreuves « initiatiques » à faire subir aux apprentis.

Dans le Faubourg, chez les ébénos

En 1925, Valdour se retrouve balayeur dans un atelier de meubles d'art du faubourg Saint-Antoine, « dans le quartier de la rue de Montreuil, aux approches du boulevard Voltaire, dans le bâtiment neuf d'une "Cour" modernisée », cour Saint-Nicolas ou de l'Industrie[3]. Valdour détaille les us et coutumes : ici, les ébénos « revêtent la cotte et la veste bleues, ou bien seulement la cotte bleue et ils restent en manches de chemise, ou bien ils enfilent un vieux pantalon. Les compagnons ne se tutoient que s'ils se connaissent personnellement, mais ils tutoient les apprentis ». Valdour juge dure la façon qu'ont les compagnons de relever les insuffisances professionnelles des *attrape-science* – un mot de la Belle Époque. Un compagnon d'une soixantaine d'années réprimande avec vivacité un jeunot de 18 ans :

> « Tu ne fais pas assez attention ! tu es distrait !
> Le jeune homme esquisse une excuse.
> – Ah ! reprend l'ouvrier impatienté, avec ta grande gueule, tu rouspètes toujours…
> – C'est vous qui râlez, c'est pas moi ! riposte l'apprenti, essayant de tenir tête. Mais le compagnon s'enferme dans un silence méprisant. »

Contremaîtres, compagnons et arpètes

Rien de comparable, pourtant, à ce que narre Charlemont[4] de son enfance, avant 1848, quand, âgé de 7 ou 8 ans, il travaillait à l'atelier de 6 heures le matin à 10 heures du soir. Si « les enfants fatigués sommeillaient, les patrons les réveillaient avec une bonne calotte ». Il se souvient d'un ouvrier tisserand particulièrement méchant qui « lançait avec force et de travers les navettes qui piquaient les doigts et déterminaient des panaris ». Les parents ne se plaignaient pas. Le butor avait tué un enfant en le frappant. Il avait été condamné, mais, une fois sa peine purgée, il était demeuré aussi brutal. Un jour, Charlemont renverse une voiture à bras trop lourde pour lui, le patron lui retient les frais de réparation : 3 francs sur les 7 de sa semaine. C'est un dimanche, Joseph n'ose rentrer chez lui. Il traîne, va à la fête de Belleville, et finit par s'endormir sous le péristyle du théâtre de l'Ambigu – 2 ter boulevard Saint-Martin[5]. Des agents le réveillent et le conduisent au poste. Le commissaire est bon enfant : il convoque Charlemont père et lui conseille « de ne pas maltraiter son fils, qui en somme [n'avait dépensé] que soixante centimes dans toute sa journée. Pour faire la fête, c'était peu ».

Ce-jour-là, Gilbert était obligé

À propos des « pauvres petits mioches » victimes de mauvais traitements, Charlemont dit qu'ils « paraissaient déjà prendre en grippe la société qui les traitait si mal. Si faibles qu'ils étaient, [...] ils se vengeaient comme ils pouvaient ». Si, chez Valdour, les apprentis s'en sortent en rouscaillant, parfois ils se rebiffaient physiquement. Ainsi Gilbert de la Butte-aux-Cailles, en 1959-60. Il était grouillot chez Raymond Weill, l'imprimeur du 117 rue des Pyrénées. Félix, le contremaître, régnait en maître. Il envoyait Gilbert chercher des bouteilles, le rembarrait pour un oui, pour un non : « Si t'as pas ton marteau, t'as qu'à prendre ta bite ! » C'était vexant, il y avait des filles dans l'atelier... Un jour, devant tout le monde, Félix gifle Gilbert. Sans raison, ou plutôt parce qu'il a bu un coup. Gilbert n'avait pas 15 ans, mais il faisait de la lutte, il était déjà costaud. Sur le moment il est sidéré, tout rouge, puis il gamberge. Une beigne, pas possible de laisser ça là. Une heure passe. Soudain, Gilbert voit Félix baissé, en train de régler une machine. Un rien dans les vapes, le cœur battant à tout rompre, Gilbert avance vers Félix. Pam ! de toutes ses forces, il lui ajuste un coup de targette si magistral qu'à vie il en a gardé un ongle incarné. Atteint en pleine poire, le « contrecoup » part dans le décor, à moitié dans les pommes. Et Gilbert, aussi sec, de grimper chez le singe demander son compte. Il ne pavoisait pas, non. Avoir frappé un vieux de 50 piges n'était pas anodin. D'autant que l'autre, revenu à lui, hurlait, le traitait de voyou. Ah ! le bordel ! Non, Gilbert ne pavoisait pas, mais, comme il se justifie si longtemps après : « Y'a des choses, des moments, t'es obligé ! Là, j'étais obligé ! »

Les mauvais traitements et les affrontements d'homme à homme qui risquent d'en résulter participent de l'affirmation de soi qu'on considérera plus loin. Notée par Valdour, la bonne humeur était fréquente, la Butte-aux-Cailles n'en disconvient pas. Aussi peut-on poser que l'atelier était l'un des endroits privilégiés où se propageait la langue de Paname. L'esprit de repartie titi était enseigné et s'apprenait sur le tas : « attrape-science » pour « apprenti » acquiert ainsi la plénitude de son sens. Exemple de cette vivacité à jacter, à Charonne, dans une fabrique de meubles en série, ce vieux menuisier pince-sans-rire : « “J'ai 68 ans. Je me suis marié à 20 ans. Ma femme et moi, nous nous sommes mariés le même jour.” Et il rit, ravi de sa plaisanterie. »

À quand l'heure ou « l'or de l'humanité heureuse » ?

En 1898, à l'époque de l'affaire Dreyfus, Daniel Halévy a « accès dans les faubourgs[6] ». Il ne tarit pas d'éloges sur le « faubourg Antoine », ainsi nommé car « la tradition locale et populaire, fixée dans le langage, refuse le patronage du Saint ».

Dans ce quartier

> « habite un peuple d'artisans, menuisiers, tapissiers, ébénistes, passionnément attachés, depuis plus de cent cinquante ans, à fabriquer de beaux meubles et à cultiver l'idée révolutionnaire (l'Idée, prononcent-ils sans plus, et il suffit d'un mot), à chercher la Science et la Justice, disons d'un seul mouvement la Science de la Justice, cette alchimie sociale qui produira dans la Cité l'or d'une humanité heureuse ».

Les conversations d'atelier ne se résumaient pas aux joutes amusantes : les questions techniques étaient abordées, d'autres concernaient la politique. Valdour s'y attarde. C'était il y aura bientôt neuf décennies, un siècle, quasiment : les passes oratoires ont mieux vieilli que les sujets techniques et politiques, même si, à travers le temps, certains thèmes demeurent. Parlant de la journée de huit heures, Valdour affirme à un camarade que c'est en France qu'on l'observe le mieux : « En Allemagne, ils travaillent dix heures, et, en Russie, quand il y a du travail, douze ! » Et l'autre de répondre : « Je ne suis pas nationaliste pour deux sous ! Mais il faut reconnaître qu'il n'y a pas de pays qui vaille le nôtre. Sinon, comment expliquer que tous les étrangers viennent de partout travailler chez nous ? » On est à la fois dans les questions graves et au café du Commerce, le quotidien du Paris populaire et, au-delà, de Paris et, plus encore, de la France en général.

La gobette[7]

Si, après le turbin, le bistrot du coin était une façon de se délasser, au travail, beaucoup buvaient. « Une véritable manie qui témoigne d'un goût invétéré pour s'humecter le gosier sans aucune raison, dit Valdour de ses collègues, en complétant : de là à l'intempérance, il y a très loin, et cette distance, ils ne la franchissent jamais. » Valdour refuse de désespérer, on sait pourtant ce qu'a été l'alcoolisme. « À mon époque, me raconte Gilbert de la Butte-aux-Cailles, chez Weill, les gars se farcissaient deux litres de jaja par jour, plus chez eux. Ils carburaient au Gévéor, au Postillon et les contremaîtres, au vin des Rochers, "le velours de l'estomac". » Il y avait des habitudes, des traditions, l'apprenti devait payer son *litron*, son *kil*. Gilbert refusait de boire et de fumer, il avait dans la tête de devenir champion de lutte. Cela a contribué à ce qu'il soit mal vu de son contremaître : Félix le traitait de « futur pédé ».

Valdour relate le cas de cet ouvrier qui « s'arrêtait chez le bistro ; un peu plus loin, avant de descendre dans le métro, il entrait dans un autre débit ; puis, dans un autre, à la sortie du métro ; et encore dans un autre, avant de prendre son train ». Ses camarades sont dégoûtés. Un verre ou deux, oui, mais davantage, non. « Et la femme, les mômes, qu'est-ce qu'ils deviennent ? » La faute à son cocher de père, « injecté de vin et d'apoplexie », la Sapho d'Alphonse Daudet vit de ses charmes. Sur l'état-civil de sa consœur Nana, on lit : « Hérédité de l'ivrognerie se tournant en hystérie[8]. »

De-ci de-là, quelques poivrots

Le 15 décembre 1933, dans son *Journal*, Dabit consigne cette récrimination de sa mère à l'encontre de son père : « "Il va faire les courses, il rentre saoul, il m'insulte comme la dernière des dernières." Etc. Il arrive à mon père de boire, peu, mais ce peu est toujours trop pour lui. » Louise Lecouvreur, le double de Mme Dabit dans *L'Hôtel du Nord*, n'aime pas davantage les poivrots. Le soir, le vieux Charles boit sa chopine. Ensuite, certains lui demandent d'en « pousser une » : « Il se croyait un talent de tragédien et ne se faisait pas prier. Planté au milieu de la boutique, il commençait déjà à rouler des yeux et lever des bras, quand Louise intervenait : "Dites donc, on n'est pas à Charenton[9] !" ».

Dans le 13e, à la veille de la Seconde Guerre mondiale, du côté des usines Panhard, dans le haut de la rue Nationale, en plus outré, Tatahouine a un franc succès auprès « de tous les soiffards... les pompe-vinasse... les joyeux brindezingues accrochés au zinc » ! Un ancien joyeux des bataillons d'Afrique qui a viré communiste, poursuit Boudard[10]. Noyé dans sa soûlographie, qui est, qu'est Tatahouine ? s'interroge Alphonse : « Mythomane ? Prophète ?... Tragédien ? » Il n'apporte pas de réponse : gaffer et esgourder le biturin n° 1 du coinsto est un tel spectacle !

L'alcoolisme a suffisamment été étudié : on ne s'attardera pas sur la recherche du sens, la signification de l'acte de s'enivrer. Dans *Le Faubourg*, Valdour énumère les causes de l'alcoolisme :

> « Conditions matérielles du travail, longueur de la journée de travail, bas prix de l'alcool et du vin, vente licite de liqueurs très toxiques comme l'absinthe et ses succédanés, l'entraînement par les camarades, l'habitude prise, les usages professionnels. »

À ce déterminisme extérieur, il conviendrait d'ajouter que boire est un acte de compensation ou d'affirmation de soi-même. Dans *De la Popinqu' à Ménilmuch'*, le mouleur de Belleville qui boit, « l'œil trouble, la voix forcée avec l'accent traînant du faubourg », explique : « J'ai une belle-sœur, et, dame ! je ne m'entends pas avec elle ! Alors, quand je rentre avec un litre dans le nez, j'eng... ma belle-sœur, j'eng... ma femme, j'eng... tout le monde !... » Dire qu'on boit par manque est bateau, mais notre propos n'en nécessite pas davantage.

La chicore

Avec ou sans alcool, beaucoup d'ouvriers, note Valdour, « accusent dans leurs manières une certaine rudesse de natures un peu frustes ». Ces manières étaient celles du temps, qu'on se rappelle l'arrivée de Céline à l'armée, en 1912 :

« Brigadier ! C'est l'engagé !
– Qu'il entre ce con-là[11] ! »

Tapie derrière la brusquerie, la brutalité n'attend que l'occasion. Pour un motif futile, relate Valdour, deux menuisiers de 30 piges se prennent de bec. L'un accable l'autre « des pires injures et menace même de le frapper ». Seul le contremaître parvient à séparer les antagonistes « déjà nez à nez et sur le point d'en venir aux mains ». Sauf, cas rarissime, si, à l'image de Félix, c'est lui qui affure. Après son coup de pied venimeux, Gilbert est effectivement devenu champion de France militaire et international de lutte. Ensuite, il a catché, le plus souvent sous la férule de Robert Lageat.

Aux Halles, la violence n'était que physique

De l'un, on passe à l'autre. Dans *Des Halles au Balajo*[12], Robert a bien débrouillé le quoi du qu'est-ce de la bagarre. Aux Halles, le turbin était différent de celui en atelier ou en usine : aucun compte à rendre à quelque *contrefiche* que ce soit. Au gré des « pays parisiens », pour reprendre Daniel Halévy qu'il appréciait tant, Louis Chevalier observait des psychologies différentes. Aux Halles, près de deux cents ans après Mercier, il constate la force des portefaix, les *forts*, et la puissance magnifique des bouchers, les *louchébems*. Appariée à une telle prédominance physique, la mentalité ne pouvait être que spécifique. À la force « se mêle la violence : une violence nerveuse et brutale [...] qui étend au reste de l'existence le genre d'effort rassemblé et le coup de reins que demande le travail. La violence est ici de nuit comme de jour[13] ». Mais une violence uniquement corporelle, sans arme à feu comme à Montmartre, ni arme blanche comme souvent à la Bastille, rue de Lappe, la rue des bals-musettes.

À lui seul, Robert Lageat illustre la violence des Halles. Tout mouflet, il avait appris à se battre sur le tas, *because, bis repetita*, la main au fion, il était pas bon.

> « On ne s'engueule pas seulement aux Halles, souvent on se la donne. Les poulets ne se pressent pas pour séparer les combattants, ça fait partie des habitudes. Pas de flingue, pas de rapière, ça se châble à la loyale à coups de poing dans le portrait. Georges Carpentier c'est tout près, la boxe anglaise se porte à merveille. À coups de boule ça devient plus viceloc, un coup de tartine des fois dans les joyeuses... Après on va boire un gorgeon avec le rombier en question. Sans rancune. »

Lageat y tenait beaucoup : il lui était arrivé de dérouiller, mais calter, jamais. Cette revendication de courage est synonyme du désir de s'affirmer. Désir ou, mieux encore, volonté, d'autant plus exigeante chez Robert Lageat qu'il avait le pétoulet près du gazon : 1 m 62, il faisait. Et des « avance ! », « barre-toi ! », « p'tit con ! », « patate ! », « bas du cul ! », « bon à nib ! », il en a entendu alors qu'il poussait le petit diable, qu'il tirait le grand, chaque fois chargés à plein de petits pois, de haricots verts, de fruits. 1 m 62, c'est *court*, mais, poursuivait-il : « Je suis comme je suis mais on peut pas me retirer que j'ai de gros bradillons. » Robert Lageat résume à merveille les considérations de Mercier sur la force, la puissance, la plastique des hommes de la Halle plus que leur beauté car, ironise Chevalier, ce concept « est étranger à la mentalité du lieu : notion bizarre, suspecte, du dehors, qui étonne et qui ferait plutôt rire. Ce qui compte, c'est la force ». Traduit dans l'argot de Lageat : la beauté, ça fait un peu *tata Roubiquette* ! Aux Halles, on était dans un monde d'hommes qui s'expliquaient d'homme à homme.

Coups de boule et de tartine : va pour le « spectacle culturel » !

Au cinquième chant des *Porcherons*, poème en poissard de 1773[14], la dénommée Fanchon relate comment, chez Ventru, un cabaret des Porcherons[15], elle est à l'origine d'une bagarre. Un *pousse-cul*, un soldat, lui rappelle qu'« aut'fois j'ons été sa toupie », sa maîtresse, patoise-t-elle. Elle le repousse, il lui fiche « un emplant[16] ». À Jolicœur, l'amant en titre de Fanchon, d'entrer *illico* dans la danse :

> « Au sifflet si-tôt il l'empogne,
> Et d'ses deux pattes sur la trogne,
> Sur la mâchoire et sus les dents
> Vous li bat la m'sure en deux temps. »

Au XVIIIe, ce genre de scène était monnaie courante. La violence fait partie de la vie de tous les jours, les causes en sont les rivalités compagnonniques, la contestation dans le travail et les mauvaises plaisanteries d'atelier, les histoires de femmes et les « disputes sexualisées », comme le détaille Daniel Roche dans ses analyses du *Journal* de Ménétra[17].

Pareilles à celles de Lageat, les premières batailles du maître-vitrier se déroulent aux Halles et alentour, puisque Ménétra habite près du Pont-Neuf et que ses allées et venues le mènent rue de la Grande-Truanderie, rue aux Ours. Et surtout, à l'instar de Lageat encore, Ménétra est de petite taille : il lui « aut absolument se surpasser ». L'échange de coups est « rite de passage individualisé » pour devenir homme, ainsi se constitue l'identité individuelle. Roche explique :

> « Ce qui compte, c'est la promptitude de la bagarre et les règles auxquelles elle obéit [...] : provocations et injures, empoignades et échanges de mornifles, arrêt ou poursuite du combat si l'honneur n'apparaît pas suffisamment vengé. »

« L'honneur ». Le maître mot est lâché, redondance de l'affirmation de soi.

Le peuple était « fasciné par la violence »

Un jour, Lageat se chique avec un lascar, bam ! le gars affure un vache coquelic'. Lageat s'est dégagé, il borgnote l'autre, se marre. Le gars, *idem* : « Ben, mon pote, si tu voyais l'broc' que t'as ! » Robert se passe la main : sa pommette a viré œil-de-pigeon. Bref, coquelicot contre broco, les deux se retrouvaient les yeux pochés. Lageat a eu le mot de la fin : « Viens boire un coup ! » Après les horions, l'alcool achevait de laver les insultes de départ. Très judicieusement, Roche écrit :

> « Le goût de la représentation, l'injure sexuelle, l'exagération des gestes font de la bagarre populaire un spectacle culturel dont la vérité est du domaine du jeu, de la fête, du théâtre et de l'échange corporel. Moins qu'une sauvagerie incontrôlée, qui effraie seulement les bourgeois et les moralistes, s'y exprime l'ordre étrange et différent des mœurs du peuple, fasciné par la violence et habitué à la fréquentation de la mort, captivé par les jeux de la criminalité qui le frôlent. »

Une autre façon de dire que le no man's land populaire-voyou est aisé à franchir. À force de se répéter, ce jeu évoqué par Roche permet de se prendre au jeu en prenant confiance en soi. Lageat avouait avoir été une bonne petite brute dans sa jeunesse. En plein hiver, dans le métro, il paradait en maillot de corps, manière de montrer ses gros biscotos. Son fils Jacques – Jacky Corn, de son nom de catcheur – se rappelle qu'enfant, chaque fois qu'avec ses parents il faisait la queue au Cinéma de l'Hôtel-de-Ville, 20 rue du Temple, il se demandait ce qui allait se passer. Quand Jacques avait 8 ans, Robert en avait 28 et, il s'en souvenait : « Un mec qui me regardait cinq secondes dans les yeux, c'était cinq secondes de trop : badaboum ! » Se prendre au jeu, c'est surmonter l'appréhension de se colleter, ne plus avoir peur, et, dans le cas de Robert, provoquer. Le chemin était ouvert pour que Lageat tourne mal. Il le reconnaissait : si toute sa vie il avait borduré le milieu, il n'avait jamais plongé. À l'heure du bilan, Robert Lageat se félicitait de n'avoir été qu'un *bordurier* du mitan.

À Belleville, les *malins* étaient de sacrées terreurs

À la suite de Vidocq, Allard et Canler, Antoine Claude (1807-1880) a dirigé la Sûreté de 1859 à 1875. Dans ses mémoires[18], forts de 2 000 pages *in-quarto*, à un moment, il évoque « l'ancienne Courtille et ses héros[19] ».

Chez Dénoyez, Canler en avait contre les officiers

Dès le Premier Empire point la mode du *malin*, incarné par le dénommé Canler, un hercule dont l'homonymie avec le prédécesseur de Claude n'est que hasard. Ce Canler-ci était un ciseleur qui « travaillait alors aux aigles qui figurent aux quatre coins du piédestal de la colonne Vendôme ». Ses qualités d'ouvrier-artiste étaient si patentes qu'un jour il envisage de concourir pour le prix de Rome. Sans nouvelle d'une première demande, il écrit aux professeurs que, de gré ou de force, il entrera en loge. Et « le premier qui l'en empêcherait, il le coucherait à plat ventre, *à coups de chausson* ». La réponse arrive : l'âge limite est 30 ans, lui en a 31, sa candidature ne peut être retenue. Canler s'incline et, sans qu'il y ait de rapport, continue à détester l'uniforme. Cette haine, il la manifestait chez Dénoyez, « trop émaillé d'épaulettes » à son goût[20]. Chaque fois qu'il remportait une victoire « sur les plus habiles *tireurs de chausson*[21] des barrières environnantes » ou, mieux, sur un soldat de la Grande Armée, il ajoutait un bouton aux deux ou trois rangées qu'il arborait déjà sur sa veste. Ses déconvenues artistiques le font redoubler de violence : sa veste n'a plus assez de place « pour les boutons arrachés à l'uniforme de ses victimes ». Une fois, un officier de la Garde impériale refuse le combat, Canler l'insulte et le soufflette. Il meurt le lendemain, « les os rompus par les valets de l'officier » et assommé par lui.

Ironie du sort : ce jour même, on « inaugurait la colonne de la Grande Armée, dont les aigles » sont l'œuvre de Canler.

Le bal du Sauvage et la ruelle de la Tourtille

Cette mort n'empêche pas le malin de prospérer. En 1824, Victoris est le « roi du Faubourg ». Il porte, caractéristique des faubouriens, un « costume mi-civil, mi guerrier » ainsi composé : veste de hussard, chapeau rond, large pantalon serré à la cheville et souliers à boucle. Bagarreur éprouvé, le malin mérite son nom s'il est capable de tenir tête à trois hommes. Tout malin portait l'accroche-cœur, arme redoutable au cas où l'adversaire y enserrait le doigt : il risquait de s'en servir « comme point d'appui pour lui crever l'œil ! » Bref, on était chez les « terreurs ». Claude mentionne que, dans le combat ordinaire, seules les jambes devaient agir, les mains n'étaient utilisées que pour parer : le malin « ne pouvait assommer son adversaire ou le faire tomber qu'à grands renforts de coups de talon ». Souvent, les témoins semaient « la chaussée de tessons de bouteille », l'affrontement n'en était que plus piquant. Claude ne situe pas le bal du Sauvage où les malins cherchaient querelle. En revanche, les rixes « avaient pour champ clos la ruelle de la Tourtille, appelée aujourd'hui la rue Dénoyez ». Le bal du Sauvage, précise Claude, sert de « refuge aux rebuts de la société » – les *amis de ces dames*, faut-il comprendre. Il mentionne le balancement particulier du souteneur de la Courtille, « les mains dans les poches de son pantalon de velours, prêt à lever la jambe contre qui eût cherché querelle à sa moitié ». Et, sans crier gare, on a glissé de l'ouvrier Canler aux maquereaux – ces messieurs Tamerlan, le Marqueur et Petit Suisse, auxquels Claude a eu affaire.

« Dévorants » et « gaveaux » n'étaient pas des enfants de chœur

Dans *Classes laborieuses et Classes dangereuses*, Louis Chevalier s'attarde sur les violences compagnonniques, les violences parisiennes, et les deux mélangées. Les premières connaissent leur apogée au début du XIXe siècle. À la fin de l'Empire, Claude fait allusion au « combat fameux » qui met aux prises, plus d'un mois durant, cordonniers et charpentiers : « Plus de trois cents combattants restèrent sur le carreau ! » L'intervention de la police marque le commencement de la décadence de la Courtille. Dès lors, « la lutte chevaleresque du luron, bon drille, tourna en combat crapuleux ». Chevalier le dit sous une autre forme. Vers 1840, l'émigration saisonnière de certains corps de métiers mêlant spécialité et origine provinciale recule : le « séjour prolongé et bientôt continuel des provinciaux à Paris favorise la formation d'une masse ouvrière plus uniforme par sa constitution, mais aussi par sa misère ». La violence change, le couteau fait son apparition. Certes, mais il n'empêche que les charpentiers vindicatifs évoqués par Claude avaient leur compas à la main, et les cordonniers, des cannes « au bout desquelles ils avaient adapté leurs grands tranchets ». Pour n'être pas *crapuleux*, c'est-à-dire mus par des motifs sordides ayant trait à l'argent ou aux femmes, lesdits *dévorants* et *gaveaux* n'en étaient pas moins de redoutables durs à cuire[22].

« Nos mœurs étaient dures »

Le 25 octobre 1827, le *Journal des Débats* rapporte une rixe chez Bobinot, marchand de vins, 6 quai de Bercy. Entre 60 et 80 charpentiers y participent : « Ces malheureux s'assassinaient à coups de bâton et de compas. Il fallut 100 gendarmes. » Cité par Chevalier, Martin Nadaud précise dans ses *Mémoires* : « On ne saurait se faire une idée juste aujourd'hui combien à cette époque la force était prisée. » Par exemple :

> « Des bagarres éclataient alors entre Auvergnats et Limousins à la barrière Poissonnière[23], le dimanche ; tel était l'état des esprits et de certaines habitudes que, si les ouvriers en partie de plaisir rentraient le soir dans leur garni sans s'être donné de bonnes raclées, on disait qu'on ne s'était pas amusé. Nos mœurs étaient dures. »

Dans cet affrontement précis, Auvergnats contre Limousins, qu'est-ce qui ressortissait à la corporation, qu'est-ce qui ressortissait à l'appartenance provinciale ? La xénophobie commence lorsqu'à la fête du village les jeunes du bourg voisin viennent en découdre. En psychologie animale, on parle d'instinct de territoire à propos des oiseaux ou mammifères qui défendent le leur bec et ongles ou à coups de patte et de dents. La violence est une loi de la nature. Chez l'homme, à Paris pour y demeurer, elle endosse diverses justifications : compagnonnique, crapuleuse, ouvrière, politique, qu'il conviendrait de différencier selon le contexte – cela va de soi. Au vu de ce qui a précédé, comment ne pas souscrire à cette vérité qui crève les yeux, que ces compagnons se battaient d'abord pour se battre ?

Mirabeau s'en est pris à Vigneron

Vers 1856, Louis Vigneron, l'Homme-Canon, ouvre une salle de boxe française au 6 de la cité du Wauxhall, près de République, au coin presque du boulevard Magenta.[24] Le dénommé Mirabeau est alors la terreur de Belleville et du canal Saint-Martin. Sous peine d'avoir des ennuis, il est conseillé à Vigneron de se concilier sa bonne volonté. Boxeur émérite, hercule capable de tours de force impressionnants, Vigneron ne recule jamais devant la bagarre. C'est pourquoi il prend les devants en invitant Mirabeau à dîner. Un petit apéritif serait le bienvenu, il emmène son hôte à l'écart, près du canal. Soudain : « Mirabeau, c'est ici que nous allons trinquer ensemble », lui lance Vigneron en se mettant en garde. Mirabeau est surpris. Lui aussi est un sacré gaillard, il ne baisse pas pavillon. « C'est comme ça, eh bien ! à nous deux ! » rétorque-t-il. En se battant, Mirabeau levait les jambes très haut, raconte Charlemont : « Vigneron en profita et maltraita tant son adversaire que celui-ci l'assura dès lors de son bon vouloir, mais ils ne se fréquentèrent jamais. » À sa façon, Mirabeau est chevaleresque. Il reconnaît sa défaite auprès de ses aminchemars, et acré ! les prévient-il : Vigneron « "est mon maître et je vous défends à tous de toucher à un cheveu de sa tête : respectez-le comme moi-même, sinon gare à vous". Il se le tinrent pour dit, et Vigneron ne fut jamais inquiété par eux ».

Les mecs voulaient « prouver »

Après sa défaite, la *soce* de Mirabeau, sa bande, fait chorus autour du chef : elle est prête à le venger. Des mécanismes similaires joueront dans l'affaire Casque d'Or. En 1901, tout débute par l'infidélité d'Amélie Hélie, Casque d'Or : elle trompe Pleigneur, alias Manda, avec Leca. Manda cherche à laver son honneur, Leca renchérit, puis les hommes de l'un et de l'autre entrent dans le jeu[25]. Manda et Leca étaient des alphonses, Casque d'Or, une marmite : se faire étouffer son bifteck, Manda n'était pas bon. Mirabeau, itou, était un dos. En plus, il avait une spécialité : flanquer les passants attardés dans le canal Saint-Martin pour ensuite les repêcher, noyés – à l'époque, « une prime était payée », Charlemont dévoile le pot aux roses. Son singulier passe-temps a conduit Mirabeau au bagne, il y est mort. Contrairement à la rivalité Manda-Leca, affranchis tous deux, celle entre Mirabeau et Vigneron met aux prises un homme sans aveu à un honnête homme. C'est pourquoi, davantage encore que la défense de son territoire, c'est l'envie brutale de se colleter pour se colleter qui meut Mirabeau : on verra qui est le plus costaud. Une terreur de son acabit avait une réputation à tenir, il en allait de son honneur d'homme. Prouver qu'il était maître chez lui découlait du désir a priori de se mesurer à un homme auréolé d'une double renommée : champion de savate et batailleur coriace. L'affirmation de soi, encore : Mirabeau a voulu *prouver*, comme aurait dit Robert Lageat.

Des blousons noirs aux Hell's Angels

À travers les loubards, zonards et autres rockers, en 1977, dans *Le Cuir et le Baston*[26], Maurice Lemoine s'est penché sur les Hell's Angels de Paris. Émules des Marlon Brando et Lee

Marvin de *L'Équipée sauvage*[27], les Hell's ne font leurs rodéos qu'à moto, Harley Davidson – Super Glide 1200, Sport Harley –, BSA, Norton, Triumph. Le groupe se subdivise en appartenances territoriales : ceux de la République, « les mecs de Malak et de Crimée. D'autres encore ». La Répu et Crimée, c'est Paris, Malakoff, la banlieue. Certes, Johnny de Montreuil est sans profession, mais Robin de la République, l'un des deux « leaders naturels » avec Gros Jo, le revendique haut et fort : « On est des mecs comme les autres. On bosse tous. Moi, je n'ai jamais volé. » Gilbert de la Butte-aux-Cailles n'a été ni motard ni Hell's, il a seulement été blouson noir, fin des années 1950, début des années 1960 – et tant pis si, *because* pépètes, jamais il n'a eu la tenue, ledit blouson. À la Butte, la majorité de ceux qui se voulaient blousons noirs étaient comme lui, des gars qui travaillaient. Une infime minorité s'y est refusée : elle a été à l'origine de la bande de la Banlieue sud, une équipe de vrais truands plus tard fichés au grand banditisme.

Bécane, cuir et baston

Mais si les blousons noirs et les Hell's, leurs petits frères, n'étaient que des pseudo-voyous, quelle était leur particularité ? Lemoine répond :

> « La musique et le bruit. Rock'n'roll. La recherche d'une identité. Le mépris de la Société. De l'autre. De tous les autres. [...] Le désarroi. La violence. La désespérance. Le blouson de cuir. La bagarre, qu'ils appellent "baston". »

Robin de la Répu continue : « Moi, je n'ai jamais volé. J'ai bastonné. J'ai passé ma vie à bastonner. Mais je n'ai jamais volé. » Ce qui compte, ce sont les « couleurs » :

> « Il ne saurait être question de refiler les "couleurs" à n'importe qui. Avoir une bécane ne suffit pas. Il n'y a qu'un seul critère au bout du compte. Pour porter les

> "couleurs", il faut être à même de les défendre. Se battre avec succès pour les faire respecter. Les nouveaux, pour être considérés, devront faire leurs preuves et montrer de quoi ils sont capables au "baston[28]". »

Bref, moto mise à part, des rapprochements seraient à faire avec les bandes de la fin du XIXe siècle, avec la plus connue, celle des apaches, la *soce* de Pleigneur-Manda, le chef. Pour eux, les apaches, ses « copains », comme Casque d'Or a révélé qu'ils s'appelaient entre eux, Manda était « l'Homme ».

Lemoine accuse les Hell's de « racisme » et d'« intolérance ». Ils arborent des « emblèmes nazis ». La question serait de déterminer la part de la conviction absolue, celles de la forfanterie bête et de la provocation. Robin de la Répu a du sang malgache. Qu'à cela ne tienne, il se veut raciste : « Français et raciste. Point à la ligne. » Il n'aime pas les Arabes, pas davantage les Portugais. Un jour, pourtant, sur le chantier, il a défendu les « Portosses » et « n'en a retiré que des emmerdements » : « À travail égal, salaire égal. Quand on bosse durement de ses mains [il est peintre en bâtiment, comme Gros Jo, comme Fat], il est des vérités plus fondamentales que tous les racismes du monde. »

La faute au vin « consolateur »

Si elle est exacerbée en ce début de XXIe siècle, la méfiance de l'autre, la haine remonte à loin. Les violences entre Auvergnats et Limousins le prouvent amplement. Quoique identiques dans leurs processus et expression finale, selon l'époque les instincts primaires se parent de toute sorte d'arguments. En outre, les excitants ont constamment aveuglé les protagonistes. À la veille de la Révolution, Mercier fustige cet asile de grossièreté et d'intempérance que sont les cabarets, « ouverts indistinctement à toute heure et dans les jours de travail ». Il est même tenté de souhaiter, « en voyant les désordres qui naissent de la fréquentation des cabarets, [...] que la loi de Mahomet fût en vigueur en France ». Seule la misère des hommes du bas peuple lui fait réviser son opinion : « Ils n'ont guère que le vin pour consolateur. Lui seul leur fait oublier leurs peines et leurs fatigues ; lui seul sait charmer l'ennuyeuse monotonie de leurs travaux grossiers. » Effectivement, chez Ramponneau :

« L'on danse au son du tambourin,
L'on fait la cabriole ;
L'on s'y bat, l'on y prend au crin
Le brave qu'on enrôle ;
Puis l'on en revient
Au vin qui soutient,
À Catin qui vous tient,
L'on s'y rigole avec Catin[29]. »

Quelques dizaines d'années plus tard, tous ces charpentiers, cordonniers, bigorniaux, lipètes – pour reprendre Barron – et autres, qu'on a vus s'affronter, n'étaient probablement pas à jeun. Selon Chevalier, la violence des Parisiens est celle de « gens mal nourris et trop adonnés aux boissons fortes ». Certes, mais comment croire une seconde que les provinciaux ne levaient pas le coude ? Comme le vante une chanson de 1828 :

« On t'a dit qu' dans la maçonn'rie [...]
Qu'on y chantait,
Et mangeait et buvait.
Toi qu'es fou d'la bonn' compagnie,
Allons garçon,
Faut d'venir franc-maçon[30]. »

Et tant pis si un compagnon du devoir de 1830 n'est pas tout à fait un franc-maçon, et encore moins un Hell's de 1977 !

En corollaire au credo du Hell's exposé plus haut, l'un des personnages de Lemoine martèle : « Les Angels, c'est la drogue. La bière, la baston et la drogue. » Une ligne de conduite qui acquiert son sens aussi illusoire que dérisoire dans la violence : « “En avant, a hurlé Gros Jo, en avant ! Chargez !” Et ils chargent. Ils chargent. [...] Ils foncent dans la foule, pulvérisent le décor, négligent la menace des barres de fer. » Est-on si loin de l'état d'esprit des maçons creusois, ainsi défini par Nadaud :

> « La liberté à laquelle nous aspirions [...] exaltait nos tendances d'esprit et comme nous avions peu d'instruction et peu d'éducation, à la moindre insulte nous regimbions comme de vigoureux mulets quand ils sont fouettés en plein champ. Nous nous disions qu'il fallait apprendre à châtier à la force du poignet ceux qui avaient une si pauvre idée des mangeurs de châtaignes de Limoges et de la Creuse. Nous nous suivions par bandes. La police intervenait rarement » ?

Un jour, ça tournait mal

En dépit du fait que Claude écrit qu'à Belleville « ces malheureux s'assassinaient », il semble que ces affrontements collectifs aient fait peu de morts. La tragédie crapuleuse n'est pas du même ordre, elle n'est qu'affaire de deux ou trois personnes, pas davantage. Le 6 septembre 1821, le *Journal des Débats* relate un fait-divers advenu dans un cabaret du Petit Mont-Rouge[31] : un ouvrier doit 40 francs à son camarade. La conversation s'envenime, l'autre sort son couteau et va pour l'égorger. « Pierre Renaud, jeune homme de 27 ans [...], a été condamné aux travaux forcés à perpétuité et à la flétrissure. Il a entendu cet arrêt avec un inconcevable sang-froid », s'émeut le journaliste. Selon une fiche consultée par Louis Chevalier aux Archives nationales, il est à craindre que ces rixes à coups de couteau « n'entrent dans les habitudes du peuple ».

À la Bastille, j'ai pu observer de nombreux drames de ce genre, de soixante à quatre-vingt-dix ans plus tard[32]. Attablés dans un débit, deux ouvriers ont beaucoup bu – à moins qu'il ne s'agisse d'un couple, l'un de ces « ménages Popincourt » dans lesquels c'était à qui picterait le plus. Une querelle éclate. L'un a un marteau ou un couteau, il en frappe son ami, son rival, sa femme ou sa maîtresse : il est devenu meurtrier. Au-delà des causes immédiates de l'acte – objet de la dispute, dissension, etc. –, d'autres explications sont à rechercher dans les conditions calamiteuses de l'époque, le manque d'éducation, d'instruction, de jugeote aussi, qui ont abouti à un goût immodéré et irrépressible pour la gobette. La misère, quoi. « Fatalité », disaient les écrivains réalistes. « Déterminisme social », pense-t-on aujourd'hui.

1. *De la Popinqu' à Ménilmuch', op. cit.*

2. *Les Parisiens, op. cit.*

3. « *Le Faubourg* ». *Observations vécues,* Spes, 1925.

4. *La Boxe française, op. cit.*

5. Voir chapitre 8, note 25.

6. *Pays parisiens, op. cit.*

7. Si, chez Vidocq, *gobbe* signifie « verre », en 1840, chez Halbert d'Angers, *gobette* a le même sens (*Nouveau Dictionnaire complet de l'argot*, cité par Lorédan-Larchey dans *Dictionnaire de l'argot parisien, op. cit.*). Pour Chautard, en 1931 (*La Vie étrange de l'argot, op. cit.*), la *gobette*, c'est une ration de vin : « Dans les prisons, les argotiers appelaient ainsi le gobelet de vin qu'ils se procuraient à la cantine moyennant 15 centimes. » En 1980, Cellard et Rey (*Dictionnaire du français non conventionnel, op. cit.*) ont repris l'explication en précisant que, sous l'Ancien Régime, le *gobelotage* était « le contrôle officiel de la contenance des gobelets des auberges », et que *gobette* était « usuel dans le vocabulaire carcéral ». Ce mot est devenu rarissime. L'un de mes très vieux amis de la Bastoche l'emploie encore, pour « boisson ». Le fait qu'il ait longtemps tenu un rade rue Basfroi le rend garant de l'authenticité du terme, c'est pourquoi je l'emploie ici.

8. Zola, *Nana*, préface de G. Ribemont-Dessaignes, *op. cit.*

9. C'est-à-dire chez les fous, depuis qu'en 1644 Sébastien Leblanc avait fondé la « maison royale de Charenton pour les aliénés, confiés [à l'époque] aux soins des Frères de la Charité » (*Le Nouveau Conducteur de l'Étranger à Paris en 1838*, Moronval, 1838).

10. *Les Combattants du petit bonheur, op. cit.*

11. *Casse-pipe*, Gallimard, 1952.

12. *Op. cit.*

13. *Les Parisiens, op. cit.*

14. Charles Nisard, *Étude sur le langage populaire, op. cit.*

15. À l'ouest du faubourg Montmartre et limité *grosso modo* par la rue de Clichy, le quartier des Porcherons s'étendait des boulevards jusqu'à la limite de Paris, définie, juste avant la Révolution, par le mur des Fermiers généraux. Au carrefour de la rue Saint-Lazare et de la rue de Clichy, Ramponneau y a eu son second cabaret, La Grande Pinte.

16. Un soufflet. L'*emplant*, pour « empan », était une mesure égale à l'espace compris entre les extrémités du pouce et du petit doigt écartés.

17. *Op. cit.*

18. *Mémoires de Monsieur Claude, chef de la police de Sûreté sous le Second Empire*, Jules Rouff, 1884.

19. Le quartier ou plutôt la région de la Courtille s'étendait du début du faubourg du Temple au cabaret de L'Île d'Amour, situé au coin des rues de Belleville et des Rigoles, où commençait le vieux village de Belleville. À l'est, la Courtille était bordée par la rue de l'Orillon et à l'ouest par le faubourg du Temple.

20. Le cabaret et bal Dénoyez se trouvait à l'emplacement du 8 rue de Belleville, au coin de la rue rebaptisée de son nom en 1837 (voir ci-après).

21. Je tique sur l'appellation « chausson », « savate » serait plus approprié. Sur tous les livres que j'ai sur le sujet, Vidocq y compris, Charlemont avant tout, la savate est la manière parisienne de se battre, celle que décrit Claude. Le chausson est une technique un peu différente : certains coups sont portés acrobatiquement, à la suite d'une roue ou d'un saut de main. Le chausson est davantage rural, compagnonnique.

22. Selon le Larousse universel de 1922, un « *dévorant* – corruption de *dévoirant* – est un compagnon du devoir, chez les charpentiers ». Quant au *gaveau* ou encore *gavot*, il s'agit d'un « compagnon de liberté, membre de la société du Devoir de liberté, par opposition au *dévoirant* ».

23. La barrière Poissonnière se trouvait à l'extrémité de la rue du Faubourg-Poissonnière, *grosso modo* à Barbès-Rochechouart. De l'autre côté du mur des Fermiers généraux s'étendait la Goutte-d'Or.

24. Joseph Charlemont, *La Boxe française*, *op. cit.*

25. Claude Dubois, *La Bastoche* et *Paris gangster*, *op. cit.*

26. Jean-Claude Simoën.

27. Tourné en 1954 par Laszlo Benedek. Le titre anglais de ce film est *The Wild One*, littéralement « Le Sauvage ».

28. Aujourd'hui, on dit plus volontiers « *la* baston », au féminin.

29. Claude Duneton, *Histoire de la chanson française*, *op. cit.*

30. *Idem.*

31. Délimité par la place Victor-Basch – le métro Alésia – au nord, le périphérique au sud, l'avenue du Général-Leclerc à l'est et *grosso modo* la rue des Plantes à l'ouest, le Petit Montrouge a été intégré à Paris en 1860.

32. Claude Dubois, *La Bastoche*, *op. cit.*

7. CE QUI MÈNE LE MONDE

Fécondité et manières d'y remédier

Louis Chevalier l'expliquait[1] : c'est à partir d'un de ses cours au Collège de France, consacré « à l'influence des naissances illégitimes sur la criminalité au XIXe siècle », que lui était venue l'idée d'écrire *Classes laborieuses et Classes dangereuses à Paris pendant la première moitié du XIXe siècle*[2]. Les questions de fécondité, de natalité et de démographie sont, pour les siècles antérieurs au XIXe, aussi complexes à aborder qu'à résoudre une fois pour toutes de façon exhaustive. Restons-en aux généralités : dans la capitale, écrit Chevalier, « l'accroissement et la métamorphose démographiques de la première moitié du XIXe siècle succèdent à des siècles de lente progression et – pour certaines époques – de stagnation ». Se référant à Buffon, il établit qu'auparavant « Paris s'entretient et se développe bien plus par l'équilibre de ses naissances et de ses décès que par l'immigration, par le dedans que par le dehors ». Dans le même ordre d'idée, en 1996, Alfred Fierro avance :

> « Il est possible que la natalité ait représenté au XVIIIe siècle un taux de 30 à 40 pour 1 000, plus du double du taux parisien actuel oscillant entre 1980 et 1990

entre 14 et 15 pour 1 000. Mais l'accroissement naturel est en grande partie annulé par une très forte mortalité. La mortalité infantile serait du même ordre que dans beaucoup de pays d'Afrique ou d'Asie aujourd'hui, environ 150 pour 1 000, alors qu'elle est actuellement de 16 pour 1 000[3]. »

Sauter en marche

Citant une chanson du libertin Emmanuel de Coulanges (1633-1716), cousin de Madame de Sévigné, Fierro fait comprendre que, jadis, non seulement le lien « entre le nombre excessif des bouches à nourrir et la misère » était une calamité, mais reconnu comme tel par ceux qui en pâtissaient :

« Fut-il jamais moins charmant
Qu'un tas d'enfants qui crient ?
L'un dit Papa, l'autre Maman,
Et l'autre pleure après sa mie.
Et pour avoir cet entretien,
Vous êtes maigre comme un chien. »

Le *coitus interruptus* ne date pas d'hier. Aucun des dictionnaires à ma disposition ne mentionne pourtant l'expression banale « se retirer ». Sauf, sous une forme moins courante, originelle qui sait, chez Pierre Guiraud citant une chanson anonyme du XIXe : « Je sais *me retirer à temps*[4]. » Évoquant sa jeunesse, dans les années 1930-40, Jacques Borel en convient : avec les filles qui acceptaient l'amour, « on se retirait, c'était encore, si décevante qu'elle fût, la méthode la plus conseillée[5] ». En 1966, la pilule anticonceptionnelle arrivait en France. Cet été-là, la dénommée Sylvie ne l'utilisait pas encore. Dans sa petite chambre sous les toits, 102 avenue Ledru-Rollin, ou dans celle qu'elle a eue, début 1967, en face du Val-de-Grâce, elle m'avait demandé de « sauter en marche ». J'aurais préféré « faire attention », autre locution que je ne vois nulle part, mais l'attrait de Sylvie avait vaincu ma sorte de répugnance à entendre l'autre tournure – c'était une première. Empruntant leur exemple à *La Dérobade* de Jeanne Cordelier[6], Cellard et Rey datent l'apparition de « sauter en marche », image expressive, il est vrai, de 1940 environ[7]. Parmi les tours plus anciens, empruntés à Guiraud, citons « débusquer » et « déconner » (XVIIIe), « avaler le poisson sans sauce » – pour une femme – (XIXe), ou, comme chantait Béranger (1780-1857) au XIXe :

> « Prenez donc des précautions !
> Sans la sauce mangez l'anguille !
> Beau moyen et bien éprouvé :
> J'en suis pour un enfant trouvé ! »

Après avoir fait « manger l'anguille sans la sauce » à sa partenaire, s'être *retenu*, l'homme finira par « balancer la purée » en prenant soin d'« envoyer son enfant à la blanchisseuse » : « il éjacule dans les draps », traduit Delvau[8], repris par Guiraud.

Condom, tampon, et au p'tit bonheur la chance !

Sans être vieux comme le monde, pratiques anticonceptionnelles, abortives, prétendues telles, efficaces ou non, et préservatifs féminins et masculins remontent à l'Antiquité. En 1665, M. de Condom, homme de cour de Charles II d'Angleterre, se sert du cæcum de mouton, partie du gros intestin, pour fabriquer un préservatif masculin, imperméable et ultra-fin, le *condom*. Au XVIIIe, raconte-t-on, Casanova aurait qualifié le condom de *capote anglaise*. Si, à la Belle Époque, Bruant donne cinq synonymes argotiques de « capote anglaise » ou « capote » tout court – « armure d'Éros », « cigarette », « chapeau », « noisette » et « ruban[9] »–, seul s'est vraiment employé « chapeau » – toujours par les prostituées. Le préservatif féminin est le pessaire. Selon le Petit Robert, l'étymologie de ce mot remonte au grec *pessos*, « tampon de charpie ». À ma connaissance, « tampon », plus ancien et familier, et « diaphragme » ont été les deux uniques synonymes. Pendant l'Occupation, Marie-Thérèse se prostitue dans une ville désignée par l'initiale « P. », dans « une espèce de baraque en bois, à moitié démolie, avec des planches en guise de carreaux, tout cassé à l'intérieur ; comme clients il y avait des marins allemands et italiens qui se bagarraient tout le temps ». Elle raconte : « La sous-maîtresse nous a mis à chacune un tampon pour endormir les gonos, et on gardait les tampons jusqu'à la visite[10] » médicale.

En l'absence ou en cas d'échec de la prévention, restait l'avortement, la tentative plutôt, comme en témoignent, début XVIIe, *Les Caquets de l'accouchée* : « Nous devons céder aux lois de l'amour, et toutefois rechercher les moyens pour lui faire la nique, s'il se peut. » Évoquant Madame de Montbazon, Tallemant des Réaux révèle dans ses *Historiettes* : « Quand elle se sentoit grosse, après qu'elle eust eu assez d'enfans [elle] couroit au grand trot en carrosse par tout Paris et disoit : "Je viens de rompre le cou à un enfant." » Sur ce sujet, Marie-Thérèse révèle encore :

> « Je me suis fait sauter des gosses plusieurs fois. Quand j'étais infirmière, j'avais appris à le faire, à mettre la sonde comme il fallait ; mais là il y avait rien et c'est grâce à une copine qui a dit à une autre de mettre la sonde dans une boule de pain que j'ai pu le faire cette fois-ci proprement. Je sais qu'il y a des femmes qui le font avec une branche de persil, une poire à lavement, des aiguilles à tricoter : je savais que c'était dangereux. J'ai vu beaucoup de femmes crever à la suite de cela et comme j'avais pas envie d'attraper une péritonite, il fallait que je fasse attention. »

Fierro le mentionne : les infanticides étaient « légion ». En effet, « sous l'Ancien Régime, les commissaires du Châtelet retiraient chaque matin des égouts plusieurs cadavres de nouveau-nés », rappelle Chevalier. Cette pratique parisienne, très anciennement dénoncée, le « tour », est supprimée en 1838. Le résultat en sera « un doublement des seuls cas d'infanticide qu'enregistre la Morgue ».

Le condom permettait et permet encore de se prémunir contre les maladies vénériennes. Le « nase », « naze » ou « nazi[11] », le « plomb[12] », la « syphilo », la « vérole[13] » étaient les termes familiers ou d'argot les plus courants pour « syphilis ». La « blenno », la « castapiane[14] », la « chaude-lance[15] », la « chaude-pisse », la « goutte militaire[16] », la « chtouille[17] » et les « crêtes de coq » et « fleurs blanches » étaient d'autres affections. Sans oublier, sur la poitrine, le « collier de Vénus », stade avancé de la syphilis.

La bricole[18]

À Paris au XVIIIe siècle, Ménétra

À lire Ménétra[19], la peur d'une grossesse ou de la maladie n'empêchait ni les femmes ni les hommes d'aller *au bonheur*, comme jactait Robert Lageat. Selon Guiraud, cette expression a d'abord été un « euphémisme littéraire récupéré par le langage populaire ». Soit. Néanmoins, dite avec la gouaille de Robert, elle traduisait on ne peut mieux la force irrésistible du désir que n'endiguait pas, chez la femme, le risque d'être *prise* – expression d'époque, du XXe siècle du moins. Né en 1738, Ménétra s'est marié en 1765, à 27 ans, « âge moyen des noces françaises dans le royaume de Louis XV », commente Daniel Roche. Avant son mariage, entre ses 13 et 27 ans, Ménétra a additionné

> « les relations sexuelles – 52 comptabilisées avant les noces – sans compter les aventures fugaces avec les filles d'auberge et les putes occasionnelles ; après 1765 et jusqu'en 1790, il avoue à peine 13 incartades menées à terme, hors des relations maritales ».

Si Ménétra a séduit deux femmes de « haut parage », trois nonnes, trois paysannes, six domestiques, en ville, principalement à Paris, il a lutiné des filles de famille, des bourgeoises, des veuves et des femmes du peuple – patronnes ou employées. Voici leurs professions : bouquetière, boutonnière, charcutière, cabaretière, limonadière, marchande de vins, loueuse de carrosses, bourrelière, serrurière, repasseuse et ouvrière en dentelle. Un tableau de chasse aussi flatteur que varié, exprimant un va-et-vient social avéré. Roche en convient :

> « L'historien, habitué aux descriptions classiques qui montrent les amours paysannes partagées entre la chasteté imposée par l'éthique chrétienne avant le mariage tardif et les défoulements obscurs des relations furtives ou tolérées, de la masturbation juvénile solitaire ou partagée, le petting prénuptial, voire la bestialité des jeunes bergers, découvre là une liberté préconjugale surprenante. »

Et déjà, du temps des Gaulois…

À vrai dire, rien de si étonnant. Dans son *Histoire anachronique des Français*[20], Louis Chevalier s'est attaché à établir, des plus anciens témoignages littéraires à l'époque contemporaine, la permanence de caractères psychologiques propres aux Français. Il analyse le petit livre de Sulpice Sévère consacré à saint Martin de Tours, qui vivait au IVe siècle. Homme d'Orient, Martin, dès son enfance, rêve du désert, celui même du Christ qui, y jeûnant quarante jours durant, voit grandir en lui les tentations les plus chimériques : « Ce désert inhumain et son inhumaine sainteté, ce désert à l'état pur – le désert de ses douze ans – ne cesseront de hanter Martin. Là est son pays, là son cœur. » Une fois à Tours et, a fortiori, lorsqu'il en aura été élu évêque et aura à asseoir la chrétienté dans cette partie de la Gaule, Martin sera confronté à la façon de vivre des Gaulois, à leur psychologie. « Faiblesses de la table » et « Faiblesses de la chair », Chevalier sous-titre-t-il deux de ses chapitres. C'est simple : forts de leur solide habitude d'avoir les deux pieds sur terre, les Gaulois, non seulement aiment les avoir sous la table, mais encore *le prendre*. « Ces Gaulois sont de bons vivants », ne peut mieux dire Chevalier, et Martin, forcément, « eut beaucoup de mal à [leur] faire comprendre que le plus grand des démons était celui de la chair ». Plus loin, relisant le *Traité des passions* de Descartes, Chevalier conclura, en comparaison à d'autres peuples, à une certaine neutralité des passions chez les Français. Du temps de saint Martin de Tours, il en allait déjà ainsi chez nos ancêtres les Gaulois :

> « Est-ce à dire que les Gaulois ne sont pas chastes ? La manière de poser la question est mauvaise. Ils ne s'interrogent pas plus sur la chasteté qu'ils ne s'interrogent sur l'amour. Sur l'amour et sur le reste : sur les choses de la chair, comme sur celles de l'estomac. Comment auraient-ils à être chastes, comment le seraient-ils, quand aucune volupté ne les tourmente ? Comment se préoccuperaient-ils d'être sobres et comment les accuserait-on de goinfrerie quand la bonne nourriture ne fait que répondre aux besoins de la bonne nature ? Excès de la chair et excès de la table et conceptions excessives de l'une et de l'autre vont de pair, comme le dit la Bible, excessive elle-même à l'image du pays où elle est née : "Nourriture et luxure, vin et jeunesse, double fournaise de la volupté." Les Gaulois sont modérés. Pendant les temps mérovingiens, les emportements luxurieux des Francs, leurs crises de sauvagerie charnelle, suivies de terribles repentirs, feront mieux apparaître cette tranquillité des sens[21]. »

Chevalier termine :

> « Paradoxalement, cette nature peu exigeante explique que les Gaulois aient tant de mal à respecter le commandement de chasteté, cette invention chrétienne : plus de mal, sans doute, que s'ils étaient en proie à une dévorante luxure. »

La preuve par les mots, dont beaucoup d'argot

À la lumière de ce long développement, les frasques de Ménétra, inscrites dans la continuité psychologique des Gaulois, dans le tempérament des Français, apparaissent presque banales. En France, la légèreté, dont la quintessence a toujours eu Paris pour cœur, n'est pas un vain mot. Le plaisir et, ma foi, pourquoi pas l'amour lui-même, est à traiter par-dessus la jambe : on le prend quand il se présente, sans en faire une affaire. On en plaisante, d'abord par les mots, tels ceux déjà recensés. Après le *coitus interruptus*, venons-en au coït normal : dans son *Dictionnaire érotique*, Guiraud propose « une liste de quelque 1 300 mots ou images », tous plus suggestifs les uns que les autres. Par exemple, pour l'homme : « chaudronner une femme » (XVe), « chanter » ou « dire son introït » (XVIIIe), « dérouiller Totor » (XXe), « jouer au trou-madame » (XVIIe), « repousser les urines » (XIXe), « rompre une lance » (XVIe), « trinquer du nombril » (XIXe), etc. Pour la femme : « cueillir un bouton de rose sur le nombril » – variante de « cueillir la rose », qu'on trouve chez Villon au XVe, et de « cueillir la fleur », employé par Vadé au XVIIIe, qui signifient, pour l'homme, « déflorer une fille » –, « étrangler un rat » (XVIe), « expédier un homme » (XIXe), « faire un tour de cul » (XVIIe), « manger la soupe à la quéquette » (XXe), « tâter de la sauce » (XVIIIe), etc.

Concernant le pénis, Guiraud note 550 termes. Au hasard : « branche de corail », « canon à pisser », « fifre à pédale », « grand maître des cérémonies », « gros boyau », « jambe du milieu », « pétard à fesses », « rossignol », « saint-esprit de la culotte », etc. Pour le sexe de la femme, il en note à peine moins, parmi ceux-ci : « angora », « autel de Vénus », « boîte à ouvrage », « chemin du paradis », « divine cicatrice », « empire du milieu », « gagne-pain », « salle des fêtes », « trou velu », « vigne du seigneur », etc. Ensuite, Guiraud recense tous les mots possibles à propos des « annexes », des « phases de l'acte sexuel », d'« autour et alentour », des « détours », des « aléas de l'amour », et enfin de « la prostitution et [de] la femme ». Une somme. Sans l'affirmer de façon indubitable par manque de connaissance approndie des langues étrangères, j'ai toujours pensé que notre argot était unique. Si tous les mots cités ne sont pas argotiques *stricto sensu*, beaucoup sont d'essence populaire, et l'ensemble, ma foi, dénote un goût appuyé pour les choses du langage. Il ne semble pas qu'ailleurs des films aient été dialogués par des gens équivalents à Jeanson ou Audiard – langue verte et magie du mot pour le mot. À l'étranger, le vocabulaire simplement érotique est-il aussi foisonnant que le nôtre ?

Petit détour par les passions, la vulgarité et le comique

Chez nous, le fait que ce vocabulaire est ce qu'il est, le plus souvent imagé, expressif, drôle, permet d'induire un goût, que dis-je ! une passion pour le monde de l'amour, au sens où Chevalier dissèque cette notion chez Descartes :

> « Les passions qu'on attribue à l'âme sont affaire du corps. Non du corps symphonique, dans les profondeurs duquel retentit l'immense nature germanique de ce corps divin, sacré, qu'on ne peut comprendre, au tumulte duquel il faut seulement s'abandonner. Mais du corps mécanique dont chacun, sans être le moins du monde philosophe, peut démonter en lui-même les rouages et prévoir les effets, aussi bien que Descartes lui-même, ou par de mêmes chemins que lui. Il n'est que d'écouter les commères de la rue Saint-Denis [dans *Les Caquets de l'accouchée*] caqueter sur les premiers émois amoureux de leurs filles et les situer sans pudeur où il faut, aussi crûment que des mères chiennes. »

Au chapitre 4, j'ai posé que la vulgarité a été une qualité française. Tout se tient et, on l'observera plus loin chez Céline, la vulgarité engendre souvent le comique, cet autre trait français. « Non le comique à hurler, le comique à secouer les bedaines, analyse encore Chevalier, mais un jugement perspicace, amusé et amusant sur les choses de l'existence et sur la mort elle-même. » On entre de plain-pied dans le champ de *Voyage au bout de la nuit* et de *Mort à crédit*, ou dans celui de *La Comédie humaine* puisque, ajoute Chevalier, « quand Balzac écrit "comique" cela signifie toujours "comique pour celui qui voit au fond des choses" ». Nyctalope, le regard de Céline sonde jusqu'au tréfonds des ténèbres. En définitive, l'instinct comique, c'est l'instinct de vérité. De ce point de vue, Céline est un vrai titi de Paname, un gavroche : ses histoires ne sont pas gaies, mais sa faconde fait rire. Sans être aussi cru, Ménétra, deux siècles plus tôt, a parlé très lestement de la *bricole* – et, ici, l'argot permet à la flèche du *signifiant* d'atteindre le cœur du *signifié*. Comme quoi la forme emballe le fond et rend acceptables, car risibles, des salades qui, sans cet assaisonnement, resteraient en travers du gosier.

Aléas de la civilisation populaire

Différentes façons d'être à la colle

Mises à la queue leu leu, les aventures du compagnon vitrier du XVIIIe siècle nous convainquent qu'avant la bague au doigt Ménétra a vécu sa vie de garçon. Selon le vieux dicton populaire, il a jeté sa gourme[22]. « Dans l'attente de l'établissement, dit Roche, les jeunes mâles vivent en concubinage ostentatoire et sans s'inquiéter des règles sacramentelles. » Des conduites, précise-t-il, à l'opposé du « concubinage prolétarien, où le ménage compte plus que le mariage, [qui apparaît alors] dans les franges inférieures de la population, écrasées par la misère », et qui s'amplifiera au XIXe. On est au cœur de la problématique de *Classes laborieuses et Classes dangereuses*, à ceci près que, rectifie Chevalier, « le concubinage n'est pas seulement le fait d'importants effectifs ouvriers, mais il est une habitude ouvrière». Plus loin, il affirme: «Le concubinage est une des formes de la civilisation populaire.» Après avoir été «une pratique ouvrière reconnue et presque honorée» jusque entre les deux guerres, il diminuera «dans tous les autres quartiers» de Paris, sauf aux Halles et à Montmartre, constate Chevalier aux environs de 1960 dans *Les Parisiens*[23]. Aux Halles, le *collage*, comme on désignait le concubinage, ressemblait beaucoup aux unions éphémères observées par Roche, au XVIIIe siècle, chez les jeunes Parisiens du peuple. Sur les gens des Halles, Chevalier continue:

> «Rien de commun avec les liens durables et les foyers de fait qui, malgré l'évolution récente et souvent en attendant une régularisation consécutive à une première naissance, existent encore en de nombreuses contrées ouvrières de la capitale et bénéficient même, en certains quartiers de vieille civilisation populaire, d'une sorte d'amicale complicité du milieu [notamment à Belleville].»

À Montmartre, dans ce Montmartre quadrillé «au néon» que Chevalier qualifiera plus tard «du plaisir et du crime», «les faux ménages sont les plus nombreux». Par exemple, une vieille actrice ou la commerçante retirée des affaires qui s'est collée avec un travailleur de métier incertain. Montmartre est le domaine des «étranges associations [...]: de professions, d'ethnies, de races et d'âges, et parfois de sexes». Ne durant en moyenne que deux ou trois ans, ces ménages n'ont pas d'enfants. Ce qui n'était pas le cas aux Halles: «Des enfants naissent des unions libres, ici comme partout: probablement même plus nombreux qu'ailleurs. Il en naît même de la prostitution.»

La mortalité infantile

Pour le début du XIXe siècle, Chevalier a étudié dans le détail l'afflux des provinciaux à Paris, auquel s'ajoute une fécondité plus importante qu'autrefois, relevée dès les années révolutionnaires. De ces deux phénomènes résultera une détérioration sociale d'autant plus dramatique que les logements sont des taudis sans nom. Les familles s'y entassent – on se rappelle, dans *Les Misérables*, la masure Gorbeau et le galetas où vivent les Thénardier[24]. Aux époques antérieures à la Révolution, ceux de la populace, rappelle Chevalier, étaient désignés « par ces mots de sauvages, barbares, nomades ». La situation du Paris du XIXe n'aidera pas à alléger le poids des choses, au contraire. Chevalier cite Lecouturier en 1848 : « Un bâtard sur trois enfants. Paris ne se reproduit pas, il se recrute. » Certes, mais alors la mortalité des « enfants du peuple » est très importante. Chevalier le constate : « Le nombre de mort-nés pour 1 000 naissances s'accroît régulièrement pendant tout le XIXe siècle. » Si, de 1817 à 1835, ce nombre varie de 53 à 58 pour 1 000, de 1836 à 1855 il passe de 61 à 67, et, de 1856 à 1870, il se situe entre 72 et 75. En 1871-75, ce nombre est de 74 pour 1 000. Descendu à 68 entre 1876 et 1880, il regrimpe à 74 en 1881-85 – dans la France entière, précise Fierro[25], il n'est à cette période que de 45 pour 1 000. En 1886-90, le nombre des mort-nés retombe à 69 – c'est en 1888 que naît Maurice Chevalier, dont il sera question plus bas. Ensuite, la mortinatalité remonte à 82 pour 1 000 en 1891-95 – époque, 1894, de la naissance de Céline[26].

Les sauvages et leurs vices

Considérant ces données, celles de la première moitié du XIXe siècle en particulier, Louis Chevalier s'exclame :

> « Comment seraient-ils autres que sauvages, ces ouvriers qui, pour des effectifs importants [...], présentent ce premier caractère de la condition sauvage et le plus essentiel, d'exister physiquement, mais non civilement ? En marge de la loi, parce que naissant, s'unissant,

> procréant et parfois même mourant, sans être reconnus et enregistrés par elle. Hors la loi, devrait-on dire : et bien moins par cette criminalité accidentelle qui a du moins l'avantage de soumettre quelques-uns d'entre eux au joug de la cité, que par cette manière d'être qui, par définition et en quelque sorte biologiquement, est criminelle. »

De façon individuelle, les drames de la rupture apparaîtront en nombre dans les violences ouvrières. Certains de ces crimes ont eu un grand retentissement dans l'opinion. Les statistiques, publiées à partir de 1825 par l'administration de la justice criminelle en France, relèvent un pourcentage élevé de célibataires dans les affaires jugées en cours d'assises : en 1828, par exemple, 82 célibataires sur 100 à Paris. *Idem* pour la répartition par âges de ces criminels : 54 pour 100 ont moins de 30 ans. Pour une part importante, ces criminels étaient des enfants naturels. Ainsi,

> « l'illégitimité assure en permanence le renouvellement d'une population qui, sans être nécessairement promise au crime, est placée dès le départ et biologiquement en dehors de la cité. En marge de la loi, dirons-nous encore, et de ce fait et plus facilement qu'une autre, contre la loi ».

Tâchant à cette époque – 1836 – de déterminer les causes premières de la prostitution, Alexandre Parent-Duchâtelet constate :

> « La misère, poussée souvent au degré le plus affreux, est encore une des causes les plus actives de la prostitution. Que de filles abandonnées de leur famille, sans parents, sans amis, ne pouvant se réfugier nulle part, sont obligées de recourir à la prostitution pour ne pas mourir de faim[27] ! »

Sans que concubinage et illégitimité soient formellement mentionnés, ils sont subsumés par ce qu'écrit Duchâtelet : « sans parents ».

Les statistiques en butte à l'intimité

Pour intéressants qu'ils soient, et même si la prostitution nous y ramène, ces développements sortent du domaine de l'amour. En 1842, dans *La Revue des Deux Mondes*, citant Cabanis, Esquiros affirme que « la tradition populaire attribue aux enfants naturels un caractère et des vices qui leur sont propres[28] ». Malheureusement pour notre propos, il n'en dit pas assez sur ces vices dont certains, sommes-nous en droit de supposer, pourraient avoir trait à l'amour. *Idem* ce rapport de *La Statistique de la Chambre de commerce* qui, en 1847, souligne la fatalité entraînant certains individus, mais sans entrer dans le détail : « Ils sont nés dans de mauvaises conditions ; il y a pour eux comme un vice d'origine, comme un mauvais point de départ, dont il appartient à bien peu de savoir s'affranchir[29]. » La question intéressante à élucider eût été : comment les miséreux, les misérables, les barbares, les sauvages, les nomades, bref, ceux du peuple et de la populace s'adonnaient-ils à l'amour ? Étaient-ils davantage, ou moins, portés à certaines conduites, à la masturbation, à l'homosexualité, à la bestialité, que sais-je encore, que les individus de classes plus favorisées ? On achoppe ici aux limites mêmes des statistiques qui, étant donné le sujet, les comportements les plus intimes, ne peuvent pas les appréhender et, ainsi, les recenser. Seuls les témoignages littéraires vont nous permettre de combler un tant soit peu cette lacune.

Venons-en au fait !

Commentant les aventures de Ménétra, Roche déplore qu'elles soient

> « désespérément normales dans leur désordre, on n'y trouvera donc pas de confidence sur les opérations masturbatoires de l'enfance, ni sur les tentations homo-

> sexuelles qui peuvent exister dans la convivialité des jeux de la classe d'âge ou les façons de vivre dans le compagnonnage ».

L'occasion est belle de se reporter immédiatement à Céline. En son temps, en 1936, *Mort à crédit*[30] avait fait scandale par sa verdeur. Les premières éditions étaient même expurgées de certains passages licencieux. Voilà le tout jeune Ferdine et son père partis livrer un meuble rue Demours, aux Ternes. La cliente leur ouvre, elle est en frous-frous. Tandis qu'elle donne un cognac au père et lui demande de rattraper une tache sur la tablette qu'il a apportée, la dame propose un bonbon à Ferdine. Elle l'entraîne dans sa chambre et, soudain, devant la bonne, elle s'allonge parmi les dentelles :

> « Elle retrousse son peignoir brusquement, elle me montre toutes ses cuisses, des grosses, son croupion et sa motte poilue, la sauvage ! Avec ses doigts elle fouille dedans…
>
> "Tiens mon tout mignon !… Viens mon amour !… Viens me sucer là-dedans !…" Elle m'invite d'une voix bien douce… bien tendre… comme jamais on m'avait parlé. Elle se l'écarte, ça bave.
>
> La boniche, elle se tenait plus de rigolade… C'est ça qui m'a empêché. Je me suis sauvé dans la cuisine. »

Plus loin, Céline raconte que sa grand-mère, afin de le distraire, achète un petit chien. D'abord, Ferdine lui fout « des vaches coups de pompe » pour qu'il demande pardon, comme lui-même à son père. Ensuite il le pelote, « alors il bandait ».

Confidences « sur les opérations masturbatoires de l'enfance »

En évoquant le petit Paulo, alias Popaul, rencontré au marché aux Puces, Céline entre carrément dans le graveleux :

« Dans le remblai du Bastion 18[31] et dans les refuges du tramway devant La Villette, il faisait des petites rencontres, des griffetons qu'il soulageait et des louchébems. » Popaul lui montre « comment les grands ils le suçaient, et, précise Céline, il avait de la veine, il avait du jus, moi il m'en venait pas encore ». Les voilà donc, ces confidences que Roche n'a pas trouvées chez Ménétra. Céline parfait le tableau de son petit pote : « Ça le dégoûtait pas de sucer il était cochon. Tous les hommes qu'on rencontrait dans la rue, on pariait ensemble comment qu'ils devaient l'avoir grosse. » Propos de mômes à l'âge de la formation, mais de mômes délurés. Néanmoins, lui, Ferdine, que fait-il exactement ? On ne sait trop, mais on peut imaginer quand Paulo lui montre et qu'il se laisse faire.

Rubans Garnitures, la première maison qui emploie Céline, est située « rue de la Michodière, juste après le Boulevard ». Là, Ferdine devient copain avec le petit André. Les « gonzesses » sont leur grand sujet de conversation, et plus encore : « Y en avait des bien vicelardes parmi les "coursières"... Elles se mettaient quelquefois le pied en l'air exprès sur un escabeau pour qu'on vise la motte. » Pareille aventure est survenue à Gilbert de la Butte-aux-Cailles, quand il travaillait chez Blaupunkt, avenue de Villiers dans le 17e, au début des années 1960 – il avait 15 ans. Jacqueline, sa chef, montait sur l'escabeau, elle lui demandait de le tenir : « J'étais en dessous, la vie était belle ! » commente-t-il. Un jour, il porte des paquets, les deux bras en avant, Jacqueline lui propose de l'aider. D'ac' : « Elle passe les paluches en dessous et m'attrape les roustons à pleines mains. » Gilbert conclut : « J'étais quand même un peu outré. Moi qui ne pensais qu'à la lutte, j'étais dans un lieu de débauche ou quoi ? » Rue de la Michodière, l'une des coursières laisse voir ses jarretelles à Céline, elle lui fait des bruits de suçon. Lui raconte à André, ils se questionnent : « Comment qu'elle devait être sa craque ? si elle jutait fort ? en jaune ? en rouge ? si ça brûlait ? Et comment étaient ses cuisses ? » Et parfois, laisse tomber Céline, avec André, « on se montrait la bite ».

Pères et fils

Concernant les fredaines possibles de leurs enfants, certains parents étaient sévères. Selon Céline dans *Mort à crédit*, tel est le cas de son géniteur :

> « Questions femmes, d'abord, il était terrible mon père, s'il me soupçonnait d'avoir envie d'aller y tâter un peu il devenait extrêmement féroce. Ça suffisait que je me branle. Il me le rappelait tous les jours et pour les moindres allusions. »

Les deux dernières phrases montrent cependant une certaine compréhension, sinon une complicité tacite. Pour les filles, mes parents n'étaient pas du tout *à cheval sur les principes*. Avec eux, en revanche, jamais la question de la masturbation n'a été évoquée. L'attitude du père de Céline était, me semble-t-il, davantage le propre de la petite-bourgeoisie, à laquelle ils appartenaient, que des classes plus défavorisées. Encore qu'en la matière, il n'y ait eu aucune règle intangible. Ça dépendait des familles, de l'éducation reçue par les parents, les grands-parents avant eux, des convictions religieuses. La sévérité du père de Céline est relative. En effet, Ferdine se contredit un peu quand, plus tard, à cause de sa mauvaise mine, son vieux le met en boîte : « T'es pas amoureux par hasard ?... Ça serait pas des fois le printemps ?... T'as pas des boutons au derrière ?... » En lui demandant, « dans un petit coin » : « T'as pas attrapé la chaude-pisse... ? » il s'adresse à son fils, non en censeur, mais en homme soucieux de sa santé. Sur ces sujets, j'étais plus libre avec ma mère, elle tenait à ce qu'« on se parle en copains ». Il n'empêche qu'un jour, à table, mon père m'avait sorti, souriant, m'exhortant presque : « Les femmes, elles aiment que les hommes, y'en ait dans la culotte ! » J'avais, quoi, 15 ans ? La suite des diatribes du père de Céline contre le petit André ramène à ces vices, aperçus plus haut, dont la rumeur affublait les enfants naturels et déshérités. André est probablement orphelin de mère. Son dab, « il le voyait presque jamais, il avait pas le temps » : André est élevé par sa tante. Elle le corrige dur, « surtout qu'il pissait au plume, des volées affreuses, il me les racontait en détail, les miennes c'était rien à côté », rapporte Céline. André est un petit pauvre. Il sentait « mauvais, une odeur plus âcre que la mienne, une odeur de tout à fait pauvre » : ça, c'est l'impression de Céline. Chez son père, l'impression se transforme en jugement :

> « Il se méfiait du petit André… Il avait les penchants du peuple… C'était un rejeton de voyou… Pour moi c'était pas la même chose, j'avais des parents honorables, il fallait pas que je l'oublie […]. Il fallait pas que je me galvaude ! J'avais déjà trop de sales instincts qui me venaient on ne sait d'où !… En écoutant le petit André je deviendrais sûrement assassin. Mon père, il en était bien sûr. »

Les travers d'André ayant été exposés, on peut dire que les diatribes du père de Céline contre ce môme reflètent l'opinion, courante à la Belle Époque, liant les vices accordés à la lie du peuple à la sexualité. Ces travers, ces vices, ces sales instincts, c'est quoi ? « On se montrait la bite », et des rêveries à n'en plus finir sur les julies, « sur le cul des clientes » qu'avec André Ferdine tente de mater une fois qu'elles sont assises. Pas de quoi fouetter un chat, penserait-on aujourd'hui. D'autant qu'André, le pauvre mioche, au boulot, il chôme pas. Une mauvaise langue lui raconte que Ferdine lorgne sa place. Dès lors, André ne lui parle plus et ne lui montre « plus jamais sa bite ».

Maurice Chevalier, adepte du « One-man-show »

Après un dévoilement aussi nature, sans fard, des instincts, dans ce style qui est le génie de Céline, les confidences des autres ne peuvent être que ternes. Néanmoins, *Mort à crédit* est un roman. En comparant les révélations qu'y fait Céline à celles de Maurice Chevalier dans ses mémoires, il arrive de se dire que le premier a peut-être exagéré, raconté telles histoires au profit de son livre, mais en travestissant la réalité. Né en 1888, Chevalier n'avait pas tout à fait six ans de plus que Céline. Les Chevalier étaient bien plus malheureux que les Destouches – le vrai patronyme de Céline. Sur les dix enfants que sa mère avait mis au monde – *grosso modo* entre 1875 et 1890, puisque Maurice était le neuvième –, seuls trois avaient pu grandir. D'emblée, on comprend la situation, le malheur, la misère de cette famille, et plus encore, on va voir pourquoi derechef, de la Louque, la maman Chevalier. À Ménilmontant, les Chevalier avaient vécu à cinq dans un « minuscule logement de deux pièces au 15 de la rue Julien-Lacroix ». Puis à quatre quand, « après plusieurs jours de saoulographie », le père avait claqué la porte pour toujours. Et enfin à trois, une fois que Charles, le frère aîné, aura quitté le domicile *maternel.* Seule avec ses deux petits, la Louque ajoute à ses travaux de passementerie des heures de ménage. Anémiée, elle se retrouve à l'Hôtel-Dieu pour plusieurs semaines. On est en 1896-97, Maurice a 8 ans. En attendant que la Louque regagne la rue Julien-Lacroix, Maurice est envoyé à Saint-Vincent-de-Paul, à l'« hospice des Enfants Assistés » près de la place Denfert-Rochereau. « Cette séparation aura fait comprendre au petit ce que veut dire, sur terre, le mot : maman », telle était la leçon qu'à jamais Maurice avait gardée de cet épisode[32].

Un demi-siècle plus tard, Chevalier commencera à raconter sa vie. Ses mémoires représentent une douzaine de volumes. Autant dans *Ma route et mes chansons*, son premier livre de 1946, que dans *Les Pensées de Momo*, son dernier, paru en 1970[33], il aborde certains points très intimes. Par exemple celui ayant trait à la chanteuse Daudibert, une fille de 25 ans qui, aux Folies-Belleville, en 1900-1901, l'ensorcèle « positivement ». En 1946, Maurice se souvient : « Son corps, potelé aux bons endroits, avait allumé chez moi des sensations que j'étais tout à fait incapable de préciser, mais qui n'en étaient pas moins suffisamment réelles pour agiter étrangement mes nuits. » Il attend Daudibert à la sortie des artistes, il la suit, puis, « tout ému de tristesse sensuelle », il rentre chez lui. « Comme elle me semblait belle ! Comme j'aurais voulu faire avec elle, des choses !! mais, se demande-t-il, quelles choses ?… » À la même époque, un jour, Paul Morand et quelques copains de classe battent fiévreusement la semelle rue du Hanovre, comme, en ce temps-là, l'appelaient les Parisiens, de préférence à rue « de » Hanovre, la façon officielle. Plus grand qu'eux, le dénommé Baudelocque a pu entrer au bordel du 4. Lorsqu'il en ressort, les autres l'assaillent d'interrogations : « Comment est-ce fait, une femme[34] ? »Question des plus émouvantes : alors, et pour longtemps encore, il n'était pas aisé à un gamin de le savoir. En 1901, à 12 ans, Chevalier l'ignore. La bouffée qui s'empare de lui n'en est que plus touchante, car ingénue :

> « Quelles choses ?… Je n'en avais pas la moindre idée, mais, des choses !!… À son choix : caresser sa joue… ses bras… Reposer ma tête sur sa poitrine… l'embrasser en douce en changeant de côté… Pas plus… Comme ç'aurait été bon !!… »

A contrario, ni Céline ni Boudard ne s'épanchent sur cette période de leur enfance où le corps de la femme, par son mystère, a pu engendrer en eux de troubles chimères. Ferdine, la cliente des Ternes lui susurre *ipso* : « Viens me sucer là-dedans !… » Quant à Alphonse, le souvenir de la jeune Marie-Louise, une « réelle beauté », ne l'incite qu'à la grivoiserie : elle « m'a poussé à mes premières branlettes le soir dans mon lit dépliant… » Retournons à Chevalier, à ses nuits étrangement agitées de 1901 qui n'ont pas échappé au lecteur. À 58 ans, Maurice, en 1946, n'en dit pas davantage. Vingt-quatre ans plus tard, à 82 berges, au chapitre « Vices » des *Pensées de Momo*[35], il éprouve le besoin de revenir sur la belle Daudibert et de confesser :

> « J'en rêvais et je pense que c'est pour elle que je commençai par moi-même à obtenir sensuellement un genre d'extase qui nous associait en imagination.
>
> J'avais onze ans. J'étais précoce mais innocent.
>
> Ce n'était pas ma tête qui fonctionnait ainsi, mais mon instinct. Déjà je m'arrangeais moi-même, sans déranger personne. En y repensant je ne suis pas loin de croire que c'est à ce moment que j'ai dû contracter le germe du One-man-show qui par la suite ne m'est plus sorti du système… »

Au passage, notons que la phrase de Maurice, « Ce n'était pas ma tête qui fonctionnait ainsi, mais mon instinct », illustre excellemment la leçon que, plus haut, Louis Chevalier tirait de Descartes sur ces

> « passions qu'on attribue à l'âme [et qui en définitive] sont affaire du corps […] mécanique dont chacun, sans être le moins du monde philosophe, peut démonter en lui-même les rouages et prévoir les effets, aussi bien que Descartes lui-même ».

Autrement dit, Daudibert *le travaillait*, Maurice – physiquement, corporellement. Quant aux effets de ladite mécanique, music-hall oblige, le vieux Maurice a un mot pour les désigner : « One-man-show » – pas loin d'être un homonyme d'« onanisme », d'ailleurs. *Ma route et mes chansons* suggérait, *Les Pensées de Momo* révèle. D'une manière retenue, attendrissante, et en définitive plus juste que Céline ou Boudard, sur les mêmes sujets. Dans les coulisses des établissements où le jeune Momo est passé, il a guigné des femmes en train de s'habiller. En 1946, l'image lui revient, à La Ville Japonaise, boulevard de Strasbourg, de cette forte brune qui change de robe. Je « la dévore des yeux hypocritement, consigne-t-il. Vois des parties différentes de son corps… En transpire… Quelle soirée… » En 1970, Chevalier affine le tableau. En se dévêtant, ces chanteuses lui offraient, se rappelle-t-il,

> « à la vue… des premiers plans de pétards variés, [et] je m'habituai à connaître les coins secrets de la femme. De même en les voyant debout, les jambes écartées, faire pipi en plein milieu du seau général, mon petit libido se mit à ressentir des genres d'émotions qui me firent une fois rentré chez moi, pour un temps, augmenter le rythme de mes One-man-shows ».

Autres confidences

Dans un fiacre, un « mironton poudré »

Là-dessus, Momo passe à un autre genre de confidence. À l'école des Frères, rue Boyer, il admirait « amoureusement un camarade nommé Million et faisai[t] tout, ne cache-t-il plus quoi que ce soit, pour lui faire comprendre [s]on sentiment ». Million étant resté indifférent, à l'inverse du héros de *Mort à crédit* et de ses copains, l'exaltation de Maurice n'a pas eu « de conséquences physiques ». Quant à savoir, au cas où Million « aurait été vicieux et réceptif », si Maurice risquait d'être « embarqué sur une voie différente de celle qui fut la [s]ienne » – l'homosexualité –, à lire la mésaventure suivante, la réponse est non. En 1902, Maurice chante au concert de l'Univers, 47 avenue Wagram. Présenté par le comique Pedro Vivès, un « Monsieur joli » s'offre de le raccompagner en fiacre à Ménilmontant. Maurice accepte avec joie : « En fiacre !! Je n'en avais pas pris depuis le jour où ma mère m'avait conduit à l'hôpital pour mon doigt écrasé… » Tout va bien jusqu'à Belleville, mais là, écrit-il en 1946,

> « soudainement, le mironton poudré […] amena mon visage vers sa bouche tendue, et, me tenant serré comme en un étau, essaya de poser ses lèvres sur les

> miennes dans une espèce de frénésie. Affolé, je me défendis comme un diable ».

La version de 1970 est plus détaillée :

> « Le type commença par être très amical avec l'enfant que j'étais, puis m'embrassa sur les joues, disant que j'étais sympathique, puis tout d'un coup me tripota les cuisses, mit sa bouche sur la mienne en appuyant d'abord ses lèvres, puis sa langue devint farfouillante pour essayer de pénétrer dans la mienne en dépit de ma résistance affolée. C'était un homme, moi un enfant. »

Maurice s'en tire bien, mais « honteux, dégoûté, sans exactement en fixer la raison ». Le lendemain, il apostrophe Vivès. Le comique verdit et bredouille que son ami a « la passion des petits garçons ». Il croyait Maurice « assez avancé et énergique » pour ne pas se laisser faire… « si je n'aimais pas cela », Vivès se défausse-t-il sur lui. Après, Momo rapporte l'incident à sa mère. Plus haut, par le biais du père de Céline, la petite-bourgeoisie se défiait du bas peuple, de ses tares, de ses vices. Maintenant, par la Louque interposée, c'est le petit peuple qui parle. Le conseil de la mère de Chevalier de « laisser les fiacres aux riches messieurs parfumés et à leurs curieuses façons d'affectionner les enfants pauvres » accrédite cette idée, très ancrée chez les petits, que les « vices » sont en priorité le fait des riches – « ces gros salauds », j'entends mon père. Au premier rang de ces vices, l'homosexualité[36], plus masculine que féminine, car moins cachée, davantage connue, et le goût pour les partouzes. Ensuite, les autres *déviations* ou dépravations.

L'affaire du « mironton poudré » n'est arrivée qu'une fois à Maurice. Elle l'a suffisamment ébranlé pour que, sept décennies plus tard, il la narre dans le détail. Les aveux de Chevalier n'allaient pas de soi, ils lui ont coûté : l'authenticité est à ce prix.

Premier baiser, première déconvenue

Pour la même raison, les péripéties consécutives à son premier baiser méritent d'être rappelées. Parmi les spectateurs de La Ville Japonaise, Maurice remarque une brune, une jeune, « tous les jours assise avec le même vieux type dans le fond de la salle ». Une première fois, elle le félicite : « Vous avez bien chanté, monsieur le Petit Chevalier [...], bravo ! » Une autre, le couple l'invite à prendre une consommation. « La fille était belle. D'une beauté un peu vulgaire, mais d'un attrait indéniable. Sa manière d'être gracieuse avec moi ne pouvait contrarier son ami... J'étais si petit... si gosse... sans danger. » Quelque temps après, l'ami est en déplacement, la brune offre à dîner à Maurice. Elle lui prend le bras. « Une émotion physique [...] me pénétrait », Chevalier rend-il compte de sa fièvre délicieuse et inquiète au seuil de l'« aventure ». Rue des Petites-Écuries, « faiblement éclairée [...]. Ah ! vous êtes trop mignon... lui sourit la fille. Il faut que je vous embrasse !! » Les joues, ensuite la bouche. « Dans un état de trouble intense, [je] rendais baiser pour baiser... » s'enflamme Chevalier, d'autant qu'en le quittant la belle lui promet de renouveler en mieux l'« escapade, à son prochain jour de liberté ».

Maurice était si innocent qu'un peu plus tard, lorsque l'ami de la fille l'aborde et le supplie « de lui dire franchement la vérité », il raconte tout. « Cette dramatique scène entre un gosse de treize ans et un vieillard de soixante-dix devait être monstrueuse » : pas une seconde il n'a conscience de son « horrible muflerie ». Les « lois de la vie », Maurice les apprend à ses dépens le lendemain. La belle brune lui fait face, « elle sentait le Crime ». Elle hurle : « Petite salope !! » Le môme se rebiffe : « Quoi... petite salope... Qu'est-ce qui vous prend à vous... J'suis pas une fille !! En voilà des manières ! » Sa candeur la fait redoubler de fureur, elle menace de lui « casser la gueule... petite salope ! » Momo prend peur, il déguerpit en courant, la diablesse à ses trousses : « Je pris le passage de l'Industrie. "Petite salope !!" Le faubourg Saint-Denis : "Petite salope !" – Les

Grands Boulevards, la porte Saint-Denis, la porte Saint-Martin. – “Petite sa...” » La furie avait été semée.

Maurice, non, ne connaissait pas la vie. Le lendemain, à La Ville Japonaise, qui voit-il, « se tenant amoureusement par le bras, s'asseoir à leur place habituelle, dans le fond, souriants » ? La gisquette et son birbe. À la fin de son tour de chant, Maurice est obligé de passer près d'eux pour rejoindre les loges. Goulûment, la ménesse donne ses lèvres au barbon. Quand Maurice est à leur hauteur, ensemble le vioc et sa poufiasse lui susurrent « d'un ton presque suave » : « Petite salope ! »

Cette mésaventure en dit beaucoup sur le quartier des portes Saint-Denis et Saint-Martin, cœur, alors, du caf'conc' et du music-hall, et ainsi sur les façons, les pièges et les chausse-trapes de l'amour dans le Paris de la Belle Époque. Chevalier l'admet : descendu de son Ménilmuche natal, il s'est retrouvé « comme un petit chien de trois mois lancé [...] sur les grands boulevards de Paris ». Tout pouvait lui arriver, le bien comme le mal. En comparant une fois encore Chevalier à Céline et Boudard, force est de constater que l'intention du roman diffère de celle de l'autobiographie. L'ingénuité de Maurice tranche sur la vision du monde de Ferdine et d'Alphonse, exprimée par une langue *ad hoc* d'hommes à qui on ne la fait pas. Échange de bons procédés : le lecteur peut aussi ne pas s'en laisser conter. C'est bien beau d'écrire – Céline – « on se montrait la bite » avec André, ou – Boudard[37] en compagnie de ses petits potes – « nos pognes, on se les faisait faire par Marguerite... la frangine à Grenouillard [dans] un terrain vague [...] au-delà de la porte d'Ivry » : l'envie brûle d'avoir des précisions. Combien de temps ont duré ces séances, à quelle fréquence avaient-elles lieu ? etc. Bref, dans quelle mesure les romans de Céline et de Boudard reflètent-ils la sexualité des jeunes Parisiens ? En outre, on le sait : chez Céline, l'argot sert à masquer sa commisération pour les hommes, chez Boudard, il aide à tout tourner à la dérision. Concernant les premiers émois sexuels de l'un et de l'autre, le résultat est que l'émotion se trouve désamorcée, comme si ces frôlements, ces caresses, ces amorces amoureuses étaient à passer aux profits et pertes, comme si elles n'avaient pas été ou qu'elles n'avaient eu aucune importance. L'inverse de chez Maurice Chevalier qui, pourtant, question conquêtes féminines, devait l'emporter sur Céline et Boudard.

Drôles de jeux d'enfants

Avant d'examiner les souvenirs de Jacques Borel, précisons que Boudard et Borel étaient nés le même jour, le 17 décembre 1925. Dans *L'Adoration*[38], Borel détaille ce « jeu des amants » auquel lui et sa cousine Paulette se sont livrés de « dix à treize ans ». Ils s'embrassaient « en un mélange d'innocence et de perversion, de sensualité et de retenue, d'ignorance et d'expérience [car] il y eut bientôt de ce jeu des amants une version à peine croyable ». La lecture de *L'Aveu différé*[39]donne la clé de ce nouveau jeu, l'« imitation des putains de la Bastille ». À la Bastoche, Paulette et Jacques habitaient dans l'hôtel de passe tenu par les Lohénec, les parents de sa cousine, 5 rue Jean-Beausire[40]. « La rue aux putes », dit Borel dans *L'Aveu différé*, sans jamais la nommer expressément. Rien de plus facile que Paulette fût la putain et Jacques, le passant qui se faisait héler – « Tu viens, chéri ? » Selon Borel, ce jeu était moins malsain que celui du docteur, quand, explique-t-il, « ma cousine avait baissé sa culotte, [que] j'avais ouvert ma braguette, et [que] nous avions sagement pourtant, en quelque sorte, examiné nos sexes ».

Rôles masculins et féminins

Un peu plus tard, après les vacances, sous prétexte qu'ils ne sont plus des enfants, Paulette refuse ces jeux. Jacques laisse entendre qu'il n'est pas amoureux d'elle, car, dit-il, « pas un instant je n'avais songé à faire la cour à Paulette, et j'aurais voulu qu'elle me cédât tout de suite ». Insidieusement, caresses et baisers ont fait entrer Jacques dans son rôle d'homme avec les conséquences qui en découlent : il considère Paulette comme sa propriété, elle doit être à sa disposition. En retour, Paulette se trouve *naturellement* encline à aguicher son cousin en refusant, en minaudant, qui sait. Autant de traits qu'il est convenu d'appeler *féminins*. Obligé de mettre les formes, Borel part se promener avec Paulette. Dans un ciné du boul'Mich', il commence à la caresser, puis soudain l'embrasse. Paulette avait fait sa coquette. En effet, s'enthousiasme-t-il, « sa langue, cette fois, répondit aussitôt à l'avide investigation de la mienne ». Le soir, il pénètre dans sa chambre et il voit,

> « sous les draps soulevés, la touffe bouclée, d'un blond un peu fauve, de son ventre, ce dont j'éprouvai une émotion extraordinaire que, de longtemps, je ne pus oublier ; ce ventre, cette touffe, dès lors je n'eus de cesse de les voir à nouveau, de les caresser, de les explorer moins furtivement ».

Pour autant, Paulette et Jacques ne s'aiment pas. L'habitude fera que, longtemps encore, ils s'embrasseront et se caresseront : jamais ils n'outrepasseront ces préliminaires. Souvent, Paulette paraît s'abandonner, mais elle écarte Jacques – « ce qui me rendait littéralement fou », commente-t-il. Dans son analyse du *Journal* de Ménétra, à un moment, Daniel Roche pointe « l'opposition tenace des rôles masculins et féminins apprise dès l'enfance. Dans l'univers psychologique de Ménétra, souligne-t-il, domine le machisme triomphant ». J'ignore si « machisme » est le terme idoine, mais enfin, on a suivi comment, par rapport à sa cousine, Borel a *instinctivement* été homme. De même René Fallet, à la fois amoureux de Janou et très critique sur ses façons de s'habiller, d'agir. En pantalon ou en jupe, Janou résistera à ses tentatives avant de le quitter sans qu'ils aient jamais fait l'amour – le but suprême de René[41]. Ce désir – *le* désir –, dans l'adolescence, les filles ne semblent pas y être aussi soumises que les garçons. Au début de leur vie amoureuse, les hommes ont tous connu des filles chez lesquelles, ainsi que l'explique Borel pour sa cousine, les « alternances de reprises et d'abandons étaient constantes ». Des volte-face sans explication apparente qui, à son instar, avaient le don de les exaspérer en les excitant. À quoi ces conduites ressortissent-elles ? À des rôles homme-femme appris dès l'enfance, pour reprendre Roche, ou à je ne sais quelle fougue liée au jeune homme, et à quelle pudeur liée à la petite et à la jeune fille ? En bref, est-ce une question de culture ou de nature ? Rue Jean-Beausire, il est certain que les sourires des putes, leurs murmures aux hommes ont conduit *machinalement* – je n'ose écrire « naturellement », et pourtant cette rue n'avait pas d'autre *nature* – Paulette à les imiter. Sans se poser ces questions, Borel montre bien le mécanisme psychologique propre à sa cousine et, je crois, aux filles en général :

> « Craintes, scrupules, peut-être y avait-il aussi chez elle, non tout à fait de la perversité sans doute, mais comme une acide coquetterie, qui tantôt s'alliait à la curiosité, aux manèges de la sensualité naissante, tantôt au contraire se jouait d'eux, de l'extérieur pour ainsi dire, et ne les laissait paraître que pour, par un divertissement redoublé, leur tenir la bride. »

Ce manège, Paulette le continuera « de longtemps » avec les garçons, sans leur permettre davantage qu'à son cousin.

Tentations homosexuelles « dans la convivialité des jeux de la classe d'âge »

Frère de Paulette, le cousin René Lohénec est plus âgé que Jacques. Une lutte amicale les oppose, Borel a le dessous, en désespoir de cause il saisit l'autre aux « testicules ». René lâche prise et le gratifie d'un : « Eh bien, dis donc t'es un drôle de vicieux, toi ! » Et lui donc ! Sur un sourire de Jacques, en effet, René sort « son sexe [...] fort gros ». Qu'à cela ne tienne, Borel l'imite. Il raconte :

> « Mon cousin se caressa et imprima à ma propre main un mouvement de va-et-vient qui me parut bientôt agréable ; un liquide blanchâtre, qui m'intrigua et me dégoûta tout à la fois, jaillit après ces quelques instants du sexe de mon cousin, qui m'expliqua que c'était là du sperme et que, lorsqu'on pénétrait une femme, ce sperme coulait en elle et y donnait naissance à des enfants. »

Borel a beau s'évertuer, il ne sort « pas la moindre goutte de cette étonnante semence ». La raison : « Tu es encore trop jeune », lui apprend son cousin. Puis René recommande à Jacques de ne pas abuser de cette façon de se procurer du plaisir, « qui risquait d'être fort nocive. Au reste, me dit-il, je connaîtrais plus tard un plaisir infiniment plus vif en couchant avec des femmes, comme lui-même il espérait bientôt pouvoir le faire ». Ce jour-là, un chapitre important de ce que Borel n'appelle pas son *éducation sexuelle* avait été, au choix, ouvert ou paraphé. Sa mère rechigne à lui donner davantage d'explications sur la procréation des enfants, il n'insiste pas. Un jour, j'y repense, je devais avoir 7 ou 8 ans, j'avais interrogé ma mère sur ma naissance. Tout sourire, elle m'avait répondu : « J'étais allée chez madame Chanclos[42], elle m'a présenté des bébés. C'est toi qu'j'ai choisi. T'étais l'plus beau : "C'est lui que j'veux !" j'ai dit à madame Chanclos. » Comment, par qui ai-je su le secret de l'arrivée au monde des enfants, et de la mienne par la même occasion ? J'ai oublié.

À la fin des années 1930, Borel a été pensionnaire au lycée Henri-IV. Il révèle que, dans le dortoir des plus jeunes, de la sixième à la quatrième,

> « la plus grande activité érotique régnait. Chacun avait, au moins une fois, je ne dis pas couché, car il ne s'agissait guère que d'attouchements rapides, pressés, presque brutaux, de masturbation mutuelle en un mot, mais connu de maigres plaisirs avec tous les autres ».

Le style mis à part, on en revient aux histoires de Céline, du petit Paul et du petit André. Dans *Mort à crédit*, Céline est de plain-pied dans son récit, alors que le Borel de *L'Adoration*, à la phrase qualifiée de proustienne, tourne autour[43]. N'empêche qu'à Henri-IV, avec ses camarades, Borel l'explique,

> « nous tenions les propos les plus grossiers ; nous affections un affranchissement que nous n'avions guère ; l'outrance, la pornographie nous plaisaient, et nous nous fussions moqués de tout lien, de toute complaisance sentimentale ».

Bref, des façons, des pratiques réputées toucher les garçons à la puberté, indépendamment de leur origine sociale : le milieu des internes d'Henri-IV n'était pas le même que celui des Lohénec ou des habitués de la rue Jean-Beausire. Borel raconte qu'en cinquième deux de ses « camarades avaient tenté un soir de se sodomiser et avaient aussitôt informé tout le dortoir de leur échec ». De manière un rien étonnante, « cet érotisme grossier, cynique, fait d'impatience et de curiosité, avait le mérite d'écarter toute velléité d'amitié particulière. Aucun sentiment n'intervint jamais », conclut-il. Le plaisir, et après moi, le déluge ! À la finale, on retombe dans l'atmosphère de Boudard, son terrain vague de la porte de Choisy : « Le berlingue à Marguerite… on avait juste le droit de regarder… la petite fente merveilleuse… les poipoils ! » Sauf que la petite Grenouillard est une fille et qu'à Henri-IV tous sont des garçons : « machisme » aidant et virilité voyou à la clef, Alphonse aurait beaucoup tenu à cette différence. À la décharge de Borel, Paulette a été pour lui bien plus que cette pauvre Marguerite Grenouillard pour Boudard.

L'heure de « le » perdre

Céline et « la grosse mignonne », rue Elzévir

Fortifs, abattoirs, atelier – pour Céline – ; école, salle et coulisses de caf'conc', fiacre – pour Chevalier – ; terrain vague – pour Boudard –, chambre d'hôtel de passe, dortoir d'Henri-IV, ciné du boul'Mich' – pour Borel – : ces endroits montrent l'infinie diversité des cadres au hasard desquels ces découvertes et émotions furtives se sont passées. On est à Paris, la Grand'Ville. Ensuite se place le premier acte d'amour véritable, fût-il purement sexuel. Le *dépucelage*, comme on ne dit plus guère. Celui de Ferdine, dans *Mort à crédit*, est inoubliable. Il a lieu rue Elzévir, dans le 3e, à côté de la rue des Francs-Bourgeois. C'est Mme Gorloge, la patronne de Ferdine, la bijoutière, qui prend les choses en main. Elle sait qu'avec le petit Robert Ferdine l'a regardée « dans les trous » s'envoyer en l'air avec Antoine, l'ouvrier, pendant que M. Gorloge était en période militaire. « Ah ! le petit salopiaud », elle l'attaque, celle qu'ailleurs il appelle « la grosse mignonne » : « Je vais le dire à ta maman moi. Oh ! là ! là ! le petit cochon !... Chéri petit cochon !... » Très révélatrice de la façon populaire, mieux encore, *canaille*, de faire l'amour en enveloppant le toutim – mots doux mâtinés cochons à l'appui –, cette fois la langue de Céline fait monter l'émotion : « Appelle-moi Louison ! Ta Louison ! mon petit dégueulasse ! » « Louison », un diminutif d'époque. Louison, ça l'excite d'embringuer un môme :

> « Enlève-moi tout ça ! Que je voye ton beau corps mignon ! Vite ! Vite ! Tu vas voir, mon petit coquin ! T'es donc puceau ? Dis mon trésor ? Tu vas voir comme je vais bien t'aimer... Oh ! le gros petit dégueulasse... il regardera plus par les trous !... »

« Puceau » : le terme a été lâché – Ferdine l'était.

Entre autres parce que cette première fois cache une crapulerie, Céline ne s'étend guère sur ce qu'il ressent. En effet, pendant qu'il succombe, sa patronne, ou plutôt Antoine, lui vole un écrin de grande valeur qu'il gardait attaché dans sa veste en attendant le retour du patron. Ferdine n'est en rien bouleversé :

> « Je sentais monter mon copeau… Je me dis au flanc… “Bagarre Mimile…” J'avais beau être dans les pommes… le temps d'un éclair… Je m'arrache… Je fous tout dehors… Il m'en gicle plein le bide… Je veux serrer… je m'en remplis les mains… »

Une nouvelle fois, les conclusions de Louis Chevalier sur les passions de Descartes s'avèrent pleinement dans cette incroyable narration. Mme Gorloge est la descendante des commères de la rue Saint-Denis du XVIIe siècle évoquées par Chevalier. À leur image, elle caquette aussi crûment, sans pudeur, et Céline, pour reprendre Maurice Chevalier, n'est qu'un *chiot* tombé entre les pattes d'une *mère chienne* : « “Oh ! le sale crapaud répugnant ! Viens vite ici que je te nettoie…” […] Elle se régale… » Tel était le populo.

Boudard, « rue Pinel, bien nommée vu les circonstances »

Le côté *cartésien* de l'affaire, le côté d'abord corporel du coït, Boudard aussi le met en évidence. La grande Marcelle, sa première, était « un échalas, une grande saucisse ! » Peu importe : « Lorsqu'on a l'envie cramponnée au bas-ventre, on se préoccupe plus des imperfections physiques de la nana. » Alphonse était fasciné par Landru, sa puissance toute biologique : 283 femmes en quatre ans, qu'il « n'a fait tomber dans son lit que pour le plaisir. On a des témoignages[44] »… Autant de points à porter au crédit de Paris, ville de l'amour par excellence, ainsi que le montre et le démontre l'érudit Héron de Villefosse dans *Aux belles de Paris*[45]. Restons avec Phonphonse et sa mignonne, sous l'Occup', derrière une porte cochère de son 13e, près de l'école nouvelle des Arts et Métiers[46], dans « une impasse près de la rue Pinel, bien nommée vu les circonstances ». À part évoquer « les enfants qui s'aiment de Prévert » Boudard ne poétise guère : « Ça passe comme une lettre d'amour à la poste, je dirais », et marre.

Borel et sa « doctoresse »

À la même époque, 1941 ou 1942, Borel franchit aussi le pas avec Geneviève, son médecin, sa « doctoresse ». Elle a 30 ans, elle est vierge, lui en a 16. Des mois durant, ils se sont embrassés, caressés. Puis Jacques découvre « son ventre et cette touffe noire ». Autant dans ses lettres que dans ses actes, Borel avoue amplifier le sentiment réel qu'il éprouve et travailler « pour ainsi dire le désordre, la folie même ». Son but, je le comprends, est de susciter chez la femme une sensation qui la conduise à s'abandonner. Geneviève, pourtant, continue de se refuser. Entre ses cuisses qui l'enserrent « dans un étau brûlant, écrit Jacques, tant bien que mal, avec une déception presque rageuse, j'assouvissais ce besoin en moi qui n'en pouvait plus d'attendre ». Le voilà de nouveau déconcerté par la réaction des femmes, de Geneviève, qui, au lieu de concevoir quelque dégoût de cette issue, l'étreint, bouleversée : « C'était bien là de l'émotion. Et c'était cette émotion qui, en quelque sorte, me déroutait davantage. » Pour parvenir à ses fins, Borel écrit à Geneviève que, plus tard, il l'épousera. Des semaines encore, elle le questionne sur ses sentiments. Le jugement de Borel est que Geneviève « ne vivait que de fictions ». Rassurée, elle finit par se donner. Une image enivrante, fulgurante s'empare alors de Borel, dominée par « ce cri de joie au fond de moi lorsque enfin, à cette sensation d'humide brûlure, que j'éprouvais pour la première fois et que cependant, pour ainsi dire, je *reconnaissais*, je me sentis tout entier en Geneviève ». Leur liaison durera longtemps.

« La première femme publique qui me demanda à monter chez elle » (Ménétra)

Les épanchements de Borel contrastent avec la façon, coquine, cochonne, excitante au possible qu'a Céline de faire revivre son dépucelage, ou celle, lapidaire, de Boudard – surtout, taire ses émotions et sentiments. Si l'on ajoute à ces trois manières celle que Ménétra, au XVIIIe siècle, a eue de *cesser de l'être* – expression d'époque qu'on trouve chez Restif de la Bretonne[47] –, on a à peu près toutes les circonstances possibles pour *le perdre*[48]. La fois initiale, Ménétra avait eu recours à une putain. Méfiant parce qu'il avait « entendu dire que cette sorte de femme vous volait », il avait caché son argent dans son soulier. Précaution superflue, la fille se conduit bien. Il prend goût à ces moments « attrayants », et aux « nouvelles conquêtes ». Un jour de 1950 ou 1951, j'étais môme, avec mon père je passais rue Saint-Denis. Il avait 36 ans, il regardait les pépées. À l'église Saint-Leu, au coin de la rue du Cygne, il m'avait dit : « Faut pas monter avec ces femmes, elles te prendraient ton portefeuille ! » Lui-même n'avait pas observé l'interdit, moi non plus. La première des premières – enfin, la première fois que ça a marché –, 41 rue Saint-Denis, dans un hôtel à l'angle de la rue de la Ferronnerie, la fille s'appelait Jacqueline. Le lendemain, j'ai consigné :

> « Une chaleur extraordinaire m'a envahi le corps, le creux de l'estomac, la tête. Puis j'ai senti que j'éjaculais : un, plusieurs spasmes... Ma virginité avait donc disparu. Cette virginité qui avait tenu tête à quatre filles !
>
> – T'as joui ?
>
> – Oui. »

Avec le recul, je n'aime pas « j'éjaculais », trop froid, trop médical. Peu importe. À deux siècles de différence de Ménétra, dans les mêmes parages, cet acte inaugural m'avait laissé aussi content que lui. À l'époque, je ne l'avais pas lu. Il n'empêche, mon journal intime témoigne d'une commune gourmandise de gamin de Paris : « D'ailleurs, si j'avais de l'argent, je crois bien que j'y retournerais. C'était vraiment exquis. Depuis hier, je n'ai fait que penser à cela. »

« Intensité » et « précocité de la sexualité urbaine » (Lachaise)

Par la rue Saint-Denis, par ses femmes, on en revient à ce thème, « l'un des thèmes majeurs des récits parisiens », affirme Louis Chevalier : l'amour. Qui devient,

> « en de grands romans de l'entre-deux-guerres, la donnée sociale essentielle. [...] Mais surtout, il est mêlé aux spectacles de la rue, il fait partie de l'expérience quotidienne et la plus banale que les Parisiens ont des autres et d'eux-mêmes ».

Au-delà de la prostitution, Chevalier vise l'atmosphère enfiévrée des Grands Boulevards et, à Montmartre, des boulevards extérieurs sur lesquels se greffaient le plaisir et, accessoirement, le crime. En tête, il a autant la *Passante* de Baudelaire :

> « La rue assourdissante autour de moi hurlait. [...]
> Une femme passa [...]
> Un éclair... puis la nuit ! [...]
> [...] J'ignore où tu fuis, tu ne sais où je vais,
> Ô toi que j'eusse aimée, ô toi qui le savais ! »

que *Bel-Ami* de Maupassant, *Le Paysan de Paris* d'Aragon ou *Tropique du Cancer* de Miller. Si, au début du XIXe, explique Chevalier, Lachaise insiste sur « la précocité de la sexualité urbaine, sur son intensité », la lecture de Ménétra convainc que c'était déjà le cas au siècle précédent, et avant encore, probablement : *Le Dict des rues de Paris*, de Guillot, date du XIIIe siècle. Dans *Les*

Parisiens, vers 1960, « la rue, pose Chevalier, est le lieu majeur de l'existence ». Il cite *Boulevard* de Sabatier, dont Georges, le personnage central, est tout entier un môme de Pigalle. Je pense aussi aux *Quatre Cents Coups*, de François Truffaut : la rue, la même que celle de Sabatier, celle du 18e aux alentours de la place Clichy, est consubstantielle aux péripéties d'Antoine Doinel, le héros de ce film. En 1960, un an après *Les Quatre Cents Coups*, *Boulevard* a été porté à l'écran par Julien Duvivier. Au côté de Magali Noël, Pierre Mondy et Robert Dalban – Gros Pif[49] –, on y retrouvait Jean-Pierre Léaud, l'acteur préféré de Truffaut. Signe de l'importance de la ville qui façonne et fait le gamin, l'*« homuncio »*, le « nain » à son image – on se rappelle Gavroche[50] – dans ces deux films, la place de Paris, « la Géante », est primordiale.

Illustration du « machisme triomphant »... et défaillant

Décidément, on n'en sort pas : c'est place Pigalle que, pour la première des premières, Maurice Chevalier connaît le bonheur. En 1903, il va sur ses 15 ans. Au 7, dans l'immeuble du Rat Mort, un cabaret à l'histoire mouvementée[51], habite l'une de ses camarades, une « chanteuse à voix et robuste bonne fille », écrit-il en 1946 dans *Ma route et mes chansons*. Sous le prétexte de voir sa chambre, Maurice lui rend visite. Elle est au lit quand il arrive. En bafouillant, il lui avoue sa virginité. Elle rit, ne le croit pas, mais lui se déshabille et se glisse auprès d'elle. La fille tente de le repousser, après une courte lutte elle cède. Et s'abandonne puisque, Chevalier l'affirme, « le petit enfant de troupe que j'étais obéit sept fois d'affilée aux ordres de "Garde à vous !!" et "Repos !!" ».

Mistinguett et Fréhel n'en soufflent mot, Momo raconte

À ce stade, revenir encore sur l'opposition des rôles masculins et féminins, décelée chez Ménétra par Daniel Roche, et la prédominance du « machisme triomphant[52] » n'est pas inutile. De

1908 à 1911, Fréhel a été la passion dévorante de Maurice, puis, de 1911 à 1922, Mistinguett, son grand amour. À la différence de Chevalier, qui tient à raconter comment, à même pas 15 ans, il a affirmé sa « qualité d'homme », Mistinguett et Fréhel se taisent. Selon Martin Pénet[53], à cet âge, Mistinguett n'avait probablement pas connu *le loup*. Tout en étant moins catégoriques sur Fréhel, Nicole et Alain Lacombe, ses biographes, notent qu'elle « est d'une pudeur évasive quand il s'agit d'évoquer ses amours d'adolescente[54] ». Un siècle et demi après Ménétra, Chevalier montre donc que l'homme, le mâle, aime autant se rengorger. Là où Mistinguett et Fréhel observent de la retenue, Maurice – de façon candide, il est vrai – insiste fièrement sur sa métamorphose en « vrai petit homme ». Chez les femmes, il n'y aurait que Sapho et la Goulue pour lâcher, la première, qu'à 12 ans elle n'avait plus rien à apprendre, la seconde, qu'elle a laissé sa vertu au temps de sa première communion. Mais Sapho est une création d'Alphonse Daudet, et la Goulue s'exprime par la plume de Michel Souvais[55] : leur *féminisme triomphant* est littéraire.

Un fiasco qui a entraîné soixante-dix piges d'humiliation

Il arrive que le machisme ait des conséquences inattendues. Dans *Ma route et mes chansons*, en 1946, l'orgueil masculin, l'orgueil sexuel a conduit une nouvelle fois Chevalier à mettre certains détails entre parenthèses. L'exacte vérité, Maurice la révèle en 1970 dans *Les Pensées*. On est toujours 7 place Pigalle, chez la robuste chanteuse à voix :

> « J'étais si ému et bouleversé que mon premier essai fut un fiasco total. Je repartis chez moi piteux, humilié, puis revins le lendemain sans invitation, la rejoignis abasourdie, et presque sans respirer réussis, la tête haute, sept fois de suite à me conduire comme un vrai petit malabar. Ça y était, je l'avais perdu… J'étais un gars… »

Cette humiliation aura duré des décennies. Jusqu'au moment où, à 82 berges, Maurice, se moquant du machisme et, ainsi, de l'espèce de honte qui l'a habité tout ce temps, s'en défait. C'est dire l'ancrage de cet état d'esprit et l'inclination à cacher les faillites qui en brouillent le triomphe. Un « fiasco » à 14 ans, ou à 16, comme j'en ai moi-même essuyé, ça se surmonte, ça s'oublie. Dans le cas de Chevalier, non. Pourtant, dès le lendemain, ladite humiliation était effacée. Revoilà Momo qui pousse la porte, au propre et au figuré, de la « brave fille », et, ce coup-ci, il *le perd* – son pucelage et, en argot, par métaphore, le *berlingot* ou le *berlingue*, autrement dit sa virginité, le terme normal que j'ai employé dans mon journal. De la kyrielle de mots donnés par Delvau dans son *Dictionnaire érotique*, ce sont les plus courants avec la *fleur*. J'ai appris ce mot par mon copain Titi. Nous étions rue des Archives devant les Billettes, je parlais d'une fille. « Une pucelle », je l'ai qualifiée. Goguenard, Titi m'a lancé : « "Une pucelle", mais toi aussi tu l'as, ta fleur ! » Sans tout à fait comprendre, j'ai compris quand même. Le plus souvent, le seul article masculin désignait ce qui était si difficile à dire. « Ça y était, je l'avais perdu », exulte Chevalier. Dans le roman de Zola, moqueuse, Nana demande à Muffat : Fauchery « jure que tu l'avais encore lorsque tu as épousé ta femme... Hein ? tu l'avais encore... Hein ?... est-ce vrai ? » Au mariage, le comte Muffat avait sa fleur, il était puceau : Nana s'en amuse follement.

Les bonshommes entre eux

Machisme oblige, dans le peuple, la virilité toute-puissante est l'une des pétitions de principe essentielles, c'est pourquoi les intéressés l'exagèrent si souvent. Rares sont ceux capables d'avouer des faiblesses sexuelles. À l'instar de Maurice Chevalier, dans *Confessions d'un enfant de La Chapelle*[56], Simonin surmonte son « sentiment confus de honte » et sa « culpabilité » aiguë. Sa première expérience a lieu dans un hôtel de rendez-vous de la cité Jarry[57], près de la gare de l'Est. « Bouteille de gaillac mousseux » à l'appui, le frère d'Albert avait tout prévu pour ses « débuts de gentleman ». Hélas ! se rappelle Albert, « je n'étais pas dans un roman, et ce fut le bide noir, un double fiasco, dû à ma maladresse ». Des décennies plus tard, au cas où Loulou, sa partenaire, lirait ses lignes, Simonin « lui demande bien humblement pardon de [sa] mauvaise conduite ». Il conclut :

> « Je cessai d'accorder crédit aux vantardises de certains copains, soutenant tirer d'irrépressibles cris de volupté de leurs passagères amantes, au cours d'interminables parties de trou-du-cul, que je n'avais nulle peine à croire imaginaires. »

Sans aller jusqu'à dévoiler leurs exploits, réels ou arrangés, beaucoup de garçons, beaucoup d'hommes se flattent de leurs mensurations intimes : « C'est pas pour dire, commencent-ils modestement, mais j'suis *bien monté* ! » Et, à l'appui de leur dire, ils lèvent l'avant-bras en montrant un poing expressif. Plus marle, Robert Lageat évoquait son *p'tit chibretin musclé*. Avant d'avoir le dernier mot, il rajustait ses lunettes puis sortait l'adage du célèbre Robert, alias Bobby Duranton, ex-plus bel athlète d'Europe, qu'il avait eu dans son équipe de catcheurs : « D'préférence à une grosse qui fout rien, vaut mieux une p'tite énergique qui peut grandir ! » Ou encore, selon mon copain Matéo le Gitan citant son père : « Si tu t'mets l'doigt dans l'oreille, tu sens moins qu'avec une allumette ! » Entre bonshommes, on glisse fissa dans le *crapoteux*. À toi, à moi, les on-dit ont la vie dure. J'avais un ami à Pigalle : « Question nénettes, t'es l'mieux placé, l'enviais-je : les mômes des peep-shows, tu les connais toutes ! » « T'es dingue, toi, il me répondait. C'est des mômes, si tu balances pas dix fois la purée dans la nuit, t'as l'air d'un con ! » Dix fois, mazette ! avec ses sept « garde à vous ! repos ! » d'affilée, Maurice Chevalier était battu de trois longueurs.

Dresser les mômes ? Chouchouter ses petits chéris ?

Si ces différents témoignages ne sauraient recenser les pratiques et comportements sexuels des jeunes Parisiens dans leur ensemble, ils permettent d'en entrevoir l'évolution – des premières agaceries, solitaires ou partagées, au déniaisement. Ensuite, selon les hasards et la bonne fortune, l'individu, qu'il se mette en ménage ou convole en justes noces, mène sa vie puis s'établit – *se case*, dit le langage populaire. Daniel Roche le montre à propos de Ménétra : ses aventures sexuelles « illustrent de façon répétitive le registre de la liberté et des passions, qui s'oppose au pôle stabilisé du mariage avant la trentaine ». De son analyse détaillée, on retiendra qu'à l'instar des Céline, Simonin, Boudard et Borel « le *Journal* de Ménétra permet de comprendre comment les enfants vivent leur ville ». Rue des Prêtres-Saint-Germain-l'Auxerrois, le père de Ménétra est « vif et très emporté », alors que, rue de la Grande-Truanderie, sa grand-mère – la mère de sa mère dont il est orphelin – l'« a toujours beaucoup aimé et idolâtré ».

Durant sa jeunesse, Ménétra a de nombreux conflits avec son père. Dépeint par le fils, le père Ménétra est conforme à l'idée que l'on se fait traditionnellement du *pater familias*. *Idem*, un siècle et demi plus tard, celui de Céline dans *Mort à crédit*. En plus d'« assumer nourriture et logement », le rôle du père est d'éduquer. La violence, sans doute excessive, du vieux Ménétra, « sa prédilection pour le coup de pied au cul, la claque, voire la dégelée à coups de canne ou de corde sont manière d'exprimer un souci éducatif et le sens d'une responsabilité », observe Roche. « Je prenais plus de gifles que de sourires, raconte, quant à lui, Céline. Je demandais pardon à propos de n'importe quoi, j'ai demandé pardon pour tout. »

Certains ont eu une mère sévère…

En ce temps-là, aurait renchéri Robert Lageat, né en 1911, les gosses, on les dressait. Lui, sa mère s'en est chargée. Il le regrette dans *Des Halles au Balajo*[58] :

> « Enfant, ma mère ne m'a jamais, je dis bien jamais, pris sur ses genoux, serré dans ses bras. Les câlins, les petits mots, "mon chéri", "mon trésor", c'est pas du turc, pas du chinois, venant d'elle jamais non plus… Est-ce qu'elle m'aimait, ma mère ? […] Sa vie n'avait pas été facile. […] Ma mère avait connu un drôle de lascar avec qui elle en avait vu des vertes et des pas mûres. C'était mon dab. Pour compléter le tableau, ce père étrange a trouvé le moyen de se faire buter et de la laisser avec deux mômes, même pas veuve, ils n'étaient pas mariés…. Pour ma mère je devais représenter l'enfant du malheur. »

Né natif des Halles, Robert était enfant naturel. Son beau-père l'ayant reconnu, « Amadieu » a été son premier nom de famille. Plus tard, il apprendra qu'Auguste Lageat, son vrai père, nettoyeur de tranchées, était mort à Germiny-l'Evêque en 1915. Ensuite, qu'en 1910, durant les inondations, il avait plongé du pont d'Arcole pour sauver un môme qui se noyait. La fierté de Robert sera à son comble quand l'un de ses vieux potes lui racontera une bagarre d'Auguste au Métro, le bistrot du coin rue Beaubourg-impasse Berthaud, à la Rambut'. Aux Halles, les châtaignes partaient facile. Eh bien, ce jour-là, seul contre trois, Auguste avait donné un festival de coups de tromblon et de savate, avec, pour finir, un shoot dans le poêle Godin : « Il y a eu quelques pinçouillards de riffaudés… des pieds qu'ont eu chaud ! » Dès lors, l'exemple de son père ne quittera plus Robert. « Question rouleaux, il était pas passé à côté de la plaque ! » il avait une façon toute personnelle de célébrer la mémoire d'Auguste, 1 m 52, dix centimètres de moins que lui. D'autant que 9 passage Pecquay, chez les Amadieu, le sujet Auguste était tabou. Lorsqu'elle enguirlandait Robert, sa mère terminait par : « T'es bien comme ton père ! » À la finale, non seulement Robert a voulu ressembler à ce père courageux et bagarreur, mais encore porter son nom. Cela étant, explique-t-il dans son livre, dans le milieu qui était le sien, courage et aptitude à la bagarre étaient souvent les meilleures qualités pour *mal tourner*. À contre-courant de ses parents et, on l'a vu, de la coutume aux Halles, Robert s'est marié très jeune – à 20 ans. Sa bonne conduite, reconnaissait-il, il la devait aussi à Thérèse, sa femme. Pour elle, la morale était sacrée. Par exemple, une fois qu'il avait trouvé un sac dans le métro, Thérèse l'avait obligé à le rapporter à sa propriétaire. À l'instar de beaucoup de ses copains des Halles, Robert aurait pu chuter : ces divers facteurs ont fait qu'il s'en est sorti.

… d'autres ont eu une mère douce et gentille

À partir des exemples dont nous excipons, il est difficile de dresser des règles générales. Si Ménétra, Céline, moi-même un petit peu avons pris des gifles de nos pères, Lageat, de sa mère, c'est de son oncle Lohénec que Borel a reçu deux ou trois corrections. La principale après sa fugue d'une journée entière – il était en sixième à Henri-IV, il avait 11 ou 12 ans. « Espèce de sale ouvrier, va ! » il lance au tonton tandis que pleuvent les coups. Pourquoi ? Parce que, lorsque Lohénec s'en prend aux « intellectuels » et aux « beaux messieurs », Borel a le sentiment qu'il attaque son grand-père et son père – mort quand il avait 4 mois. Dans *Les Tribulations d'un commis voyageur*[59], Lépidis relate qu'un jour sa mère le surprend à voler dans son porte-monnaie. Elle lui fait « honte devant tout le quartier et [le fait] coucher sans manger, au pain sec et à l'eau le lendemain. Ce fut entre elle et moi le début d'une guerre qui ne cessa jamais », écrit-il. Après le certif', son but est de « quitter la famille le plus tôt possible ». Son père est malade. Un jour, Lépidis l'insulte « de face avec des mots de sa propre langue » – en grec. « Je les avais choisis justement parce que pour moi ils ne me semblaient pas avoir le même pouvoir que si je les avais prononcés en français. Pour lui c'était pire. Aujourd'hui je ne suis pas fier de cet exploit », confesse-t-il soixante ans plus tard.

Pas davantage que la mère de Maurice Chevalier, les parents de Simonin n'avaient la main leste. À Ménilmuche, seul son frère Charles, son aîné de dix ou douze ans, a frappé Momo. À La Chapelouze, à même pas 17 ans, en 1921 ou 1922, Albert se retrouve orphelin de ses deux parents. À l'instar de Lageat, Boudard était enfant naturel. Sa mère – « la jolie dame parfumée », écrit-il au chapitre 2 de *Mourir d'enfance*[60] – était une femme entretenue par plusieurs hommes à la fois. Ni ses parents nourriciers dans le Gâtinais, ni sa grand-mère qui l'a élevé par la suite, ni bien sûr sa mère ne l'ont battu. Alphonse le raconte dans ce roman et dans *Les Combattants du petit bonheur*, une fois dans le 13e, il deviendra un môme d'un pays parisien avec son décor propre, ses caractéristiques, ses gens. Parce que sa mère n'a pas de quoi lui faire poursuivre ses études, Phonphonse se retrouve « dans le merveilleux monde du travail ». Borel a plus de chance, il va au lycée. Mais, comme sa fille Ariane lui en fait la remarque à la première page de *L'Aveu différé*, quelle « invraisembable enfance » a été la sienne dans cet hôtel de la rue Jean-Beausire au milieu des Blonblon, Renée la Blonde et autres Dédé Lardy, les meilleures gagneuses du coinsto. Entre lui et Alphonse, on décèlerait des traits communs – par exemple, un goût pour le renfermement. Borel était violent. Un jour, sa mère tarde à lui donner de l'argent pour qu'il puisse partir en train avec Anne, son amie du moment : il la frappe. On imagine sa « honte », sa « stupeur », son « humiliation » et son « remords » immédiats, mais porter la main sur sa mère, quel geste ! Borel avoue aussi beaucoup voler – sa mère, les Lohénec. Si Boudard s'écarte vite du *droit chemin*, vaille que vaille Borel y reste. Le lycée, les études l'auront empêché de trop *faire le zouave*. La rue, Borel la connaît par l'hôtel de la rue Jean-Beausire et ses putes, mais il ne la fréquente pas. En cela, il est différent des Boudard, Lageat, Simonin, Céline, Chevalier, immergés, eux, dans l'univers hasardeux des mauvaises fréquentations. Plus avant, on citerait Charlemont, Ménétra, ou encore Villon, au XVe siècle :

« Hé ! Dieu, si j'eusse étudié
Au temps de ma jeunesse folle
Et à bonnes mœurs dédié,
J'eusse maison et couche molle
Mais quoi ? je fuyais l'école,
Comme fait le mauvais enfant »,

se reprochera Maître François à ses heures de détresse, dans son *Testament*. Lui non plus, Villon n'avait pas de père.

Quels grands principes ?

En se forgeant, toute existence zigzague entre une série d'acquis, de déterminismes, de nécessités, et de décisions, de choix relevant de la volonté et de la liberté. En regardant Jacky, Jacques, son fils qui venait de naître, Robert Lageat s'était dit : « Je m'en étais trop vu, nous n'en aurions qu'un. » C'était en 1932. Douze ans plus tard, en 1944, à mon égard, ma mère m'avait fait la même promesse. « Mon cadeau de naissance », concluait Robert. Sûrement, car, dans les milieux populaires, ne vouloir qu'un enfant à une époque où la pilule anticonceptionnelle était dans les limbes signifiait reporter ses espoirs de vie meilleure sur ce rejeton unique. Une telle détermination impliquait une ascèse, à savoir une prudence constante au moment des *rapports*. Ensuite, chaque ménage éduquait sa progéniture comme il pouvait.

Il est fréquent d'entendre des personnes d'âge mûr, d'origine modeste, évoquer leur éducation *bourgeoise*, voire *judéo-*

chrétienne. Ces adjectifs me semblent inappropriés à la mienne. Je m'en suis déjà ouvert : à la maison, mes parents étaient assez libres de propos. Pouvais-je, ainsi, faire ce que bon me semblait ? Non. Par exemple, j'ai été long à dire des *gros mots* – mes enfants aussi, d'ailleurs. Je suis allé au catéchisme, j'ai fait ma communion, pourtant, à un moment, ma piété agaçait mon père. « Avec tes gros calotins, la barbe ! » disait-il en se passant la paume de la main sur la joue. En revanche, à sa mort, à celle de ma mère, j'ai fait dire une *petite bénédiction*, comme le voulait Maman. À l'image de mes parents, je balance entre indifférence, agnosticisme, athéisme et tradition. Petit, j'ai reçu quelques gifles de mon père. Ça n'a guère duré, ma mère n'appréciait pas ces manières. Ma cousine Yvette, pas davantage : une fois que le coup m'avait fait saigner du nez, elle avait enguirlandé mon père – nous étions rue des Archives, j'ai l'impression, devant les Billettes.

Comme nombre de petites gens, mes parents m'ont élevé sans référence à des principes, et encore moins à de *grands* principes. Comment auraient-ils pu en avoir ? D'ailleurs, si écrire est mon métier, c'est en grande partie parce qu'au moment de m'élancer dans les études supérieures mes parents ont été incapables de me conseiller. De même que pour les principes, comment auraient-ils pu me prodiguer de véritables conseils ? Ils n'avaient que leur certificat d'études. L'inégalité des chances n'est pas qu'économique, elle est aussi « psychologique », elle est ancrée au tréfonds. Croyant bien faire, les parents d'un de mes amis l'avaient poussé à suivre des études techniques. « Tu s'ras technicien en blouse blanche », lui faisaient-ils miroiter par opposition à la salopette, au bleu de l'ouvrier. Aujourd'hui, ce hiatus de départ est oublié, mais, fut une époque, cet ami reprochait intérieurement à ses parents de l'avoir ainsi dirigé – il aurait préféré les lettres. Céline était destiné à être dans le commerce, acheteur au Bon Marché, révèle-t-il quelque part. Son bachot, il l'a obtenu après avoir guerroyé en 1914. Puis il est devenu médecin et l'écrivain que l'on sait. Chez moi, sans que, sur le moment, dans la famille personne en ait eu conscience, c'est le caractère que mon père m'a légué, tourné vers l'analyse, l'autoanalyse, le rabâchage et la peur continuelle qu'*il neige du boudin* qui l'a emporté. Faire de la philo me permettrait de réfléchir sur l'existence, m'enthousiasmais-je l'année de mes 18 ans. Encore fallait-il que la décision, davantage celle de ma mère que de mon père, de s'en tenir à un fils unique me le permît. Sur ces sujets encore, les statistiques se heurtent à des motivations d'ordre privé, malaisées à saisir.

Le plaisir

D'après ce que je sais de ma mère et de Mémé Jolie, concernant les hommes, ma grand-mère a été la plus libre des deux. Elle avait quitté la ferme paternelle à 12 ans puis, après quelques années en maison bourgeoise à Langon, elle était partie pour Paris durant la guerre de 14. Née le 15 mai 1919, ma mère n'a été reconnue par sa mère que le 31 juillet suivant, et par son père, un an plus tard, le 31 juillet 1920, quelques jours avant son mariage avec Mémé Jolie, m'apprend l'acte de naissance de Maman. Si mes parents ont été mariés cinquante ans, ma grand-mère ne l'a été que treize. En 1933, elle est tombée veuve, ma mère avait 14 ans. « C'qu'elle m'a emmerdée, avec son puc'lage, au mariage ! J'te jure ! De quoi j'me mêle ? » Parfois, ma mère en avait contre la sienne. Mémé Jolie avait, je crois, commis quelques frasques : elle désirait une autre conduite pour sa fille – retournement d'attitude classique. Comme, en Saône-et-Loire, mon père avait obéi à ses vieux parents, à Paris, Maman s'était conformée à l'espèce d'injonction maternelle. À contrecœur, considérait-elle avec le recul, c'est pourquoi elle l'a reproché à sa mère. De cette sorte de frustration découlait son vœu que nous soyons copains, elle et moi. Un jour, rue Saint-Denis, une belle cocotte m'avait cligné de l'œil. Je l'avais raconté à Maman, au rebond elle avait repris : « T'es bien bête : t'avais qu'à monter avec, si ça te f'sait plaisir ! » Au cas où ma mère aurait eu une fille, comment l'aurait-elle élevée ? J'en reviens encore à Daniel Roche, à ses propos sur les rôles masculins et féminins. On me croira ou pas, mais j'ai entendu ma mère déclarer : « Si j'avais une fille, j'crois bien que j'lui dirais d'être putain ! » C'était ainsi : depuis le début, ma mère se sentait contrainte, oppressée, accablée. Être enfant ne rime pas toujours avec sourire.

Le pognon

Dans *Mourir d'aimer*, Boudard récapitule les « conseils éducatifs » de sa mère. Le troisième ayant trait à son caractère – « sois aimable » –, ces conseils se réduisent à deux et finalement à un seul, tant ils sont dans la même logique. Le premier : oui, « travailler le mieux possible, mais surtout viser ce qui pouvait payer le plus ». Sa mère recommandait à Alphonse de ne pas s'« engager dans les salades politiques », sous prétexte que, répétait-elle, « tu n'as qu'une vie, t'auras déjà bien du mal à la garder tout seul ». À le considérer attentivement, le deuxième conseil – « dégauchir une femme avec du pognon » – est l'exact pendant pour son fils de la conduite qu'elle avait eue. Si je compare avec ce que j'ai entendu rue du Plâtre, ce genre d'exhortation était plutôt répandu dans les classes populaires : gagner du pognon, se marier avec quelqu'un qui en aurait. « Y'a qu'le pognon qui compte ! » Maman n'en démordait pas. Enfin, le pognon et la santé... Mêlant les deux, elle lâchait : « Les riches, si y pouvaient ach'ter la santé aux pauvres, y le f'raient, va ! » Revenons aux conseils. Quand j'étais mioche, Maman, et mon père encore plus, veillaient à ce que je ne fasse pas de bêtise, que je ne suive pas de mauvais exemples. Au 3 rue du Plâtre, il y avait un garçon plus âgé que moi. Son copain, à l'allure un peu voyou, le sifflait pour qu'il descende. « Ces manières-là, ça m'plairait pas ! » ma mère pensait à moi en faisant la moue. Ces conseils parentaux, Boudard les passe sous silence. En revanche, je me souviens qu'il préconisait l'enseignement du code pénal à l'école. Pour autant, aurait-il évité ses faux pas de jeunesse ?

Sa grand-mère et sa mère lui avaient probablement recommandé de faire attention, de bien se conduire, mais l'époque, l'Occupation, était propice à la vie aventureuse et dangereuse. Et aussi, comme ma mère répétait souvent : « On n'élève pas les enfants comme on veut ! »

La morale des petits : « en chier »

Si je mets en parallèle mes faits et gestes anciens avec ceux de Boudard ou de Borel, je n'ai pas été un enfant dur. Même s'il y a eu certains conflits, je n'ai jamais été en rébellion ouverte contre mes parents. De même mon copain Titi – nous ne sommes pas pour rien de la même maison. Très vite, les façons de penser de mes parents, de voir la vie, hélas ! plus en noir qu'en rose, ont été les miennes. Ainsi, depuis longtemps, je juge que mon père et ma mère ont réussi leur éducation. Reste à savoir si cette façon de m'élever – « éduquer » et « éducation » étaient inconnus au bataillon, chez nous – a été la meilleure qui fût. En posant cette question, je ne vise pas ces grands principes évoqués plus haut que mes parents ne m'ont pas inculqués, mais ce poids du destin que ressentait ma mère, et cette humeur, ce tempérament à tout voir à la caille qui a conduit mon père au suicide. J'en ai hérité, je le sais.

À la fin de *Mourir d'aimer*, Boudard fait le bilan. Concernant sa mère, reconnaît-il, « le plus positif [est qu'elle] m'a sans doute donné, chose précieuse, un certain goût de l'indépendance, de la liberté ». L'existence d'Alphonse, il est vrai, est une suite d'arrachements à des enracinements multiples qui se métamorphosent en victoires sur le mauvais sort : son prix Renaudot en 1977 pour *Les Combattants* et, en 1995, son Grand Prix du Roman de l'Académie française pour *Mourir d'aimer*. Telles celles d'Albert Simonin, d'Auguste le Breton, la vie de Boudard est hors du commun. Contrairement à Boudard, et probablement comme beaucoup de gens de peu, il m'est impossible de remercier mes parents de m'avoir légué un pareil « goût de l'indépendance, de la liberté ». « La vie est un plat de merde, on en mange une cuillerée tous les matins » : ce dicton ô combien populaire me tinte aux oreilles par la voix de ma mère interposée. Peut-être ai-je fait ce que j'ai voulu, mais avec quel mal, et parce qu'il ne m'était pas loisible d'agir autrement. « J'aurais pas respiré sans cage ! » clame quelque part Céline, reconnaissant par là la nécessité de l'adversité dans l'envol de sa liberté. Moi itou, je suis dans une cage « existentielle », las ! l'air que j'y inhale est un méphitisme sans nom, je suis asphyxié. « On est là pour en chier ! » scande encore la *vox populi*. Grossières à dessein, ces expressions résument au plus juste les difficultés, les *emmerdements* vécus par ceux du peuple du début à la fin. « La tranquillité péniblement gagnée, la monotonie des dernières années sont aussi moyen de comprendre les fredaines et la fougue enfuies », Roche commente-t-il encore Ménétra, sans se rendre compte que la monotonie empêche la tranquillité. « Y l'prend mal », me répétait ma mère quand mon père a eu 70 ans, et lui : « On est bon pour la casse, quoi ! » Compliqué par la maladie, l'âge faisait redoubler son cafard. « La vie ordinaire contraste avec le temps du plaisir », avec le temps de la jeunesse, poursuit Roche. Cette dualité, ah ! oui, mon père l'a éprouvée pleinement. Et avec lui, tant d'autres.

« Comme s'ils n'avaient jamais existé » (Richard Cobb)

« M'a demandé si j'avais des érections au réveil » (Léo Malet)

Un an et demi après la mort de son épouse, le 2 mai 1981, Léo Malet avait cru qu'une jeune femme pourrait l'aider à repartir. Illusion. Malet a alors 74 ans, le retour à la réalité n'en est que plus douloureux. Malet consigne le 17 novembre 1983 :

> « Brusquement, je m'effondre en pleurant. Une véritable crise de nerfs. Je sanglote et je hurle. Soudain, je me sens vieux et malade, bon à rien et inutile. Abandonné n'est pas le mot. Je me sens rejeté, EXCLU. Je me décide de réagir. Je ne veux pas continuer à être bon à rien, je veux rebander, je veux baiser[61]. »

Le voici donc, le mal essentiel pour l'homme : la perte de sa virilité. Rien de moins compréhensible puisque la sexualité engendre la vie et qu'ainsi vivre, c'est faire l'amour, aimer. Le contraire, Malet le ressent de façon aiguë, de la mort à petit feu. Les malheurs de la vie, ce *plat de merde*, les petits les supportent et s'en accommodent à la condition expresse d'avoir, en antidote, leur *café du pauvre*. Expression explicite : au XVIe siècle, on parlait déjà de « faire la pauvreté[62] », l'amour, et, au siècle suivant, répertorié par Oudin[63], du « pain des pauvres gens ». À la fin de *Mourir d'enfance*, Boudard se penche sur la question :

> « On meurt par petits morceaux [...] et puis et puis la quéquette qui ne veut plus que faire son petit pipi à compte-gouttes. On lit tout ça dans le regard des belles, elles vous devinent la bite en froc recroquevillée par les inexorables outrages du temps. »

Le choix des mots, l'espèce d'obscénité gâteuse qu'ils provoquent ajoute encore au pathétique du constat, à la calamité des choses. Retournons à Léo Malet, rendu plus fragile par son veuvage : avec l'argent qu'il possède, calcule-t-il, « je peux tenir un an et demi sans m'en faire et puis... si je ne bande toujours pas... me faire sauter le caisson ». Plus loin, il menace de nouveau : « Ah ! nom de Dieu ! si par un moyen ou un autre, je ne retrouve pas ma virilité, je me TUE. » En de tels moments de désespoir, la panne de ce qui mène le monde n'est pas loin de mener au cimetière. Cela dépend des uns et des autres, mais la plupart acceptent de vivre au ralenti, de se consumer. Le 19 avril 1990, la coupe était pleine, l'acte de mon père a été imparable : il s'est égorgé de deux coups de rasoir – huit jours plus tard, il aurait eu 76 ans. En général, ai-je alors appris, les vieux ne ratent pas leur suicide. Le même soir, dans le 4e arrondissement, un jeune homme avait tenté de mettre fin à ses jours : il s'était loupé.

Trois petits tours…

Je repense à Richard Cobb, que j'ai bien connu grâce à Louis Chevalier, à son étude *La mort est dans Paris. Enquête sur le suicide, le meurtre et autres morts subites à Paris au lendemain de la Terreur*[64]. La plupart des suicidés dont il a étudié le cas, conclut-il tristement,

> « avaient traversé leur existence écourtée sans grand bagage. Ils n'étaient guère porteurs que de misère et de désespoir. En disparaissant, ils faisaient naître une source murmurante de regrets et d'éphémère tristesse que le temps et l'oubli tarissaient rapidement. C'était alors comme s'ils n'avaient jamais existé ».

Tel est bien le cas pour mon père, ma mère, morte du sida par transfusion, et enfin ma femme, vaincue par le cancer. Suicide ou maladie, peu importe, tous les trois sont morts trop tôt. Contrairement aux petites gens dont la trace s'efface vite, les écrivains ont la chance d'être lus *post mortem*. Enfin pas tous, certains… Je ne cesse ici d'être en contact avec Louis Chevalier. Les deux dernières années de Chevalier ont été difficiles. « Je pense beaucoup à votre père », à son suicide, il m'a souvent dit à partir d'une certaine époque. Il est parti à 90 ans, le 3 août 2001. Si j'ai été l'ami de Louis Chevalier, en revanche je ne connaissais pas Léo Malet. Même si, où il est, *ça lui fait une belle jambe*, en ce moment je m'interroge sur lui,

Malet. S'est-il fait soigner par le docteur Zwang comme il l'envisageait ? A-t-il retrouvé ses « R au R » – érections au réveil –, une femme ? Ni Francis Lacassin ni Michel Marmin, les préfaciers du *Journal secret*, n'en disent goutte. On sait seulement qu'après avoir interrompu son journal le 29 février 1984 Malet a encore vécu douze ans avant de s'éteindre, à 87 ans, dans son fauteuil, devant la télé allumée, le 3 mars 1996. Quant à Boudard, cinq ans après *Mourir d'enfance*, achevé le jour de son soixante-dixième anniversaire, il était inhumé à Montparnasse. Le cœur, je crois. Alphonse venait d'avoir 75 ans.

1. Claude Dubois, « C'est loin, Montmartre. Entretien avec Louis Chevalier », *Le Monde*, 22-23 septembre 1985.

2. *Op. cit.*

3. *Histoire et Dictionnaire de Paris*, *op. cit.*

4. *Dictionnaire érotique*, Payot, 1978.

5. *L'Aveu différé*, *op. cit.*

6. Hachette, 1976.

7. *Dictionnaire du français non conventionnel*, *op. cit.*

8. *Dictionnaire érotique moderne par un professeur de langue verte*, Freetown, 1864.

9. *L'Argot au XXe siècle. Dictionnaire français-argot*, préface de Pierre Merle, Fleuve noir, 1993.

10. Marie-Thérèse, *Vie d'une prostituée*, Joëlle Losfeld, 1993.

11. Les étymologistes de l'argot s'accordent à penser que l'origine de cette appellation est le *nase* – maladie de la morve des chevaux pour Cellard et Rey (*Dictionnaire du français non conventionnel*, *op. cit.*), maladie du mouton pour Guiraud.

12. « Sans doute d'après *plomber*, "frapper de manière à couvrir de taches livides" », propose Guiraud. Cellard et Rey attestent *plomb* en 1836 et *plomber* en 1858. « Seul le verbe a vécu et n'est pas inusuel », disent-ils en précisant que, le temps passant, « *plomber* s'est appliqué à la plus courante des maladies vénériennes, la blennorragie ».

13. « D'abord *vérole de Naples* et *grosse vérole*, par opposition à la *petite vérole* », devenue la variole. « Les deux maladies [étaient] caractérisées par des rougeurs de la peau, d'après le latin *variola*, "de couleur variée" », explique Guiraud.

14. Cellard et Rey disent que ce mot apparaît vers 1875, et ajoutent : « A désigné aussi la syphilis. Sainéan voit dans ce mot une altération de *cataplasme*, où le *l* a été

prononcé mouillé. L'apparence italienne du mot a pu renforcer certaines connotations (*mal de Naples*, etc.). » Guiraud dit quant à lui : « Mot dialectal ; forme de cataplasme au sens de "bouillie épaisse". »

15. Au chapitre 4, nous avons rappelé qu'au XVIIe siècle *lance*, « eau », figurait dans *Le Jargon ou Langage de l'argot réformé*. « *Chaude-lance* (1826) suppose une équivalence bien diffusée de *lance* à *urine* », font observer Cellard et Rey, en étayant : « L'ancienneté de *lanscailler*, "uriner" (1628), nous donne à penser que le premier sens de *lance* a pu être "urine". »

16. Pour le conscrit ou le soldat, avoir une blennorragie signifiait qu'il avait connu la femme, qu'il était « bon pour le service » et, ainsi, qu'il était un homme.

17. Ce mot, que Cellard et Rey datent de la fin du XIXe siècle, est la « transcription phonétique de *jetouille*, maladie de la morve des chevaux, lui-même de *jeter* (suppurer une humeur morbide), avec la suffixation péjorative en *-ouille* des verbes évoquant le désordre [du corps] : *cafouiller*, *magouiller*, etc. Dans la blennorragie, le pénis laisse écouler un pus blanchâtre. Une variante graphique *schtouille* vient du voisinage des mots (d'origine allemande) à initiale *sch-* (*schtourbe*, *schlass*, etc.) ».

18. Le même ami de la Bastoche qui emploie *gobette* pour « boisson » (voir chapitre 6), aime bien ce terme de *bricole* pour désigner l'acte d'amour. Dans son *Dictionnaire érotique*, Guiraud donne un exemple de *bricoler*, *la bricoler*, « faire l'amour à une femme », remontant au XVIe siècle. À l'origine, la bricole était une catapulte à courroies, explique le Petit Robert. Par métaphore, le mot a signifié « pénis ».

19. *Journal*, *op. cit.*

20. Plon, 1974.

21. À en croire Chevalier, pendant l'Occupation, les nuits de Montmartre ont été le théâtre de tels « emportements luxurieux ». Dans *Les Ruines de Subure. Montmartre de 1939 aux années 80* (Robert Laffont, 1985), il montre qu'alors Montmartre était « devenu, dans sa totalité, le domaine réservé des plaisirs germaniques, avec leur accompagnement habituel : ce mélange de cruauté et de débauche, cette rage de salir ce dont on vient de tirer jouissance, ce comportement de tous les vainqueuurs, et peut-être plus encore de ceux-là ». Et Chevalier, par la bouche d'un curé mettant en garde une danseuse de Tabarin, de revenir sur « ces vieilles chroniques [celles de Grégoire de Tours] où l'on voit les ancêtres des actuels occupants, maniaques de la torture et prenant plaisir au cours d'orgies, à brûler les seins des femmes, et autres épouvantables histoires ».

22. Pour le Petit Robert, *gourme* vient du francique *worm* qui, au XIIIe siècle, signifiait « pus ». Dans *La Puce à l'oreille. Anthologie des expressions populaires avec leur origine* (Le Livre de poche, 1978), Claude Duneton reprend Furetière : « Gourme, mauvaise humeur & corrompue qui sort du corps des enfans. Ce n'est pas un mauvais signe, quand les enfans sont galeux, il faut qu'ils jettent leur gourme. On dit figurément des jeunes gens qui entrent dans le monde & qui ne savent pas encore vivre, qu'ils n'ont pas encore jeté leur gourme. » Le Petit Robert est un peu plus précis : « Se dit des jeunes gens qui font leurs premières folies, leurs premières frasques. »

23. *Op. cit.*

24. Voir chapitre 5.

25. *Histoire et Dictionnaire de Paris*, *op. cit.*

26. Actuellement, selon le *Libération* du 15 février 2006, pour, je pense, la France dans son ensemble, de 18 pour 1 000 en 1972, le nombre des enfants mort-nés ou décédés dans les sept jours est descendu à 7 pour 1 000 en 2000.

27. *La Prostitution à Paris au XIXe siècle*, Le Seuil, 1981.

28. Cité par Louis Chevalier dans *Classes laborieuses et Classes dangereuses*, *op. cit.*

29. *Idem.*

30. *Op. cit.*

31. Il s'agissait du fort de Romainville, sur les fortifications de Thiers.

32. *Ma route et mes chansons*, *op. cit.*

33. Presses de la Cité.

34. Paul Morand, *Venises*, cité par Hervé Manéglier dans *Les Artistes au bordel*, Flammarion, 1997.

35. Le 28 mai 1991, François Vals, l'ancien secrétaire de Maurice, m'avait adressé la photocopie d'un extrait de ce chapitre. Ce sont ces quelques pages qui me servent de référence.

36. Dans *Homosexualité et Prostitution masculines à Paris (1870-1918)* (L'Harmattan, 2005), Régis Revenin écrit qu'effectivement « l'idée selon laquelle l'homosexualité est un "vice bourgeois" ou un "vice aristocratique" – ou plus généralement un vice des "classes" oisives, donc aisées – est très répandue, par exemple chez Léo Taxil », écrivain, ou le docteur Riolan. Un autre auteur, Julien Chevalier, pense au contaire que « les pédérastes se rencontrent dans toutes les classes de la société, en haut comme en bas », mais que, « souvent, ce sont des hommes instruits, distingués ». La part des choses étant très difficile à faire, la rumeur en profite pour se propager à qui mieux mieux.

37. Les *Combattants du petit bonheur*, *op. cit.*

38. *Op. cit.*

39. *Op. cit.*

40. Voir chapitre 5.

41. Voir chapitre 5.

42. Voir chapitre 1.

43. Au cours du temps, Borel a varié ses façons d'écrire. Loin de la manière soignée de *L'Adoration*, dans laquelle il utilise au maximum les ressources de la grammaire, Borel, dans *L'Aveu différé*, malmène la syntaxe, glisse au style parlé et recourt à l'argot. Non qu'il ait délaissé Proust pour Céline, mais il y a de cela. L'ambiance de « la rue aux putes » de son enfance se prêtait on ne peut mieux à cette spontanéité que je qualifierais de *parisienne*.

44. *Les Grands Criminels*, Le Pré aux Clercs, 1989.

45. *Op. cit.*

46. *Les Combattants du petit bonheur, op. cit.*

47. Cité par Pierre Guiraud dans *Dictionnaire érotique, op. cit.*

48. Voir ci-après.

49. Et pas seulement. À propos de Robert Dalban, auquel, étant donné son blair, Gabin demandait : « Dis donc, quand tu t'mouches, t'as pas l'impression d'serrer la main à un pote ? », Hervé Chayette, dans *76, avenue Marceau* (Le Seuil, 2005), en raconte en effet deux bien bonnes. Au Paris, 93 Champs-Élysées, la légende voulait que se « tinssent les réunions du très confidentiel "Club des grosses queues", association réunissant des gens de cinéma sur les critères qu'on a compris [...], dont Robert Dalban aurait été un... membre des plus remarquables – Dalban qui, paraît-il, mourut non loin de là au cours d'un déjeuner au Val d'Isère, rue de Berri, terrassé par une crise cardiaque, son gros nez plongeant dans son plateau d'huîtres ».

50. Voir chapitre 2.

51. En particulier, le 22 décembre 1934, le meurtre au Rat Mort, par balles et par erreur, d'un enfant de 5 ans, François Keusch, sera le point de départ d'une longue vendetta entre gangsters corses. (Voir Claude Dubois, *Paris gangster, op. cit.*)

52. Jean-Louis Ménétra, *Journal de ma vie, op. cit.*

53. *Mistinguett. La Reine du music-hall*, Le Rocher, 1995.

54. *Fréhel*, Belfond, 1990.

55. Voir chapitre 4.

56. *Op. cit.*

57. Après s'être appelée « *passage* Neveu, puis, en 1877, *cité* Jarry, cette rue porte le nom du calligraphe Nicolas Jarry (1620-1670) », dit Hillairet dans son *Dictionnaire historique des rues de Paris, op. cit.*

58. *Op. cit.*

59. *Op. cit.*

60. *Op. cit.*

61. *Journal secret*, Fleuve Noir, 1997.

62. Pierre Guiraud, *Dictionnaire érotique, op. cit.*

63. *Curiositez françoises*, cité par Claude Duneton et Sylvie Claval, *Le Bouquet des expressions imagées, op. cit.*

64. Le Chemin Vert, 1978.

8. BOXE FRANÇAISE, NOBLE ART ET PETITE REINE : LEURS ROIS ET ROITELETS

Gavroches d'1 m 66 pour l'un, d'1 m 62 pour l'autre, Joseph Charlemont et Robert Lageat ont plus d'un point commun. Le premier, essentiel, est que chacun a jugé sa vie si palpitante qu'il l'a racontée dans un livre. À soixante-dix ans d'intervalle, le Paris très populaire qui s'exprime à travers les faits et gestes des deux est identique. « Je voulais me sortir de cette mistoufle qui me collait au cul comme une maladie », gouaillait Lageat : Charlemont aurait souri et acquiescé. « Hommes de combat », autre mot de Lageat, ils le sont au figuré et plus encore au propre. Ce sont des sportifs. Lorsqu'ils mettent leur peau au service de ce qu'ils croient être bien, le physique entraîne le psychologique.

À 16 ans, un jour de 1855, Charlemont en a assez de l'atelier : il s'engage dans l'armée. Il ne reviendra à la vie civile que le 1er octobre 1869, à 30 ans, pour s'adonner entièrement à la boxe française – comme pratiquant et comme professeur. L'histoire va alors s'emballer, elle fera de lui un héros de la Commune : Charlemont a terminé chef de bataillon – commandant. Las ! après des épisodes aussi téméraires que rocambolesques, il est obligé de s'exiler en Belgique[1].

En 1939, dès la constitution des corps francs, Robert Lageat s'était porté volontaire. Démobilisé à l'armistice, il tâte de la Résistance. En 1944, il a 33 ans. Dans les maquis du Lot, une balle explosive dans le ventre manque de peu de l'envoyer *ad patres.* Il n'empêche : après la Libération, une fois rétabli, il reprend du service au 5e bureau de l'état-major de l'armée. Robert a terminé lieutenant de réserve avec, en guise de carte de visite, « la Légion d'honneur, la croix de guerre, deux citations à l'ordre de l'armée et, définitif… saucissonné dans le bien ! » contre-balançait-il l'étalage de ses décorations – conséquences de faits de guerre et d'aventures « extra-guerrières », comme il les qualifiait.

Une fois l'épisode de la Commune réglé, Charlemont, amnistié, fonde, le 1er octobre 1887, l'Académie de boxe, 24 rue des Martyrs. Au sortir de la Libération, soixante-cinq ans plus tard, au début des années 1950, Lageat aura son bureau de manager et d'organisateur de catch juste à côté, au 22 rue des Martyrs. « Avec, précise-t-il[2], attenante, une salle d'entraînement appréciable. » Celle de Charlemont[3] « mesure plus de 11 m de longueur sur 6 de large et 5 de hauteur ». On s'y entraînait, et des combats de boxe française y étaient présentés. La boxe, le mot vient d'être lâché. Si Charlemont a été le champion, le Phénix de la boxe française[4], en anglaise Lageat a boxé en amateur et en professionnel. Les soixante-dix ans entre les deux hommes marquent aussi l'écart entre boxes française et anglaise. La technique diffère, la façon de s'y adonner, et le but recherché à pratiquer l'une ou l'autre.

Boxe française

Vidocq a pratiqué la savate

Si, précédemment, les *Mémoires de Claude*[5] ont montré comment, dès le temps de Napoléon Ier, les malins de la Courtille se battaient avec les pieds, un témoignage de Vidocq[6] permet de faire remonter la savate à encore plus loin. En 1797, sous le Directoire, Vidocq a 22 ans. Condamné à huit ans de travaux forcés, il est incarcéré à la prison de Bicêtre du 20 mai au 20 décembre, avant de gagner le bagne de Brest le 13 janvier suivant. Un jour, à « Biscaye », il se bat « à la savate » contre le dénommé Beaumont, « adepte dans cet exercice gymnastique ». Novice, il est « complètement vaincu », mais prendra sa revanche « dans un cabanon, où Beaumont, manquant d'espace pour déployer les ressources de son art, eut à son tour le dessous ». Comme quoi, outre la force et la technique, comptent les conditions dans lesquelles se déroule une bagarre. Robert Lageat le savait. Durant l'Occupation, le catch avait été interdit, il s'était mis à l'acrobatie. Plusieurs fois, Maurice, son partenaire, et lui ont des mots. Un coup, le vase déborde. Maurice est grand : Robert le coince dans leur loge du Lido, « un mouchoir de poche : en corps à corps, Maurice ne pourra pas utiliser son allonge ».

À quand remonte la savate, à Louis XVI ?

Vexé de sa défaite, Vidocq décide de se « faire initier aux secrets de cet art » à l'origine de sa mésaventure. En effet, « le célèbre Jean Goupil, le Saint-Georges de la savate [...], se trouvait avec nous à Bicêtre », révèle-t-il. Plus tard, à propos d'une bataille qu'il a – « à coups de poing », d'ailleurs – avec un « gars bas normand, connu pour sa force et son adresse », il s'exclame : « Mais que pouvait un rustre épais contre l'élève du grand Goupy !... » dont il orthographie le nom autrement. Vidocq étant de 1775, Goupil devait être plus vieux, 1770 ou 1765. La savate remonte-elle ainsi au règne de Louis XVI, entre 1774 et 1793 ? Que Daniel Roche[7] n'en dise mot, alors que Vidocq l'atteste en 1797, est surprenant.

Dans son historique, Charlemont ne va pas au-delà de Michel Casseux, dit Pisseux, né à la Courtille en 1794, « fils de boulanger et boulanger lui-même ». Peu ou prou, on est à l'époque des malins de Claude. Charlemont passe vite sur Pisseux. Au « contact de cette ignoble population » des barrières, explique-t-il, il a observé

> « les différents coups qu'elle pratiquait dans ses combats ainsi que ses différentes manières de se battre. Il en fit un résumé, classa les coups qui lui paraissaient les plus pratiques, et en composa une théorie appelée "l'Art de la savate". Il ouvrit une salle dans son quartier et donna le premier des leçons de ce nouveau sport ».

Pisseux s'établira ensuite 10 rue Buffault, dans le faubourg Montmartre.

Lord Henry Seymour, alias Milord l'Arsouille

La Courtille revient fréquemment comme lieu privilégié d'affrontements physiques, elle semble avoir été le berceau de la savate. Point de « rencontre entre le plaisir aristocratique et le plaisir populaire, [le] combat du Taureau à la barrière Saint-Louis » est aussi mentionné par Louis Chevalier[8]. Proche de Belleville, ladite barrière se trouvait à l'emplacement de la place du Colonel-Fabien actuelle. De 1781 à 1833, avec quelques interruptions, il y a eu là une arène : s'y sont affrontés des taureaux, mais, « le plus souvent, raconte Delvau[9], des loups, des ours, des cerfs, des ânes & des bouledogues ». Ainsi, la barrière Saint-Louis avait été rebaptisée « du combat du Taureau », puis « du Combat » tout court. Reprenant une histoire de Milord l'Arsouille ou de ses imitateurs, Chevalier y évoque

> « le défi lancé par des gentilshommes aux gars de l'équarrissage. Aux plus forts d'entre eux, aux plus fiers de leurs muscles et aussi aux plus sales et qui se font gloire de se salir un peu plus encore, de se plonger les bras dans la fiente et le sang pour marquer un peu plus fortement leur différence sociale et pour opposer au blason immaculé de leur adversaire leurs propres couleurs. Aux plus forts qui, au jugement des belles, se trouvent être les plus

> beaux. Car les belles sont là. Les belles faubouriennes qui encouragent leurs amants. Et aussi, le visage voilé, quelques dames du noble faubourg dont certaines, dit-on, donnent l'impression de souhaiter la victoire, non de leur chevalier servant, mais de l'équarrisseur ».

Si certaines frasques de jeunesse avaient valu à lord Seymour (1805-1859) le surnom de Milord l'Arsouille, toutes celles attribuées à l'Arsouille ne sont pas advenues à Seymour : Chevalier a raison de mentionner ses imitateurs. Il n'en demeure pas moins que le très *fashionable* Henry Seymour, créateur du Jockey-Club, était doué d'une force peu commune. Il excellait aux poids et à la savate, Pisseux puis Charles Lecour l'ont eu comme élève. Dans son hôtel particulier, situé à l'angle du boulevard des Italiens et de la rue Taitbout, lord Seymour s'était fait aménager une salle pour s'entraîner.

En définitive, qu'elle soit survenue à Seymour ou à d'autres, l'anecdote du Combat n'est jamais que la mise en pratique des préceptes d'un autre professeur de boxe française et de lutte, Leboucher, adepte, on s'en souvient, des pantalons noirs à la hussarde[10]. « Pour faire la *pratique* (c'était son mot) », rapporte Charlemont, il engageait ses élèves « à aller de temps en temps dans les bals publics mal famés et y essayer de se casser la g… avec quelques voyous (c'était très pratique). » Le lendemain, Leboucher demandait à ses habitués, « aux plus robustes, à ses préférés : “Eh bien ! s'est-on battu un peu hier ? vous savez, mes enfants, sans cela vous n'arriverez jamais à rien.” » Installé d'abord 20 rue de la Michodière, Leboucher se transportera 13 bis passage Verdeau, en 1855.

Charles Lecour a transformé la savate en boxe française

Contemporain de Leboucher, Charles Lecour (1808-1894) était un disciple de Michel. Après avoir tenu vers 1830 une salle dans le faubourg Montmartre, il ouvre sa seconde passage des

Panoramas, galerie Montmartre, au 27. En 1848, son frère Hubert (1820-1871) lui succédera. Alexandre Dumas, Théophile Gautier, Alphonse Karr, Nestor Roqueplan, Eugène Sue, lord Seymour et nombre de gens de la haute prennent des leçons chez Charles Lecour.

Jusqu'à présent, on a indifféremment parlé de savate et de boxe française. Or, c'est à Charles Lecour que l'art de la savate doit d'avoir évolué en boxe française. Un jour, chez lord Seymour, un assaut l'oppose au boxeur anglais Owen Swift : pieds seuls contre poings. Lecour est tellement dominé qu'il ne place plus un seul coup. Peu après, au bois de Vincennes, un combat de boxe met aux prises Owen Swift à Adams, un autre Anglais. Au bout d'une heure et demie, Owen Swift est déclaré vainqueur. Spectateur attentif, Lecour comprend qu'il doit apprendre à boxer, il demande à Adams de lui prodiguer quelques cours. « Grâce à ces leçons de boxe anglaise réunies à la savate, Charles Lecour forma ce que l'on appela à juste titre la boxe française », explique Charlemont.

De quand, précisément, date l'appellation ? En 1843, dans *Filles, lorettes et courtisanes*[11], Alexandre Dumas rend hommage à Lecour – « Lacour », se trompe-t-il. Il parle de savate, de boxe-savate, mais pas de boxe française. En revanche, le terme est présent dans « Cirque olympique », un article de Théophile Gautier paru dans *La Presse* du 16-17 août 1847. Célébrant aussi Lecour, il écrit : « Un homme instruit dans la boxe française se défend des pieds et des mains, et frappe avec les quatre membres comme avec quatre fléaux. » Doit-on « boxe française » à Gautier, à Lecour lui-même ? On ne sait. Il n'empêche : unique, précieux et introuvable, *La Boxe française historique et biographique* de Charlemont exhume, pour l'époque de la Monarchie de Juillet, du Second Empire et de la IIIe République naissante, un Paris qu'on n'aurait pas imaginé déjà sportif, ni à ce point. Un Paris qui s'enthousiasme pour les disciplines physiques, boxe française, canne, bâton, escrime et lutte.

La boxe française appartient au boulevard

Les différentes adresses en témoignent : le boulevard est le cœur, le nerf de ce Paris. Si, dans *Les Mystères de Paris* de Sue, la savate est pratiquée avec brio par le prince Rodolphe, émanation littéraire de Louis-Napoléon et de lord Seymour, elle n'apparaît pas dans les romans où boulevard rime avec plaisir parisien – *Nana* de Zola ou *Bel-Ami* de Maupassant. Dans un autre livre, plus technique, Charlemont[12] cite « les salles les mieux tenues dans lesquelles on trouvait toujours la bonne société ». Dans le fil de quelques sous-entendus de *La Fille aux yeux d'or* de Balzac sur la circulation sociale en germe, cette furtive allusion à la haute corrobore ce fait que le boulevard, grâce à sa physionomie – sa longueur, sa largeur – et à ses attractions inépuisables, est la vitrine du coudoiement des diverses classes de la société[13]. À ce titre, au sens de la population dans son ensemble, il est représentatif du peuple de Paris. On s'en est rendu compte : le Paris populaire qui nous intéresse est bien plus vaste que le Paris des seuls quartiers populaires. Essentielle, cette précision est le gage de la force, de l'attrait uniques de la ville, à juste raison qualifiée de « grande », de « Grand'Ville ».

Quelques mots sur la nuit

La nuit, jusqu'ici, les gens dormaient, ou vivaient à l'intérieur : de plus en plus, l'éclairage au gaz va leur permettre d'être dehors, de flâner sur le boulevard. « Toutes les autres transformations, la chirurgie d'Haussmann elle-même, ne comptent guère à côté de cette révolution-là », s'enflamme Louis Chevalier[14]. Ainsi, à l'abri des passages qui donnent sur le boulevard, à côté des théâtres symbolisés par celui des Variétés que Zola célèbre en même temps qu'il magnifie Nana, la boxe française, par son attrait, est partie prenante du Paris nouveau qui éclôt tout au long du XIXe siècle. Que le passé de cette discipline ait été négligé fait comme s'il n'avait jamais été. Loin que la boxe française ait jailli par génération spontanée de nulle part ou d'ailleurs, elle est parisienne. C'est pourquoi, au regard de Paris, ce sport, son histoire et ses historiettes acquièrent un tel intérêt, une telle valeur. Plus d'une fois, par exemple, Vigneron, la nuit, çà et là sur le boulevard, a dû son salut à la pratique magistrale de son art.

Louis Vigneron, l'Homme-Canon

Outre Charlemont, la figure la plus mémorable de la boxe française de l'ancien temps est Louis Vigneron, un brun à fortes moustaches. Un Parisien, lui aussi, né le 11 avril 1827, douze ans avant Charlemont. Son père, ouvrier menuisier, lui fera apprendre le métier de tourneur mécanicien. Dans sa jeunesse, Vigneron travaille à Belleville, où, raconte Charlemont, « il faisait, paraît-il, l'admiration de ses camarades, pour sa force naturelle ». Il ouvrira sa première salle à Rueil en 1848, chez un marchand de vins. La mention ne manque pas d'importance : les marchands de vins ont longtemps abrité des salles de boxe ou de danse, des bals-musettes. De retour à Paris, c'est encore un marchand de vins qui permet à Vigneron de dispenser des cours : M. Rognon, au coin de la rue Crussol et de la rue de Malte, dans le bas du faubourg du Temple. La réputation de Vigneron ne tarde pas à poindre.

Leboucher propose à Vigneron de tirer le dénommé Rambaud, dit la Résistance, ouvrier boulanger de son état, « beau garçon, grand, bien découplé ; c'était la grâce dans la force », évoque Charlemont. Séparés par une semaine d'intervalle, trois assauts les opposent. « Les résultats des deux premiers [...] furent indécis ; au troisième Louis Vigneron battit complètement son adversaire et termina par un de ses admirables revers de pied », s'enthousiasme Charlemont, jugeant ainsi son futur ami : « Vigneron était le tireur le plus redoutable qu'on eût connu ; sa haute taille, sa force colossale, le mettaient hors de pair. »

À l'époque, mesurer 1 m 80 et peser 98 kilos n'était pas fréquent. « Comme hercule, il était aussi remarquable que comme boxeur », poursuit Charlemont. Vigneron faisait des tours de force extraordinaires, par exemple, « il levait de son bras gauche, à la volée, trois poids de 20 kilos pesant exactement 120 livres, ce qui [...] demande une force musculaire d'ensemble très rare ». De tous, son exercice le plus spectaculaire était celui du canon. Ses aides lui plaçaient un canon de 305 kilos sur les épaules. Il marchait avec, Charles, l'un des aides, allumait la mèche, le coup partait, Vigneron restait debout. Telle est la raison de son surnom, « l'Homme-Canon ». Sur les programmes, Vigneron est souvent dit « l'Homme-Canon de l'Hippodrome de Paris ». Voici pourquoi : « En 1858, Vigneron débuta à l'Hippodrome, place et avenue d'Eylau, actuellement avenue Victor-Hugo, près de l'arc de triomphe de l'Étoile[15]. »

De 1858 à 1859, Vigneron effectue une tournée en province, « sa pièce de canon l'accompagnait partout ; il lui dut de nombreux succès galants », révèle Charlemont. Hélas ! le 22 août 1871, à Boulogne-sur-Mer, l'aide a tardé à allumer la mèche. Vigneron se retourne légèrement, il se déséquilibre. Chancelant, il tente, dans un effort surhumain, de faire passer le canon par-dessus sa tête. C'est la catastrophe, l'Homme-Canon meurt, « le crâne débotté et brisé ». Trois jours plus tard, le 25 août, il était enterré au Père-Lachaise[16]. Deux jours avant, Charlemont était rentré de Belgique, le 25 il était présent aux obsèques de son ami[17].

Après avoir servi en Algérie de 1855 à 1861, à son retour à Paris, Charlemont avait été l'élève de Vigneron avant de voler de ses propres ailes. Le 8 décembre 1867, une importante soirée se tenait à l'Arène athlétique, 51 rue Le Peletier. L'affiche annonçait :

> « M. Vigneron, qui jusqu'alors avait été notre premier champion, consent à céder son titre à M. Charlemont, son meilleur élève de boxe française, si dans cette séance, il est jugé digne par le public de le remplacer. Il lui offre en

> conséquence une ceinture d'honneur, étant assuré que M. Charlemont soutiendra dignement ce titre de premier champion, et se tiendra à la disposition de tous les professeurs ou amateurs qui voudront bien se présenter pour lui disputer cette suprématie. »

Ces lignes montrent comment se disputait, comment s'obstenait la ceinture de premier champion de la discipline. Précision : les assauts étaient jugés à la touche – comme en escrime –, et les règles de la boxe anglaise ou de ce que l'on appelle aujourd'hui les sports pieds-poings étaient inconnues. Si les protagonistes s'engageaient réellement, l'éventualité ou le but de mettre l'autre hors de combat – *knock-out*, dira-t-on plus tard – ne présidait pas aux rencontres.

Boxe française contre boxe anglaise

Puisqu'il est question de boxe anglaise, en 1854, Leboucher avait eu l'idée d'opposer Vigneron « au fameux boxeur anglais Dickson, qui prétendait battre les boxeurs français avec leurs moyens, c'est-à-dire avec leurs bras et leurs jambes ». Le combat a lieu, salle Valentino, 247-251 rue Saint-Honoré. Dans les vestiaires, on souffle à Vigneron que Dickson prévoit d'être vainqueur en moins de trois minutes, il pâlit. Quelques instants plus tard, d'un maître coup de pied qui atteint Dickson derrière le cou, Vigneron affirme la supériorité de la boxe française. Comme le fera plus tard, le 24 juin 1887 au Pelican Club de Londres, et, surtout, le 28 octobre 1899, dans un manège de la rue Pergolèse, Charles Charlemont, le fils de Joseph[18]. Conclusion d'une polémique qui avait enflé, ce jour-là, Charlemont relève le défi du poids moyen anglais Jerry Driscoll. Le combat débute mal, Charlemont rate ses coups bas. Soudain son arcade éclate, le sang coule, ses yeux « expriment de l'angoisse et plus encore de la fureur[19] ». Charlemont ne se démonte pas, Driscoll se découvre, l'autre change de garde et, « d'un coup de pointe détaché en plein estomac, il met son adversaire hors de combat ». Driscoll ne roule pas au tapis mais, sous la douleur, « *By God ! gentlemen…* » on l'entend expectorer, incapable de poursuivre.

Vigneron, un « imbécile » ?

Le livre de Joseph Charlemont s'arrête sur un assaut annuel, le 14 décembre 1898, au Cirque d'Été[20]. Postérieure d'un an, la confrontation entre son fils et Jerry Driscoll n'y est pas relatée. Au fil de ses pages, Charlemont est de plus en plus attentif à la boxe anglaise. L'Amérique a capté la discipline : l'argent devient le nerf de la guerre qui se déroule sur les rings. Un sport de professionnels qui offrent un spectacle au public. Dans une lettre parue dans *La Presse* le 5 novembre 1898, Charles Charlemont souligne « le côté brutal » de la boxe anglaise. Alors que la française reste affaire d'amateurs, l'anglaise est pratiquée par des professionnels « qui risquent bien souvent leur vie pour une somme d'argent déterminée : la récompense du vainqueur ». Pour lui, non seulement sa spécialité est « hygiénique au dire des médecins », mais elle constitue « un moyen de défense incontestablement supérieur à la boxe anglaise ». C'est ce qu'il s'est attaché à démontrer en relevant le défi de Driscoll, sans, je pense, aucune contrepartie en espèces sonnantes et trébuchantes. Joseph Charlemont fait parfois état de paris sur les assauts, de sommes reçues par les boxeurs de française pour leurs prestations : le montant n'est jamais bien élevé.

Les causes du long sommeil dans lequel la boxe française tombera, des premières années du XXe siècle à 1965-1970, sont multiples. Alors qu'en arrivant à Paris les matchs de boxe anglaise déplaçaient les foules et captivaient la Ville lumière, son confinement dans l'amateurisme a eu une part prépondérante dans son déclin : la boxe française n'a pas pris le train de l'époque. Exégète de la philosophie grecque et amoureux du noble art, Alexis Philonenko en rend responsable Vigneron, qu'il traite d'« imbécile et tout le contraire d'un fondateur[21] ».

Mouvement d'humeur étonnant de la part d'un philosophe ami, en principe, de la sagesse et se gardant comme de la peste de tomber dans le panneau des illusions terrestres. Car, même si j'en suis passionné, la boxe anglaise est un royaume de l'illusion. Il suffit de lire la suite des champions du monde, d'Europe ou de France, catégorie par catégorie, pour s'en rendre compte : le plus adulé des boxeurs est vite oublié. Et avec lui ce qui a contribué à sa gloire : les tractations concernant les contrats, les bourses, et les campagnes de presse indispensables à la fièvre du jour J.

Autrement fine est l'analyse des différences entre boxes anglaise et française que livre un autre universitaire, André Rauch[22] : la quotidienneté de la boxe anglaise « devient banalité et la domination, cruauté : le renouvellement permanent des palmarès brise le prestige de traditions et de hiérarchies fiables ». En outre, si, pour la boxe française, il s'agit de « privilégier les sociabilités électives, [...] le succès de la boxe anglaise est fondé [...] sur la crédulité des masses ». Si la modernité du XXe siècle a permis à la boxe anglaise d'atteindre un tel succès cinquante ans durant et plus, en retour la boxe aide singulièrement à la comprendre. Lorsqu'en 1926, à propos de Georges Carpentier, Jacques Mortane[23] dit que son existence tient des contes de fées, la boxe anglaise s'y superpose et l'englobe. En devenant champion de France des mi-moyens à 17 ans, un soir de juin 1911, le jeune Georges conquiert le Tout-Paris. Le début et la suite de sa prodigieuse ascension sont dus au fait que, très vite après ses débuts en boxe française en décembre 1906, il est passé à l'anglaise – le 1er novembre 1908, il livre son premier combat à Maisons-Laffitte.

Coups durs

L'histoire de la boxe est passionnante, surtout lorsque tel détail de la vie d'un boxeur alimente l'histoire du Paris populaire. Le 24 octobre 1776, Jean-Jacques Rousseau est victime d'un accident de la circulation tout près de la guinguette du

Galant Jardinier[24]. Vers 1850, un malheureux fait-divers se produira à côté, chez Viscardi, marchand de vins. Avec plusieurs amis, Vigneron est à l'étage. En chahutant, Charles Neveu « le saisit aux jambes et fit des efforts pour le renverser à terre », raconte Charlemont. Vigneron le prend à bras-le-corps, le soulève et le lance derrière lui. Neveu trébuche, passe à travers la fenêtre, tombe sur un baquet de blanchisseuse et meurt six heures après. Avant d'expirer, sa déclaration favorable évitera à Vigneron d'être poursuivi par la justice.

Plus tard, mais Charlemont n'en donne pas davantage la date, un second fait-divers impliquera Vigneron. On a vu Charlemont, enfant, dormir sur les marches de l'Ambigu, puis, en octobre 1871, échapper aux policiers grâce à un passage qui aboutit sur le boulevard, en face de ce théâtre[25]. Cette fois, Vigneron et un Anglais font la tournée « des cafés des environs de la place de la République » – « du Château-d'Eau » serait plus juste. Des individus ont remarqué « la manœuvre des porte-monnaie [...] bien garnis ». Vigneron et l'Anglais sortent mais, « entre le théâtre de l'Ambigu et celui de la porte Saint-Martin », où le trottoir est en surplomb, les types leur tombent dessus. L'Angliche se défend si fort avec sa canne plombée que Vigneron en reçoit un coup. Peu importe : il jette « par-dessus la rampe du boulevard un des rôdeurs ». Quatre à quatre il descend les marches, ramasse son assaillant et le colle « d'un formidable coup de poing contre le mur ». Remonté sur le boulevard, Vigneron est cueilli par les agents. Le Rosbif et les assaillants se sont égaillés, sauf un, et pour cause : il est mort. La légitime défense sera reconnue à Vigneron.

Alors que le Galant Jardinier ne mêle qu'incidemment Rousseau et Vigneron, le boulevard et les alentours de la porte Saint-Martin sont riches en anecdotes crapuleuses. Jusque dans les années 1950, à la porte Saint-Denis toute proche, on était à la grande croisée de la ville telle que Louis Chevalier la définit – celle des promenades et des plaisirs populaires. Entre les deux guerres, des crimes ou tentatives auront lieu à La Croix de

Malte, à l'angle du boulevard et de la rue Saint-Martin, depuis longtemps remplacée par une pizzeria[26]. Fréquentée par les patrons et les placeurs de maison de tolérance, cette célèbre brasserie faisait office de bureau de placement pour les dames desdites maisons.

Boxe anglaise

Des années 1920-30 à la fin du XXe siècle, la grande figure de la boxe française a été un noble authentique, le comte Pierre Baruzzi. Dès avant la Grande Guerre, explique-t-il à Louis Chevalier[27], la boxe anglaise « "était en train de ronger la boxe française", comme un mal ». En la préférant, les voyous parisiens vont laisser les gens chic s'emparer de la boxe française et lui accoler un côté « vieille France », aux antipodes de la marque originelle de la savate. « Sous l'apparence infiniment séduisante de Carpentier », on en revient à lui immanquablement, l'anglaise a gagné la partie. Quand, en 1928-29, gants aux poings, Robert Lageat s'y met, son vœu le plus cher est de prendre « une gueule de dur ! écrit-il. Il me faut le nez cassé, les arcades sourcilières cabossées, et les oreilles en chou-fleur »... Ses premiers succès en amateur font naître en lui un désir de grimpette sociale. Tout se mêle et, surtout, son goût de la bagarre y trouve son compte. La France est alors en plein âge d'or de la boxe anglaise, Lageat connaît sur le bout des doigts l'histoire des Français, jusqu'ici champions du monde : Carpentier, Battling Siki, Eugène Criqui, André Routis, Émile Pladner.

Le Grand Georges

De ces cinq noms et de ceux qui suivront jusqu'à Marcel Cerdan en 1948, seul Carpentier a résisté au temps. Des deux côtés de l'Atlantique, son championnat du monde des lourds en 1921, à Jersey City, contre Jack Dempsey avait eu un retentissement aujourd'hui difficile à évaluer : sportifs ou autres, les pôles d'intérêt étaient bien plus restreints. En revanche, pareille qu'au siècle précédent, la réputation du boulevard parisien était intacte. Boulevard Poissonnière, face à l'emplacement du cinéma Rex – construit dix ans plus tard en 1931, au 1 –, le journal *Le Matin* avait son siège au 6. La téléphonie sans fil faisait ses grands débuts. Georges Berretrot, des années durant le speaker du Vél' d'Hiv', a décrit cette chaude journée du 2 juillet 1921 sur le coup des 8 heures et demie du soir[28] :

> « Paris était en effervescence. Toutes les pensées convergeaient à des milliers de kilomètres d'ici, autour du ring de Jersey City. [...]
>
> *Le Matin* m'avait [...] engagé pour donner aux Parisiens les détails qui nous étaient retransmis de Radio-France par fil spécial téléphonique. Du haut d'un balcon, au premier étage devant des milliers et des milliers d'auditeurs rassemblés devant l'immeuble du boulevard Poissonnière, j'ai commenté, à l'aide de mon porte-voix, le round par round du combat. Ce jour-là, grâce aux ondes, Paris put suivre, presque à la minute, le déroulement d'un championnat du monde disputé à 5 000 kilomètres par un boxeur français.
>
> La marée humaine qui moutonnait à mes pieds était impressionnante. Elle était compacte, si dense, que la circulation était complètement interrompue. Les autobus, les taxis étaient bloqués. Du sol montaient des acclamations à l'adresse de Carpentier ; on battait des bans, des triples bans en son honneur. Tout le monde était joyeux, bon enfant. On sentait la confiance que ce peuple avait en son champion. »

Hélas ! au quatrième round, Dempsey knock-oute le Français. Toujours champion du monde, d'Europe et de France des mi-lourds, Carpentier remet ses titres en jeu, le 24 septembre

1922 au stade Buffalo, contre le Sénégalais Battling Siki. Carpentier apprécie la vie mondaine à laquelle son renom l'oblige, mais, rançon de la gloire, il manque de forme. Alors qu'il était convenu qu'il ne fasse que de la figuration, Siki se prend au jeu, le combat tourne à la rencontre de dupes. À la cinquième reprise, Descamps, le manager de Carpentier, jette l'éponge. Six mois plus tard, à Dublin, le 17 mars 1923, Siki cède sa couronne mondiale à Mike Mac Tigue. Dans ces conditions, on entrevoit la liesse qui a suivi le succès, moins de trois mois après, en championnat du monde, du plume Eugène Criqui aux dépens de l'Américain Johnny Kilbanne, le 2 juin 1923 au Polo Ground de New York. Même pas deux ans plus tard, Criqui vengeait Carpentier.

Criqui, « Gueule cassée » et roi du K.-O.

Grâce à Gégène, on en revient à Paname. Né à Belleville le 15 août 1893, Criqui était un vrai titi. Au temps de ses succès, Jean Auger le croquait ainsi :

> « Il est narquois, ironique, il aime la blague, il a mauvais caractère, mais il a aussi des élans de cœur comme on en trouve seulement dans la rude population des faubourgs. Il possède les qualités et les défauts de sa race[29]. »

À propos de Criqui, Berretrot[30] parle d'« aventure extraordinaire ». S'il avait été poète, il lui aurait dédié un poème intitulé « Gégène au pays des merveilles ». Afin de mettre en évidence le rôle bénéfique, salvateur de la boxe dans son destin, François Terbeen et Claude Bretzner[31] insistent sur les débuts difficiles du « môme Eugène », identiques à ceux de Charlemont ou de Lageat. Criqui a commencé comme apprenti tourneur dans un atelier de la rue de La Chapelle. À l'époque,

> « cet adolescent maigrichon [...] n'était pas souvent nourri de biftecks. Il avait le regard vif, et cette secrète rancœur des gosses du faubourg. Volontiers vindicatif, il vint très vite vers son destin qui l'attendait dans une salle d'entraînement de la rue de Belleville ».

En 1909, en mouche, il remporte un tournoi de jeunes au Wonderland. Situé 74 avenue de Suffren, à la Grande Roue de Paris, cet établissement et le Cirque de Paris, 18 avenue de La Motte-Piquet, tout près, ont déterminé « en priorité la pénétration de la boxe dans le Tout-Paris de la Belle Époque », explique Rauch[32]. Autant de lieux associés à des dates et à des hommes sombrés dans l'oubli total.

Dès 1912, Criqui était devenu l'une des attractions de la boxe parisienne. Pourtant, le 11 juillet 1914, au douzième round, il est contraint à l'abandon par le « scientifique » Charles Ledoux. Le 4 février 1922, au Vél' d'Hiv' de la rue Nélaton à Grenelle, titre de champion de France des poids coq en jeu, Criqui prendra sa revanche en une minute et demie. Depuis 1914, la légende de Criqui prenait forme. Depuis qu'aux Éparges, près de Verdun, « la guerre, une nuit cruelle de 1915, s'imprégna sur sa face de Pierrot blafard et en fit une authentique "Gueule cassée" », raconte Berretrot. Alors qu'on le pensait perdu pour la boxe, les chirurgiens militaires réussissaient à lui réparer sa mâchoire fracassée. Non seulement Gégène a été un miraculé de Verdun mais, en plus, à 27 ans, au cours d'un voyage en Australie en 1920, il trouvera brusquement cette « étincelle qu'on appelle le punch ». Il sera bientôt surnommé le Roi du K.-O. Sans jamais citer le nom de Gavroche, tous les commentateurs ont insisté sur sa pâleur. Par exemple, le grand journaliste sportif Gaston Bénac :

> « La face bien protégée, légèrement penchée, Criqui, le masque crispé, sa profonde cicatrice au menton

> imprimant à sa face blafarde un rictus qui avait je ne sais quoi de diabolique, marchait sur son adversaire, qu'il ajustait avec sang-froid. »

La mésaventure est arrivée à Kilbanne, en 1923[33]. Malheureusement, le 26 juillet de la même année, Johnny Dundee dépossède Criqui de sa toute neuve couronne des poids plume. Le temps des revers commençait.

Carpentier entre dans le Tout-Paris, Criqui rentre à Belleville

Criqui n'arrêtera la boxe qu'en 1927, après « une triste pantalonnade. […] Criqui "sur le toboggan", accepta "pour faire une affaire" d'être opposé à Al Brown », lit-on sous la plume de Raymond Thoumazeau et Jean Dumas[34]. Et, plus poignant pour le Paris populaire, sous celle de Berretrot :

> « Criqui ne revint pas… Pareil au voyageur qui s'endort profondément sur une banquette moelleuse du chemin de fer et fait un beau rêve, il retrouvait sa station : Belleville. La vie, une fois de plus, avait joué avec lui et Criqui, sans rancune, modeste et simple, acceptait toutes les rigueurs de cet état qui était, pour lui, une vieille connaissance… »

Carpentier et Criqui ont eu une façon radicalement opposée de mener leur barque, une fois éteintes les lumières du cercle enchanté. À 19 ans, en 1913, Carpentier appartenait déjà au Tout-Paris. Habillé comme un milord, il remontait les Champs-Élysées au volant de sa voiture dernier cri, il fréquentait les bars à la mode : chez Fisher, rue Caumartin où avait débuté Fréhel quelques années auparavant, chez Maxim's rue Royale, à L'Abbaye de Thélème au coin du boulevard de Clichy et de la place Pigalle. Selon Martin Pénet[35], l'été 1921, celui de la défaite de Jersey City, Mistinguett « n'a d'yeux que pour le grand boxeur Georges Carpentier » – *the Orchid Man*, comme l'avaient surnommé les Américains, « l'Homme à l'orchidée ». Pour autant, ont-ils eu une aventure ?

Grâce à Henri Varna, à la fin de sa carrière en 1926, Georges joue dans une revue à grand spectacle au Palace du 8 rue du Faubourg-Montmartre. Là, vêtu en habit, il dansait avec Florence Walton et chantait : « La première fois qu'on fait ça, ça vous fait quelque chose… » Et Berretrot de raconter qu'après le spectacle, en compagnie de Maurice Chevalier, d'Henri Decoin et d'autres, ils allaient souper au Canari, « un charmant petit restaurant du Faubourg tenu par Leplée qui, avant de connaître une fin tragique, découvrit et lança Édith Piaf[36] ». Ensuite, Carpentier a tenu différents bars. En 1950, le bar Georges-Carpentier était à l'Étoile, 1 rue de Presbourg, plus tard à la Madeleine, au 8 du boulevard du même nom, au rez-de-chaussée de l'Hôtel de Paris. Le Grand Georges portait beau : trente-cinq ans après son match contre Dempsey, en 1956, dans *L'Officiel international du Ring*, une réclame était ainsi libellée : « Georges Carpentier est habillé par le maître-coupeur François Scattigna chez Dorian Guy – chemisier-tailleur – 36 avenue George-V – Paris. »

Young Perez

Si *Les Coulisses de la boxe*, de Louis Léon-Martin[37], n'avait été imprimé en juin 1931, on jurerait que Battling-Durand, le héros, est inspiré de Victor Young Perez, le sixième champion du monde français. Mais voilà, la victoire de Perez sur l'Américain Frankie Genaro pour le titre mondial des mouche, par K.-O. au deuxième round, s'est produite le 26 octobre 1931 au Vél' d'Hiv' ou, plutôt, au Palais des Sports[38]. Faut-il admettre qu'en ce temps-là les destins des boxeurs qui accédaient à la notoriété se ressemblaient tous si fort ?

Depuis deux décennies déjà, le boxeur était à la mode. Avant la Grande Guerre, un jour qu'il a été injurié sans répliquer, Maurice Chevalier se décide à apprendre à boxer. Quelque temps plus tard, il obtiendra réparation, son insulteur refusant de se battre. Dans les années 1930, Gabin aussi a mis les gants, et, à cette époque, à 15 ou 16 ans, en 1936-37, André Pousse (1919-2005) a eu des velléités de délaisser le vélo au profit de la boxe : il s'entraînait rue Frémicourt, dans le 15e arrondissement. L'action de *Travelingue*[39] se déroule à l'époque du Front populaire. Le pince-sans-rire Marcel Aymé se sert de la vogue du noble art pour y persifler le confort intellectuel d'une certaine société, pourtant sûre d'être anticonformiste. Dans tel salon où est introduit le boxeur Milou, ces dames

> « lui témoignaient une curiosité empressée et s'exclamaient sur la beauté des combats de boxe, qui mettent en œuvre des instincts profonds, d'une sauvagerie splendide. Germaine parla même de primitivisme et de retour aux origines ».

Milou, un poids mouche, en reste comme deux ronds de flan. « Joli brun, petit et très bien fait, d'un visage bronzé aux traits mâles », il fait penser à Young Perez, parfois surnommé le Joli Boxeur.

D'origine juive, Victor Perez était né le 18 mai 1911 en Tunisie, alors protectorat français et, révèle André Nahum dans sa biographie, « selon l'humeur des journalistes, Young était un jour tunisien, un jour français. Lui-même ne savait plus très bien où se situer[40] ». Quoi qu'il en soit, à l'image de Carpentier venu de Liévin-les-Lens, Perez, arrivé de Tunis, va s'adapter à Paris en même temps que la Grand'Ville l'adoptera. Signe de l'ancienneté de la présence juive dans le faubourg Montmartre, Victor, quand il débarque à Paris en 1927, loge à l'hôtel Brébant, au-dessus du café du même nom, à l'angle du boulevard Montmartre et du faubourg. Il aura beau être un familier de Deauville et posséder un pavillon à Joinville, Perez gardera toujours du goût pour ce Paname que le faubourg Montmartre résume à lui seul. Les camelots du boulevard l'amusent : le *néor*, l'un lui fait l'article, c'est

> « un nouvel alliage, jeune homme, trouvé par nos savants, solide comme l'acier, élégant comme l'or et pas cher. Allons, mon garçon, choisis une bague pour ta fiancée, un collier pour ta maman, une chaîne de montre pour ton père. Fouillez, mesdames et messieurs. [...] Le néor résiste au temps et aux tempêtes ».

À la même époque, en 1929, Ferdinand Alquié (1906-1985), plus tard professeur de philosophie à la Sorbonne, écrit : « Paris est la ville des possibilités infinies, qu'on ne peut nommer. Chaque coin de rue, sait-on ce qu'il va nous découvrir[41] ? » Ouvriers, sportifs, artistes, intellectuels, gens de la haute ou nouveaux riches, tous étaient conquis. Paris, c'était surtout ses créatures. Tout au long de la foire du boulevard Rochechouart, Alquié remarque avec avidité qu'« au milieu de l'odeur des sucres d'orge brillent les yeux, allumés de désir, des femmes qui portent des lampes sur le visage ». Les mêmes impressions assiègent Young Perez. Tunis, où « l'amour hors mariage » se monnaye, est loin : à Paris, la fièvre le prend de pouvoir bientôt « serrer de près une de ces jeunes filles aux cheveux clairs » qu'il croise au hasard des rues. En 1931, quand il met Genaro hors de combat en deux rounds, il a 20 ans, un record. Son titre de champion du monde lui permet aussitôt d'exaucer ses vœux.

L'amour à Paris, la mort à Auschwitz

Lors d'une réception en son honneur, une « jolie jeune femme brune, coiffée d'une capeline et moulée dans un fourreau de satin noir » lui est présentée : Mireille Balin, future vedette du cinéma français. Le coup de foudre est réciproque, Mireille l'emmène à Deauville à l'hôtel Normandy, la grande vie commence. Tel le Battling-Durand de Léon-Martin, Young a la tête qui tourne. Il était sans un, du jour au lendemain, il se retrouve plein aux as. Les « possibilités infinies » que lui offre Paris – le jeu, les courses, les restaurants chic, les boîtes de nuit de Montmartre et d'ailleurs –, Victor les offre à Mireille. Briller, croit-il, est la meilleure façon de la garder. Sa forme de champion en pâtit et, « tandis que l'étoile de Young déclinait, celle de Mireille montait au zénith », constate Nahum avec tristesse. Mireille est non seulement la partenaire de Gabin dans *Pépé-le-Moko* et dans *Gueule d'amour* en 1936 et 1937, mais aussi sa maîtresse. Ensuite, le tournage de *Naples au baiser de feu* la verra succomber au charme de Tino Rossi, avec qui elle partage l'affiche. Si la chronologie de Nahum est exacte, on est en 1938.

Chez Léon-Martin, Battling-Durand est « complètement ensorcelé ». Il aime et il fait à sa belle « une scène épouvantable », Young Perez *idem*. Ce n'est pas sa première crise de jalousie, mais c'est la dernière : Mireille quitte Victor. Cette fois, Young Perez est sur le « toboggan » – on se rappelle ce mot, très en vogue alors, à propos de Criqui. Rien n'enrayera sa chute. « La passion et l'argent qui cravachent tant d'ambitions sont des puissances anti-sportives, et qu'un boxeur doit dominer », moralise Léon-Martin. Défait par K.-O., Battling-Durand ne sait que bredouiller : « Je paye, je paye… » Bien vite, Perez se retrouve démuni, contraint de loger dans un petit hôtel du faubourg Montmartre. Puis le pire : la guerre, la défaite et la suite. Dès le début de l'Occupation, rappelle Nahum, la nationalité française est retirée « aux juifs d'origine étrangère, y compris ceux des protectorats. Young, assimilé français au temps de sa gloire, redevenait tunisien ». Arrêté le 21 septembre 1943, il sera déporté à Auschwitz le 7 octobre de la même année, et abattu d'une rafale de mitraillette alors qu'il tentait de fuir, le 22 janvier 1945.

Lageat, de la boxe au catch

Si Robert Lageat, né le 9 mai 1911, avait, à neuf jours près, l'âge de Young Perez, il n'a pas connu son succès pugilistique. Très costaud, il prenait du poids, il devait monter dans la catégorie supérieure. Résultat, il était trop « court », comme on dit en boxe. Chez lui, l'intéressant, ce sont ces endroits où il s'est entraîné, « rue Notre-Dame-de-Nazareth, une cave de bistrot aménagée en salle de boxe[42] » et où aussi, plus tard, il a été prévôt, dans le faubourg Saint-Martin et, sous l'Occupation, 16 rue Véron à Montmartre, dans le gymnase de l'ineffable Armand Saulnier, « l'un des créateurs de l'acrobatie portée ». L'intéressant, ce sont ces coins de rue et ces bistrots où, pour un oui pour un non, Lageat s'est *tapé*. Au cœur de Paname, sa géographie personnelle s'emboîtait dans celle, plus vaste, du populo. Rue Notre-Dame-de-Nazareth : c'est là que Charlemont s'était débarrassé de ses « lapins » ferrés. Sinon les livres et la presse, rien ne rappelle la ville d'antan. Aussi certains sont-ils surpris d'apprendre que çà et là, dans des endroits aujourd'hui *super chicos* – vocabulaire du XXIe siècle –, jadis calamiteux à ne pas croire, vivaient et se colletaient gueux, mauvais garçons ou jeunes gars impétueux.

Robert voulait des étiquettes musclées

Un jour, Robert s'est rendu à l'évidence : « La boxe avait été l'espoir que je m'en sorte, j'y avais cru mais j'étais lucide. » Il n'a quitté la boxe que pour le catch qui démarrait à Paris. Sa première prestation, hilarante, s'était passée au Palais Berlitz, 31 boulevard des Italiens, au sixième étage, siège du Club des lutteurs yougoslaves de Paris. Le premier lascar qu'on lui oppose, Robert lui rentre dans la soie avec conviction. Mais le second, autre paire de manches : à peine sur le ring, Lageat se « retrouve dans les airs, sur la tête, plié en quatre ! » avec, en prime, de douces paroles : « Ah ! tu vends des légumes ?… Alors, en v'là des choux-fleurs ! » Et crac ! l'autre est en train de faire un sort à ses oreilles. Robert voulait des étiquettes musclées à la Victor Mac Laglen, il est servi ! Qu'à cela ne tienne, le lendemain Lageat revient. Un an d'entraînement intensif sera nécessaire pour qu'il commence à catcher à l'Élysée-Montmartre, à Wagram et parfois en préliminaires au Palais des Sports, « le fief des mastodontes ». Sa carrière de catcheur durera jusqu'à la déclaration de guerre. L'interdiction du catch dès le début de l'Occupation pousse Robert à tenter sa chance dans l'acrobatie. Après la Libération, sa blessure des maquis du Lot lui interdit de reprendre ses activités de lutteur, il deviendra manager et organisateur de catch. La suite, le Balajo, on la connaît.

Rigoulot, l'Homme le plus fort du monde

Autant d'hommes, autant d'anecdotes. Si Charlemont avait fait la paire avec l'Homme-Canon, le Vigneron de Lageat a été Charles Rigoulot (1903-1962), « l'Homme le plus fort du monde ». Champion olympique mi-lourd d'haltérophilie en 1924 à Paris, 57 fois recordman du monde, Rigoulot a détenu 101 records. L'appellation d'« Homme » le plus fort du monde lui avait été donnée à Paris en 1925-26, après deux compétitions singulières, par points additionnés, avec Ernest Cadine, champion olympique toutes catégories, lui, en 1920 à Anvers. Le record de 182,5 kilos à l'épaulé-jeté de Rigoulot a duré vingt et un ans. Le 4 mai 1931, à Wagram, Rigoulot s'était effondré en tentant 185. Sa carrière de leveur de fonte était achevée, il avait alors été pressenti pour débuter en catch. Lageat le connaissait d'avant la guerre. Après, il l'a pris dans son équipe. Robert m'a souvent parlé de lui, des bons moments passés ensemble. Il plissait les yeux puis gouaillait *subito* : « Ça, Rigoulot, il était pas *fainiant* à la rigolade ! » À Paris, on ne comptait plus les bistrots qui exposaient les jeux de cartes déchirés par l'Homme le plus fort du monde. Si Charles n'avait pas vu Robert depuis quelque temps, en guise de retrouvailles il lui balançait : « Alors, l'môme Robert, tu m'laisses tomber comme une carotte dans l'bouillon gras ? » Rigoulot était un vrai titi, son père avait tenu une boucherie rue Rambuteau, c'est dire.

Vélo

Plus ils tiraient la langue, plus ils l'avaient bien pendue

Au rayon des gavroches, comment, à la boxe et au catch, ne pas ajouter le cyclisme ? Au dire de Roger Bastide[43], « le gars Jean », Alavoine (1888-1943),

> « a été l'un des maîtres de la terminologie cycliste comme Malherbe le fut de la langue française. "Rouler la caisse… Tirer la bourre… Prendre un éclat… Passer en tranche… Être à la godille…" S'il ne fut le créateur de toutes ces pittoresques expressions, du moins en fut-il le propagateur épique et lyrique. Sur le papier, cela ne rend pas exactement. Il fallait le voir, le gars Jean, jouant de son regard bleu sous ses épais sourcils, et provoquant l'interlocuteur de la pointe de son nez puissant. […] C'était un sacré baratineur ».

Les joyeusetés de Dédé Leducq, Laripette et consorts

Quelques années plus tard, André Leducq, le môme Dédé, prendra le relais. Si le gars Jean n'a pas gagné de Tour, Dédé a remporté ceux de 1930 et 1932. Bastide le dépeint ainsi : Leducq, « c'était le rire spontané du bonheur de vivre, la grosse santé physique et morale, la repartie moqueuse, sans méchanceté. Il était né sur les hauteurs de Montmartre et ceci peut, en partie, expliquer cela ». Toujours est-il que, dès 1927, grâce à sa victoire, détaché, dans la dernière étape du Tour, au Parc des Princes à Paname, « le titi montmartrois est devenu pour le public "Dédé" et bientôt, par la grâce des échotiers, qu'il pourvoit généreusement de bons mots, le "joyeux Dédé" ». Le 21 juillet 1930, au cours de l'étape Grenoble-Évian, Leducq, maillot jaune, tombe dans la descente du Galibier. « Maman ! » implore-t-il au comble du désespoir, à deux doigts de l'abandon. Durant 75 kilomètres, ses équipiers font tout pour le ramener sur l'Italien Learco Guerra, son dauphin au classement général. À la sortie d'Albertville, ça y est, Leducq rejoint Guerra. « Il s'écrie avec sa gouaille habituelle revenue : "Tu parles d'un boulot !" » s'en amuse Henri Desgrange, le fondateur du Tour[44].

Le parler de Dédé le ravissait tellement qu'en 1932 il parodiera l'As français pour rédiger l'un de ses articles de *L'Auto* – l'ancêtre de *L'Équipe*. Le Tour, quand il devient difficile, Leducq l'appelle « ce truc-là ». La queue du peloton est le « compartiment réservé aux rêvasseurs ». S'il n'est pas de son intérêt de « naviguer au milieu des limaces », Dédé doit veiller à ne pas trop « faire la pige » aux grimpeurs italiens : il lui faut monter les grands cols à sa main. Hélas ! sur la route du toujours même Galibier, il se met à neiger, « pas une petite neige de rien du tout comme à Paris, mais une neige à ne pas voir devant soi. En plein mois de juillet, si cela ne vous fait pas suer... Je vous le demande ? »... En haut du col, à seulement 2 minutes 55 du premier, Dédé est « quatorzième, voui comtesse ! » Un à un, maintenant, Leducq va « bouffer » ses rivaux. Et voilà, « le temps d'avaler une huître », il les a tous repris. À Aix-les-Bains, à un kilomètre de l'arrivée, cet « étourneau » de Georges Speicher démarre. Ronsse et Bonduel le remontent, mais emmènent Dédé. Un « trou de souris » se présente, Dédé s'y infiltre : il est premier !

Le roi du trou de souris a été Raymond Le Grevès (1910-1946), un sprinter hors pair. Breton par ses parents, il était natif de la rue du Commerce, dans le 15e, dans les lointains de la gare Montparnasse, le coinsto de prédilection des Mahos de Pantruche. Raymond Louviot (1908-1969), alias Laripette[45], était un autre Parisien à gros bec, intarissable et incollable, raconte Roger Bastide, sur l'histoire de la petite reine. À telle enseigne qu'

> « André Pousse, pur produit du quartier de la montagne Sainte-Geneviève, [...] qui n'a pas, non plus, sa langue dans sa musette, l'appelait ainsi : “Laripette” ou “le récit héroïque de mes 250 000 kilomètres la course en tête” ».

Les mordus du vélo se souviennent d'autres titis des pelotons et de la piste : Maurice Archambaud, le môme Momo, Poupard ou encore le Nabot – maillot jaune en 1933 et recordman du monde l'heure, le 3 novembre 1937 –, Victor Cosson, Totor – troisième du Tour 1938 –, plus tard Louis Caput, le

P'tit Louis. Signe de l'étroite intimité entre les champions et le public, la plupart du temps les diminutifs se substituaient aux prénoms : Tonin, c'était Antonin Magne, Pierrot, son frère Pierre, Charlot, Charles Pélissier. Entre gens du même monde, la connivence était forcément de la partie.

Le noble art et la petite reine, sources d'inspiration

Dans le droit fil de Blaise Cendrars, « aux anges », chérissant, durant la guerre de 14, ses « camarades rien que pour leur parler » et louant « les termes les plus crus du langage le plus vert et le vocabulaire si extraordinairement riche d'images, de trouvailles, d'invention (et de précision anatomique) qui coule de la bouche des Parigots[46] », une fois la paix retrouvée la figure du titi parisien s'est totalement imposée, non seulement à Paris mais à la France dans son ensemble. En lisant Georges Berretrot[47], on a une idée du nombre de films inspirés, dans l'entre-deux-guerres, par la boxe et le cyclisme, les deux sports rois.

Vedettes et champions formaient une seule famille

Vedette aujourd'hui oubliée, Albert Préjean (1893-1979) a été à la fois le champion de boxe Battling Georget dans *Un soir de rafle*[48] et le quintuple vainqueur du Tour Albert Bréjeon dans *Pour le maillot jaune*, tourné durant le Tour 1939, le trente-troisième[49]. Conséquence d'un raté entre lui et le boxeur à qui il est opposé, son K.-O. dans *Un soir de rafle* est vrai : la scène « fut jugée bonne… mais Préjean mit cinq minutes à reprendre ses esprits ». Un rien avant Gabin, Préjean incarnait le verbe et le charme parisiens à l'écran. En Albert Bréjeon, « le Chéri des champions » et encore « le Roi de la pédale et du sex-appeal », il est irrésistible : autant que celle de Gabin, sa gouaille rend à merveille la spontanéité des dialogues rigolos et argotiques.

Tenant en général son rôle de speaker du Vél' d'Hiv', Berretrot est apparu plusieurs fois au cinéma : dans *Le Roi des res-*

quilleurs – deux versions –, *Toboggan* – un film sur la boxe avec Georges Carpentier –, *Un soir de rafle*, *Le Roi des galéjeurs*, *Pour le maillot jaune*, *Le Roi de la pédale*, *Record du monde*, *L'Idole*, *Miroir*, *Meurtre au Vél' d'Hiv'*. Outre ce dernier film et d'autres, qui sait, le Vél' d'Hiv' était à l'honneur dans *Le Roi des resquilleurs*, joué par le chanteur Milton, « sportif, gavroche, très déluré, [qui] composa un personnage d'une comique drôlerie qui fit de lui pendant longtemps la première vedette de l'écran ». Incarné par le comique Georges Biscot, *Le Roi de la pédale,* film en plusieurs épisodes sur le Tour, « fit rire la France entière ». Roi de la pédale oblige, Biscot était le « joyeux starter du Tour » qui chaque jour, en 1938 du moins, « sur l'antenne de Radio 37 », assurait le « radioreportage exclusif » de l'étape. Un prospectus allèche les auditeurs : « Georges Carpentier, Albert Préjean et Jean Gabin vous donneront leurs impressions. » Ces messieurs de la famille, quoi.

Vas-y, Toto !

Dans *Pour le maillot jaune*, on voit, à la Concorde et aux Champs-Élysées, un flot de cyclistes accompagner les coureurs jusqu'au Vésinet où sera donné le véritable départ du Tour. En 1934, cette « fête réellement populaire, complice de la sentimentalité de la rue », n'échappe pas à Mac Orlan :

> « Dès sept heures du matin, les adolescents de la banlieue, la jeunesse de Belleville, de Montmartre, de Vaugirard et des vingt arrondissements de Paris attendent patiemment l'arrivée des coureurs derrière des agents cyclistes triés sur le volet pour leur habile manière de rouler devant mille jeunes cyclistes, gonflés à bloc par un enthousiasme qui les rendra inutilisables pour leurs patrons, durant toute la journée[50]. »

Si Jean Lorrain[51] montre que, dès 1893 et peut-être avant, le bois de Boulogne « appartient en toute saison » aux « vélocipédistes » et aux « bicyclistes », il a fallu l'éclosion du sport professionnel pour conférer au cyclisme sa folle exaltation collective. Dans les années 1950, rue du Plâtre, le père de mon copain Titi avait un vélo de porteur, il livrait des produits pharmaceutiques pour le compte d'une maison de la rue des Petits-Champs. Il avait fait des courses dans sa jeunesse. Pantalon de cycliste et chaussettes qui montaient sous le genou, petites chaussures idoines, pour démarrer il courait quelques pas et hop ! sautait sur son vélo. Titi aussi, en amateur, a crapahuté dans les pelotons. En guise d'entraînement il partait rouler la nuit, rentrait se changer puis rebarrait au boulot. Plusieurs fois deuxième, jamais premier, la mort dans l'âme il a raccroché. La compèt' en tout cas, car il n'a jamais cessé de pédaler. Il fait encore de longues sorties dans la vallée de Chevreuse. Tout môme, avec ses parents, Titi allait à Montlhéry quand s'y disputait le championnat de France. En 1950, Louison Bobet avait remporté son premier maillot tricolore, il y était.

Au XXe siècle, davantage qu'un fait de société, l'assimilation rapide du peuple parisien au vélo était devenue fait de nature – chez les Titis, c'était exactement ça. À la télévision, un jour, Daniel Gélin racontait la grande amitié que Gabin avait eue pour le stayer Robert Grassin, surnommé Toto. Le champion de vitesse Louis Gérardin répondait également à ce surnom, inconnu chez les boxeurs, auxquels on préférait donner du Battling, du Kid ou du Young. Encore que, vers 1950, le mi-moyen Emmanuel Clavel fût « Titi » Clavel pour tous les amateurs. Les porteurs de journaux étaient légion dans les rues, Michel Audiard en avait été, il aimait le vélo. Ses dialogues sont-ils du Audiard, ou du Gabin rajusté par Audiard ? telle est la question. Mais lorsque, je ne sais plus où, il fait dire à Gabin « C'est du BSA extra-piste », il reprend l'un de ses mots favoris. Si je ne m'abuse, le BSA extra-piste était la meilleure des sécotines. Davantage encore que la boxe qui se pratiquait en salle, le vélo était partout. Et d'abord, visible à l'œil nu, dans les rues de Paris.

Paname pleure ses champions

Dans ces conditions, le suicide de René Pottier, le 25 janvier 1907, n'a pu qu'être très douloureusement ressenti. Pottier avait survolé le Tour de 1906. Originaire de Moret-sur-Loing, ce Parisien d'adoption n'a pas laissé le souvenir d'un titi : il avait « le regard brûlant des mystiques », dit Bastide. Une déception sentimentale l'a poussé à se pendre « dans le hangar du service des courses Peugeot ». Le 2 mai 1935, Henri Pélissier, vainqueur du Tour en 1923, est tué par sa maîtresse. Trois ans auparavant, sa femme s'était suicidée.

Les Pélissier – Henri, Charles et Francis – ont écrit l'une des grandes pages du cyclisme français. Natif de Polminhac dans le Cantal, leur père, arrivé à Paris à 13 ans, « les sabots pleins de paille », avait monté une ferme-laiterie – la Vacherie de l'Espérance – forte de quarante vaches, rue Mesnil, dans le 16e. Âpre au gain, cet Auverploum n'acceptait pas qu'Henri, son aîné, ait des idées de devenir champion. Pour lui, seul comptait le travail, pousser sur les pédales, c'était se mettre en roue libre. « À l'âge de 16 ans, raconte Roger Bastide, [Henri] avait quitté la Vacherie de l'Espérance après que son père, dans un accès de rage, eut piétiné son beau vélo de course. » Les frangins avaient suivi.

Autre tragédie qui avait ébranlé Paris : le suicide de Fred Bretonnel, le frère de Jean, en 1928 – il avait 23 ans. Boxeur prometteur, Fred avait été champion d'Europe des légers en 1924. Après une campagne américaine en dents de scie, il était rentré à Paris. « Son nouveau manager était un homme sans scrupules, écrit Jean Bretonnel[52]. Pour arranger les choses, il avait une liaison désastreuse. […] On l'avait retrouvé pendu dans sa chambre. »

Vingt et un ans plus tard, en octobre 1949, la mort de Marcel Cerdan a dépassé en émotion les précédentes. Le pathétique de la situation – l'homme qui repartait aux États-Unis tenter de reprendre sa couronne mondiale à Jake La Motta, l'amour brisé d'Édith Piaf – ne pouvait qu'être propice à la légende. Le Bombardier marocain appartenait depuis longtemps à Paris, sa disparition a été un deuil national. Aucun autre événement sportif n'a connu une telle intensité.

Chansons de quatre sous et haute littérature

« Pendant six nuits et six jours, très à l'aise,
Tous ces champions, comme une mayonnaise,
Ça tourne, ça tourne… Ça tourne, ça tourne…
Tout en tournant, leur regard émoustille,
Et c'est la tête de quelques belles filles
Qui tourne, qui tourne… Qui tourne, qui tourne… »,

chantait en 1931 Jean Cyrano, accompagné par Frédo Gardoni, roi de l'accordéon et, à ce titre, du Vél' d'Hiv' et du Tour. Dans cette ritournelle amusante, une fois encore la verve populaire s'en donne à cœur joie, qui n'hésite pas à comparer la ronde enchantée des coureurs des Six-Jours à une mayonnaise qui tourne. Gaillard et Cazalis, les auteurs, ne cherchaient pas midi à quatorze heures : du moment que ça collait comme un timbre-poste, le refrain était emballé. La puissance d'inspiration du Vél' d'Hiv' était telle que, si l'imagination terre à terre du populo y puisait son bonheur, la littérature en bénéficiait tout autant grâce à un envol de son imaginaire plus compliqué et sophistiqué, on s'en doute, qu'un refrain de quatre sous. Il n'empêche : en 1925, dans *Aux lumières de Paris*[53], Mac Orlan n'oublie pas qu'avant tout l'émanation du Vél' d'Hiv', son essence, c'est le peuple :

> « Dans le quartier des usines, à cette heure en activité ralentie, au bord de la Seine, où un petit remorqueur, noir comme un grillon cravaté de rouge, laisse traîner un cri déchirant dans les bouffées de fumée sale, le Vélodrome d'Hiver se dresse ainsi qu'un temple protestant que l'on imagine, du dehors, agrémenté de turbines et de volants stylisés pour l'ornementation. »

Le Vél' d'Hiv' se dressait aux limites de Paname, parmi les hauts-fourneaux, en un endroit où se fabriquait l'eau de Javel, où Citroën s'était implanté. « Une clameur formidable roule comme un coup de tonnerre dans une vallée » : le texte de Mac Orlan est étrange, surréel. Il est un hymne magnifique à la boxe : « Les voix populaires, qui huent ou acclament les deux hommes, rose et noir, dans l'aveuglante lumière des lampes à arc ne se retrouvent dans aucune autre salle de spectacle. » En 1935, dix ans plus tard, cette fois à propos du vélo, Mac Orlan parle à nouveau de « Grenelle[54] », de « la foule des populaires et [de] celle de l'enclos mondain. [...] La première s'enrichit de "boniments" nouveaux et la seconde d'inquiétudes récentes ». Ces « boniments », c'étaient ces mots d'esprit qui flambaient comme les allumettes au contact du soufre. Dommage, Mac Orlan ne s'y arrête pas.

Les grands mots de Mac Orlan n'étaient que des mots

Au signal de Berretrot,

> « l'orchestre cessait de jouer. Il actionnait alors son klaxon, observait un temps de silence et scandait :
>
> "Une prime de mille francs, sur deux tours offerte par la casquette..."
>
> Un nouveau silence, puis :
>
> "Tor-pé-do !"
>
> Dix-huit mille voix couvraient la sienne. [...]
>
> "Une prime de vingt mille francs sur cinq tours... prime offerte par la Vache-qui-rit !"
>
> Et, dans l'enceinte, s'élevait un immense "Meuh..."
>
> "Cette prime de 50 000 francs sur dix jours par le tailleur Tartempion : si vous rêvez d'élégance, habillez-vous chez Tar-tem-pion."
>
> Chaque fois, une voix s'élevait dans les gradins pour lui crier :
>
> "Va donc, eh ! mal loqué !"
>
> L'effet était garanti[55] ».

Au diable, les soucis de la vie ! Ces dialogues entre un homme connu pour son crâne déplumé, son œillet à la boutonnière, son porte-voix avant que le microphone ne le relègue au placard aux balais, et le public qui se déplaçait aussi pour ces joutes oratoires qui exprimaient avec bonheur ce qu'il avait au plus profond étaient la pincée de sel qui relevait ce qu'il fallait le festin royal des soirées du Vél' d'Hiv'. Mac Orlan y décelait la respiration, la pulsation profonde du XXe siècle :

> « Je ne connais rien qui puisse s'adapter plus nettement aux nuits de notre époque que cette fantastique aventure circulaire multipliée par les haut-parleurs qui mêlent l'utile à l'agréable et créent le bruit personnel de 1935. »

En 1959, la « séduction infernale » a pourtant cessé de séduire : l'heure de la démolition était arrivée. Et déjà les meilleures raisons du monde ont fait florès pour rayer le Vél' d'Hiv' de la carte de Paris.

1. Voir note 17.

2. *Des Halles au Balajo, op. cit.*

3. *La Boxe française, op. cit.*

4. Moins d'un an après que Vigneron aura, le 8 décembre 1867, cédé son titre de premier champion de boxe française à Charlemont (voir ci-après), le 17 septembre 1868, sur une affiche de la salle Pilodo Waux-Hall – la salle de Vigneron, cité du Waux hall (voir chapitre 6) –, Charlemont sera pour la première fois qualifié de « Phénix de la boxe française ».

5. Voir chapitre 6.

6. *Mémoires de Vidocq, chef de la police de Sûreté, jusqu'en 1827, aujourd'hui propriétaire et fabricant de papiers à Saint-Mandé*, Robert Laffont, « Bouquins », 1998.

7. *Le Peuple de Paris* et *Journal de ma vie, op. cit.*

8. *Montmartre du plaisir et du crime, op. cit.*

9. *Histoire anecdotique des barrières de Paris*, Dentu, 1865.

10. Voir chapitre 5.

11. Flammarion, 2000.

12. *L'Art de la boxe française et de la canne. Nouveau Traité théorique et pratique*, À l'Académie de boxe, 24, rue des Martyrs, 1899.

13. Voir chapitre 2.

14. *Montmartre du plaisir et du crime, op. cit.* Sur la question de la lumière, voir Claude Dubois, « Réverbères et Becs de gaz » dans *Lumière. Depuis la nuit des temps*, Autrement, n° 125, novembre 1991.

15. Selon Hillairet, dans *Dictionnaire historique des rues de Paris (op. cit.)*, cet hippodrome avait été édifié « en 1857 par Davioud, *au rond-point de Saint-Cloud*, exactement à l'intérieur de l'angle aigu formé par nos avenues Raymond-Poincaré et Bugeaud, où il brûla dans la nuit du 29 au 30 septembre 1869 ». Un autre sera reconstruit au même emplacement. Il durera jusqu'en 1877, date à laquelle il faudra l'évacuer « par suite de l'ouverture de voies nouvelles ».

16. « En 1969, écrit Roland Passevant dans *Boxing business* (Les Éditeurs français réunis, 1973), je retrouvai avec émotion la tombe de [Vigneron], cet hercule malheureux. [...] Elle porte pour seule inscription "Louis Vigneron trois cent cinq kilos". Un demi-tube de canon a été scellé sur la pierre tombale, en équilibre sur un terrain effondré. Deux vieilles couronnes de porcelaine et des fleurs en plastique témoignent qu'on a longtemps gardé le souvenir de Louis Vigneron, boxeur talentueux et sans doute unique dans son exhibition d'homme-canon. » À ma grande confusion, je confesse n'être jamais allé me recueillir sur cette tombe, située, précise Passevant, « dans la 62e division, 3e ligne, face à la 63e division, n° 6 ».

17. Ensuite, Charlemont se cache à Ménilmontant. Un jour d'octobre se passe une péripétie connue de tous les amateurs de boxe française. Près de la place du Château-d'Eau – rebaptisée de la République en 1879 –, au coin de la rue Notre-Dame-de-Nazareth, des policiers de la Sûreté reconnaissent Charlemont. Solidement entouré, il est conduit au poste. À l'approche de la rue Volta, soudain Charlemont se rappelle qu'une maison donne accès rue Meslay. Cette maison, elle est là ! Sur lui, Charlemont a un revolver et, dans sa poche droite, un coup-de-poing américain. Il tente le tout pour le tout, sa vie est le prix de la victoire. « Avec une force dont il ne se croyait pas capable, raconte-t-il dans *La Boxe française (op. cit.)*, aussi vite qu'un éclair, il porta presque simultanément un terrible coup de poing de la main droite armée, dans le creux de l'estomac de son voisin de gauche, et un coup de talon du pied droit, à celui de droite. » Il fonce, enfile la porte libératrice, las ! un « lapin » le saisit au collet. À toute vitesse, Charlemont repousse la porte, l'autre est projeté en arrière. Le voici rue Meslay, le passage du même nom est en face, il se retrouve sur le boulevard vis-à-vis du théâtre de l'Ambigu. Il saute dans un fiacre et, moins d'une semaine après, il est à nouveau en Belgique. Il y restera près de huit ans, jusqu'au 15 juin 1879. Quant au mot *lapin*, employé par Charlemont, il est la contraction de « lapin ferré, soldat de la maréchaussée », dit Nisard dans *De quelques parisianismes populaires (op. cit.)*. Donc un terme de patois de Paris. « La maréchaussée tirait son sobriquet, non de ses armes, mais de la chaussure de ses chevaux. Ceux-ci étaient vraiment et absolument des lapins ferrés », Nisard complète-t-il son explication.

18. Au 60 rue Pergolèse, Hillairet écrit qu'en 1878 se trouvait le Skating-Ring, « occupé, en vue de l'Exposition universelle de 1889, par la *Gran Plaza de Toros*, arènes monumentales construites par Pierre Botrel ». La victoire de Charlemont fils

s'est-elle passée à cet endroit ? Rien de moins sûr puisque ces arènes, selon Hillairet, auraient disparu en 1893. Où était-ce, alors ?

19. *Le Supplément littéraire illustré du Petit Parisien*, dimanche 12 novembre 1899.

20. Situé sur la bordure ouest du carré Marigny aux Champs-Élysées, ce cirque a été démoli « vers 1899 », dit Hillairet.

21. *Histoire de la boxe*, Criterion, 1991.

22. *Boxe, violence du XXe siècle*, Aubier, 1992.

23. *L'Âme des poings*, Éditions de La Bonne Idée, 1926.

24. Voir chapitre 2. Dans *Les Jetons de bal (1830-1940). Lieux de danse célèbres et Petits Bals de quartier, op. cit.* Lucien Lariche situe le Galant Jardinier au 35 de la chaussée, plus tard rue de Ménilmontant.

25. Voir note 17. Fondé en 1767 sur le boulevard du Temple et détruit par un incendie en 1827, l'Ambigu avait été « rebâti à l'emplacement de l'*hôtel de Murinais* », au 2 ter boulevard Saint-Martin, dit Hillairet dans *Dictionnaire historique des rues de Paris, op. cit.* « Il a été démoli en 1965-1967. »

26. Claude Dubois, *La Bastoche* et *Paris gangster, op. cit.*

27. *Montmartre du plaisir et du crime, op. cit.*

28. *L'Officiel international du Ring. Magazine mensuel publié sous le patronage de la F.F.B.* n° 101, juin 1957.

29. Cité par Pierre Cangioni dans *La Légende de la boxe*, Minerva, 1999.

30. *L'Officiel international du Ring*, n° 107, décembre 1957.

31. *Les Géants de la boxe*, Del Duca, 1962.

32. *Boxe, violence du XXe siècle, op. cit.*

33. François Terbeen et Claude Bretzner, *Les Géants de la boxe, op. cit.*

34. *Sport mondial. Le magazine du sport et de l'automobile*, Numéro souvenir Palais des Sports, décembre 1958.

35. *Mistinguett. La Reine du music-hall, op. cit.*

36. Avant d'être l'imprésario de la Môme Piaf, Louis Leplée avait ouvert le Liberty's Bar, 5 place Blanche, puis le Gerny's, rue Pierre-Charron. Le 13 avril 1936, quatre hommes s'introduisent chez Leplée, avenue de Wagram, et l'exécutent de trois coups de revolver. En septembre 1933, un ami de Leplée, Oscar Dufrenne, directeur du Palace où s'était produit Carpentier, avait été tué probablement par un faux petit marin. La police avait conclu à un crime homosexuel. En février 1929, déjà, l'écrivain Alec Scouffi avait été victime d'un meurtre de ce genre. Leplée fréquentait aussi les « jeunes éphèbes ». Pourtant, pour Philippe Artois dans le *Police Magazine* du 19 avril 1936, l'affaire Leplée n'est pas l'affaire Dufresne. Elle « correspond plus à une vengeance, une histoire d'argent qu'à l'issue tragique d'une aventure d'un genre spécial ». À l'instar des deux précédentes, elle n'a jamais été élucidée. Protégée de Leplée, un moment la Môme Piaf avait été inquiétée. « La môme Piaf qui ne saurait si rapidement oublier ses petits amis en chandail et en casquette et le parfum pervers du Montmartre de son enfance », dit d'elle le même Artois.

37. Éditions des Portiques.

38. Au coin du boulevard de Grenelle et de la rue Nélaton, le Vélodrome d'Hiver avait été inauguré le 13 février 1910. Sa piste en bois de 250 mètres « avec des virages savamment relevés », était magnifique, raconte Andy Dickson dans *Du Vél' d'Hiv au Palais des Sports et des Arts* (Atlantica, 1999). Le Vélodrome d'Hiver se popularisera vite sous le nom de « Vél' d'Hiv' ». À partir de 1927, Jeff Dickson, le père d'Andy, un Américain arrivé en France en 1917 à la faveur de la guerre, y présente des matchs de boxe. Le succès est tel que Jeff Dickson crée une société et fait rénover le Vél' d'Hiv' en 1931. Si « Vél' d'Hiv' » continue d'être utilisé pour les compétitions cyclistes, « Palais des Sports » s'emploie désormais pour « les manifestations autres ». Le 2 octobre 1931, une exhibition de hockey sur glace étrenne le Palais des Sports, mais la véritable inauguration a lieu le lendemain. Couronne des poids mouche en jeu, Genaro, le champion du monde, remporte une victoire contestée sur le Français Valentin Angelmann. Avant la démolition du Vél' d'Hiv', l'ultime réunion de boxe, le 11 mai 1959, a vu la victoire, par K.-O. au cinquième round, du champion du monde des poids coq Alphonse Halimi (1932-2006) aux dépens du Philippin Asuncion, d'un magistral contre du droit.

39. Gallimard, 1941.

40. *Quatre boules de cuir ou l'Étrange Destin de Young Perez, champion du monde de boxe. Tunis 1911-Auschwitz 1945*, Bibliophane, 2002.

41. *Cahiers de jeunesse*, L'Âge d'homme, 2003.

42. Dans *Mes boxeurs et moi* (Robert Laffont, 1975), le manager Jean Bretonnel (1910-1990) raconte qu'il a ouvert cette salle à l'âge de 15 ans, donc en 1925.

43. Roger Bastide, Robert Chapatte, Dominique Grimault, *Les Légendaires. Des temps héroïques à l'avènement de Coppi (1869-1942)*, La Maison du Sport, 1988.

44. *Tour de France 100 ans*, L'Équipe, 2002.

45. « Laripoc » est le louchébem de Paris, et « Laripette », une fantaisie. Si Toto « Laripette » signifie Toto « de Paris », « laripette » tout court veut dire « parigot », « parisien ».

46. *La main coupée*, Denoël, 1946.

47. *L'Officiel international du Ring*, n° 110 et 111, mars et avril 1958.

48. Film de 1931, signé de l'Italien Carmine Gallone. À en croire Berretrot, Henri Decoin était son assistant.

49. Signé Jean Stelli, ce film est sorti en 1940. Les dialogues sont de l'excellent Michel Duran, auteur, déjà, de ceux de *Fric-Frac*. Que la postérité ignore Duran est une grave lacune.

50. *Les Cahiers de Pierre Mac Orlan*, n° 10, Prima Linea, 1996.

51. *Petits Plaisirs*, La Bibliothèque, 2002.

52. *Mes boxeurs et moi*, *op. cit.*

53. G. Grès et Cie, 1925.

54. *Les Cahiers de Pierre Mac Orlan*, n° 10, *op. cit.*

55. Jacques Lem, texte de Pierre Chany, *Six Jours. De Grenelle à Bercy*, Éditions Palais des Sports/Journal *L'Équipe*, 1984.

9.
LE SAM'DI SOIR APRÈS L'TURBIN

Du boulevard du Crime au Châtelet

Dans *Souvenirs littéraires (1822-1880)*[1], Maxime Du Camp relate l'évolution de son goût théâtral. Il a à peine 13 ans lorsque sa mère l'emmène voir *Chatterton*, d'Alfred de Vigny. « Pour la première fois, se rappelle-t-il, j'entendais une langue exquise dont le nombre et la richesse me charmaient comme une symphonie », et surtout :

> « Si les coups de fusil que l'on tirait au Cirque Olympique me causaient de l'émotion, on peut imaginer ce que j'éprouvai pendant la soirée du 12 février 1835, en écoutant une des œuvres maîtresses de l'école romantique. »

En quelques mots, voilà suggérée la différence entre le boulevard du Crime et la Comédie-Française, entre théâtre populaire et théâtre plus noble, entre divertissement et théâtre tout court.

Boulevard du Temple, peuple de Paris et esprit titi

À un ou deux ans près, Du Camp a l'âge de Gavroche. Au Livre Ier de la troisième partie des *Misérables*, le héros de Hugo apparaît sur « le boulevard du Temple et dans les régions du Château d'Eau ». La redondance montre que l'endroit n'a pas été choisi au hasard, on est là dans le saint des saints du Paris des plaisirs populaires.

Au théâtre, Gavroche montait au paradis

« Le soir, raconte Hugo, grâce à quelques sous qu'il trouve toujours moyen de se procurer, l'*homuncio* entre dans un théâtre. En franchissant ce seuil magique, il se transfigure ; il était le gamin, il devient le titi. » Boulevard du Crime rimant avec titi, donnons la signification de « titi ». Elle est simple : « titi » est le diminutif de « petit ». Dans d'autres régions où s'entend « petiot », au lieu de « titi » on dira « tetiot » – en Champagne, par exemple. Hugo ne s'attarde pas sur le théâtre du boulevard du Temple. En revanche, note-t-il, la popularité de mademoiselle Mars, comédienne de renom, « dans ce petit public d'enfants orageux était assaisonnée d'une pointe d'ironie. Le gamin l'appelait mademoiselle *Muche* ». En constante quête de *carle*, Gavroche ne s'offre que les places les moins chères, en haut.

> « Il suffit qu'il soit là, avec son rayonnement de bonheur, avec sa puissance d'enthousiasme et de joie, avec son battement de mains qui ressemble à un battement d'ailes, pour que cette cale étroite, fétide, obscure, sordide, malsaine, hideuse, abominable, se nomme le Paradis. »

Explication est ainsi fournie du titre du film de Marcel Carné, *Les Enfants du Paradis* (1945), dont l'action se déroule sous la Restauration, un peu avant les péripéties ultimes de Gavroche.

L'Air de Paris *de Carné*

On le constate : l'esprit qui préside aux jouissances du boulevard du Crime en 1830 est le même qui tonitruera au Vél' d'Hiv' un siècle plus tard, pour encore trois décennies. « Cet être braille, raille, gouaille » : Hugo s'émerveille si fort à le suivre dans sa spontanéité qu'il conclut : « Le gamin de Paris, c'est Rabelais petit. » Au Vél' d'Hiv', bien sûr, on ajouterait le Parc des Princes, la salle Wagram, l'Élysée-Montmartre, et encore le Central, 57 rue du Faubourg-Saint-Denis – les boxeurs y débutaient. En 1954, dans *L'Air de Paris*, Carné a immortalisé le Central. En manager, Gabin ressemble comme deux gouttes d'eau à Jean Bretonnel. Roland Lesaffre est son poulain. Jeune ouvrier, il est tombé amoureux d'une nénette de la haute, incarnée par Marie Daëms. Un dimanche après-midi, elle se rend au Central pour le voir boxer. En manteau de fourrure et flanquée de l'ineffable Jean Parédès, elle fait une entrée remarquée. Son petit chapeau plat inspire un premier gars de la poulaille : « Tté ! vise la gamelle ! » Un second prend aussitôt le relais: « Si j'avais une belle poule comme ça, moi, l'dimanche, j'rest'rais au page ! » La salle croule sous la rigolade : effectivement, le titi braillait, raillait, gouaillait.

Coppée aimait l'acteur Colbrun et son « accent de voyou de Paris »

Signe de force et ainsi de permanence, tout s'imbrique si vite lorsqu'il est question du Paris populaire que, sans coup férir, on saute d'un siècle à l'autre. Au XIXe, cité par Maxime Du Camp et dirigé par les frères Franconi, le Cirque Olympique du boulevard du Temple était réputé pour ses pièces militaires. Du Camp s'enthousiasme :

> « J'y avais battu des mains aux drames de "l'épopée impériale", et j'y avais admiré une pièce intitulée *Les Polonais*, dans laquelle il y avait des combats, des escadrons d'amazones conduits par la comtesse Platter. »

Dans *Souvenirs d'un Parisien*[2], François Coppée n'est pas en reste. Né en 1842, il est de vingt ans le cadet de Du Camp, et de trois celui de Joseph Charlemont. Le Cirque Olympique avait été rebaptisé Cirque-Impérial, des féeries y étaient jouées en alternance avec des pièces militaires. À l'instar de Du Camp, Coppée avoue :

> « Celles-ci avaient surtout le don de m'attirer. Je me souviens encore avec ivresse des dialogues coupés par la mousqueterie, des piétinements de chevaux et des uniformes noircis par la poudre du Cirque-Impérial. »

Étant donné son « humble condition », il se définit comme un « véritable gamin de Paris », ou peu s'en faut. À ce titre, le comédien Colbrun a toute son affection. Dans ces pièces militaires, au début il y avait toujours un poltron qui, « gagné par l'enthousiasme universel », partait et devenait « un brave à trois poils ». Colbrun avait ce rôle, « Colbrun, espèce de Gavroche, spirituel comme un singe et vif comme une anguille ». Quel effet lorsque Colbrun, sentinelle perdue dans la neige – « Pas de bon drame sans un "décor de neige" ! » –, devenait héroïque, tuait les cosaques et qu'à l'un des Russes qui lui criait « rends-toi ! » il lançait « avec son accent de voyou de Paris : – Si j'étais le général Cambronne, je sais bien ce que je vous répondrais ! » *Les Misérables* date d'une trentaine d'années quand Coppée rédige ces lignes en 1898 : la fraternité et la communauté d'esprit avec Gavroche y sont exprimées noir sur blanc, l'âme de Paris. Plus loin, évoquant cette fois l'Odéon du temps qu'il était au lycée Saint-Louis, Coppée se rappelle la « queue » derrière les barrières de bois, « et les titis [qui] dînaient là de pain et de cervelas en attendant l'ouverture des bureaux ». Au Vél' d'Hiv' aussi, lors des Six-Jours, le soir après le turbin, les titis se pressaient, la musette en bandoulière, avec sarciflard, brignolet, et le kil de rouge pour faire glisser jusqu'à une heure avancée.

Charlemont préférait les prouesses physiques de Deburau

Dans sa jeunesse, on le sait, Joseph Charlemont[3] a été un familier du boulevard du Temple :

> « Lorsqu'on avait quelques ronds, on se payait le petit Lazari[4], un charmant petit théâtre ; on payait trois sous au paradis et huit sous aux première loges. On y jouait de belles pièces : *Les Chiffonniers et les Balayeurs*, la *Lisette* de Béranger, *La Prise de Silistrie*, pièce militaire en 10 tableaux, où l'on voyait un général, deux cosaques, une cantinière, un pékin et sa fille, et deux soldats français qui se trouvaient là on ne sait comment. »

Curieusement, Charlemont, futur militaire, se répand moins sur les fresques martiales que Du Camp et Coppée. Il préfère les Funambules, « à côté de Lazari ». Il y allait quand il était « riche », « cela coûtait 4 sous ».

Les Funambules était le théâtre du fameux mime Deburau. Charlemont l'a vu, ainsi que

> « Paul Legrand et Kalpestry, dans les rôles de Pierrot ; Deruder dans celui d'Arlequin et Vauthier dans Polichinelle. On y jouait de magnifiques pièces : *Pierrot en Afrique, Pierrot marchand de salade, Pierrot et les deux lutins, Pierrot valet de la mort. Fradiavolo*, une pièce de brigands ».

Les prodiges de souplesse et d'agilité déployés par Deburau et Legrand accaparent l'attention de Charlemont, déjà réceptif aux exploits physiques : « On en parlait pendant 15 jours. » À la maison, il force sa mère à jouer Colombine, elle l'envoie « promener en l'appelant l'Arlequin, nom qui lui resta, on ne l'appelait plus qu'ainsi dans la famille ». En revanche, Charlemont ne souffle mot du fait-divers auquel Deburau a été mêlé, rapporté par Pierre Gascar : « Deburau, lui, tue un homme, d'un coup de canne, sans le vouloir, dans une algarade. Provoqué, il a répondu avec un peu trop d'emportement. Son adversaire était un voyou, et Deburau est acquitté[5]. » Charlemont ignorait ce drame, sinon, canne oblige, il en aurait parlé. La canne est une spécialité associée à la boxe française, mais j'ignore si Deburau la pratiquait. Quant à la péripétie, gageons qu'elle est à mettre, une fois de plus, au compte du boulevard.

« Pour Dieu ! Pour le Tsar ! Pour les nouilles ! » (Céline)

« L'aigle blanc nous guide,
Volons au combat !
Ô Pologne intrépide,
Un jour tu renaîtras ! »

Maxime Du Camp n'avait pas oublié ce couplet des *Polonais*, au Cirque Olympique. Dans *Féerie pour une autre fois*[6], Céline, lui, se souvient du Châtelet de son enfance, vers 1900 : « Ah mais ça existe les Patries ! Michel Strogoff au Châtelet comment qu'il disait ? "Pour Dieu ! Pour le Tsar ! Pour les nouilles !" Ça c'était clair, c'était haut ! » Ces pièces, Coppée l'a laissé entendre, avaient une morale, un « contenu idéologique », dirait-on aujourd'hui. Pour reprendre le « Ça c'était clair, c'était haut ! » narquois, duplice, on ne sait trop, de Céline, il saute aux yeux que les auteurs ne débattaient pas du bien-fondé des principes que, *via* leurs œuvres, ils inculquaient à la jeunesse : ils allaient de soi. La Révolution venait d'avoir lieu, l'épopée napoléonienne. Au demeurant, l'important n'est pas là.

Le Châtelet

Si Céline a vu *Michel Strogoff* au Châtelet, c'est que, lors des transformations de la place du Château-d'Eau en place de la République, de 1856 à 1865, le côté pair du boulevard du Temple a été emporté en partie, et ses théâtres avec. En 1862, le Cirque-Impérial de Du Camp et Coppée renaît place du Châtelet. « Ce fut le Théâtre-Impérial ou le Cirque-Impérial, le plus beau et le mieux tenu des grands théâtres du Second Empire », précise Hillairet[7]. Rebaptisé « du Châtelet » depuis la IIIe République, sa vogue dure encore. Peut-être a-t-elle connu son apogée dans les années 1950, lorsque Maurice Lehman y « amena l'opérette à grand spectacle », celles de Francis Lopez en particulier[8]. Auparavant, le Châtelet « représentait des pièces à grande machinerie destinées surtout aux enfants, comme *Michel Strogoff* ou *Le Tour du monde en 80 jours* » : le programme, dans la continuité des spectacles préférés de Du Camp, Charlemont et Coppée, correspond aux souvenirs de Céline, et aussi aux miens.

Avant la guerre, celle de 1940, et après, quand des cousins de province venaient à Paris, outre le dîner à L'Ambassade d'Auvergne[9], on leur offrait une matinée au Châtelet. « La bonne Auberge du Cheval-Blanc, tralala, lalala ! » j'entends encore chanter Duffourg, cet ami langonnais de ma famille. Avec lui et mes parents, j'ai vu cette pièce, *L'Auberge du Cheval blanc*, puis *Le Chanteur de Mexico*. Dans *Nashville ou Belleville*[10], Eddy Mitchell s'en souvient également :

« Mouflet, j'allais voir Luis Mariano
Dans *Le Chanteur de Mexico.*
Maman !… et moi,
On rentrait en métro,
Station Opéra,
Direction Lilas… »

À ceci près que, du Châtelet, le môme Eddy et sa maman ne passaient pas par l'Opéra – le métro monte direct aux Lilas – et que nous, à pied, nous en étions à dix minutes, *Le Chanteur de Mexico* a été le grand succès de Francis Lopez. La pièce a été créée le 15 décembre 1951 avec Luis Mariano. Plus tard, Rudi Hirigoyen a remplacé Mariano.

Le chant du cygne

Le 16 décembre 1950, *Pour Don Carlos* avait été la première opérette de Lopez au Châtelet, Georges Guétary y tenait la vedette. Tout Paris y courait, comment ne pas se rappeler ces titres : *La Route fleurie*, qui démarre en décembre 1952 à l'A.B.C.[11], avec Guétary, Bourvil et Annie Cordy ? *À la Jamaïque*, au théâtre de la Porte-Saint-Martin en 1954 – l'héroïne en était l'irrésistible Jane Sourza, Parisienne bon teint qui, chaque midi sur Radio-Luxembourg, dans « Sur le banc », demandait à Raymond Souplex « qu'est-ce qu'on mange ? » – ? *Méditerranée*, montée au Châtelet en décembre 1955, avec Tino Rossi dans le rôle principal ? Ces succès s'appuyaient sur des refrains connus de tous. Ceux qui les ont chantonnés ne les ont pas oubliés.

À propos des théâtres en général, Louis Chevalier observe pourtant qu'à partir de ces années-là, « saison après saison, s'accentue la désaffection du public. Des théâtres disparaissent[12] » ou deviennent des cinémas. Au même moment, la télévision faisait son entrée dans les foyers. Le déclin du Paris des plaisirs populaires était amorcé. Le Vél' d'Hiv' était condamné, les Halles n'avaient plus que dix, quinze ans à être l'âtre du cœur de Paris, le Gaumont, place Clichy, le cinéma des cinémas, guère plus. C'est gros comme du câble de marine, mais tout est lié.

Les chanteurs des rues

À lire l'imposant volume de Victor Fournel, *Les Rues de Paris. Galerie populaire et pittoresque*[13], ou les deux, plus épais encore, de Duneton, *Histoire de la chanson française*[14], on se convainc qu'à Paris, finalement, tout passe. Mais que, miracle, les optimistes ont raison, tout continue toujours. Fournel remonte à la source de ces plaisirs collectifs dont on vient d'avoir un bref aperçu, les titres de ses chapitres parlent d'eux-mêmes :

« Les solennités nationales », « Les fêtes religieuses », « Les fêtes populaires », « Histoire du carnaval », « Les clercs de la basoche – Les sots et les enfants sans souci », « Jongleurs, trouvères et ménestrels populaires », « Les chanteurs des rues », « Les farceurs en plein air et les parades », « Les cris du vieux Paris et les petits métiers de la rue », et, enfin, « Types et personnages célèbres des rues de Paris ». Un sommaire aussi alléchant qu'infini.

Au Pont-Neuf

Aux jongleurs, trouvères et ménestrels « qui avaient charmé les rues pendant toute la durée du Moyen Âge » a succédé le « chanteur nomade », le « chanteur des rues ». Son apparition est contemporaine « de la fondation du Pont-Neuf », en 1607, sous Henri IV. Fournel ne tarit pas d'éloges sur le mémorable Philippot, « plus connu de la postérité sous ce nom de Savoyard dont Boileau n'a pas dédaigné de nous transmettre le souvenir, embaumé dans un de ses vers ».

« Je suis l'illustre Savoyard,
Des chantres le grand capitaine…
Je suis l'Orphée du Pont-Neuf… »

Ainsi le Savoyard célébrait-il ses propres louanges « avec le naïf orgueil de tous les grands hommes de la rue ».

Si le Pont-Neuf a tenu un grand rôle dans le divertissement parisien, d'autres lieux, d'ailleurs proches, résonnaient de la voix de chanteurs. Fournel cite l'Apollon de la Grève – familier de la place du même nom, future place de l'Hôtel-de-Ville –, « un aveugle avec son violon, accompagné d'une femme avec sa musette et de deux chanteurs ». Dans la seconde moitié du XVIIIe siècle, le dénommé Duchemin se disait encore « l'enfant de chœur du Pont-Neuf ». Fournel note que « les chansons gaillardes et les cantiques sacrés alternaient sans cesse sur le Pont-Neuf et dans ses alentours ». Au débouché du pont, en direction de la Grève, le « divertissant » Baptiste « faisait, avec sa commère Mme Baptiste, les délices du quai de la Ferraille » – aujourd'hui quai de la Mégisserie.

Au Palais-Royal et à Saint-Germain-l'Auxerrois

Sous la Révolution, les chanteurs en plein air se multiplient : « Toutes les colères, tous les sinistres sentiments de l'époque furent arrangés en rimes sans-culottes et éclatèrent en horribles refrains. » Fournel reprend Mercier dans *Le Nouveau Paris* : « Nous entendions ces chansonniers homicides qui hurlaient le soir dans le Palais-Royal : *"À la guillotine, Capet, à la guillotine !"* » Si les refrains obscènes font florès, les cantiques ont disparu au profit des couplets patriotiques :

« Honneur au fameux Guillotin,
Qui nous purge chaque matin [...]
Le peuple eut un traître pour roi ;
Ce médecin (d'après la loi)
Nous en purgea soudain,
Et lui fit, un matin...
Danser la Carmagnole », etc.

Fournel a un faible pour Ange Pitou, chanteur populaire à contre-courant qui, chaque soir, entre 1795 et 1797, devant le portail de Saint-Germain-l'Auxerrois, « crible la République de sarcasmes et livre son gouvernement aux risées de la multitude » :

« C'est un être bien étrange
Que ce peuple de Paris !
Il a la douceur d'un ange
Aussitôt qu'il se voit pris ;
Quand on le lâche, il se venge,
Et, lorsqu'il se voit repris,
Il se tait, il est soumis. »

Pitou raille en vers l'inconstance politique du peuple de la capitale. Au XVe siècle – celui de Charles VI, de l'occupation anglaise, de la guerre entre Armagnacs et Bourguignons, de la révolte de Caboche, etc. –, réputé pour ses changements de cap, on disait « tourner bride ». « Tourner » ou « retourner sa veste » date de la fin du XIXe.

Ange Pitou, le premier chanteur « parisien »

Dans *Mon vieux Paris*[15], Édouard Drumont souligne la versatilité des acteurs et actrices de la Révolution : « Parmi les femmes de la Halle les plus énergiques à défendre le réactionnaire Ange Pitou, on eût retrouvé beaucoup de celles qui, les premières, avaient marché sur Versailles en octobre… » Ange Pitou a eu de telles aventures qu'il a inspiré un roman à Alexandre Dumas, intitulé de son nom. L'intéressant est qu'entre autres Pitou a écrit un *Tableau de Paris en vaudeville*, qu'il était surnommé « le Chanteur parisien » et qu'en 1808, rappelle Fournel, « il a raconté la curieuse histoire de sa carrière d'artiste en plein vent dans la préface de son *Chanteur parisien* ». Aucune importance si Pitou était « un peu fat », il a été un précurseur. Plus d'un demi-siècle avant que « des signes d'une prise de conscience "parisienne" dans le domaine du langage [puissent] être perçus, ne serait-ce qu'à travers les titres de certains ouvrages[16] », il avait placé cet adjectif, *parisien*, dans le titre d'un livre.

De la farce au théâtre

Une obscénité qui a plu à Richelieu

À son chapitre « Les farceurs en plein air et les parades », Fournel constate qu'à la fin du XVIe siècle « les soties, les plaisantes moralités des confrères de la Basoche et des Enfants sans Souci », bref, la farce avait disparu. Décidés à la régénérer, trois camarades boulangers louent « un petit jeu de paume à la porte Saint-Jacques, ou plutôt près de l'Estrapade». Ce sont, «de leurs noms de guerre: Gaultier-Garguille, Gros-Guillaume et Turlupin». Cinquante ans durant, ils amuseront Paris et, surtout, seront «les maîtres de Molière. [...] La calomnie a même accusé l'auteur du *Misanthrope* d'avoir acheté les manuscrits du second à sa veuve, pour en faire son profit»: c'est dire leur succès.

À la fois conquis et choqué par les chansons de Gaultier-Garguille, «d'une obscénité révoltante», Fournel convient que ces bouffons

> «n'en sont pas moins les ancêtres plébéiens de la Comédie française, née en bas lieu, sur les tréteaux de la vieille farce gauloise. Ils ont servi de transition entre les jeux de la Basoche et ceux de l'hôtel de Bourgogne ; ils relient Pont-Alais, Jean de Serres et Jacques Mernable à Molière».

Séduit par leurs facéties, car «il avait le rire facile», Richelieu leur ouvrira les portes de l'Hôtel de Bourgogne[17].

De la rue au boulevard

Après Gaultier-Garguille, Gros-Guillaume et Turlupin, Fournel passe en revue les autres figures du théâtre à Paris au XVIIe siècle. Retenons ceci:

> «À l'origine du théâtre, la parade est partout, et même elle constitue presque tout le théâtre à elle seule. On donnait des parades devant l'hôtel de Bourgogne à la fin du XVIe et au commencement du XVIIe siècle, comme devant les théâtres de la foire Saint-Germain et de la foire Saint-Laurent ; et pendant que Pierrot battait du tambour à la porte des baraques d'Allard ou de Murice, les Gradelins et les Polichinelles faisaient rage à celle du théâtre italien.»

Ainsi la racine, la veine populaire est-elle la plus profonde du théâtre : en ce temps-là, foire et théâtre étaient indissociables. Si l'on adjoint les chanteurs, la conclusion est que non seulement les rues, décrites par Boileau dans ses *Embarras*, étaient tumultueuses, mais qu'elles étaient animées, mues par l'âme, et ainsi pétillantes d'esprit.

Les boulevards sont une création de Louis XIV (1638-1715). Tracé de 1656 à 1705 « et planté de cinq rangées de grands arbres, trois au nord, deux au sud, séparées par une large allée[18] », le boulevard du Temple devra attendre Louis XV (1710-1774) pour que le premier, le théâtre de Nicolet, s'y installe en 1760. « À la condition expresse, précise Fournel, de continuer à jouer des parades à la porte avant la représentation. » En 1769 viendra le théâtre d'Audinot – reconstruit en 1789 sous le nom d'Ambigu-Comique –, puis, en 1777, le théâtre du comédien et dentiste l'Écluse, et la suite en nombre impressionnant.

Le boulevard du Crime a fini par renier Bobèche et Galimafré

Au début, ces établissements « n'étaient rien autre chose que des théâtres forains ». Au son de la grosse caisse et de la clarinette, pareil qu'à la foire, le pitre rameutait la foule par les bagatelles de la porte – ce rôle d'aboyeur était souvent tenu par le directeur lui-même. À la fin de l'Empire, deux personnages obtiennent un succès important : Bobèche, « un beau garçon, blond, de moyenne taille, [...] soigneux de sa personne », malicieux et caustique, et Galimafré, amusant par ses jeux de mots biscornus, « son esprit de rhinocéros en goguette », dixit Fournel, son esprit populacier et son « patois normand ». Pourquoi en patois normand ? Né à Orléans en 1791, Galimafré était arrivé tôt à Paris. Avant de passer au théâtre en 1809 à 18 ans, il était apprenti menuisier dans le faubourg Saint-Antoine, alors que Bobèche, fils d'un tapissier, en était originaire. Fournel ne dit pas que Galimafré soit allé en Normandie : pourquoi charabierait-il normand ? Son patois est plutôt ce vieux patois de Paris, influencé par celui de Normandie, qu'a étudié Nisard[19].

> « Bobèche. Tu ne sais pas ce qui commence par la faim ?
> Galimafré. Ma foi, non.
> Bobèche. Un bon repas[20] ! »

Ce genre de jeu de mots faisait rire les Parisiens aux larmes.

Grâce aux nombreux imitateurs de Bobèche et Galimafré, ces deux surnoms étaient devenus des types théâtraux comme Arlequin ou Polichinelle. Sur la rive gauche, au théâtre du Luxembourg, Bobino « le pitre florissait vers les années 1816 à 1820 ». Mais, Fournel est catégorique, « qu'en dire après avoir parlé de Bobèche, et quelle étoile ne s'éteindrait dans le rayonnement de ce soleil ? » Il se trompait : Bobèche et Galimafré ont disparu de la mémoire parisienne alors que Bobino, par le nom d'un théâtre, survit encore – si peu. Il est notable que ni Du Camp ni Charlemont ni Coppée, familiers du boulevard entre 1830 et le tout début du Second Empire, vers 1852-1853, ne les citent. Le boulevard du Crime s'affranchissait de la parade et, à travers les pièces militaires, commençait à offrir au peuple des spectacles dotés d'une mise en scène plus élaborée et ambitieuse.

Le caf'conc'

Les premiers pas de Maurice Chevalier

Aux premières pages de *Ma route et mes chansons*[21], Maurice Chevalier évoque le café-concert. On est à la Belle Époque, Maurice est du 12 septembre 1888. Charles, son frère aîné, était un familier du Ba-ta-clan, 50 boulevard Voltaire, inauguré en 1865 : Chevalier l'a connu sous sa forme première de pagode chinoise – l'aspect actuel date de 1909. En rentrant à la maison, Charles

> « grasseyait… les chansons à la mode de cette époque […] avec des espèces de petites tyroliennes comme font les gens du peuple… avec des gloussements, pour nous prouver combien il était dans le mouvement ».

Le gratin des « Folies-Popincourt »

La première fois que sa mère, la Louque, emmène Maurice au caf'conc', c'est au palais du Travail, 13 rue de Belleville. Émerveillé, Maurice voit des chanteurs, des chanteuses, des acrobates. Un peu plus tard, avec Paul, son autre frère, et la Louque, tous les samedis et souvent le dimanche il va « soit au palais du Travail, soit au cirque d'Hiver, soit au concert du Commerce[22] ou au cirque Médrano ». Ces sorties s'avéreront décisives pour la suite. À 9 ans, Maurice veut être artiste, « gagner beaucoup pour donner à la Louque », l'idée ne le lâche plus. Encore deux ans et demi et, en 1900, à 11 ans et quelque, il débute aux Trois Lions, boulevard de Ménilmontant[23], dans un concert d'amateurs. En compagnie d'autres vedettes en herbe, peu après il passe dans un petit café de la rue Popincourt, « où une estrade nous permettait d'y aller de nos chansons pendant quelques fins de semaine[24] ». Fort d'une dizaine de personnes, le public de cette salle obscure et enfumée n'était pas piqué des hannetons. Des ouvriers, tous ivres ou presque,

> « avec l'homme avachi, bavant et rotant et la femme soit dans le même état, dépoitraillée, soit pleurant, du fait que son poivrot d'homme avait déjà en ce samedi soir, dépensé la presque totalité de sa paye ».

Le jeune Maurice a beau s'évertuer, « ils n'arrêtèrent ni de boire, ni de pleurer, ni de roter ».

La faune aquatique du Casino de Montmartre

Selon le quartier, l'assistance des caf'conc' différait – Chevalier est précis à ce sujet. Constitué de « tous les maquereaux, barbeaux, souteneurs dont Montmartre était la capitale dans la capitale », le public du couru Casino de Montmartre, 47 boulevard de Clichy, est qualifié de « très populaire » par lui. Ensorcelé du souvenir de la chanteuse Daudibert, Chevalier ne dit qu'en passant avoir vu plusieurs opérettes aux Folies Belleville[25], où cette belle femme, potelée « aux bons endroits », se produisait. Le terrain d'élection de Momo, c'est le caf'conc' et, plus tard, le music-hall. Il s'y attarde longuement : c'est là que Mistinguett – sa chérie de 1911 à 1922 – et lui, à sa suite, ont acquis leur prestige inégalé.

Chevalier et Halévy ont des avis divergents

Au fil de sa description, Chevalier montre le menu peuple tel qu'il était avant 1914. De façon involontaire, il aide à prendre sa mesure, à ne pas le considérer uniquement dans sa fougue sociale, voire révolutionnaire, les armes à la main. Ou, comme l'imagerie l'a confit après 1936, dans la joie des congés payés, la mer au bout de la route. Le père de Chevalier était dominé par la « boisson », un jour il a quitté le petit logement du 15 rue Julien-Lacroix. Ce drame explique la vivacité de Maurice à appréhender les mauvais côtés populaires : la grossièreté, l'alcoolisme, la violence, le goût de certains hommes à vivre du « travail des femmes ». Dans *Pays parisiens*[26], au chapitre « Terres inconnues », Daniel Halévy aborde au faubourg Saint-Antoine. Les ouvriers qu'il y rencontre sont des hommes de qualité, empreints de sagesse. Se référant à l'histoire sociale, ouvrière, et à « ces puissantes déesses qui se nomment Justice, Vérité, Progrès », ils réfléchissent à l'avenir. « Le peuple révolutionnaire », les appelle Halévy. Mûrement pensées, ses conclusions sont à l'opposé de celles, empiriques, pas davantage, de Chevalier. Pourtant, l'un et l'autre parlent du même Paris, celui de 1900, un peu après l'affaire Dreyfus.

Pour Valdour, en 1925, le caf'conc' « pourrit »

Vingt-cinq ans plus tard, dans ses deux livres[27], Valdour s'intéresse aux ouvriers du faubourg Saint-Antoine, du Marais, de la Popinc', de Belleville et de Ménilmuche. Après le travail, il détaille les loisirs : café-concert, théâtre, cinéma et bal-musette. Près de la Bastille, au Concert-Pacra, je pense, 10 boulevard Beaumarchais, il déplore le laisser-aller de l'assistance, « bref, le Tout-Paris ouvrier du plaisir précoce, de la débauche affichée et admise comme règle des mœurs ». La salissure des imaginations va de pair. Si Valdour apprécie les « chansons comiques, pleines de drôleries et de traits qui ravissent et font éclater de joie ce public à l'esprit vif, mobile, railleur », il fustige la variété, le mouvement et le changement propres au genre. Aucun effort pour suivre et comprendre n'est demandé à l'auditeur : « Tout cela, avec le reste – la grivoiserie, l'excitation sensuelle –, explique le grand succès du caf'conc' : il attire, il plaît, il retient, il pourrit. » Dans le faubourg Saint-Antoine, un samedi soir au Royal-Variétés, passe le célèbre fantaisiste Georgius. Ajoutée à ses gestes équivoques, sa chanson *J'gobe les p'tites femmes, les p'tites femmes* est un appel à la luxure : « L'infidélité conjugale [est] présentée comme un fait général et un état normal. »

Persistance de Pantruche dans Paname

Que Valdour trouve à redire, peu importe : sa peinture des publics populaires, ouvriers est un témoignage précieux. Du côté de la place Voltaire, dans un concert où l'on joue *L'Inutile Cruauté* ou *Manon l'Apache*, on remarque « quelques *terreurs* du quartier, avec leurs filles, un *type à tête de poisse*, un *lacromuche* et sa *grognasse*, dispersées au milieu d'honnêtes familles ouvrières » – le Paris, cette fois, au sein du mâtiné voyou, plus voyou que populaire, typique de l'entre-deux-guerres. *Manon l'Apache* est une pièce « assez bête, truffée de crime, enlèvement et le reste », qui, par ses péripéties brutales, favorise les sentiments violents. Boulevard Barbès, Valdour voit deux autres pièces. Leurs titres dénotent une inspiration similaire : *Une femme à passion* et *Fleur de trottoir.* « Comment s'étonner du débordement d'immoralité qui caractérise l'après-guerre ? » se lamente-t-il. Conséquent avec lui-même, cet intellectuel chrétien fustige autant « les journaux populaires à grand tirage [qui] amusent leurs lecteurs avec des faits-divers au lieu de s'attacher à les instruire » que, à Barbès et à La Chapelle, le « marché de chair humaine qui se tient en boutiques et sur le trottoir ».

Valdour avait des préjugés

De façon un peu surprenante, le cinéma trouve grâce aux yeux de Valdour. Qu'elles regardent *Avec les loups*, qui les transporte « dans le Far-West américain », ou *L'Auberge rouge*, drame tiré de Balzac, « toutes ces petites gens [...] échappent pour quelques heures au prosaïsme de leur vie réelle ». Mais, attention,

> « l'instrument cinématographique est forgé et son action sera douée d'une irrésistible puissance pour fabriquer l'opinion d'un pays le jour où un intérêt majeur commandera à ses détenteurs d'en user dans un but défini ».

Banale près de neuf décennies plus tard, cette mise en garde demeure d'actualité – même si au cinéma se sont ajoutés la radio, la télévision, Internet, etc. Enfin, à condition qu'ils demeurent vigilants, il arrive que les hommes sachent aussi résister à la propagande, aux *bobards* et *bourrages de crâne* – expressions d'époque. En attaquant « Sa Majesté l'Argent », en demandant qui « le manie », tacitement Valdour s'en prend aux juifs. Ce faisant, il décrit le Paris populaire de 1925 comme personne. Au hasard du 11e arrondissement, de nombreuses affiches écrites en yiddish annoncent des spectacles. La politique et le syndicalisme ne sont pas en reste. Rue de Lappe, il remarque « une affiche de la C.G.T.U. – Confédération du travail unitaire – rédigée en langue italienne », et deux autres en magyar et yiddish : Valdour s'en plaint car, pas plus qu'il n'aime les juifs, il ne goûte les étrangers ni les communistes.

Le ciné

L'habitude d'aller au cinéma a commencé tôt. Dans la presse, Louis Chevalier relève les premières réclames dès 1902, et le Gaumont-Palace – 4 500 places – ouvre le 23 septembre 1911[28]. Il serait passionnant de montrer comment, après avoir duré jusqu'à la fin des années 1940, le café-concert a disparu. Le music-hall et l'opérette étaient plus féeriques. Quant au ciné, un ticket bon marché permettait à l'imagination de vagabonder.

Une mauvaise influence inhérente

Selon le Larousse mensuel illustré[29], durant la Grande Guerre, nombre d'adolescents ont été emportés par la persuasion des images. Dix ans avant Valdour, qui ne lui reproche rien, le septième art avait été fortement décrié. Si, en effet, du 1er octobre 1914 au 30 septembre 1915, 1 178 mineurs de 13 à 18 ans sont déférés au tribunal correctionnel pour enfants, du 1er octobre 1915 au 30 septembre 1916, leur nombre monte à 2 419. Beaucoup d'« arrachements » de sacs sont alors à déplorer dans les rues de Paris. Arrêtés, les jeunes expliquent qu'ils veulent de l'argent « pour aller au cinéma ». La mauvaise influence des films dits « policiers » est pointée du doigt, par exemple *Les Mystères de New York*, *Le Masque aux dents blanches* ou *Les Bandits tragiques*. Bien que venant d'Amérique, ces « films démoralisateurs » pouvaient être soumis à une « action occulte de l'Allemagne », craignait-on en ces temps de guerre totale.

Ah ! les gangsters américains…

Pour rester dans le registre, « c'est surtout à partir de 1920 que les exploits des gangsters de Chicago commencent d'envahir les journaux », observe encore Chevalier. Le

11 décembre 1919, un journaliste a beau regretter cette « apothéose du crime », le succès de ce genre de film ne se démentira pas. Une première apogée est atteinte en avril 1928 quand, à Paris, est projeté *Les Nuits de Chicago* de Josef von Sternberg, avec George Bancroft – un des derniers films muets, daté de 1927. La seconde se situe trois ans plus tard, lors de la sortie du *Petit César*, de Mervyn LeRoy (1930). Edward G. Robinson était le héros de cette œuvre – parlante, celle-ci. Après *Les Nuits de Chicago* et le passage à Paris, en 1929-30, du gangster américain Jack Diamond, tous les petits mecs à la redresse de Paris se sont habillés à la mode gangster, Chevalier et Jo Privat l'assurent. À la vérité, cette vogue avait commencé dix ans plus tôt, ainsi que l'attestent les détails scéniques de *Mon homme*, la pièce de Carco et d'André Picard, jouée en 1920 au théâtre de la Renaissance. Admettons que, couplée aux *Nuits de Chicago* et au *Petit César*, la venue de Diamond ait emballé le mouvement, l'ait généralisé. Dans *Ils ont dansé le rififi*[30], Auguste le Breton raconte qu'en ce temps-là, accompagnés de leurs poneyttes, les « braqueurs, casseurs, barbeaux [et] maq's » se donnaient rendez-vous à 22 heures à l'Apollo[31] pour voir les « deux films ricains programmés » à la séance de nuit.

À Montmartre, le Breton fréquentait aussi le Petit Club, avenue de Clichy, que je ne parviens pas à localiser et, avenue de Saint-Ouen, le Métropole, au 86. Si au Petit Club les films étaient muets, au Métropole ils étaient « plus exigeants ». Il n'empêche qu'aux deux, « pour participer, le populo participait, sa marmaille sur les genoux. Si ça y allait, fustigeait, insultait, applaudissait ». C'est au Métropole qu'en attraction le Breton voit un « chanteur corse fringué maquis » :

> « Costard de velours, bottes, bitos large bord et ceinture de flanelle rouge. Pour achever le portrait, une guitare et une de ces voix... pas encore répandue mais ça allait venir.

"Ô Corse, ô île d'amour
Pays où j'ai vu le jour.
J'aime ton frais rivage
Et ton maquis sauva-a-a-age." »

Son nom : Tino Rossi. Au Gaumont-Palace, Poulbot, sa future femme, blottie contre lui, Auguste se laisse bercer par les romances de Lucienne Boyer :

« Par… lez-moi d'amour,
Redites-moi des choses ten… dres. »

Au Métropole, lazzis et grossièretés dégringolaient du balcon, mais les gars rigolaient et, le plus souvent, leurs menaces restaient des paroles en l'air.

En 1931-32, Robert Lageat avait quitté le 9 passage Pecquay pour le 54 rue des Archives, à deux pas, à l'angle des Francs-Bourgeois. En gars du coinsto, on le sait, il allait souvent au Cinéma de l'Hôtel-de-Ville, 20 rue du Temple[32], le ciné le plus proche de chez lui. Ce soir-là, avec Thérèse, sa petite crémière, il fait la queue. À l'affiche, *Chacun sa chance*, le premier film de Jean Gabin, l'étoile montante : il danse et il chante, on croirait Maurice Chevalier. Robert a 20 ans, mais, allez savoir pourquoi, il s'est affublé d'un melon. Un grand lascar passe, le bouscule, pas pardon ni que pouic, Robert renaude. Thérèse lui demande d'y aller mollo, elle est enceinte de Jacky. Mais le grand con n'a pas les oreilles bouchées, il a entendu Robert et il revient : « Où qu'il est, cet enculé, cette lope ? » Avec Lageat, ce genre d'arrogance, c'est pas bon, hein ! alors bang ! « je te lui en passe une de toutes mes forces ». Le cas du gars est réglé, mais sa nénette, non. Pébroc à la main, elle monte à l'attaque. Chevaleresque, Robert ne réplique pas, les frangibus, c'est sacré. Résultat : « Au moins vingt coups j'affure… sur le bada ! Tout cabossé mon joli melon[33] ! »

Du cinoche et des kinos, en veux-tu en voilà

Longtemps encore, dans les quartiers populaires, ouvriers, les salles de cinoche ont été de véritables maisons de la culture, au dire pince-sans-rire de Phonphonse Boudard[34] : « On y bouffe, on y jouit, on y braille, on s'y bat. » Avant-guerre et sous l'Occupation, ses cinés à lui, dans le 13e, étaient le Fontainebleau – 2 rue du Moulin-de-la-Pointe –, le Théâtre et le Palais des Gobelins – respectivement aux 73 et au 66 bis de l'avenue du même nom –, la Fauvette – au 58 –, et encore le Kursaal, plus communément le « Cul-sale » – au 57. L'Excelsior se trouvait 7 rue Fagon, et le Familial, rue de Tolbiac[35]. En salant le brouet à son habitude, Boudard raconte les choses louches qui se mijotaient dans la nuit bleutée et malodorante des salles. Le pire de ces cinémas était le Palais des Gobelins, « le repaire des obsédés sexuels, satyres, voyeurs, pédoques ». À l'Excelsior, en attraction, Alphonse se souvient de Georgius, toujours lui, « en smoking blanc qui sautillait, gesticulait... mimait ses chansons les plus paillardes. *T'occupe pas de ce qui se passe derrière toi !...* » Fréhel itou, Lys Gauty, Piaf... Au Familial, tout môme, il avait été fasciné par Tarzan, Tom Mix, *Les Misérables* en trois épisodes :

> « Là, on pouvait se pointer en toute quiétude. Tout le monde se connaissait. [...] Le dimanche, les familles complètes s'installaient à quatorze heures et elles en avaient pour leur pognon jusqu'à dix-huit heures trente. »

À Paris, à l'époque, la vie de famille n'était pas un vain mot.

« Cet hiver, on hant'ra les cinémas »

En 1955-56, dans *Boulevard*[36], Georges, le gamin héros de Robert Sabatier, pénètre à l'Agora, 64 boulevard de Clichy. Des plaisanteries fusent, des quolibets, une mémère regimbe, l'ouvreuse *because* Jojo n'y a pas été de son pourliche, mais l'ambiance est plus tiède que quinze ou vingt-cinq ans auparavant, au temps de Boudard ou du Breton. Ces mêmes années 1950, le dimanche, j'allais au cinoche avec ma grand-mère et ma grand-tante Isabelle. En vacances, l'été à la campagne, le ciné manquait à Isa, c'était sa grande distraction – il n'y avait que la T.S.F. à l'époque. « Cet hiver, quand y f'ra froid, on hant'ra les cinémas », promettait-elle dès juillet. À cause du verbe « hanter » qui, sauf pour les maisons, ne s'entendait jamais, et plus encore pour les réjouissantes perspectives qu'Isabelle laissait entrevoir, sa profession de foi m'est restée.

Nous fréquentions les salles du quartier : le Gaumont-Saint-Paul, le Studio Rivoli – 73 et 117 rue Saint-Antoine –, le Cinéac-Rivoli et le Rivoli – 78 et 80 rue de Rivoli –, le Cinéma de l'Hôtel-de-Ville où Lageat avait eu son bitos amoché, ainsi que les deux salles du Palais des Fêtes du 6 rue aux Ours, « les Ours ». À l'instar de Gavroche, habitué du boulevard du Crime et de ses théâtres, on partait parfois sur les boulevards, quand un beau film y passait ou que Mémé Jolie et Isabelle en avaient assez des kinos du 4e et du 3e. On s'y rendait en métro. De Strasbourg-Saint-Denis à l'Opéra, les lumières éblouissaient. Les gens s'arrêtaient à la devanture des boutiques fermées, à l'entrée des salles les queues s'allongeaient, de la musique s'échappait des brasseries. Au Déjazet – 41 boulevard du Temple, celui de Gavroche –, j'ai vu *La Flibustière des Antilles* avec Jean Peters, Debra Paget et Louis Jourdan.

Vite, c'est moi qui ai choisi : cinéma par cinéma, le mercredi, je détaillais la liste des films dans *Le Parisien libéré*. 13 boulevard de Strasbourg, à la Scala, je me rappelle *Les Trois Mousquetaires* avec Bourvil et François Périer, *La Reine Margot* au Rex, boulevard Montmartre. À l'école, on s'était passé le mot : à un moment, un soudard arrachait le haut de la robe de la reine, la poitrine apparaissait nue, les seins de Jeanne Moreau. Le 12 janvier 1958, j'étais avec ma grand-mère au Marivaux – 15 boulevard des Italiens. Au programme : *Nathalie*, avec Martine Carol et Michel Piccoli. J'étais mieux loti que Gavroche entassé avec ses semblables au paradis du Lazari ou du Cirque Olympique. Sur mon agenda, j'ai noté le prix d'entrée : 450 francs, une somme, déjà – à l'Agora, Georges paie 110 balles. Des anciens francs *of course*...

Au début des années 1950, la transformation du Cinéma Saint-Paul en Gaumont-Saint-Paul avait eu pour conséquence une amélioration appréciée du confort et des programmes. À l'entracte, pareil qu'au Gaumont-Palace, l'orgue donnait. Sur scène, un artiste chante : « Ça crie et ça craque, dzim ! boum ! » un succès d'Henri Salvador. Il fait rire, on l'ovationne : était-ce lui, Salvador, n'était-ce pas lui ? 50 rue de Malte, à l'Alhambra, en 1953, un jour qu'on proposait en exclusivité *La Fille perdue* avec Claudine Dupuis, j'avais entraîné Mémé Jolie et Isa entendre Sidney Bechet, l'attraction. L'orchestre d'André Reweliotty accompagnait Sidney, sa renommée démarrait, son fameux *Big Chief* me sonne encore aux oreilles.

Comment oublier les cow-boys ?

À un moment, je suis moins sorti avec Mémé et Isabelle, davantage avec les copains – Titi et ceux du lycée Charlemagne. Le 30 mai 1958, j'étais en compagnie de Titi, Barbotte et Gaunay : au Ciné-Clichy, au 7 de la place, *Godzilla* nous avait attirés. « Prix, 155. Film ridicule », j'ai consigné. Le reste nous est demeuré ancré, Titi et moi. Jeunots que nous étions, enclins à la marrade, nous avions un peu *semé notre caca* – ça se disait beaucoup à l'époque. Durant la projection, nous avions joué les voyous, sorti bêtise sur bêtise, rigolé pour un oui, pour un non. Rien de méchant, nous avions à nous affirmer.

J'ai la mémoire emplie de films. Avant que je fasse du sport, le jeudi mon père m'emmenait en voir, il aimait les films de guerre – *Okinawa* avec Richard Widmark, au Ciné-Sébastopol – sur le Sébasto, au 43. Plus tôt encore, au vieux Cinéma Saint-Paul, il y avait eu *Sindbad le Marin*, incarné par un Douglas Fairbanks Jr. tout en mouvement, seul l'égale Gene Kelly dans *Les Trois Mousquetaires*, version américaine – au Studio Rivoli, je ne dissocie pas les films de l'endroit où je les ai vus. Me revient *La Piste de Santa Fé* rue du Faubourg-du-Temple, au 18, à droite, au Théâtre du Temple – Errol Flynn en était la vedette. Les garçons aimaient les films de cow-boys – *Le train sifflera trois fois* aux Ours, *L'Homme des vallées perdues* au Studio Rivoli, *Règlements de comptes à O.K. Corral* à l'Hôtel-de-Ville –, leurs héros, shérifs ou hors-la-loi : Gary Cooper, Alan Ladd, Burt Lancaster, Kirk Douglas, John Wayne – *Rio Bravo*, au Studio Rivoli.

Les gangsters nous passionnaient. J'ai le souvenir de bagarres à n'en plus finir sur l'écran des Ours, d'un titre également, *Mardi, ça saignera !*, avec Edward G. Robinson et sa touche inquiétante – à la finale, je n'ai jamais vu le film. Je notais les Lemmy Caution, alias Eddie Constantine : *La Môme vert-de-gris*, *Votre dévoué Blake*, *Ça va barder*. Vers 12 ans, la « formation » était annoncée, je me suis mis à pointer les films avec Brigitte Bardot : *Cette sacrée gamine...*, *La Lumière d'en face*, *En effeuillant la marguerite*. Je n'ai rien jeté, j'ai gardé la totalité de mes carnets depuis 1957. Le soir, parfois, Maman m'offrait une séance davantage à son goût, triste mais belle, *Les Aristocrates*, souvent mélodramatique, *L'Orphelin de Capri* – les deux, rue du Temple.

La fête foraine

Cinquante ans plus tard, dans l'empyrée de ma mémoire, les films se mêlent aux balades pour en trouver un car, en ce temps-là, la plupart des cinémas étaient permanents – on y entrait quand on voulait.

Dès 1956, les « gros mecs » ont aimé le rock'n'roll

Ces promenades n'ont que Paris pour cadre. Je marche le long des rues avec mon père, avec Titi, avec des copains, seul ensuite. À l'approche de Noël, les vitrines des Grands Magasins s'animaient, s'illuminaient, mon père m'y emmenait. Les jouets étaient la grande préoccupation des enfants. À la Samar', au Louvre, au Printemps et aux Galeries-Lafayette, nous faisions la queue pour les regarder. Une année, le thème en était Pinocchio, une autre, Peter Pan – 1952 ou 1953. Au Louvre et aux Galeries, à l'intérieur, devant une foule de mômes apparaissait le père Noël – en 1948, j'ai été photographié sur ses genoux.

Aller et retour, j'ai arpenté d'un bout à l'autre les grands boulevards. Encore à Noël, les camelots s'y installaient, leurs lampes Pigeon phosphoraient dans la nuit. Plusieurs fois dans l'année, à la Bastille, s'éployait la fête foraine. Là, en 1956 ou 1957, au milieu des autos tamponneuses, des manèges et des stands de tir, Titi a eu la révélation du rock'n'roll – Little Richard chantant *Tutti frutti*, *Jenny Jenny*. Deux, trois ans plus tard, le rock était lancé. Sur le terre-plein entre les boulevards Bourdon et de la Bastille, où le canal devient souterrain, mêlé à l'odeur de poudre, de graisse de bagnole, de friture et de barbe à papa, particulière aux kermesses, le vague souvenir d'avoir entendu *Lucille* – de Little Richard toujours – m'est resté.

« Et la voix d'Elvis chantait "Good Rockin' tonight"
Et les blousons noirs brûlaient leurs dernières nuits,
Avant de partir pour Alger, Algérie[37]. »

Eddy Mitchell, en quels mots ! a bien campé l'époque, sa musique, le contexte. Ces fêtes étaient fréquentées par les *gros mecs*, on disait, les blousons noirs, quand l'appellation a connu son succès ravageur. Parce que l'ambiance leur paraissait « plouc » et qu'ils risquaient aussi de tomber sur des bandes vindicatives, les lycéens n'y allaient guère. Attiré par le jazz, très vite je n'en ai eu que pour la rive gauche.

Plus tôt, à deux ou trois reprises, mon père m'avait emmené à la foire du Trône et à celle des boulevards Rochechouart et Clichy. Comme il ne sortait pas facilement ses sous, nous étions surtout là pour le coup d'œil. Je crois pourtant que nous étions entrés à la boxe car, très tôt, le pugilisme m'a passionné. Cerdan, Humez, Robinson, Marciano, j'étais imbattable. Je lisais les longs articles que, dans *Le Parisien libéré*, Andy Dickson consacrait au noble art, et, le lundi, je dévorais *But et Club* que m'achetait mon père. Ainsi est-ce une photo du *Parisien* qui m'a appris qu'à la foire du Trône, à l'intérieur du Rotor, le nouveau manège qui faisait fureur, la vitesse centrifuge collait les gens aux parois et, surtout, faisait remonter très haut les jupes des femmes. Faute d'expérimentation, je m'étais attardé sur la photo comme, dans *Boulevard*, *in vivo*, lui, le gamin de Sabatier s'attarde à la foire. À la baraque de lutte et de boxe, Dicky, l'ancien boxeur, prend sa revanche sur Arnavon, son vainqueur d'autrefois à Wagram. Lors de la présentation des combats, immanquablement Arnavon repense à Jo Tafanelli, le speaker successeur de Berretrot :

> « Sacré Tafa, il annonçait les matches d'une voix grasse, cuivrée, sonore, une oreille toujours tendue vers la salle. Un malin criait quelque chose comme : “Tafa, tu déconnes !” La riposte était immédiate : “Ta femme dit pas comme toi, cocu !” »

On en revient à cette ambiance unique de Paname dont le maître mot était, justement, le mot. En 1925, signé Jean Galtier-Boissière, *La Bonne Vie*[38] débute à la foire du Trône : « Qui c'est qui monte sur les cochons ? » Un peu plus loin, Gras-du-Genou, un barbeau flanqué de ses dames, arrive à la baraque des « “Sports Réunis”, l'ancien “Marseille”, où paradaient, tétons au vent, une demi-douzaine de lutteurs, ceints de caleçons multicolores ». L'aboyeur balance son boniment : gréco-romaine, lutte japonaise – judo, c'est vraisemblable –, lutte suisse, jitsu – jiu-jitsu – ou cachcan – *catch as can catch* –, le catch, qui n'avait pas encore fait son entrée officielle en France. Qui veut lutter ?

« Admirez-moi ces oreilles en portières de taxi ! »

À la Belle Époque, Jean Lorrain évoque la lutte à la foire de Neuilly[39]. La comtesse de Farandeuil offre un bouquet de roses au lutteur Wilhem, « un homme extraordinaire », « admirable » et « superbe » : « l'hommage du Faubourg à la Beauté ». On se souvient, quelques décennies auparavant, des défis qu'à la barrière Saint-Louis, au combat du Taureau, certains gentils-hommes lançaient aux gars de l'équarrissage[40]. Le geste de la comtesse perpétue le tressaillant plaisir des dames de la haute à y assister en souhaitant, qui sait, la victoire des combattants de la populace. La comtesse en est quitte pour un coup de couteau que lui porte la femme de Wilhem, une jalouse.

Dans *La Maison Philibert*[41], la splendide Mélie, la marmite à Thomas le lutteur, est pire qu'une tigresse – la jalousie était un sentiment très répandu parmi le peuple. D'autant que, à l'image du beau Wilhem, Thomas est « aussi bien un Siegfried des Niebelungen qu'un jeune viking de l'invasion northmande ». Eh oui ! plus ils avaient des allures d'Apollon et étaient puissants, plus les hommes avaient des chances de plaire à Lorrain. Il était très amateur.

Jadis, la baraque de Marseille « le terrible » – selon le qualificatif de l'intéressé lui-même[42] – avait été la plus célèbre des baraques de lutte – Galtier-Boissière l'a évoquée. À la foire du Trône, la dernière a été celle de Jackson. Il y a un quart de siècle, Matéo le Gitan en était l'une des figures. Sur l'estrade, Jackson le présentait au public, puis lançait son défi : « Qui veut lutter avec lui ? » Dans la foule, Gilbert de la Butte-aux-Cailles fronçait les sourcils et, d'un geste brusque de la main, relevait le gant.[43] L'aboyeur s'en donnait alors à cœur joie : « Regardez-moi c'nez en carotte de bureau d'tabac, admirez-moi ces oreilles en portières de taxi ! Ah ! ça, l'amateur a pas passé sa vie à écosser des p'tits pois ! » Et hop ! Gilbert partait affronter Matéo. Un troisième de mes amis a tiré chez Jackson : Gégé, alias le Catcheur, un solide itou. Et un quatrième encore : Gérard Bouvet, aussi large que haut, unanimement réputé pour n'avoir jamais amusé les tapis. La baraque Jackson a fermé il n'y a pas si longtemps, en 1986.

Au Quartier latin, on aimait le jazz

Après la Libération, les 14-Juillet et 11-Novembre ont été fêtés avec ferveur. « Tu t'souviens pas quand j'te portais sur les épaules pour regarder l'défilé ? » me demandait mon père plus tard. Je n'ai pas oublié, les Champs-Élysées étaient bondés, la musique retentissait avec éclat. Jusqu'en 1950, l'un de mes oncles, Francis, avait été chef de la maréchalerie à la caserne des Célestins. À toute autre mon père préférait la musique, les tambours et les clairons de la Garde républicaine – c'est elle qui ouvre la parade. Ces matins de fête nationale étaient l'occasion d'une balade. Mon goût de la rue parisienne s'est greffé sur celui de mon père : autant les belles – Champs-Élysées, grands boulevards, rue du Quatre-Septembre – que les moins belles, étroites, torves ou chaudes, certaines – rue Saint-Denis, rue Blondel, rue du Ponceau.

Les rues à femmes, je n'ai pas tardé à les connaître. Je prenais la Rambut', je traversais le Sébasto, j'arrivais aux Halles, j'y étais. Les dimanches froids d'hiver en début de soirée, au retour d'une surprise-partie, au lieu de l'Hôtel-de-Ville je descendais au Châtelet et je traînais par là avant de rentrer à la maison – le bas de la Saint-Denoche, la Quincamp', la rue des Lombards.

Non, l'ambiance *Tricheurs* n'était pas populaire

À ce moment, chez moi, la danse avait pris le pas sur le cinéma. À partir de 1959-60, j'ai été un assidu du Quartier latin, de la rue de la Huchette, du jazz. Je n'ai jamais eu de prévention à l'encontre de l'accordéon, mais, parmi les lycéens promis aux études supérieures, André Verchuren et ses semblables n'avaient pas bonne presse. Seule comptait l'ambiance des *Tricheurs* – l'ambiance estudiantine, croyions-nous. Une ambiance de « jeunes cons », comme la définit Roland Lesaffre. Dans le film de Carné, il est garagiste et frère de Pascale Petit, l'héroïne tragique. Il ne comprend pas ces garçons et ces filles qui vivent moins qu'ils ne jouent à vivre. Le théâtre de l'absurde triomphait : l'influence d'Ionesco et de Beckett sur le Carné des *Tricheurs* est patente. Dans son rôle d'ouvrier, de gars du peuple, Lesaffre est le garant du bon sens qu'ont perdu les « tricheurs ». Jacques Charrier, l'amant de sa sœur, est un étudiant classique du temps, d'origine bourgeoise : après le drame final, il retrouvera la notion des choses et le chemin de la réussite à laquelle le destinait sa famille. En revanche, parce qu'elle a cru pouvoir quitter son milieu, Pascale Petit, petite frangine existentialiste de la Juliette Gréco de 1946, s'égare jusqu'à la mort. En contribuant, à sa manière, à desserrer les frontières entre les classes sociales, *Les Tricheurs* montrait aussi que les étudiants et assimilés de 1958 n'étaient guère issus des milieux populaires. Dix ans plus tard, rien n'avait changé : Mai-68 n'a pas été une révolution, mais un psychodrame – dixit Raymond Aron qui, en ces temps-là, enseignait la sociologie à la Sorbonne. Dieu sait pourtant si ceux de Mai-68 ont pu en appeler au peuple !

Le 25 mars 1959, j'avoue que la première conférence de presse du *président* de Gaulle m'est sortie de l'esprit. Le 20, en revanche, avec Francis Juhasz, j'avais séché un cours pour foncer voir *Les Tricheurs*. Il était à l'affiche du Gaumont-Saint-Paul, à une portée de musique du lycée Charlemagne : 170 francs la place, Juju m'avait invité. Le cadre des *Tricheurs*, c'est le Quartier latin – le « Quartier », comme on aimait dire. On est souvent rue de la Huchette ou à « Saint-Germain » : les années avaient passé, « Saint-Germain-des-Prés » ne s'entendait plus. Ce Paris-là, c'était le jazz, Carné l'avait compris, j'ai été conquis – la réflexion sur les classes sociales et le sens de l'existence viendrait plus tard. Fief du clarinettiste Maxime

Saury, le Caveau de la Huchette accueillait des gens un peu plus âgés. Je le répète : je fréquentais en priorité le Caveau de la Montagne, 18 rue Descartes. Là, malheur aux couples qui s'avisaient de danser le bop, dit aussi 3-3-2, en ne restant pas en ligne ! « Allez à Wagram ! Ici, on n'est pas chez Verchuren ! » Les moqueries fusaient. Comme quoi la vie est imprévisible : je n'imaginais pas une seconde qu'un jour je deviendrais l'historien de la Bastille en général et du bal-musette en particulier.

En remontant les Champs-Élysées

Avenue de Wagram, « une réduction du Montmartre populaire »

Depuis toujours, la salle Wagram et les deux bals qui l'ont précédée, 39 avenue du même nom, dans le 17e arrondissement, ont été fréquentés par les gens de maison. Ouvert en 1812, le bal Dourlans, du patronyme de son créateur, se trouvait, en 1834, sur un boulevard sans dénomination[44]. Après l'annexion, en 1860, des villages périphériques à Paris, cette voie, comprise entre la barrière du Roule – future place des Ternes – et celle de l'Étoile – place de l'Étoile –, deviendra le boulevard de l'Étoile. L'appellation « bal de l'Étoile » a été éphémère et, en 1864 encore, dans *Les Cythères parisiennes. Histoire anecdotique des bals de Paris*[45], Alfred Delvau parle du « bal Dourlans ». C'est cette année-là qu'est née officiellement l'avenue Wagram et, ainsi, la salle Wagram. On y reviendra plus bas, en 1924 dans *De la Popinqu' à Ménimuch'*, de Valdour, la salle Wagram était déjà surnommée « le bal des bonniches ». À ce qu'on prétendait, elle était mieux fréquentée que les bals-musettes. Une tragédie s'y est pourtant montée, une nuit de juin 1932. Après y avoir dansé, au petit matin, Yvonne Desvignes, une jeune bonne de Passy, est jetée d'une voiture, avenue Foch. Grièvement blessée, elle meurt à l'hôpital[46].

En 1960, lorsque avec les copains j'invitais les mauvais boppers à aller à Wagram, j'ignorais ces précisions, ces détails. Çà et là, à la devanture des cafés de Paris et dans le métro, je jetais un œil sur les nombreuses affiches qui, à Wagram, outre des soirées dansantes, proposaient galas de boxe et de catch. « Salle Wagram – Tous les jeudis – Le ring des champions internationaux » : telle était la réclame qu'à chacun de ses numéros passait *L'Officiel international du Ring, magazine mensuel publié sous le patronage de la F.F.B.* Au bas de l'avenue Wagram, à gauche juste, au 9 avenue des Ternes, quasiment sur la place, il y avait une Bière, sœur de celle où a travaillé ma grand-mère à Saint-Paul. Cette brasserie bon marché témoignait d'une fréquentation populaire de ce coin de Paris. Juste avant se tenait un ciné. Sur mon Bottin de 1950, au 5, je lis « Théâtre des Ternes » : c'était là. Avec, en vedette, Bernadette Laffont, j'y ai vu *L'Eau à la bouche*, de Jacques Doniol-Valcroze, un film de 1959. Et aussi, avec Clint Eastwood, *Pour une poignée de dollars*, de Sergio Leone, le 5 juillet 1966, puis le non moins palpitant *Guet-apens*, de Sam Peckinpah, avec Steve McQueen, plus tard, en 1973. Pas loin de là, rue du Faubourg-Saint-Honoré, le 264 avait été un Cinéac[47] avant d'être un cinéma normal. *L'Homme de la Sierra*, avec Brando, m'y avait attiré, le 24 décembre 1966. Je l'ai noté sur mon carnet, cette salle s'appelait encore Cinéac-Ternes.

En 1932, voici comment Héron de Villefosse considérait l'« avenue Wagram » – il ne dit pas « de » Wagram :

> « Une réduction du Montmartre populaire ; des kermesses, des cinémas, l'Empire, et des filles, au coin des rues sombres dont la profondeur n'offre que les enseignes lumineuses d'hôtels louches. Arrêt ; station du métro Étoile : un des points névralgiques et des plus sensibles[48]. »

À l'époque, les Corses de Montmartre poussaient vers le 17e et le 8e, les beaux quartiers – le *« gangsland »*, Blaise Cendrars ira jusqu'à dire dans *Panorama de la pègre* en 1935[49]. Alors, Paul

Venture Carbone, l'Empereur de Marseille, avait sa table chez Cotti, le restaurant du 12 de l'avenue Wagram. Lui, je l'ignore, mais certains de ses compatriotes, c'est avéré, ont eu des intérêts dans les établissements des rues sombres évoquées par Héron : rue Troyon, rue Brey, rue de l'Étoile. Danièle Burel le raconte dans *Pas plus pute qu'une autre*[50] : en 1967, elle a été barmaid dans le bar de Monsieur Claude, un natif de l'île de Beauté. Du temps de leur présence militaire, les Américains fréquentaient beaucoup ces endroits, après la Libération. Qui se rappelle que ce coin était aussi interlope ? François Marcantoni, « notre gangster bien-aimé », c'est probable, sa prédilection est toujours allée à ce quartier de Paris. Pierre Le-Tan peut-être, qui, dans *Paris de ma jeunesse*[51], évoque un curieux bar, le Lucy's, plus loin d'ailleurs, boulevard Gouvion-Saint-Cyr, en face de la porte Champerret, où « des garagistes discutaient d'affaires ratées, on vous proposait des fausses montres de marque. Il y avait même quelques hétaïres ». Hervé Chayette également, à ce qu'il rapporte dans *76, avenue Marceau*[52] : aux alentours de 1960, le quartier des Ternes était un « repaire de garagistes plus ou moins filous et de truands de tout poil. Plusieurs d'entre eux avaient leurs habitudes dans un bar du coin, à l'enseigne de "la Guitare" ». Dommage qu'il ne situe pas l'établissement en question.

Les Champs : de la « nuit énorme » aux loyers qui en « menacent l'identité »

Les samedi et dimanche, une foule mêlée se pressait avenue Wagram. *Idem* sur les Champs-Élysées, qui « deviennent, constate Héron dès 1932, les jours fériés, une promenade populaire ». On est aux antipodes de l'impression de Céline, trente ans auparavant, lorsque en compagnie de son père il partait porter un meuble dans le 16e ou le 17e. Passé la Concorde, confesse-t-il, « j'avais un peu peur avec lui. En montant les Champs-Élysées, c'est une nuit énorme[53] ». Sous la IIIe République, résume Gérard Bauër, les Champs,

> « durant longtemps, rassemblèrent des résidences et quelques rares magasins dont un parfumeur plus vieux que le siècle et un café qui en fut un des rendez-vous achalandés. Longtemps, il fut le seul café entre le Rond-Point et l'Étoile, comme un relais, sur le chemin du bois ».

En définitive, une « avenue d'hôtels cossus[54] ».

Peu à peu, ces beaux hôtels seront démolis. Le cas de celui de Massa est à part. Construit à l'emplacement des numéros 52-60 en 1778, il avait été racheté en 1928 par un grand magasin. Bauër explique :

> « Sur une suggestion gouvernementale, et grâce à la générosité d'un de ses acheteurs, il fut transporté pierre par pierre jusqu'au faubourg Saint-Jacques [au 38] et offert à la Société des Gens de Lettres. »

La vocation des immeubles modernes, souvent disparates, qui ont pris le relais, s'est vite révélée être le commerce et le cinéma. La première salle de cinéma à ouvrir sur les Champs a été, en 1928, le Colisée – au 38. Héron de Villefosse poursuit :

> « L'exclusivité des films nouveaux appartient aux opulentes salles. Récemment l'avenue des Champs-Élysées a vu sur ses rivages se planter les tentes luxueuses des dernières-nées. Américaines ou allemandes, policières ou psychologiques, documentaires en cocotiers ou en ours blancs, les bandes se déroulent matin et soir sans trêve. »

L'atmosphère « À bout de souffle » de 1960

Ma mère n'aimait guère les boulevards. Elle les trouvait *trop ordinaires*, elle préférait les Champs-Élysées, beaucoup plus chic. « La plus belle avenue du monde », la qualifiait-elle, une appréciation dont Chayette écrit que sa propre mère le « serinait ». Il habitait 76 avenue Marceau et, dans son récit ainsi intitulé, il récapitule avec minutie « la liste de tous les commerces, dans l'ordre, côté soleil et côté ombre », des Champs-Élysées, en commentant : « À l'époque, le côté soleil, numéroté pair, était le plus "commerçant". » Les années ont passé, le constat ne s'est pas démenti. Dans cette énumération, Chayette fait figurer le magasin

> « Sinfonia, ou plus exactement Sinfonia-Lion, du nom de son propriétaire, grand connaisseur de jazz et importateur de raretés qui devint par la suite Lido-Musique. [...] Conseillé par M. Lion, j'y acquis mes premiers disques de jazz : Jelly Roll Morton, Art Tatum, et mes maîtres ès boogie, Memphis Slim, Albert Ammons et Pete Johnson ».

Cette boutique était située au 68. C'est là qu'au début des *Tricheurs*, pour revenir à ce film qui a tant marqué les jeunes gens de mon âge, Jacques Charrier lie amitié avec Laurent Terzieff en train de faucher un 45-tours. Au 114, Chayette n'a pas relevé le Quick-Élysées. Il avait été ouvert par Georges France, le créateur du Balajo, rue de Lappe à la Bastille. Quand ? En 1950, l'établissement n'est pas mentionné dans le Bottin, en 1977, il l'est encore. À quelle date a-t-il disparu ? En tout cas, le Quick-Élysées, agencé d'un escalier roulant interne, marchait à tout-va en 1960 : à plusieurs reprises, on le voit dans *À bout de souffle*.

En moi, le jugement de ma mère et cette scène des *Tricheurs* auront fait leur bonhomme de chemin : j'ai aussi apprécié les Champs. Au début d'*À bout de souffle*, Jean-Luc Godard en restitue l'atmosphère particulière, celle, du moins, de 1960. Si, en 1958 dans *Les Tricheurs*, Belmondo n'avait qu'un rôle subalterne, d'un coup, grâce au film de Godard, il est devenu une grande vedette. En *emballant* Jean Seberg, Belmondo administre la preuve que la *drague* était l'une, sinon *la* spécialité du lieu[55]. À ce jeu, Paul Ribeaud, l'un de mes amis, était aussi fort que le héros du film de Godard. De la génération de Belmondo, Paul était grand reporter à *Match*, situé alors 51 rue Pierre-Charron. Son Q.G. était La Belle Ferronnière, en face, au coin de la rue François-Ier. À son avis très autorisé, pour lever des filles, rien ne valait les Champs. « Aborder une femme qui passe est un art parisien », prétend Héron : Ribeaud était un expert. À l'instar de Bébel, Popaul avait un genre que plus tard on a qualifié de *négligé-chic*, apanage du journaliste, du reporter. Les dactylos des journaux, des sociétés de production cinématographique ou des maisons de luxe établies dans le voisinage n'étaient pas insensibles à ce charme-là. Et puis, il y avait tous ces grands cafés, ces bars plus feutrés, smart, où aller boire un verre. Et les cinémas.

Simultanément aux hommes, les chasseresses s'adonnaient à ce que, chez les femmes de petite vertu, on nomme la « marche ». Au début, Danièle Burel était une « marcheuse ». Par un bel après-midi, un quidam bien mis l'accoste. « Je lui indiquai mon prix, raconte-t-elle, il me dit oui et m'annonça tout de go qu'il était policier. » C'est fait, elle est désormais une « prostituée notoire[56] ». Héron de Villefosse nous en convainc dans *Aux belles de Paris*[57], il a un goût rentré pour les « professionnelles ». Né natif de la rue de Washington, il décrit bien leur manège sur « l'avenue triomphale », celui de Danièle, ou dans certaines rues adjacentes, par exemple rue de Ponthieu. Voilà encore trois ou quatre décennies, il y avait plusieurs bars avec des filles, dehors ou dedans, je m'en souviens. Plus haut, autour de l'Étoile, œuvraient les amazones, en voiture décapotable. Danièle a aussi connu cette activité. À une époque où elle mettait « les bouchées doubles, révèle-t-elle, on me voyait beaucoup à l'angle de la rue de Tilsitt et de l'avenue de Friedland dans ma Floride flambant neuve ».

Une promenade moins populaire que populeuse

Vers 1960, quand j'étais un assidu du Quartier latin, le jeudi, le samedi et le dimanche, les adolescents se réunissaient dans des cafés. À Saint-Michel, le n° 1 de ces bistrots était le Rallye, 6 place Saint-Michel. Au 2, au coin du quai, certains préféraient la « Rot' » – la Rôtisserie périgourdine. Place Saint-André-des-Arts, à l'angle de la rue du même nom, siégeait et siège encore La Gentilhommière. À la gare Saint-Lazare, d'autres jeunes fréquentaient le Drugstore Saint-Lazare. Sur les Champs, Le Français, au 74[58], et, au 133, le Drugstore, ouvert depuis 1958, avaient aussi leurs bandes. De trois ans plus jeune que moi, Chayette raconte avoir souvent croisé cette « bande du Drugstore », à une époque où je n'allais plus guère en surprise-partie, vers 1963-64-65. La spécialité de ladite bande était de semer le désordre et de voler « l'argent dans les sacs à main ». Dans tous les endroits précités se colportaient des adresses de *boums*. Si, parti en expédition dans le 8e ou le 16e, on avait fait chou blanc, que l'adresse n'existait pas ou que la porte était restée close, on avait la ressource de danser. Rue Jean-Mermoz, par exemple : au Touquet, au 1 bis, ou en face, au Kilt, au 4 – des discothèques. À un moment, le jazz était implanté dans le quartier. Le dimanche après-midi, il m'est arrivé de faire un tour au Spaghetti-Club, rue du Colisée. Un orchestre jouait du Nouvelle-Orléans, celui d'Irakli, je crois. Le Spaghetti était en étage : où ? je ne sais plus. Plus tard a ouvert le Living-Room, rue du Colisée toujours, au 25. Le Gaslight, aussi. Sans oublier, 66 rue Pierre-Charron, l'Ascot-bar, « le bar élégant des Champs-Élysées », ou la Calavados, 40 avenue Pierre-Ier-de-Serbie : un de mes amis aimait, la nuit, ces ambiances piano-bar.

Sans qu'elle fût guindée, l'ambiance des Champs était plus chic que celles du boul'Mich', des boulevards ou de la rue de Rivoli. C'est pourquoi, Louis Chevalier l'explique en 1967 dans *Les Parisiens* à son chapitre « Champs-Élysées présomptueux », il ne la prisait que modérément. En mêlant son analyse à mes souvenirs, force est de constater que l'affirmation de Héron de Villefosse sur les Champs, qui les jours fériés se muent en « promenade populaire », doit être rectifiée en promenade *populeuse*. En effet, dit Chevalier, « l'absence de la presse[59] et du théâtre suffit à souligner l'échec des Champs-Élysées à ravir au centre ancien son rôle ». À ses yeux, cette avenue souffre de son emplacement, trop éloigné du cœur de la ville. Chevalier conclut :

> « Il n'est de centre fondamental que populaire. On l'imagine mal, constitué de bureaux. C'est dans le peuple qu'à travers les âges, le génie parisien a puisé, et dans tous les domaines, son renouvellement, par un voisinage matériel, physique, animal, entre les classes populaires et les autres. Rien de tel aux Champs-Élysées ou dans les rues voisines. Le milieu est international. »

Près d'un demi-siècle plus tard, les Champs-Élysées sont victimes de leur succès. « Les loyers élevés menacent l'identité des Champs-Élysées », annonce *Le Monde* du 24 décembre 2006. De treize salles de cinéma en 1985, ce nombre est tombé à sept, s'inquiète-t-on. *Match* et les autres titres du groupe Filipacchi ont quitté la place depuis belle lurette. Les « enseignes » attirent les touristes, déjà présents sur l'avenue en 1932, à ce que rapporte Héron de Villefosse, même s'il s'agissait exclusivement de touristes riches. Au Berry, le grand café « au coin de la rue du même nom » – avec un « i », écrit-il –, « la majorité de la clientèle est étrangère [et] retrouve là le goût international ». En 1967, Chevalier l'a mis en exergue, cette tendance ne s'était pas démentie. Mêlant cosmopolitisme et argent, elle ne cesse de s'accroître : de l'autre côté de l'avenue s'étend, en effet, ce qu'on appelle le « triangle d'or » de Paris[60]. Que, les soirs de week-end, les banlieusards affluent en masse sur les Champs-Élysées est bien insuffisant à leur conférer une physionomie véritablement populaire – au sens où l'entendait Chevalier. À leur façon, ceux des banlieues ont aussi l'air de touristes.

De la guinguette au bal, *via* le carnaval

Chez Ramponneau

En 1864, Alfred Delvau écrit *Les Cythères parisiennes. Histoire anecdotique des bals de Paris*[61]. Après avoir passé soixante bals parisiens en revue, un autre à Sceaux et un dernier à Robinson, il termine par un article sur la descente de la Courtille.

> « Voir Paris sans voir la Courtille,
> Où le peuple joyeux fourmille…
> C'est voir Rome sans voir le pape ! »

Il reprend ainsi l'enthousiasme de Vadé, vieux de plus d'un siècle. Avant ou après la Révolution, à maintes reprises nous avons fait halte à la Courtille. Sous Louis XV, Ramponneau y tenait la guinguette fameuse du Tambour royal, et, cinquante ans plus tard, à l'époque de Napoléon, les malins y jouaient les terreurs[62]. « Et toi, tu es *eune* bonne pâte d'homme, *eune* bonne trogne de biberon, un bon Ramponneau. Allons, chante et danse avec nous ! » une poissarde assoiffée invite-t-elle Ramponneau[63] : le plaisir y était nature. Fixée au mercredi des Cendres à la mort du carnaval, la descente de la Courtille en était une excroissance totalement débridée. Delvau et Fournel[64] la critiquent tout en la regrettant – « cachez ce sein que je ne saurais voir ». Après avoir consigné l'importance des masques dans les fêtes à Paris, Fournel en livre un bon aperçu :

> « Les masques populaires, qui avaient passé la nuit du mardi gras dans tous les cabarets et les bals de Belleville, particulièrement chez Desnoyers, aussi fameux en son genre que jadis Ramponneau, descendaient tumultueusement à Paris le matin du mercredi des Cendres, au

> petit jour, et les curieux venaient assister à ce spectacle hideusement pittoresque, à ce Longchamp du carnaval. Pendant deux ou trois heures, tout le long du faubourg du Temple, le flot infect coulait sans interruption. C'était comme un débordement d'égout, un déballage immense d'oripeaux en haillons »...

Milord l'Arsouille, roi prodigue de la descente de la Courtille

Comme Privat d'Anglemont[65], Delvau et les autres, Fournel insiste sur les excentricités de Milord l'Arsouille – « (Lord S...) » : Privat se refuse à éventer la mèche. On se perd en conjectures sur les frasques de lord Seymour. Était-ce lui ou n'était-ce pas lui qui, raconte Delvau, « se plaisait à se mêler, en compagnie de quelque Cléopâtre de coulisses, à la populace de la Courtille, qui ne s'en trouvait que plus autorisée à persister dans ses honteuses habitudes » ? Était-ce lui ou pas qui, « de la fenêtre d'un cabaret de la rue de Paris, jetait des pièces d'or frites » au bas peuple, que, précise Fournel, « il avait fait chauffer dans la cuisine de l'établissement[66] » ? Dans son étude sur Milord l'Arsouille, Daniel Lacotte[67] n'apporte pas de réponse définitive.

Qui était le comte de La Battut ?

Si Fournel parle d'un imitateur de l'Arsouille, « le duc de Gr. Cad. », Lacotte, lui, signale un certain comte Charles de La Battut. En 1859, dans *Le Figaro*, Paul d'Ivoi a conté ses frasques fastueuses. Déjà légendaires, elles remontaient à plus de vingt ans puisque La Battut est mort – ou serait mort – en 1835. Acquérir la réputation de lord Seymour avait été le grand moteur de sa vie. Hélas ! quand la foule applaudissait ses trois calèches emplies de « masques magnifiques [...], attelées chacune de six chevaux », elle s'époumonait : « Tiens, voilà lord Seymour avec sa bande joyeuse ! Vive lord Arsouille ! »

Curieusement, La Battut et Seymour ne se sont jamais croisés. Lacune étonnante qui conduit plus d'un biographe de Milord l'Arsouille à s'interroger : La Battut a-t-il réellement existé, n'est-t-il pas une création de Seymour lui-même ? Si Seymour habitait l'hôtel du comte Demidoff – au coin du boulevard des Italiens et de la rue Taitbout, en face du restaurant Tortoni et au-dessus du Café de Paris –, La Battut « avait établi son quartier général dans [son] voisinage, boulevard des Capucines. On peut imaginer Milord pénétrant chez son soi-disant rival et en sortant grimé en La Battut », avance Lacotte. Vidocq puis Balzac sont prolixes sur le sujet : l'époque aimait le déguisement. C'est pourquoi le facétieux lord Seymour et le comte de La Battut, son prétendu rival, ne sont, je crois, qu'une seule et même personne.

Les « gros raouts populaciers » des « bals-canaille »

L'essentiel est ailleurs, malheureusement les commentateurs ne font que l'effleurer. Se référant au comte Apponyi[68], Lacotte signale qu'un jour lord Seymour dîne à L'Île d'Amour, la guinguette de Belleville. Une bataille l'oppose – ou l'aurait opposé, temporise Lacotte – à « la populace offensée de je ne sais trop quoi ». Une autre fois, au bal du théâtre des Variétés, La Battut et sa cavalière entament un chahut. « Suprême provocation qui souleva l'enthousiasme des autres danseurs mais pas celui des forces de l'ordre », commente Lacotte. François Gasnault a raconté l'histoire complexe des bals publics[69]. À partir d'août 1830, la législation s'assouplit et des bals masqués sont donnés « tous les dimanches et tous les jours » dans un certain nombre de théâtres. Vingt ont pour cadre le théâtre des Variétés, « le bal le plus couru, et sans conteste le plus réussi ». L'ambiance est plus joyeuse que partout ailleurs, « comme si le rêve d'unanimité sociale avait élu ce lieu pour s'y réaliser ». La provocation de La Battut n'a pu se produire qu'entre 1831 et 1835. À ce moment, le *Courrier des théâtres* ironise sur les « gros raouts populaciers », le théâtre des Variétés est sa cible principale :

> « Son bal était en effet le symbole le plus éclatant, le plus déplaisant, du divertissement en vogue ; des expressions comme "bal-canaille" ou "Bouge-Variétés" donnent une idée de la véhémence des attaques. »

La quête de l'« unanimité sociale »

Les mœurs mettent du temps à évoluer, à admettre ce qui longtemps a été refusé, rejeté. Quatre-vingt-dix ou cent ans plus tard, les gens de la haute chercheront et trouveront au bal-musette la substantifique moelle exprimée par ces deux termes, « canaille » et « bouge ». Mise en exergue par Gasnault, l'« unanimité sociale » sera à son comble.

Répétons-le : le Paris populaire est une notion plus vaste que le Paris des quartiers populaires. Les boulevards, les grands puis les extérieurs – de Barbès à la place de Clichy –, ont favorisé la promiscuité : on avait à y faire et on y musardait. Dès le crépuscule du soir, loué par Baudelaire, la flânerie prenait des allures de maraude, de chasse :

> « Voici le soir charmant, ami du criminel ;
> Il vient comme un complice, à pas de loup ; le ciel
> Se ferme lentement comme une grande alcôve,
> Et l'homme impatient se change en bête fauve. »

Si, pour Baudelaire, « la Prostitution s'allume dans les rues », par « ces soirées d'été où l'air manque dans Paris », le sang bouillant, Georges Duroy, le Bel-Ami de Maupassant, s'allume, lui, « au contact des rôdeuses qui murmurent à l'angle des rues "Venez-vous chez moi, joli garçon ?" ». L'inspiration est la même, la réalité de la rue parisienne où

> « On entend çà et là les cuisines siffler,
> Les théâtres glapir, les orchestres ronfler »,

autant dire le boulevard.

De création récente, les maisons des boulevards étaient habitées par ceux qui avaient de quoi. Trente ans plus tôt que *Bel-Ami*, dans *L'Éducation sentimentale* de Flaubert, Jacques Arnoux se présente à Frédéric Moreau : « propriétaire de *L'Art industriel*, boulevard Montmartre ». Il y demeure, « un peu plus haut que la rue Montmartre ». Alors, c'étaient les gens du peuple qui se déplaçaient et contribuaient à l'atmosphère nouvelle de ces longues promenades. Avec le temps, l'aspect du boulevard a été de plus en plus mélangé.

Lorsque le bal-musette acquerra sa vogue irrésistible, les gens de la haute rendront leur politesse à ceux du populo en allant à la pêche aux sensations et aux émotions dans les quartiers déshérités – vite qualifiés de mauvais lieux. La sensation, comme la définit André Lalande[70], est cet « état brut et immédiat conditionné par une excitation physiologique susceptible de provoquer une modification consciente ». Quant à l'émotion, il s'agit d'un « choc brusque, souvent violent, intense, avec augmentation ou arrêt des mouvements : la peur, la colère », etc. L'émotion, c'était lorsque, avant ou après le bal, un mauvais coup survenait dans la rue. La sensation, ce qui saisissait quand on pénétrait dans l'établissement.

Le bal-musette

Une atmosphère interlope irrésistible

Une sensualité trouble, louche, émanait des bals-musettes. Chantée en 1934 par Fréhel, la *Valse des costauds*[71] nous met immédiatement dans le bain :

« Pour cette valse à sensation,
Afin de s'donner d'l'émotion,
On éteint toutes les lumières,

Alors parlez d'une affaire…
Y'en a qui vont aux renseign'ments,
Et qui n' s'en font pas et comment…
Les yeux chavirés ils fredonnent
Ce refrain qu'ils ont à la bonne…
C'est la valse des costauds,
Des beaux gosses aux gros biscotos,
Qui tous les soirs au musette
Dansent avec leurs gigolettes…
Faut pas leur monter sur les pieds,
Ou alors ils sont sans pitié,
Quand ils dansent entre poteaux
La valse des costauds… »

« Valse à sensation », « afin de s'donner d'l'émotion », « on éteint toutes les lumières » : en quelques mots bien sentis – ceux mêmes dont Lalande vient de donner une définition exhaustive – se trouve résumée la féerie si particulière des guinches. Quant à « aller aux renseign'ments », il s'agit, pour le gambilleur, de caresser sa cavalière. La *peloter*, quoi !

Les belles dames raffolaient des costauds aux gros biscotos. À la Renaissance, le 10 mars 1920, on l'a vu, commencent les représentations de *Mon homme*, de Carco et d'André Picard, une pièce au succès retentissant. Louis Péguri, l'un des grands noms de l'accordéon, y distillait ses valses et ses javas. Le deuxième acte se déroule dans un musette de la Bastille – Chez Boule, un mixte de Petit Balcon et de Bousca[72]. Venue des beaux quartiers, Liane se fait prendre par un gars du cru. Le facétieux Galtier-Boissière commentera :

> « Quelle exquise aventure que celle de cette petite perruche assaillie à la houzarde par un mécano, d'abord affolée, et qui, le lendemain, demande des nouvelles du "terrible" et désirerait savoir "ce qu'il pense d'elle[73]" ! »

Des costauds, des corydons, des gigolos… bref, la populace

Çà et là, dans *Images cachées*[74], Carco va encore plus loin dans sa description de la Bastoche. Les costauds n'étaient pas les seuls à y être chez eux, les invertis, les corydons s'y pressaient aussi. Après le Musette – chez Noailles[75], au 23 –, Carco se retrouve devant le second « guinche des tantes » de la rue de Lappe, aux Trois Colonnes – au 47 :

> « D'un bal à l'autre, j'eus tôt fait d'arriver à celui que j'estimais le plus pittoresque de la rue et j'allais m'y risquer lorsqu'une somptueuse limousine stoppa devant la porte et trois jeunes femmes en descendirent. Elles portaient de riches fourrures et ne paraissaient point gênées des regards qu'autour d'elles une bande de gigolos leur jetait. »

On pense à la princesse d'Austerlitz, campée par Raymond Radiguet dix ans auparavant[76]. Pour la haute, en 1919, la mode est d'aller danser en banlieue. À Montrouge, une voiture d'un groupe en partance pour Robinson tombe en panne, la « populace » s'attroupe. « D'être ainsi inspectées, convoitées derrière une vitrine » procure aux dames « la petite syncope du grand Guignol », commente Radiguet. L'attitude de la princesse d'Austerlitz le fait frissonner : elle « était magnifique, elle, sous ce bec de gaz […] entourée de voyous, autant à l'aise que si elle eût toujours vécu en leur compagnie ». Avec laconisme, Marcel Aymé eût lâché : « Quel travelingue ! »

Les femmes ont eu de moins en moins froid aux yeux

Après l'armistice, le monde évolue vite : une décennie plus tard, les femmes de Carco sont moins pathétiques que la princesse de Radiguet. Celle qui mène la danse, « sans s'émouvoir » et « sans se troubler », souligne Carco, s'appelle Gisèle. Tout à fait dans le ton de l'époque, elle est à l'image de l'héroïne de *La Garçonne*, le roman de Victor Margueritte[77]. Lorsqu'un gigolpince miteux lui sort qu'aux Trois Colonnes, « c'est un vrai bal, çui-là, [...] où il y a qu'des marlous et des tantes, [et que les] poules qui dansent là, toutes des femmes à partouse », Gisèle ne flanche pas : elle s'en ressent. « Et les poules ? [...] Ont-elles du caractère ? De vraies poules du trottoir ? » s'émoustille l'une de ses amies.

Carco le note, le bal des Trois Colonnes est le moins reluisant : l'excitation s'enfiévrera d'autant. Gisèle et ses compagnes y pénètrent, bien moins empruntées qu'Albert, leur cavalier, le conducteur de la limousine. « Dans la salle enfumée, au plafond bas, de cet étrange local, la musique nasillarde gémissait sans arrêt. » Gisèle est une « fort belle créature en robe du soir ». Le mouisard qui l'a affranchie l'invite à « en "faire une" » : gy ! elle accepte. « Passons la monnaie ! » demande un personnage, sacoche sur le ventre – à l'époque, la danse se payait au tour. « Gisèle, sans sourciller, paya. » Ensuite, près du zinc, une discussion dégénère : le type à la sacoche se précipite et, « courte barre de caoutchouc » à la main, il met à mal deux importuns.

Les Trois Colonnes menaient à tout...

À la fin des années 1920, aux Trois Colonnes, le batteur, le *tapeur*, s'appelait Léon Agel. On le sait par son livre *Titi des Enfants-Rouges*, ses mémoires[78]. Selon Lucien Lariche, en 1929, Marcel Duffier est à la tête de l'établissement. Agel parle effectivement d'un « Marcel le gérant », mais il évoque aussi un « patron », le dénommé Manéat, à en croire le Bottin. Bref, outre les Trois Colonnes, Manéat possédait « un hôtel particulier près de la Madeleine où l'on pratiquait la kinésithérapie, bains et massages ». Marcel et Agel lui portent la recette. Il s'agissait de bains et de massages « très spéciaux ». Des messieurs « décorés, d'autres avec une fleur à la boutonnière de leur veston » y fréquentaient. Pour quoi faire ? Un jour, Agel est convié à regarder au travers d'une glace sans tain : lesdits messieurs sont sodomisés « par des voyous. Je les reconnus, poursuit-il, comme faisant partie du "comité d'accueil" des Trois Colonnes ».

Derrière un autre miroir, ce sont « des filles nues sous leur blouse blanche entr'ouverte [qui se livrent] à des jeux érotiques devant les yeux d'un vieillard congestionné, au bord de l'apoplexie ». Le domaine invisible de la rue de Lappe dépassait, et de loin, la seule gambille, il s'étendait jusqu'à la « partouze » – je reprends Carco.

Anecdotes et questions

Pour en revenir à la rue en tant que telle, dommage, on ignore quels personnages précis de la haute ont pu s'y rendre au volant de ces limousines souvent attestées. En 1930, dans *La Vie de garçon*[79], Galtier-Boissière constate que la rue de Lappe « est aujourd'hui embouteillée par les Packard, les Hispano, les Graham-Peage ». Deux ans plus tard, dans *Le Piéton de Paris*[80], Léon-Paul Fargue note des « Delage ou Bugatti ». Avant les Trois Colonnes, Agel avait travaillé à La Grille, au 21. Un soir, relate-t-il, Mac Orlan y était apparu avec Maurice Chevalier : « Sans se faire prier, Momo avait chanté "Valentine". Mac Orlan avait payé la tournée et nous avait donné cent sous, conclut-il en ajoutant : hélas ! ces occasions étaient rares. » À savoir que l'exceptionnel l'emportât sur le quotidien ?

Au Balajo, racontait Jo Privat, Piaf et Cerdan avaient eu leurs habitudes. Un soir, Rita Hayworth y avait fait une entrée remarquée. Un autre, Robert Mitchum, répétait : « *J'encoule* les petites *Françaises* ! » L'insulte déplaît à Marcel Launay, un natif. Le gars possédait un bon crochet du gauche, il pique Mitchum à la pointe du bouc, l'Amerloque est K.-O. ! Épars, de tels événements sont privilégiés par les témoins, spontanément portés à alimenter la légende. Le charme de la rue de Lappe est à ce prix : un tri difficile du vrai et du faux.

Fascination du milieu

Au fil du temps, les commentateurs sont toujours aussi intrigués. En juin 1951, sous la plume de René Lefebvre, le *Paris-Guide* du *Crapouillot* – tome 2 – consacre un chapitre aux bals-musettes. À la Bastille, le Petit Balcon est devenu « un bal nègre ». Si, 19 rue de Lappe, les Barreaux Verts sont demeurés auvergnats, Bousca a été rénové et, au 9, le Balajo enchante Lefebvre par son mystère : qui sont ces femmes et ces hommes qui y paradent et y dansent ? Vingt ans ont passé depuis les remarques de Galtier et de Fargue sur les belles autos : rien n'a changé, les mêmes questions se posent. Lefebvre, sans répondre, se demande :

> « Autre mystère : ces voitures "Vedette" françaises, ces cabriolets dispendieux rangés dans la rue, à qui appartiennent-ils ? À cet homme replet, balafré à la joue, boudiné dans un pardessus havane, ou à cet autre grisonnant et hautain, vulgaire, à figure d'ex-évadé du Maroni défunt ou retour de Buenos-Aires ? ou aux barmen calamistrés ? À moins que ce ne soit aux patrons de bal eux-mêmes, les premiers qui comprirent que le milieu les mènerait à tout, à condition d'en sortir. »

On est au cœur de ce que j'ai jadis appelé la « théâtralisation » de la rue de Lappe, la clé de son succès. Le milieu en a été le rouage essentiel : il était partout, et tous en étaient. La réalité était moins abrupte, mais que les visiteurs y croient était fondamental.

Les phrases ciselées de la « bourgeoisie prolétarienne »

Très caustique – trop, car en 1932, non ! rue de Lappe, tout n'était pas aussi fichu qu'il le prétend –, Fargue résume mon propos :

> « La bourgeoisie prolétarienne a senti qu'elle avait besoin d'art jusque dans la commande du sandwich et les confidences de la mère ardoise. Ce ne sont que propos vifs sur les *nougats*, les *peintres*, le *gring*, l'*osier* ou la *framboise*. Nous saisissons, au passage, des emportements

de vocabulaire qui dénotent le pédant de l'atelier typographique ou le dévoyé de chez Potin.
"Jague ! Hé, remonte un peu les châsses !
– Ferme-la, dis, fesse d'huître !"
Ces messieurs se croient obligés de dominer les drames moraux de la conscience humaine et la recherche de l'absolu par l'engueulade courte et ciselée. Les dames sont plus éternelles et plus authentiques. »

Au vu d'aujourd'hui, à tort, je le répète, Fargue jouait les difficiles. À sa décharge, il ne pouvait pas prévoir les vaches maigres qui ne mugiraient plus au début du XXIe siècle. Ces mots qui saute-moutonnent avec les phrases et se bousculent au portillon dans la bouche de « ces messieurs », c'est l'argot. Les « dames » sont là : le milieu est annoncé, et Louis Chevalier n'hésite pas à écrire :

> « Le bal est le grand décor du milieu. [...] La comparaison semblera excessive : pour comprendre la société féodale, c'est le château qu'il faut observer ; pour comprendre la société religieuse du Moyen Âge, la cathédrale [...] ; pour la monarchie d'Ancien Régime, château de Versailles : pour le milieu montmartrois dans les années 1930, comme avant d'ailleurs, le bal[81]. »

Au musette, la société se mirait

À la réflexion, à Paris, jusque dans les années 1950, plus encore que le milieu, le bal-musette va permettre de saisir la société dans son ensemble. Fréquentés au début par les Auvergnats et les gens du centre de la France, les musettes s'ouvrent aux Parisiens dans le dernier tiers du XIXe siècle. Au lendemain de l'armistice de 1918, le bal-musette présente *grosso modo* trois visages : auvergnat, populaire et interlope. Des catégories d'autant moins étanches que, souvent, le bal interlope subissait les effets de cette théâtralisation relevée plus haut, son piquant : il paraissait plus du milieu qu'il n'en était réellement. Nulle surprise si les chroniqueurs et romanciers *parisiens* – Carco, Galtier-Boissière, Warnod et consorts – s'y intéressent en priorité : la curiosité commande la fièvre des années folles. Le musette prend ainsi sa mesure de reflet de la Grand'Ville. Il illustre tout ce qui, jusqu'ici, a été dit de la « démocratisation » de la société.

Si, en la matière, une avancée substantielle s'était produite entre l'époque du *Tableau de Paris*, de Mercier, et celle de *La Fille aux yeux d'or*, de Balzac, c'est le passage des *Misérables* sur Paris qui témoigne d'une progression, cette fois, définitive et irréversible. À cet instant de l'histoire, Chevalier le constate, la bourgeoisie perd son rôle d'avant-garde au profit du peuple. La montée spectaculaire de l'argot, celle du terme « parisien », l'« unanimité sociale » – bien légère, pourtant – remarquée par Gasnault au bal des Variétés en 1830, autrement dit cette « sur-existence collective » qu'alors Chevalier voit sur les boulevards, sont les manifestations premières de l'atténuation patente du « compartimentage social » notée par Michel Leiris dans le Paris des années 1920[82]. Pour trente ou trente-cinq ans encore, le bal-musette est à la mode, à ceci près que, plus qu'une mode, il s'agit d'un fait social. Le guinche est comme l'apothéose de la promiscuité nouvelle. On le sait, le monde, le beau monde, y trouvait son plaisir. Ceux du milieu, bien sûr, les bals était leur fief, leur lieu de prédilection. Reste le peuple, la majorité des gambilleurs et de leurs cavalières.

Le fruit défendu

Un soir de 1924, Valdour dîne dans un restaurant ouvrier de la rue de Ménilmontant[83]. Il observe la jolie servante brune qui « multiplie les prévenances et les avances auprès d'un jeune client [...] : il porte une veste noire, une casquette et n'a pas de faux-col » – la mise sans chichis des habitués des musettes.

> « "Ah !" soupire la bonne en lui apportant une portion, "vivement neuf heures et que je m'en aille au bal !"

> Quand elle repasse : "… Oui, vivement le bal ! – À Wagram ?" demande le jeune élu. "– Pourquoi Wagram ? Parce que c'est le bal des bonniches ? Vous y êtes allé ? – on, jamais. – Moi non plus. Et il y a six ans que je suis à Paris !… J'aime mieux les bals-musettes…" confie-t-elle, souriante, les yeux brillants, les lèvres gourmandes… et elle file vers la cuisine. Elle recrute. L'autre bonne en fait autant. »

Cette scène est à comparer à celle de Carco dans *Images cachées*. La jeune serveuse n'a pas l'aisance, voire l'insolence de Gisèle, la grande bourgeoise. Peu importe : le bal-musette l'attire comme le fruit défendu. À l'instar de Gisèle et de ses amies ou de Liane, la petite perruche de Carco moquée par Galtier, elle salive en en savourant par avance les délices : ses yeux brillent, ses lèvres luisent. Valdour le pense tacitement : avec un rien de malchance, la jeune serveuse finira fleur de trottoir – *aux asperges*, disent les souteneurs. Une chanson de l'époque racontait :

> « Au bal-musette, le brave Larfouillat
> Fit la conquête de la fille du fouchtra. »

Hélas ! au musette, tous n'étaient pas de braves Larfouillat dégringolés de leur cambrousse.

« Toute la morale » de la rue de Lappe

Près de la place Voltaire, dans ce concert où l'on joue *L'Inutile Cruauté* ou *Manon l'Apache*, Valdour avait remarqué des « *terreurs* du quartier, avec leurs filles, un *type à tête de poisse*, un *lacromuche* et sa *grognasse* ». Pour les filles, ces louches individus constituaient le premier danger. Le second, tomber enceinte, signifiait le malheur. C'est cette réalité de chaque jour, ses drames, ses faits-divers qui inspiraient les auteurs de théâtre populaire.

Dans « *Le Faubourg* »[84], Valdour se rend rue de Lappe. D'abord, il livre ses impressions : « L'animation de la petite rue noire, traversée de zones de lumière crue, [lui] donne un aspect de fête, de foire permanente. » Puis il regrette que « la gracieuse et honnête bourrée, que des Auvergnats dansent à ravir, [soit] un épisode trop rare ». Ensuite, il dit ce qu'il a sur le cœur : « Contre le bal, s'entr'ouvre le meublé complaisant, s'allonge l'étroit trottoir, le ruisseau : et c'est toute la morale du lieu. » Il dénonce « l'étourdissement de la danse, des boissons, des lumières, des sons cadencés [qui] commande de glisser dans l'oubli de tout ce qui n'est pas l'ivresse de l'instant qui passe ». Pourquoi ?

> Parce qu'« idées fausses et propagande révolutionnaire, images menteuses et sensibilité affolée, journaux, discours, manifestations dans la rue, bals et spectacles, toutes les forces d'erreur et de mal sont déchaînées et liguées contre ce peuple du Faubourg, si riche de qualités naturelles, si fortement obstiné à retenir au moins un peu de l'abondant trésor de ses traditions que ce n'est pas trop de l'alliance de tous ces ennemis pour les lui arracher par morceaux ».

La chose est acquise, Valdour est un homme d'ordre. Jules Vallès, lui, avait été communard. Pourtant, de façon inattendue, quarante ans auparavant, en 1882, à propos du peuple réputé si parisien du faubourg Saint-Antoine, ses récriminations annoncent Valdour :

> « Le prix du loyer a poussé le peuple plus loin, et le faubourg Saint-Antoine n'appartient plus aux enfants de Paris, pas même, dans certains coins, à la France. Nous allons y trouver des Bretons qui vendent de l'ail bénit, des Italiens qui montrent des marmottes, et des bataillons d'Allemands[85] !... »

Sans qu'il l'écrive expressément, pour Vallès, être né natif de Paris, en être depuis longtemps avait une autre valeur qu'y avoir débarqué de fraîche date. Une telle pétition de principe permet de mieux comprendre, dans *Les Parisiens*[86], le jugement suivant de Louis Chevalier à propos de la Commune. En 1871,

> « c'est également en tant que populations racialement différentes et ennemies, mais bien plus férocement encore, que s'entredéchirent [...] les Parisiens et ceux que l'on appelle les Versaillais ».

Autrement dit, les Parieins n'admettaient pas que des provinciaux en armes fassent, et avec quelle violence ! la loi chez eux. Pour en revenir à Vallès, et en utilisant des notions contemporaines, à ses yeux le *sol* était insuffisant à faire d'un individu un Parisien – ou un Breton, un Auvergnat ou un Alsacien. Le *sang* était nécessaire. C'est-à-dire l'appartenance remontant à plusieurs générations, le *sang*, alors que le *sol* représente le simple fait d'être là, le fait social. Mais, on s'en est aperçu au chapitre 3, donner une définition du Parisien né natif – *de souche*, dirait-on maintenant – est une entreprise bien malaisée.

Fargue regrettait déjà « la vraie rue de Lappe »

Les diatribes de Valdour montrent la valeur de miroir du bal-musette. Au-delà des jeunes femmes candides, les périls sournois du bal menacent le peuple dans son ensemble. Valdour conspue la puissance de conditionnement de la société : petit à petit, elle dépossède le populo du trésor de ses traditions. Contrairement à ce que croyait Valdour, son idée était à courte vue car labile. Au cours de l'histoire, les significations sont susceptibles de varier, la suite le prouve. Au XXIe siècle, faubourg Saint-Antoine, ouvriers et bals-musettes ont disparu. Personne ne nierait qu'à la Bastille, son point d'ancrage prioritaire, le musette a été l'émanation la plus authentique qui fût de Paname. Dès 1932, la nostalgie avait rendu Fargue incroyablement perspicace, lui qui, rue de Lappe, percevait déjà un « crépuscule » fatal. D'une manière différente de Valdour, il s'en prend à la société, à la « prospérité », au « rationalisme » et à leur corollaire, le « haut snobisme », qui font que le « pittoresque » est dorénavant « exploité par les marchands de fonds » et qu'ainsi la rue de Lappe ne se ressemble plus. Sa lamentation de « la vraie rue de Lappe » est une quête de l'âge d'or. Que Fargue ait écrit ces mots un demi-siècle avant l'édification d'un opéra, place de la Bastille, ne peut que faire réfléchir à la relativité des choses. Ceux qui, aujourd'hui, regrettent la Bastoche *d'avant* savent-ils qu'en 1930 Fargue déplorait la disparition des « accordéonistes en espadrilles d'antan » et, en même temps, « cette puanteur noble et ces sourires de pègre sentimentale » ? Comme quoi, s'« il n'y a plus d'après à Saint-Germain-des-Prés », à la Bastoche il y a toujours un avant.

Une histoire rien que populaire et parisienne

Il reste que le moteur de cette effervescence a été le musette – musique, danse et bal réunis. Ce fait social parisien est à porter au crédit des Auvergnats d'abord, des Auvergnats et des Italiens ensuite.

Une guerre qui s'est conclue par deux mariages

Les Auvergnats jouent de la musique pour danser. Rue de Lappe, leur présence est attestée depuis le début du XVIIIe siècle, et, avec eux, la musette, la vielle et le violon. Après 1870, nombre d'Italiens se fixent à Paris, l'accordéon est leur instrument fétiche. Révélée par Roger Girard[87], une guerre d'un quart de siècle va opposer Auverpins et Macaronis. À l'origine, un bal-musette, c'est l'arrière-salle d'un marchand de vins, ploum en général. Les tenants de la bourrée, crouzade et autre montagnarde, ne veulent pas d'Italiens chez eux, certains sont plus souples. Bref, les hostilités se termineront par le mariage de la musette et de l'accordéon, 13 rue de Lappe, chez Bousca.

Surnommé le « Prince des cabrettaïres », Antonin Bouscatel (1867-1945) avait compris la force musicale du dépliant. Après avoir été très réticent, il ouvre les portes de son bal à Charles, l'aîné des frères Péguri, le « Strauss de l'accordéon » (1879-1930). On est en 1903-1904, l'aventure de l'accordéon-musette commence. Sans qu'il y ait d'explication, « bal-musette », et non « bal-accordéon », continuera de désigner un bal conduit par un accordéon. Quant à Charlot Péguri, en 1913, il épousera la fille Bousca. Une belle histoire.

La java

> « Ce furent, en grande partie, les Italiens qui introduisirent l'accordéon en France en même temps que les valses piémontaises et napolitaines qui se dansaient à petits pas serrés. Excellents danseurs, Marseillais, Corses et autres montrèrent aux jolies Auvergnates comment valser à l'envers, ainsi que la toupie. Les Parisiens, eux, transformèrent la vieille mazurka en java. »

En quelques lignes, Agel conte la naissance du musette. La java, le plus beau fleuron du musette et de ce que j'ai appelé la culture voyou, donc populaire, date de l'immédiat avant-guerre de 14. Si alors les grands noms de l'accordéon étaient le plus souvent à consonance italienne – Péguri, Guérino, Coia, Gardoni, Carrara –, l'un des créateurs du genre et maître du soufflet a été Émile Vacher (1883-1969). Ses javas sont d'une beauté inouïe. À l'écoute de Vacher, Carco a magnifié la java dans un texte d'une conviction irrésistible :

> « Sur le parquet qu'entourent les tables, entre les glaces où s'entrecroisent vingt silhouettes multipliées, la java glisse à temps égaux. Elle enlace et désunit, assujettit et laisse aller les couples. C'est la danse des faubourgs. C'est la danse qu'un instinct profond a formée sur un rythme populaire[88]. »

Carco s'éblouit du souvenir qu'un soir, au bal des Gravilliers[89], Bob et Marie la Thune lui ont laissé : « Quelle grâce, et quelle stricte pudeur ! quelle distinction physique ! »

Rues Aumaire, des Vertus et des Gravilliers

Près des Arts-et-Métiers, le fer à cheval constitué par les rues Aumaire, des Vertus et des Gravilliers a longtemps été un quartier jumeau de la Bastille : les bals y faisaient florès. Que 13 rue Aumaire – aujourd'hui rue « au Maire » – subsiste le Tango n'empêche pas qu'on l'a oublié. À Paris, le musette n'a pas eu un, mais plusieurs berceaux. À partir de 1898, avec son père au tambour, dix ans durant, le jeune Vacher jouait même à Montreuil – au bal Delpech, 277 rue de Paris. De 1908 à 1910, la famille Vacher se transporte dans le 18e, 124 boulevard de La Chapelle, au Sabot, le bal des Savoyards. En 1910, les Vacher traversent la Seine et s'installent pour onze ans au bal de la Montagne – 46 rue de la Montagne-Sainte-Geneviève. Toutefois, c'est à la Bastille que la concentration des bals a été la plus forte. Lariche recense environ cent vingt-cinq bals à Paris vers 1930. Si dix-neuf étaient situés dans le 3e, vingt-neuf se trouvaient dans le 11e. Treize étaient enracinés dans le coin Aumaire-Vertus-Gravilliers, alors que neuf ou dix parsemaient la rue de Lappe, et deux ou trois le passage Thiéré.

Les bals ont rouvert en avril 1919

Au lendemain de l'armistice de 1918, la rue de Lappe est vite devenue une rue à la mode, pourtant la réouverture des bals ne s'est pas faite sans mal. Il y a eu comme une demande irrésistible de la part de la population, relate Pierre Miquel[90] :

> « Le règlement de guerre, prolongé jusqu'à la signature de la paix de Versailles, interdit en principe les bals et les orchestres dans les cafés. Mais après l'armistice, les agents sont incapables de faire observer la loi. L'explosion de joie du 11 novembre a balayé les restrictions. »

Jo Privat me l'avait raconté, le phénomène s'est reproduit sous l'Occupation et à la Libération en 1944. Pour contourner l'interdiction, des « bals-musettes de la rue de Lappe s'intitulent comiquement "cours de danse" et les professeurs de "java-vache", hommes ou femmes, sont nombreux et fort convoités par les touristes », relève Miquel. On s'en doute, les patrons de bal prônaient la réouverture. En février 1919, plusieurs d'entre eux s'étaient réunis chez Garrigoux, 21 rue de Lappe, en présence du député du 11e arrondissement, Édouard Ignace, alors sous-secrétaire d'État à la Justice militaire. Puisque la *vox populi* était unanime et que, Miquel le constate, il était devenu « impossible d'interdire les bals », une intervention d'Ignace conduira le ministre de l'Intérieur à lever l'interdiction en avril 1919.

Le double démarrage de la rue de Lappe

En 1920, l'action de *Mon homme*, la pièce de Carco et Picard, se déroule dans le Paname de la réouverture des bals. Vingt et un ans plus tard, dans *Nostalgie de Paris*[91], écrit loin de la Grand'Ville durant l'Occupation, Carco apporte une précision d'importance pour l'histoire du Paris populaire :

> « Lorsque j'ai fait représenter *Mon homme* après la guerre [de 14], on ne connaissait pas beaucoup la rue de Lappe, mais quelques jours après la répétition générale, cette rue se trouva lancée. Elle ne comptait encore que de petits "musette" assez crasseux et, dans le passage, qu'un établissement où j'avais vu, lors d'une descente, des policiers rafler un plein panier de revolvers et couteaux à cran d'arrêt. »

L'établissement en question était le Petit Balcon du 15 passage Thiéré. Rue de Lappe et passage Thiéré sont indissociables, pour aller vite on les désigne sous le nom de « rue de Lappe », ou encore de « Bastoche ». Les faits obligent à dire que la rue de Lappe avait démarré plus tôt que ne l'affirme Carco : aussitôt après l'alliance musicale entre Bouscatel et Péguri, vers 1905.

Le 17 septembre 1906, Édouard Lepage écrit : « Chez Bouscatel. Un soir. Un soir où la rue de Lappe déborde rue de la Roquette et rue de Charonne, y déverse ses sapins, ses coupés, ses landaus[92]. » Le nombre et la qualité desdits véhicules témoignent de la foule, chic déjà, qui s'empresse rue de Lappe, au début du XXe siècle. Dans l'entre-deux-guerres, le Belge Jeff Scherens – six fois champion du monde de vitesse entre 1932 et 1937, vedette incontestée du Vél' d'Hiv' – possédait cette rarissime qualité de démarrer deux fois durant son sprint. Il partait, son adversaire le remontait mais, gaffe les cale-pieds ! Scherens redémarrait en un *jump* victorieux. Comme Scherens, ou plus tard Michel Rousseau, champion olympique en 1956 à Melbourne – au moment où le rock s'est mis à faire des misères au musette –, la rue de Lappe a connu un double lancement.

Quatre ans de guerre avaient plongé Pantruche, et ce petit nom même, dans l'oubli. Les hostilités finies, Paname, le nouveau Paris, a poussé comme un champignon. Une sorte de folie s'empare des survivants. Dans les tranchées, ceux de la haute avaient côtoyé ceux de basse extrace. Même si elle n'a pas duré, cette fraternité a compté dans l'attrait exercé par la rue de Lappe sur, non plus les « coupés » et les « landaus » de 1906, mais les « limousines », Packard, Delage ou Bugatti. Les beaux messieurs à monocle, col cassé, que sais-je encore, rendaient visite à ceux qui, deffe sur le timbre, les attendaient, prêts à être eux-mêmes, à jouer *in vivo* ce qu'ils avaient, au casse-pipe, raconté de leur modeste personne en en rigolant à moitié : qu'ils étaient des vrais, des purs, des « terribles » – dixit Galtier-Boissière. Dévolue au labeur la journée, au plaisir la nuit, la curieuse rue de Lappe a été le théâtre privilégié de ces retrouvailles. On a évoqué Liane, Gisèle, que les bras des costauds étaient loin d'effrayer. La littérature est moins diserte sur leurs chevaliers servants. Comment ne pas penser qu'ils allaient au bal dans le dessein de tomber une petite poule des faubourgs ? À moins qu'au hasard des ruelles sombres ils ne se soient fait pigeonner par des cocottes dont le métier est, justement, de plumer le pigeon.

1. L'Harmattan, « Les Introuvables », 1993.

2. L'Harmattan, « Les Introuvables », 1993.

3. *La Boxe française, op. cit.*

4. Selon les auteurs, ce nom a une orthographe changeante : *Lazari*, *Lazary* ou *Lazzari*.

5. *Le Boulevard du Crime, op. cit.*

6. *Op. cit.*

7. *Dictionnaire historique des rues de Paris, op. cit.*

8. Rodrigo Lopez, Daniel Ringold et Philippe Guiboust, *Francis Lopez et ses grandes opérettes*, Le Rocher, 1996.

9. Voir chapitre 5.

10. Chanson de 1980, de Claude Moine – le vrai nom de Mitchell – et Pierre Papadiamandis.

11. Ce théâtre, qui faisait aussi music-hall et cinéma, était situé 11 boulevard Poissonnière, dans le 2e, après le Rex.

12. *Les Ruines de Subure. Montmartre de 1939 aux années 80, op. cit.*

13. Firmin-Didot et Cie, 1879.

14. *Op. cit.*

15. Flammarion, 1893.

16. Voir chapitre 4, note 28, les observations de Jean-René Klein sur ce sujet.

17. Située 29 rue Étienne-Marcel – à côté de la tour de Jean-sans-Peur, sur, peu ou prou, l'emplacement du mur de Philippe-Auguste entre les rues Saint-Denis et Montmartre –, une salle avait accueilli des spectacles dès le 30 août 1548. En 1629, elle deviendra le théâtre de l'Hôtel de Bourgogne. Sur ordre de Louis XIV, le 22 octobre 1680, la troupe du théâtre de l'Hôtel de Bourgogne fusionnera avec celle de l'Illustre Théâtre de Molière. La première salle de Molière se trouvait au jeu de paume des Métayers, 10,12 et 14 rue Mazarine, et la seconde, au jeu de paume de la Croix-Noire, 15 rue de l'Ave-Maria, près de l'hôtel de Sens. De l'union des deux troupes résultera celle des « Comédiens Français entretenus par le roi », c'est-à-dire la Comédie-Française.

18. Jacques Hillairet, *Dictionnaire historique des rues de Paris, op. cit.*

19. Voir chapitre 4.

20. Pierre Gascar, *Le Boulevard du Crime, op. cit.*

21. *Op. cit.*

22. 94 rue du Faubourg-du-Temple.

23. Au 86, m'apprend Lucien Lariche dans *Les Jetons de bal, op. cit.*

24. Si Lariche écrit que le 6 et le 26 ont abrité des bals-musettes, André Rauch, dans *Boxe, violence du XXe siècle (op. cit.)*, révèle qu'au 6 on s'est aussi entraîné au noble art. Était-ce à l'une ou l'autre de ces adresses que se trouvaient les « Folies-

Popincourt », comme ironise Chevalier ?

25. 8 rue de Belleville, en face du palais du Travail, sur l'emplacment de l'ancien cabaret et bal Dénoyez (voir chapitre 6, note 20).

26. *Op. cit.*

27. *Op. cit.*

28. *Montmartre du plaisir et du crime, op. cit.*

29. « Revue encyclopédique universelle » n° 124, juillet 1917.

30. Le Rocher, 1991.

31. Situé 20 rue de Clichy, à côté du Casino de Paris, l'établissement est un théâtre qui « passe au cinéma en 1933 », signale Chevalier.

32. Voir chapitre 6.

33. *Des Halles au Balajo, op. cit.*

34. *Les Combattants du petit bonheur, op. cit.*

35. Sur mon Bottin de 1950, je vois au 150 rue de Tolbiac : « Assoc. famil du XIIIe Deux-Moulins ». Le Familial était-il là ou au 192 : « Variétés Spectacl... » ?

36. *Op. cit.*

37. Chanson de R. Brown, adaptation de C. Moine, 1977.

38. La Jeune Parque, 1946.

39. « En revenant de Saint-Germain », *La Dame aux lèvres rouges. Portraits*, Bartillat, 2000.

40. Voir chapitre 8.

41. *Op. cit.*

42. Christiane Py et Cécile Ferenczi, *La Fête foraine d'autrefois. Les années 1900*, La Manufacture, 1987.

43. Autrefois, un gant ou un caleçon était lancé de l'estrade en direction du prétendant. « Donnez-moi un *caneçon* ! », « Passez-moi un gant ! » demandent, chez Galtier-Boissière *(La Bonne Vie, op. cit.)* ceux qui veulent lutter ou boxer.

44. Michel Fleury et Jeanne Pronteau, *Petit Atlas pittoresque des quarante-huit quartiers de la ville de Paris (1834) par A.-M. Perrot, ingénieur,* réédition Service des travaux historiques de la ville de Paris, 1987.

45. Dentu, réédition Marcel Valtat, 1979.

46. Claude Dubois, *La Bastoche, op. cit.*

47. En 1950, sept Cinéac se répartissaient dans Paris : 68 avenue des Champs-Élysées – 8e, gare Montparnasse – 15e, gare Saint-Lazare – 8e, 5 boulevard des Italiens – 2e, 8 boulevard de la Madeleine – 9e, 78 rue de Rivoli – 4e, et 264 rue du Faubourg-Saint-Honoré – 8e. Comme leur nom l'indique, à une époque où la télévision était dans les limbes, ces salles passaient actualités et documentaires. Pour avoir fréquenté le Cinéac de la rue de Rivoli dans les années 1950 et 1960, je ne me rappelle pas que ce cinéma n'ait présenté que des actualités. Cela avait

dû être le cas avant et, peut-être, juste après la guerre.

48. *Paris vivant*, Éditions de la Madeleine, 1932.

49. 10-18, « Grands Reporters », 1986.

50. Les Empêcheurs de penser en rond, 2003.

51. Aubier, 1988.

52. *Op. cit.*

53. *Mort à crédit, op. cit.*

54. *Rendez-vous avec Paris*, Albin Michel, 1959.

55. « Draguer » et « emballer », pour faire la connaissance de filles en leur parlant dans la rue, datent du milieu des années 1950. Avant, on disait « chasser » et « lever ».

56. *Pas plus pute qu'une autre, op. cit.*

57. *Op. cit.*

58. Je ne me rappelle pas que ce café ait eu, selon le père de Chayette, « la réputation sulfureuse [d'être] un rendez-vous de pédérastes ».

59. Par presse, Chevalier entend les quotidiens qui, alors, à part *Le Figaro*, situé 14 rond-point des Champs-Élysées, étaient installés, pour n'en citer que six : 124 rue Réaumur pour *Le Parisien libéré*, 100 rue Réaumur pour *France-Soir*, *Franc-Tireur*, *Paris-Presse*, 9 rue Louis-le-Grand pour *L'Aurore*, 123 rue Montmartre pour *Combat*, c'est-à-dire dans le 2e, près, à la fois, des boulevards et des Halles – le centre des centres de Paris selon Chevalier. Et encore, à propos du *Figaro*, Chevalier observe-t-il que, tournant « le dos à l'avenue pour regarder ailleurs », ce journal continue de cultiver « l'irremplaçable esprit du Boulevard » dont il est issu. « La presse aux Champs-Élysées, précise-t-il, c'est l'hebdomadaire » moderne où « réclames et articles souvent emmêlés se distinguent à peine ».

60. Compris entre les avenues Montaigne, George-V et des Champs-Élysées, et axé autour de la rue François-Ier, ce triangle géographique, parsemé de boutiques luxueuses, est l'endroit le plus prestigieux de Paris, d'où son qualificatif « d'or ». La dénomination remonte *grosso modo* à 1980.

61. *Op. cit.*

62. Voir chapitre 6.

63. Michèle Viderman, *Jean Ramponneau. Parisien de Vignol, op. cit.*

64. *Les Rues de Paris, op. cit.*

65. *Paris Anecdote, op. cit.*

66. Concernant la rue de Paris, en recoupant Privat d'Anglemont et Fournel, on en vient à la conclusion que Fournel se trompe. Selon Hillairet, de 1836 à 1868, « rue de Paris » a été le nom de la portion de la rue de Belleville comprise entre le boulevard de Belleville et la rue Compans. Privat conte la même anecdote que Fournel, mais en la situant : « Un jour, un grand seigneur s'avisa de jeter de l'argent au peuple du balcon des Vendanges. Ce fut une cohue hideuse à voir dans la rue », etc. Ce restaurant des Vendanges de Bourgogne, poursuit-il, était « au coin

du canal, à la place où se trouve aujourd'hui Soulier, marchand de vin renommé [...] pour ses escargots à la bourguignonne », donc plus bas que la rue de Paris. Selon Privat, la coutume de lancer « des dragées et des oranges aux dames », d'inonder « les hommes avec des flots de champagne » et de répondre « aux projectiles par des écailles d'huîtres et des assiettes encore pleines » était une coutume du carnaval. Celle de jeter de l'argent par la fenêtre en a été une variante. Si Privat laisse entendre que Milord l'Arsouille a pu être l'auteur de cette largesse, il ne le cite pas nommément. Il ajoute cependant : « C'était devant les fenêtres de l'établissement qu'on venait surtout parader pour voir le fameux Milord l'Arsouille. »

67. *La Vie extraordinaire de Lord Seymour dit Milord l'Arsouille*, Albin Michel, 1989.

68. *Journal. 1831-1834*, Plon.

69. *Guinguettes et Lorettes. Bals publics à Paris au XIXe siècle*, Aubier, 1986.

70. *Vocabulaire technique et critique de la philosophie*, PUF, 1968.

71. Chanson d'Alcib Mario.

72. Ces deux bals étaient respectivement situés 15 passage Thiéré et 13 rue de Lappe.

73. *Le Crapouillot*, 16 mars 1920.

74. *Op. cit.*

75. La véritable orthographe était « Noygues ».

76. *Le Bal du comte d'Orgel*, Le Livre de poche, 1967.

77. Flammarion, 1922.

78. La Pensée universelle, 1992.

79. Les Éditions de Paris, 1947.

80. *Op. cit.*

81. *Montmartre du plaisir et du crime, op. cit.*

82. *L'Âge d'homme*, Le Livre de poche, 1946.

83. *De la Popinqu' à Ménilmuch', op. cit.*

84. *Op. cit.*

85. *Le Tableau de Paris, op. cit.*

86. *Op. cit.*

87. *Journal d'un Auvergnat de Paris, op. cit.*

88. *Panam*, Stock, 1924.

89. Ce bal se trouvait 65 rue des Gravilliers, dans le 3e arrondissement.

90. *La Main courante. Les Archives indiscrètes de la police parisienne (1900-1945)*, Albin Michel, 1997.

91. *Op. cit.*

92. Roger Girard, *Journal d'un Auvergnat de Paris, op. cit.*

10.
CES DAMES

« Est un abisme que Paris »
(Guillebert de Metz)

« La poésie, c'est le bordel » (Alquié)

En août 1929, Ferdinand Alquié a 22 ans, il est en vacances[1]. Ses dernières années passées à Paris le hantent. « Je suis à Canet, dit-il. Loin de Paris, des villes, des bordels et de la poésie, je languis, et mon corps se consume en désirs vagues, en aspirations mal définies. » Un peu plus tard, son premier poste d'enseignant l'a conduit à Saintes, il s'y ennuie. Le 26 octobre, il note : « La poésie, c'est le bordel, les soirs au bord de l'eau et les guinguettes. » Le 4 novembre, un souvenir lui revient : « Cette femme au bordel, aux yeux perdus. Et pourtant… » Alquié a été un assidu des bordels, il y allait, il y retournait. « Revenu au bordel pour voir Y, consigne-t-il encore. Une bouche neuve pour le baiser du départ. » En cela, Alquié avait fait sienne une façon de vivre que Pierre Gascar voit naître au Moyen Âge :

> « Pour l'homme du peuple, la fréquentation régulière des prostituées devient une habitude de même nature que celle que représente, de nos jours, dans nos pays, la halte au bistrot du coin[2]. »

S'intéressant de surcroît aux jeunes filles, Jean-Louis Flandrin le confirme :

> « À la fin du Moyen Âge, les garçons des villes fréquentaient très librement les prostituées – d'ailleurs nombreuses et bon marché – tandis que les filles "honnêtes" ne pouvaient sans grand danger pour leur honneur avoir d'autres plaisirs que solitaires[3]. »

Concernant la galanterie, Gascar se réfère au chroniqueur Guillebert de Metz. Il évalue

> « à 3 000 le nombre des "belles filles, sans compter celles des faubourgs", et il n'est pas besoin de le porter à 5 000, comme le font d'autres historiens, pour qu'il dépasse de très loin celui que les villes de pays, à population égale, présentent. "Est un abisme que Paris", soupire le mémorialiste à qui nous devons le premier de ces chiffres ».

« Prostitution, mot affreux et administratif » (Héron de Villefosse)

En 1947, sans soupirer une seconde, Héron de Villefosse donne son avis sur la question : « Le monde entier a appris que les fraîches et désirables créatures sont depuis l'origine la plus attrayante spécialité de Paris[4]. » Le constat se double d'une apologie, on pense à Alquié. Il n'y a que le terme de « prostitution » qui chagrine Héron, « mot affreux et administratif que Racine a pu seul se permettre d'introduire dans ses tragédies ». À « prostitution », il préfère les « filles », les « belles de Paris », les appellations gaillardes et sans détour de jadis. Borel aussi. Dans *L'Aveu différé*[5], au chapitre « Des mots, quels mots ? », se demandant comment nommer les femmes qui travaillaient dans l'hôtel de son oncle, il dit laisser « de côté pour ce qu'il a de trop officiel et en quelque sorte d'institutionnalisé, le mot "prostituée" ».

Selon Érica-Marie Benabou[6], en tant que substantif, « prostituée » apparaît tardivement,

> « dans l'*Encyclopédie* de même que dans l'édition de 1771 du *Dictionnaire* de Trévoux : "en parlant d'une femme abandonnée, on dit substantivement, c'est une prostituée". Mais même après le milieu du siècle, son emploi n'est pas fréquent. On parlera plus volontiers de "filles prostituées". Quant à la littérature juridique, elle n'emploie jamais le terme ».

En 1836, en revanche, Parent-Duchâtelet dit constamment « prostituée[7] ». Cent quarante ans plus tard, en 1976, dans *La Dérobade*, Jeanne Cordelier[8] va, elle, droit au but : « J'ai un écriteau dans le dos, sur le front, sur la poitrine, une petite ardoise où est écrit à la craie blanche le mot putain. » À la différence d'Alquié, Héron et Borel, elle n'exulte aucunement. Cordelier ressent l'infamie de ses devancières lorsque, raconte Sauval,

> « on les faisoit monter sur un âne, jambe de çà, jambe de là, le visage tourné du côté de la queue qu'on leur mettoit entre les mains en guise de bride, puis au son d'une flûte et d'un tambour, [...] on les promenoit ainsi par les rues »,

sous les huées du peuple et des petits enfants.

La longue histoire des « mauvais lieux »

Rédigée sous Louis XIV, *La Chronique scandaleuse de Paris ou Histoire des mauvais lieux*, de Sauval, n'a été publiée qu'en 1883 à Bruxelles[9]. Elle récapitule ce qui, au fil du temps, a eu trait à la prostitution. Charlemagne a promulgué les premières mesures. Henri Turot rappelle qu'en 805 son capitulaire édictait

> « contre les prostituées les peines les plus sévères, et infligeait des châtiments identiques à tous ceux qu'on appelait vers 1820, avec une indignation un peu surannée, "les suppôts de la prostitution[10]" ».

Après l'empereur à la barbe fleurie, une licence de plusieurs siècles s'établit, à laquelle Louis IX – le futur saint Louis – tâche de remédier. En 1254, il « rendit une ordonnance qui bannissait à jamais des villes et des villages les filles publiques ».

Cette disposition est un échec, Louis IX revient sur sa décision et, en 1256, il détermine neuf rues où les ribaudes sont autorisées, à savoir :

> « à l'*Abreuvoir de Mâcon* (sud du pont Saint-Michel), en la *Boucherie* (près de la r. de la Huchette), rue *Froidmantal* (carrefour des rues de Lanneau et Chartrière), en *Glatigny* (dans la Cité), en la *cour Robert-de-Paris* (r. du Renard), en *Baille-Hoë* (r. Brisemiche), en *Tyron* (r. Tiron), en la rue *Chapon* (r. Chapon) et en *Champ-Flory* (près du Louvre)[11] ».

Si, dans sa nomenclature, Sauval ne cite pas la rue de la Boucherie, en revanche il signale la rue du Huleu – située, dans le 3e, du côté de la rue du Bourg-l'Abbé et de notre boulevard de Sébastopol –, négligée par Hillairet, du moins pour l'époque de saint Louis. En comparant avec d'autres textes, il semblerait que Sauval se soit trompé. Peu importe : depuis, Paris a changé, ces rues ont disparu pour partie ou en totalité. Or donc, « adieu les bons vieux noms qui appartenaient à la rue et à qui elle appartenait », pour reprendre Camille Jullian[12].

Composé un peu après Louis IX, le *Dict des rues de Paris* de Guillot mentionne trente rues chaudes. Le prétexte de Guillot est un homme qui a perdu sa femme. Parti à sa recherche, il raconte ce qu'il voit dans la ville : les mauvais lieux, les clapiers et les dames « qui font péché de leur corps ». Selon ce « premier *Guide Rose* », dixit Héron, autant affirmer que Louis IX n'avait pas réussi à réglementer l'activité des « meschinettes » :

« … En la petite ruelette
Saint-Sevrin, mainte meschinette
S'y louent souvent et menu… »

Le *Dict* a été découvert par l'érudit abbé Lebeuf à Dijon en 1751, rapporte Héron. Dans son commentaire, gêné, l'abbé explique que « mainte meschinette » signifie « plusieurs jeunes filles ». À la vérité des « fillettes de vie dissolue et bordelière », Sauval signale-t-il qu'on nommait aussi ces femmes. Se fondant sur Guillot et d'autres commentateurs, Sauval établit la liste des rues où, au cours des siècles, sont allés les « Gens de vie dissolue et de malversation et de petit gouvernement [ainsi] qu'on lit dans les registres du Châtelet et de Ste-Geneviève ».

Des rues où l'on savait à quoi s'attendre

Au chapitre 2, nous avons exhumé plusieurs noms populaires très expressifs de ces rues. La fameuse rue Gratte-cul dont parle Héron, Sauval l'appelle « Grattecon » – sans commentaire. Concernant la rue Beaurepaire[13], il affirme que sa dénomination première était « Beauvit ». Sur ce sujet, Hillairet est muet. En revanche, il n'infirme pas que la rue d'Arras[14] était nommée, du temps qu'elle appartenait au Champ-Gaillard et, à ce titre, accueillait les « folles femmes », rue Pavée-d'Andouilles. Sans le dire, Sauval accorde à ces andouilles une connotation sexuelle. De même Louis Chevalier évoquant, quelque part, la rue des Déchargeurs dans les Halles. À propos de la rue Quincampoix, Sauval révèle également « que le peuple [l']appelle rue des *Cocus* ». Il continue :

> « De tant de lieux de débauche, il n'y en a point eu de plus célèbre qui ait plus longtemps subsisté que le *Heuleu* ; il n'était pas moins ancien que *Glatigny*, cependant il a duré près de cinquante ans davantage. »

Entre autres, le Heuleu, ou Huleu, s'enorgueillissait des rues du Pet, du Petit-Hurleur et du Grand-Hurleur – « Hurleur » étant une déformation de « Huleu ». Héron s'interroge sur l'origine de « Huleu » : « Ce nom étrange venait-il d'un certain *Hugo Lupus*, suivant la suggestion de Jaillot, comme on le pensait autrefois, du "Houloulou" par lequel les gamins poursuivaient les filles de joie ? » On ne le saura jamais, conclut-il, mais ce « Houloulou » précise les huées évoquées plus haut par Sauval.

Les « filles mignotes » étaient aimées des mots

Puisque l'on en est aux mots et que la langue française n'en a jamais été chiche, voyons comment, selon Sauval, « les lois » appelaient encore les « filles », ces « femmes débauchées » : « femmes folieuses[15] », « femmes folles, folles de leurs corps », « ribaudes communes », « femmes débauchées », « fillettes diffamées », « bordelières », « femmes amoureuses dissolues et mal renommées », « femmes vivant de vie dissolue et déshonnête », « filles vivant en vilité et désordonnées en amour », « femmes dissolues », « filles de joie et paillardes », « fillettes amoureuses qui s'abandonnent de faire péché de leur corps et à ce gagnent leur vie ». Quant à « garces » ou « putains », Sauval dit qu'alors ces noms n'étaient « pas honteux et n'étoient pas français ». Mieux, ceux qu'il a cités « n'étoient point alors si ignominieux, car les registres du Châtelet font mention d'une femme publique qui prenoit le nom de *Jehannette la Commune* ».

Dans son *Dictionnaire érotique*[16], Guiraud donne deux pages et demie de termes familiers, populaires et argotiques pour « la prostituée et la femme de mauvaise vie». Parmi lesquels, des drôles: «blanchisseuse de tuyaux de pipe» – XVIIIe siècle –, «couillère» – XXe –, «grenier à coups de sabre», fille à soldat – XIXe –, «peau de chien», du fait que «la *peau-de-chien* était une "peau-de-chien de mer" employée pour polir le bois; donc, particulièrement rugueuse», appellation rendue célèbre par la chanson de Bruant *Nini Peau d'chien* – XIXe –, «paillasse de corps de garde» – XIXe –, etc. Delvau recense également les mots précisant, à l'époque moderne, le genre d'activité de la prostituée: la «chandelle» est la fille de trottoir, l'«échassière», celle qui, dans un bar, est assise sur un haut tabouret. Si la «marcheuse» travaille en marchant, l'«amazone» tourne en voiture. Aujourd'hui, «tapin», au masculin, rafle la mise. À l'origine, «faire le tapin», c'était se livrer à la prostitution en racolant. Le terme s'est étendu et désigne toute sorte de prostituée. L'histoire de «tapin» n'est pas claire. Au XVIIIe siècle, Delvau dit que

> «*ficher le tapin*, [c'est] "importuner" (1745) qu'on rapprochera du populaire *taper* "emprunter de l'argent" (XIXe s.) et qui, sans doute, combine l'idée de "tracasser" (frapper à petits coups répétés) et de "bavarder" (v. *tapette*). La *tapineuse* serait donc la fille qui importune les passants».

Peut-être, mais en répétant que désormais «tapineuse» est supplanté par «tapin».

«La Tête de cheval» se disait autant en 1791 qu'en 1970

Après la terminologie officielle, Sauval passe aux surnoms dus à l'esprit populaire, prompt à déceler un trait, une qualité, voire un défaut qu'il utilisera pour dénommer: *«Thomasse la Courtoise, Perrette la Villaine, Jehanne Belle fille, Haneson de Dinan,* [...] *Katherine Lutine ditte aux Lardons»*. Si ces surnoms parlent d'eux-mêmes, le *sur-surnom* de Katherine, « aux Lardons », me laisse perplexe. En langage familier actuel, un lardon, c'est un enfant, mais il y a cinq ou six siècles ?

En 1999, Emmanuel Pierrat a réédité l'*Almanach des Demoiselles de Paris suivi du Dictionnaire des Nymphes du Palais-Royal*[17], datés respectivement de 1791 et de 1826. En 1791, Colombe, rue de la Justine[18], a pour sobriquet « Tête de cheval ». Dans les années 1980 encore, une femme bien connue des amateurs répondait à ce nom, rue de la Verrerie, près de la rue des Juges-Consuls. Son visage faisait penser à Fernandel. « Tiens, la Tête de ch'val ! » avait lancé un de mes cousins, une fois qu'on était par là. La Tête de cheval l'avait entendu, les insultes avaient crépité, un hennissement ! Retournons à 1826. Louise, rue des Boucheries-Saint-Honoré[19], est dite la Normande à cause de « son air de halle ». Si quelques dents lui étaient restées, on l'aurait peut-être surnommée Grille d'égout, mais elles étaient toutes tombées. Aussi, impossible de punir *mordicus* ceux qui l'accusaient d'avoir « un entonnoir pour gosier ». Jeannette, « assez jolie, au teint frais, à l'œil fripon, mais à la démarche cavalière, se promène souvent dans le cloître Saint-Honoré[20] avec une pipe à la bouche », est-il souligné de cette jeune personne surnommée le Cuirassier – tout un programme. Le publiciste anonyme espère que Jeannette se rendra compte de son défaut et cessera de l'ajouter « à ceux que l'on donne justement aux femmes prostituées ». L'hypocrisie se portait bien : on décrivait ces dames dans le détail, mais, afin que morale fût sauve, on saupoudrait le tableau d'une pointe de critique poivrée.

« Corinne Cuir » : nom de guerre ou surnom ?

Récemment, Pierre Merle s'est penché sur les « noms de guerre » des dernières femmes de la rue Saint-Denis[21]. La locution est ancienne puisqu'en 1836, déjà, Parent-Duchâtelet écrivait que « beaucoup de filles publiques se donnent ou reçoivent de leurs camarades un *nom de guerre* ou sobriquet sous lequel elles sont plus volontiers connues[22] ». En observateur attentif, Merle met en garde de ne pas confondre les

> « *noms de guerre*, qui sont en quelque sorte des identités bis, des identités de trottoir sous lesquelles les prostituées se connaissent et s'appellent entre collègues, avec les simples surnoms que peuvent leur attribuer les habitués ou des consœurs plus ou moins jalouses et malveillantes ».

À la fin des années 1960, Jeanne Cordelier a travaillé 45 rue Saint-Denis. Elle n'aime guère Corinne. Les diverses appellations de Corinne illustrent le propos de Merle. « Corinne » est un nom de guerre, il cache un prénom qu'au 45 personne n'a à connaître. Habillée en noir, Corinne est une « spécialiste ». Pour la différencier d'autres Corinne, on lui donne du « Corinne Cuir » – dénomination classique. « Corinne Cuir » est à la fois nom de guerre et surnom. Cordelier affuble Corinne d'un troisième blase : « la Bigorne[23] », la Bagarre, la Bagarreuse car, lui reproche-t-elle, tu « roules des épaules dans ta tenue de cuir [et, pour toi,] tout est prétexte à la bagarre ». Un sobriquet très dépréciatif, « la Bigorne », qui n'est que littéraire, à moins que Cordelier – alias Sophie, alias Fanny – et sa copine Maloup ne l'aient en secret utilisé au 45. Maloup, de son vrai nom Claudine Langlois, lâche à un moment Cordelier – c'est moins évocateur.

« Et ce vocabulaire, des ordures ! » (Borel)

Dans *L'Aveu différé*[24], Jacques Borel traque ses souvenirs d'enfance au sein de l'hôtel de passe de son oncle, 5 rue Jean-Beausire à la Bastille[25]. Au chapitre « Des morues ? », il se penche sur « les déconcertantes manifestations langagières qui, à leur façon, [...] incarnaient [...] les mystères de la rue aux putes ». Lui revient une scène, quand, un soir, devant lui et Mané, sa grand-mère paternelle, le dénommé Stromboli, dans le couloir de l'hôtel,

> « s'était battu à coups de rasoir avec la grande Mimi, une jalouse, la grande Mimi, une terrible, la noire locataire du 9, ça, les Corses, et ce vocabulaire, des ordures ! elle n'en croyait pas ses oreilles, Mané, des ordures ! »

Qu'on les appelle comme on voudra, les *sentinelles d'amour* ont toujours été réputées pour leur langage de marchandes de poisson, comme aurait dit ma mère. C'est d'ailleurs celui, très nature, de Marie-Thérèse[26], ou celui, fort argotique, de Jeanne Cordelier qui, en leur temps, ont assuré le succès des ouvrages de l'une et de l'autre.

Les poulets veillent au grain

Dans la rue, la « voie publique » dans la terminologie des poulets, les manifestations les plus expressives du langage des poules[27] ont souvent causé « tapage » et « scandale », ainsi que les perdreaux le consignaient et le consignent peut-être encore dans leurs rapports. Dans *La Prostitution et la Police des mœurs au XVIIIe siècle*[28], Érica-Marie Benabou écrit :

> « De toutes les accusations de la Chambre de Police, c'est peut-être le scandale qui est le dénominateur commun. Particulièrement “scandaleuses” sont ces cinquante filles débauchées signalées en 1766 pour avoir fait tapage, insultes, “bacchanale”, ou encore s'être disputées ou battues. Scandaleuses sont, bien sûr, celles qui, raccrochant ostensiblement, ou prises en posture indécente, font étalage de leur débauche. […] Et le scandale aux yeux de la police peut devenir danger. »

Au fil du livre d'Érica-Marie Benabou apparaissent de menus faits-divers signalant des rues, des endroits où l'on trouve des filles. Après 1778, note Érica-Marie Benabou, « nombre de filles [sont] arrêtées aux Tuileries ». Elle relève « chez un logeur scandaleux de la rue Rochechouart l'arrestation de douze "putains du plus bas ordre" ». Et encore, en 1766, celle de femmes

> « "arrêtées pour raccrocher le jour par les fenêtres, le soir sur les boulevards et dans les spectacles", ou comme Marie de Viloiseau, dite la Barbier, âgée de trente-huit ans, arrêtée dans le jardin du Palais-Royal, "reconnue pour une des plus anciennes raccrocheuses du jardin" ».

De même que celles consignées par Pierre Miquel à son chapitre « Les misères et les mystères de Paris[29] », ces péripéties mettent en valeur le lien unissant la rue, le peuple et les filles de Paris.

À la Belle Époque, le préfet Louis Lépine a dirigé la police, d'abord du 13 juillet 1893 au 14 octobre 1897, ensuite du 23 juin 1899 au 29 mars 1913 – dix-huit ans au total. Si l'on compare à ce qu'Érica-Marie Benabou a dit du scandale et du tapage au XVIIIe siècle, on constate que « purger la rue des indésirables, [...] les souteneurs et leurs filles non contrôlées », l'un des principaux objectifs de Lépine, est un souci permanent de la police. À la Belle Époque, Miquel met en évidence cette contradiction : « On interdit sur le trottoir ce que l'on accepte dans les maisons. Le préfet ne peut donc lutter contre la prostitution au nom de la morale, mais seulement de l'hygiène. » Si en effet les maisons closes offrent des garanties satisfaisantes, les maisons de rendez-vous et les dancings sont « autrement plus dangereux ».

Des cocottes qui se défendaient bec et ongles

La basse prostitution se pratique dans le centre de Paris, rue de la Grande-Truanderie, rue Pierre-Lescot, aux Halles. Ainsi Élisabeth, 26 ans, née de parents inconnus dans le 11e, est-elle arrêtée le 1er janvier 1901 dans la première de ces rues. Le panier à salade lui permet de retrouver Alphonsine, interpellée dans la seconde pour la même raison : « outrages à agents ». Devenues, ou plutôt redevenues un lieu de débauche si l'on se souvient des observations d'Érica-Marie Benabou au XVIIIe, les Tuileries doivent être surveillées par des îlotiers, dit Miquel. Des insoumises y « sont surprises en flagrant délit d'attentat à la pudeur ». *Idem* « à la sortie des urinoirs[30] » : rue de la Grande-Truanderie encore, Eugénie, une occasionnelle de 25 ans,

> « tient ses pratiques. Arrêtée par le gardien de la paix Fouquet, elle se dérobe en criant "Au secours ! à l'assassin !" D'autres filles interviennent, entourent l'îlotier, lui donnent des coups de parapluie pendant qu'Eugénie va se cacher dans la boutique d'un marchand de vin ».

À Belleville ou dans le centre, rue Saint-Antoine, rue François-Miron, rue Quincampoix, Miquel relève d'autres interpellations difficiles de « filles insoumises ». À Ménilmontant, « Anaïs Sich, qui pratique dans ses meubles, [...] insulte les agents, promet qu'elle les fera "suriner par son homme", nie tout racolage ». Dans les beaux quartiers, note Miquel, les filles arrêtées ont toutes un emploi : « Elles sont doreuses, blanchisseuses, gainières, modistes, couturières, lingères, plumassières, dévideuses de soie, mécaniciennes, fleuristes, domestiques, elles exercent tous les métiers de Paris. » Certaines racolent par la fenêtre, telle « Irma Kastner, une prostituée de trente-six ans [...] en chemise et peignoir rose. Elle est ceinte "d'un instrument en caoutchouc rouge fixé à son corps par des rubans, terminé à sa partie inférieure par du crin" », Miquel s'étonne-t-il de cette « surprenante spécialité ».

Des poisses ou, plutôt, des petits poissons

Le fait que les hommes convaincus de proxénétisme travaillent tous ou presque montre, si j'ose dire, la banalité de la chose. Jules Buisson vit en garni avec une fille de 16 ans, Léontine Cutrel, bonne à tout faire en maison bourgeoise. C'est la perte de son travail qui l'a conduit à prostituer sa « femme » : auparavant, il était garçon aux magasins du Louvre. Parce qu'il la frappe, Eugène Gonazou, ouvrier opticien, est dénoncé par Marie Cadiou, sa maîtresse, une Bretonne : elle lui verse de l'argent depuis trois mois. Âgée de 16 ans, Adèle ne ménage pas son barbeau, Eugène Barthélémy, un ébarbeur qui l'a mise sur le trottoir, boulevard Sébastopol. Barthélémy en est quitte pour trois mois de prison, 100 francs d'amende et cinq ans de *trique* – interdiction de séjour. Léopold, métreur en maçonnerie, et Auguste, garçon de café, écopent, pour les mêmes faits, de peines similaires. Parmi les *poisses,* on trouve encore un garçon coiffeur, un peintre décorateur de la rue Monge, un garçon de lavoir, un doreur, un artiste dramatique, un fort des Halles. Pour ce dernier, Anatole Courloubes, « les choses sont claires, écrit Miquel : il est au dépôt pour avoir poignardé sa jeune maîtresse, prostituée de la rue Saint-Denis ».

Passant rapidement sur les apaches, Miquel dit qu'ils « sont en réalité des apprentis ou des compagnons dévoyés : polisseurs, mécaniciens, pelletiers ». Joseph Pleigneur, alias Manda, l'amant en titre d'Amélie Hélie, Casque d'Or, avait été « ouvrier polisseur » ; Dominique François Leca, son rival, « ouvrier mécanicien ». Au procès des deux hommes, Casque d'Or avait soutenu être « fleuriste ». En janvier 1903, au cabaret La Belle de Nuit, rue des Halles, elle manque de se faire tuer par « un voyageur, Alexandre, venu de Septfonds dans le Tarn-et-Garonne ». Une vengeance, puisque la raison invoquée par Alexandre est la suivante : « Ma sœur m'a chargé de te couper le cou. » Joseph Leroux, qui se dit « marchand des quatre-saisons », protège Casque d'Or : tous deux sautent dans une voiture et s'arrêtent 8, rue des Prouvaires, devant le commissariat. La fureur d'Alexandre est terrible : il les poursuit, sort un revolver, tire sur la foule et « porte trois coups de couteau au gardien de la paix qui voulait le ceinturer ». Casque d'Or est interrogée. Sur la main courante du commissariat des Halles, on lit : « Casque d'Or, fille Amélie Élie [sic], 25 ans, fille publique à la maison de tolérance du 20 rue de Douai. » Deux erreurs : son patronyme s'orthographie Hélie avec un « h » et, en janvier 1903, Casque d'Or n'avait que 23 ans – elle était du 17 juin 1879. Miquel constate : « Elle n'est donc pas fleuriste, [...] mais prostituée installée en maison. »

On le comprend à la lecture de ces lignes : la frontière entre le monde populaire et le monde voyou est poreuse. C'est pourquoi, ailleurs, parlant de l'ensemble, je l'ai souvent qualifié de *populaire mâtiné voyou*. Pour un homme, être de la pègre – ou du *milieu*, après l'armistice de 1918 – nécessitait des revenus aussi réguliers que conséquents, avoir quelques *marmites* permettant de la faire bouillir. Dans le pedigree de ces *messieurs les amis*, expression chère à Carco, il est probable qu'alternaient périodes de vaches grasses et de vaches maigres. Il y a une vingtaine d'années, rue de Lappe à la Bastille, un *maque* connu, un mauvais, répondait au surnom du « Boche ». Eh bien, un jour, au Monoprix de la rue Saint-Antoine, j'étais tombé sur lui. Surprise, en compagnie d'autres ouvriers, le Boche était en train de refaire l'installation électrique de l'établissement.

Dames de maison et maisons elles-mêmes

Véronique avait d'abord travaillé en usine

Dans les années 1920-30, la brève existence de Véronique Leclant montre comment une femme était susceptible de passer du monde ouvrier à celui de la prostitution. À la fin de sa vie, Véronique travaillait rue Jean-Beausire à la Bastille, « la rue aux putes » de Borel. S'il ne parle pas d'elle, c'est que Borel est arrivé dans l'hôtel de son oncle après la mort de Véronique. Le 20 novembre 1934, on l'avait retrouvée étranglée, ligotée, au deuxième étage du 9 rue de Lappe, au-dessus du Vrai de Vrai, le bal Vernet, prédécesseur du Balajo. L'assassinat remontait au 18 novembre.

À défaut de percer le mystère de ce crime demeuré une énigme, Emmanuel Car[31] récapitule les étapes de la vie de Véronique et de Lucien Laguet, son « homme ». Véronique était née en 1904, près de Melun. Elle avait vécu « de multiples fois en ménage » et était mère d'une petite fille. Pour subsister, en juin 1928, elle s'embauche dans une usine d'Ivry. Elle y rencontre Lucien, de deux ans son cadet, il a 22 ans. C'est l'amour. Ils quittent Alfortville pour Jouy-sur-Morin, ils travaillent dans une cordonnerie. Un bébé naît bientôt, une fillette qui ne vivra que sept mois. « En 1929, déjà, la vie est difficile », écrit Car. Puis il pose la question essentielle, à laquelle il ne donne aucune réponse : « Est-ce contrainte, est-ce par excès de misère ou par excès d'amour ? » bref, début 1930, Véronique « entre comme pensionnaire d'une maison close à Fontainebleau, rue Dancourt ». Car rapporte aussi les déclarations de Laguet suite à l'assassinat de Véronique. Le moins qu'on puisse affirmer est qu'alors la mauvaise conscience ne tarabustait guère les souteneurs :

« Ma pauvre "môme" était courageuse à l'ouvrage ! précisa Lucien, aux policiers ; dès lors elle ne voulut plus me voir travailler. Lorsque je perdis ma place de garçon de café à Melun, elle en fut heureuse. »

La répression du proxénétisme était, il est vrai, moindre qu'aujourd'hui : rien n'empêchait un barbeau de vivre avec une prostituée. Ensuite, Véronique exerce dans divers établissements du Nord. Fin 1932, elle perd un nouvel enfant et décide, en accord avec Laguet, de se défendre à Paris.

De-ci de-là, quelques adresses

Au gré des diverses adresses où, en moins de deux ans, va *se défendre* Véronique Leclant ressurgit le Paris des maisons de tolérance : 161 rue Amelot, au Caprice – dans le 11e –, 12 rue de Lesdiguières, au Phare, et 6 rue Caron, au Soleil – dans le 4e –, 106 rue de Suffren, dans le 7e – 9 rue Monsieur-le-Prince au Caveau – dans le 5e – et encore au 9 boulevard Auguste-Blanqui, une taule d'abattage du 13e. Si, dans sa liste[32], le commissaire Arnal, en 1946, dénomme cette dernière maison chez « Eugénie-Charlotte », en 1928, dans *Un mois chez les filles*, Maryse Choisy l'appelle « chez Eugène[33] ». Elle la dépeint en ces termes :

« Place d'Italie. Ça tient du dancing et du clac. Du clac surtout. C'est une boîte pour ouvriers. Grande bousculade le dimanche. [...]

De la place d'Italie à la salle des filles la route est courte. On enfonce une porte ouverte. Sans transition on est projeté de la rue dans le marché aux culs.

Quelques hommes en casquettes devant un bock mélancolique. Des filles sautillantes, froufroutantes, avec une tunique entre les épaules et genoux. [...]

Le clac de l'Italie a toute la naïveté de Rabelais. Des ongles endeuillés se perdent quelquefois sous la lumière d'une chemise. [...] La salle a un air honnête de pension bourgeoise. Elle en a aussi toute la maussaderie. »

Une douzaine d'années après Véronique, Marie-Thérèse, elle aussi, va travailler rue Monsieur-le-Prince[34]. « Là on foutait pas grand' chose », elle constate. Le Caveau, chez Émilie, sera sa dernière taule. Juste avant, à la Libération, elle est passée par trois maisons. D'abord « rue du Hanovre au 4, une belle boîte », chez Germaine. Sous l'Occupation, cet établissement avait été réservé aux soldats allemands, aux hommes de troupe[35]. « Je suis rentrée juste pour l'ouverture », précise-t-elle. Est-ce qu'à la Libération, à cause de son statut de bordel réservé à l'occupant, le 4, rue du Hanovre aurait fermé quelque temps avant de rouvrir ? J'avoue ne pouvoir répondre à cette question. Marie-Thérèse évoque la « chambre italienne » dudit bocard, et la « chambre de torture avec une roue et une croix pliante pour des clients compliqués ». Plus loin, elle raconte que « la patronne nous demandait toujours d'être polie : "C'est pas une boîte à soldats ici" qu'elle disait ». Les tarifs : de 200 à 1 000 francs. Marie-Thérèse se plaît rue du Hanovre, mais un jour, suite à une dispute avec la sous-maîtresse, « j'ai demandé mes papiers », écrit-elle. Il s'agissait là d'une expression consacrée. En effet, Jean-José Frappa l'explique en 1937 dans son *Enquête sur la prostitution*[36] : le jour où des femmes, œuvrant en maison, « veulent rentrer dans la vie normale, aucune formalité ne leur est imposée. Il leur suffit de demander leurs "papiers" à la direction de la maison où elles travaillent ». Plus loin, il précise : « En termes de métier, on ne dit pas : "Je l'ai mise à la porte", mais bien : "Je lui ai rendu ses papiers" ou "Je vais m'en aller de cette taule", mais : "Je vais redemander mes papiers." »

Marie-Thérèse ne faisait pas dans la dentelle

Après le Hanovre, Marie-Thérèse aboutit au Fourcy, au 10 de la même rue, à Saint-Paul, une maison où « on faisait [les clients] en vitesse au bord du lit, ils payaient de 25 à 50 francs, mais on se rattrapait sur la quantité », se console-t-elle. Marie-

Thérèse y reste à peine. Sa prochaine étape sera le boulevard de La Chapelle, mais où ? Au 8, chez Fernande, au 76, chez Marthe, ou au 106, chez Marie, le célèbre Panier Fleuri ? À sa façon de décrire l'établissement – « C'était aussi une taule d'abattage et aussi pleine de Bicots » –, j'opte pour le 106. On est dans la plus basse prostitution qui soit :

> « Je les faisais [...] en vitesse au bord du lit. Ils bandaient tellement qu'ils avaient juste le temps de décharger. Il fallait bien regarder leur queue avant, car il y en avait beaucoup de plombés[37]. »

Si les Français donnent 100 francs en moyenne, les Arabes en sont quittes pour 30 ou 40 francs. Marie-Thérèse gagne dans les 1 000 à 1 500 francs par jour. S'étant une fois encore « engueulée avec la patronne », elle quitte le bousin et arrive au Caveau, 9 rue Monsieur-le-Prince – jadis, Véronique Leclant y avait déjà vendu ses charmes. Là, un client fait lire Miller à Marie-Thérèse – Henry, je pense, puisque, précise-t-elle, « il n'était question que de cul, de con, de merde et ainsi de suite ». Il l'encourage à écrire. « De mon côté, raconte-t-elle, j'avais marre de tous ces petits vieux à qui il fallait enfiler le doigt dans le cul, ou les faire jouir en leur crachant dans la gueule » : un jour, c'est décidé, elle en termine « avec le métier de putain ». À la fin de son livre, à l'époque de la fermeture, Marie-Thérèse avait repris un travail d'infirmière, mais, concluait-elle évasive, « je ne sais pas si un jour je ne recommencerai pas à faire le turf ». Qu'est devenue Marie-Thérèse après la parution de son témoignage par Sartre aux *Temps modernes*, en décembre 1947 et janvier 1948 ? L'histoire ne le dit pas.

De ce rapide tour de Paris des maisons hospitalières, il est à retenir que, contrairement à certaines idées reçues, aucun établissement n'était réservé aux filles les plus belles ou les plus distinguées. En changeant de maisons, Véronique et Marie-Thérèse se prostituent dans des endroits fort différents. Un monde séparait le 106 boulevard de La Chapelle du 4 rue de Hanovre. À la fin des années 1920, début des années 1930, dans *Images secrètes de Paris*[38], Mac Orlan expliquait à propos de la rue du Hanovre :

> « Rue de Hanovre, rue Chabanais [...], peut-on dire que l'attrait du pur plaisir de la chair y tient la première place ? Ce n'est pas toujours exact.
>
> La plupart des clients qui fréquentent ces maisons de tolérance, en vérité assez luxueuses mais dénudées d'imprévu, en un mot d'aventure, sont des hommes qui viennent y chercher une sorte de repos, un repos qui s'adapte aux exigences d'une activité dont la flamme brûle trop vite.
>
> [Ils] viennent là prendre une coupe de champagne en compagnie de filles simples, infiniment simples, et qui offrent la présence surprenante d'une fleur champêtre poussée en plein bitume de Paris. »

Après la fermeture des bordels, dans les années 1960-70, la même promiscuité continuera. Jeanne Cordelier a autant travaillé dans certains bars smart de Pigalle, en studio dans le 16e ou à la Madeleine qu'aux Halles, 45 rue Saint-Denis.

Brève histoire des maisons de tolérance

Dans *La Prostitution et la Police des mœurs au XVIIIe siècle*, le panorama qu'à Paris Érica-Marie Benabou donne de la prostitution est aussi divers que touffu. Avec la Révolution, tous les règlements vont être abolis : la conséquence en sera une recrudescence considérable des maladies vénériennes. Afin d'y remédier, Directoire, Consulat et Empire remettent le réglementarisme à l'honneur, à savoir « un régime de tolérance, tempéré toutefois d'une surveillance administrative et d'un contrôle sanitaire » dont les bases, pour l'essentiel, resteront en vigueur jusqu'à la fermeture des maisons de tolérance en 1946, dit Romi[39]. Laure Adler s'attache au sens des mots : « Maisons de tolérance[40] car elles ne peuvent exister qu'en vertu d'une tolérance du préfet de police. » En outre, écrit Jacques Roberti[41], « l'autorité administrative exige que les maisons publiques soient tenues par des femmes ». Être mariée est une première condition, et que ni la femme « ni son mari n'aient été l'objet de la plus petite condamnation, même pour excès de vitesse en automobile », une seconde, spécifie Frappa[42], qui ajoute :

> « Quant à "Monsieur", invisible et présent dans la coulisse, il s'occupe de la grande administration, de la nourriture, du chauffage, de la cave, des impôts. Il traite également les questions corporatives, avec ses confrères, car il y a, paraît-il, une Amicale des propriétaires de maisons closes, comme il y a des syndicats de restaurateurs, d'hôteliers, etc… »

« Paraît-il » est de trop : dix ans auparavant, dans ses *Maisons de société*, Roberti avait fait la lumière sur ce point.

Datée du 13 avril 1946, la loi entérinant la fermeture desdites maisons est communément dénommée « loi Marthe Richard ». Rappelons les faits. Conseiller de Paris dans la mouvance RPR, Marthe Richard avait fait fermer les maisons à Paris et dans le département de la Seine, le 13 décembre 1945. Dans *La Fermeture. 13 avril 1946 : la fin des maisons closes*[43], Alphonse Boudard dit : « Bientôt, M. Pierre Dominjon, député M.R.P., va proposer à l'Assemblée Constituante que le décret Marthe Richard s'applique à toutes les villes de France. » C'est ce projet Dominjon « qu'on appellera ensuite Marthe Richard. À tort, en prenant les choses au pied de la lettre mais à raison puisque tout s'était cristallisé autour de son nom en décembre au Conseil municipal de Paris », conclut Boudard.

Au XVIIe, déjà, la rue Blondel comptait une maison de débauche

Au cours du temps, le nombre des bordels avait varié. Au moment de la fermeture, dans *Boulevard de la Mondaine*, le commissaire Jacques Arnal[44], longtemps à la tête de la brigade mondaine, donne la « liste officielle [inédite] des 179 bordels et maisons closes de Paris et de la proche banlieue », soit, pour Paris seul, 176 établissements[45]. Cette liste comporte des erreurs. Par exemple, le 32 rue Blondel – les Belles Poules – et le 12 rue de Lappe, en face du Balajo, manquent à l'appel. En outre, située entre le Sébasto et la rue Saint-Denis, la rue de Tracy n'a jamais eu de n° 168. Le bordel qui s'y trouvait, Aux Belles Japonaises, était situé au 6. En comparant l'énumération d'Arnal à celle de Louis Fiaux[46], datée du 1er janvier 1895, on se rend compte de la pérennité de certains de ces établissements à cinquante ans d'intervalle. Le 4 rue Blondel, le 10 rue de Fourcy, le 6 rue des Moulins[47], le 9 boulevard Auguste-Blanqui et tant d'autres figurent sur les deux relevés. Mieux même, en 1864, M. Lefeuve[48] cite déjà le 4 de la rue Neuve-Saint-Denis, rebaptisée rue Blondel cette année-là, du nom de l'architecte (1617-1686) de la porte Saint-Denis. À la jointure des XVIIe et XVIIIe siècles, l'évêque de Clermont possédait dans cette voie une maison de débauche, nous apprend Lefeuve.

Dans la liste Arnal figurent autant les maisons de tolérance que celles de rendez-vous, apparues en 1900. Dans son *Enquête sur la prostitution*[49], datée de 1937, Jean-José Frappa est précis :

> « [La maison de tolérance] est tenue d'occuper la totalité de l'immeuble qui l'abrite, immeuble dont les fenêtres doivent conserver leurs volets constamment fermés [d'où le nom de maison close], et dont la porte doit s'adorner d'un gros numéro, [alors que celle de rendez-vous] peut être installée en appartement, sans enseigne extérieure, et n'est pas tenue aux mêmes précautions, ni à la même claustration. »

À l'origine, à la différence des maisons de tolérance tenues de déclarer leurs femmes à la préfecture de police, les maisons de rendez-vous avaient leurs propres registres. Les années passant, la législation s'était modifiée au point que, termine Frappa, elle est « en voie de transformation, et la réglementation sera [...] prochainement unifiée ».

L'offre et la demande, la demande et l'offre, etc.

« Allons, mesdames... »

D'une simple phrase, quand il avoue que la musique « d'un monumental piano-mécanique dans un décor de glaces et de femmes nues [lui] est délicieuse à chérir[50] », Carco offre au lecteur d'aujourd'hui la troublante étrangeté d'une amosphère abolie. Mac Orlan était tout autant captivé. Il appréciait ce moment émouvant qu'il évoque dans *Images secrètes de Paris*[51], « le choix » :

> « Au temps de Jean Lorrain, on disait : "Toutes ces dames au salon !" Maintenant la sous-maîtresse se contente de dire avec le ton approprié : "Allons mesdames..." [...]
>
> Le "choix" comprend tous les types d'humanité féminine. Il y a la Marseillaise parée de son accent canaille, la Normande blonde, la Flamande qui aide aux bonnes quand la patronne ne la voit pas, la fille de Paris et ses "tu te rends compte", la Bretonne, la Belge et l'Alsacienne qui est née à Dusseldorf et qui ne manque pas de littérature.
>
> Il y a quelquefois la Japonaise, l'Algérienne et toujours la négresse qui n'est qu'une négresse de la Martinique, roublarde, froide et prétentieuse et plus

> rosse que tout le lot réuni. [...] Quelques siècles d'esclavage ont donné à cette fille l'autorité d'une reine de comédie. Les hommes, touchés par tant d'attitudes, la subissent avec entrain. »

Le choix, c'était l'instant des sourires, des minauderies, du va-et-vient des langues et des poses aguicheuses car, souvent, ces dames étaient nues. Pas toujours. Dans *Le Paysan de Paris*[52], Aragon révèle ses habitudes chez « Mme Jehane – Massage », au deuxième étage du 29 ter du défunt passage de l'Opéra, sur les boulevards[53]. Dans ce *petit bocard clandestin*, ses propres mots, « la sous-maîtresse blonde et fripée vous presse d'entrer ». Nous y voici :

> « Allons Mesdames. Il ne vient que deux dames habillées, vous choisissez la moins grande, une blonde, aux cheveux coupés bouclés, avec une dent en or bien visible sur le côté. Les autres s'effacent. Elle vous embrasse simplement et dit : Attends, j'enlève ma schapska et je reviens, et disparaît. »

Chez Blanche, Sonia annonçait la couleur

Aragon l'a dit : « C'est dix francs et ce que vous voudrez à la petite dame. » Dix ans plus tard, au Fourçaga : « Qui donne 10 sous qui monte ! » les filles allèchaient le client. Dix sous, c'était la serviette, la passe était à 100, *id est* 5 francs, une thune, une *thavune*. « Décidez-vous, ici on est là pour baiser ! » La Grande Yolande pressait les michetons. Avant de se marier, de 1936 à 1940, mon père n'en faisait pas mystère, il avait fréquenté le Fourçaga, alias le Moulin Galant. Ce qu'il m'en a raconté, un jour, contrastait assez avec ce que j'en lis. L'endroit n'était pas si mal, il trouvait. Il connaissait tous les autres *bricks* du coinsto, ils étaient légion dans le 4e. Ailleurs, j'ai évoqué le 138 boulevard Richard-Lenoir, dont mon père et de vieux amis du Balajo m'avaient parlé[54]. Là, chez Blanche, la spécialité était de *casser une lune* – sodomiser. La reine du lieu s'appelait Sonia, une blonde décolorée, nichons appétissants et yeux de braise. Chez Blanche, *spécial* oblige, c'était 20 francs, 20 balles, quatre fois plus cher qu'au Fourcy. « Allez, viens m'enculer ! » Sonia annonçait la couleur en roulant les « r ». Probablement une fille du Berry ou du Morvan. « Elle était mieux là-dedans qu'à garder les vaches dans les odeurs de bouse », jugeait mon père : il connaissait la campagne, il en venait.

Selon Parent-Duchâtelet[55], en 1836 – un siècle plus tôt, il est vrai –, sur un nombre de 2 506 pères de prostituées nées, non à Paris, mais dans les départements, le contingent le plus important était constitué par les « manouvriers » – 541 –, suivi par les « cultivateurs, employés aux travaux des champ » – 325 –, soit environ un sur sept. Si, de 1816 à 1831, Parent-Duchâtelet comptabilise 4 744 filles nées dans le département de la Seine et 12 200 nées dans les autres, 16 944 au total, on peut dire qu'une sur neuf arrivait de la ferme.

Aragon décrit minutieusement ce que, chez Mme Jehane, lui fait celle qu'il a choisie, « vêtue seulement de ses bas ». Il s'attarde en particulier sur ce préliminaire très ordonnancé à toute passe que Michel Leiris, dans *L'Âge d'homme*[56], est allé jusqu'à dénommer le « rite des ablutions », essentiel au « caractère religieux » qu'il décèle dans la prostitution[57].

Le trottoir

Contrairement à ce que l'on pense parfois, la prostitution en maison n'empêchait pas celle dans la rue, ni dans les brasseries, bars, dancings, etc. Dans l'entre-deux-guerres, Frappa différencie les « filles des rues » des « dames de "maisons" », mais encore les « filles soumises », c'est-à-dire les prostituées notoires – pour reprendre Danièle Burel quand elle a été fichée par la police dans les années 1960[58] –, des « prostituées clandestines et prostituées d'occasion ». Le plus souvent, des « agences de relations mondaines » se chargeaient d'offrir les prestations de ces dernières. À considérer le nombre d'ouvrages parus sur le sujet au XXe siècle, on conviendra qu'observer la galanterie sous ses différents aspects – localisation, plaisirs proposés, tarifs – était une haute spécialité parisienne. En quelque sorte, la mise à jour de l'offre et de la demande. À son chapitre « Les trottoirs de Paris », Frappa montre combien « la grande famille des gallinacées peu farouches » s'était emparée de la rue. Après la guerre, quatorze ans plus tard, en 1951, dans *Paris-Guide*[59], un long article de Pierrot les Grandes Feuilles, alias Devaux, renseigne sur « à combien l'amour revient aux michetons ». Quatre ans plus tard, en 1954, dans *Ces filles que l'on dit de joie*, René Delpêche[60] revient sur la question. Confrontées à celles de la Santé publique, les statistiques des différents services intéressés de la préfecture de police lui font dire qu'alors

> « 6 500 "respectueuses" connues et cataloguées exercent à Paris [un tiers de celles-ci ne figurent pas sur le fichier sanitaire] plus 3 500 à 4 000 "clandestines" et "occasionnelles", évaluation qu'on dit très en dessous de la réalité ».

Delpêche nous apprend aussi que quatre-ving-dix de ces femmes sont âgées de 60 à 70 ans, et que « la doyenne des "respectueuses" de Paris a 76 ans (elle exerce place Pigalle, quelquefois sur le Sébasto) ».

Jusqu'à la fin des années 1970

Pour un petit quart de siècle encore, le grand décor de la galanterie parisienne resterait ce qu'il était, je reprends le tableau des Grandes Feuilles : rue de la Charbonnière – c'est-à-dire la Goutte-d'Or –, boulevard de La Chapelle, de Barbès à la place de Clichy en passant par Pigalle et Blanche, la Chaussée d'Antin, les boulevards – de la Madeleine à l'Opéra, puis au-delà, sans oublier le faubourg Montmartre, jusqu'à la République et encore, bien sûr, la Bastille –, la rue Saint-Denis, le boulevard

Sébastopol, les Halles, la rue des Lombards, la rue Quincampoix, la rue de la Verrerie, Montparnasse sur la rive gauche, les Champs-Élysées, les bois – de Boulogne et de Vincennes. Au passage, on remarque que la gare Saint-Lazare a été oubliée.

Dans un ouvrage de presse de 1984, j'avais moi-même procédé à une visite des *Points chauds de Paris*[61]. Les documents précédents, *La Dérobade* et quelques autres, m'avaient permis de comparer ce qui jadis s'était vu dans les rues à ce qu'alors on y voyait. À l'instar de Pierrot les Grandes Feuilles, j'avais commencé par la Goutte-d'Or, qui, au début des années 1980, venait d'être « nettoyée ». Bien sûr, je regrettais l'ambiance de 1977-78 encore, les filles qui, ici,

> « étaient dans la tradition des putains d'autrefois, d'avant-guerre, plus vulgaires, plus spontanément provocantes qu'ailleurs. Rue de Chartres, une grande Antillaise racolait les passants :
>
> – Alors les hommes, c'est pour aujourd'hui ou pour demain ?
>
> Pas mal, la fille. Dans ces cas, je m'arrête et je regarde en me posant des questions. D'autant qu'elle avait un beau corps, qu'elle était en slip et que le slip ne cachait pas tout…
>
> – Moustache, tu montes ouais ?
>
> C'est moi, Moustache !
>
> Plus haut, rue de la Goutte-d'Or, une blonde, une Française grassouillette agitait la langue dans un rapide va-et-vient de gauche à droite et de droite à gauche… vieille pratique pour aguicher l'homme… Et puis, plus loin, au beau milieu de la rue, un type du coin, un Arabe […] pissait, sans rien demander à personne et sans que personne non plus ne lui demande quoi que ce soit. Les yeux dans le vague et la main à la braguette, il chantait ».

Sordidité du besoin, poésie du plaisir ?

Au sein des rues chaudes, la poésie va vite à embrayer sur la description. Le souvenir de ce type de la Goutte-d'Or ravive en moi ces vers de Carco :

« Sous le métro de La Chapelle,
Près des garnis à vingt-cinq sous,
C'est toujours lui, cet homme saoul,
Qui bat les murs et qui appelle
On ne sait qui d'on ne sait où[62]... »

« Massage au 2e. Sombre escalier, c'est toi qui mènes à l'épanouissement du monde » : c'est ainsi qu'Aragon entame le passage sur Mme Jehane du *Paysan de Paris*, une œuvre considérée comme surréaliste, d'une poésie particulière, un peu somnambulique. Les raisons qui poussent Aragon à, dit-il, pousser la porte de sa liberté simultanément à celle d'un bordel sont assez compliquées : il avance l'« avilissement ». Aux yeux de Frappa, plus simplement, la prostitution « répond tantôt à un besoin, tantôt à un plaisir [...]. Ce que j'ai vu ces temps derniers me permet d'affirmer que dans la grande majorité des cas, c'est le besoin seul qui est en cause ». Chez Aragon, le plaisir un rien particulier l'emporte : « Il ne me vient pas à l'idée, la gauloiserie n'est pas dans mon cœur, que l'on puisse autrement aller au bordel, que seul, et grave. » Il s'y sent « délivré d'une convention ». Intellectualisant la chose, Aragon est aux antipodes de ces hommes du Panier Fleuri, des manœuvres, des ouvriers entrevus plus haut, qui, selon Marie-Thérèse, « bandaient tellement qu'ils avaient juste le temps de décharger ». En bref, le besoin pour le besoin, encore que le plaisir puisse créer une dépendance et s'identifier au besoin : Aragon avoue « une émotion collégienne [quand il franchit] ces seuils d'une excitabilité particulière ». Si les motivations des clients sont multiples, les lignes de Frappa traduisent au mieux celles de mon père à la même époque. À Paris, mon père se sentait *paysan*, *con*, avec les femmes il n'était pas *culotté*. Ne pas être hardi est une chose, avoir des envies, une autre : pour lui et pour tant d'autres, la fonction du bobinard était la plus naturelle qui fût – l'assouvissement d'un acte *naturel*. Les moralistes l'avaient compris depuis longtemps, ne serait-ce que saint Augustin, cité par Parent-Duchâtelet :

> « Ainsi donc, ce genre d'êtres humains [les prostituées], dont les mœurs portent l'impureté à son comble, occupe, selon les lois de l'ordre général, une place – certes, la plus vile – au sein de la société[63]. »

Attitudes bourgeoises et attitudes populaires

Tout ce qui a été dit sur la différence entres rôles masculins et féminins au chapitre 7 entre ici en ligne de compte. Que ce soit une question de culture ou de nature, il semble que jadis les jeunes hommes hésitaient moins que les filles à en venir, comme j'ai dit, « au fait ». Même si l'on comprend qu'emporté par sa « ferveur » Aragon « pas un instant [...] ne pense au côté social » des bordels, ce côté, c'est un truisme de l'écrire, était effectif.

Rue du Plâtre, on parlait, rue de Verneuil, on se taisait

Datant de moins de quinze ans, vers 1958-60, la fermeture des maisons avait laissé le terrain à la rue. En ce temps-là, j'embrassais des nénettes, je *flirtais* avec, mais aucune n'était prête à se donner. En 1961, Rose-Marie, petite mignonne de 15 ans, m'avait même déclaré qu'elle serait très déçue si je pouvais seulement concevoir l'idée de vouloir *ça* d'elle. Dans *Les*

Parisiens[64], Chevalier assimile à des attitudes de sagesse ouvrière, populaire, des dictons comme « il faut que jeunesse se passe » ou « la jeunesse n'a qu'un temps ». À la maison, ils revenaient souvent dans la bouche de ma mère. En outre, je le répète, de l'autre côté de la rue du Renard, le cœur, le ventre, le bas-ventre de Paris regorgeait de femmes qui *attendaient l'autobus dans des rues où il ne passait jamais* – rue des Lombards, rue des Prêcheurs, rue Saint-Denis. La tentation était on ne peut plus – j'utilise encore cet adjectif – *naturelle*. Pourtant, selon le milieu et l'éducation, des différences pouvaient affecter les adolescents. Si mes parents étaient libres dans leurs propos, ceux de Demory l'étaient beaucoup moins[65]. 60 rue de Verneuil, certains silences étaient régis par des principes à la fois moraux et religieux :

> « À la maison comme chez la plupart de mes camarades, le sexe était un sujet tabou. [...] Quand le sujet arrivait dans la conversation, c'était toujours à mots couverts. Mon père fustigeait "les grues" et les soldats qui se rendaient au "bobinard" (de quoi s'agissait-il ?). Jamais, à l'adolescence, il ne jugea utile de me parler franchement du sexe et de l'amour. »

Plus loin, déçu par ce qu'il lit dans quelques livres trouvés à la maison traitant, tous, du « mariage et [des] "lois naturelles" hors de quoi l'amour est un péché et une pratique répugnante », Demory conclut : « Il restait bien la prostitution. Mais tous les ouvrages en dénonçaient la honte et la malfaisance qui met le vice à portée de tous les jeunes gens. »

Fallait-il que l'interdit fût fort pour que Demory, habitant rue de Verneuil, de l'autre côté de la Seine, élève à Henri-IV, n'ait jamais passé un pont dans le but d'aller, seul ou avec quelques copains, faire un tour dans le quartier des filles ! Mon cadet d'un an, Gilbert, en a six de moins que Demory. Descendant du 13e, de la Butte-aux-Cailles, il s'est aventuré très jeune dans le 4e, du côté de la rue Nicolas-Flamel et de la Quincamp'. Il me l'a confié : son terrain d'élection était, à Barbès, la rue Belhomme – les filles les moins chères de Paname. Son père travaillait comme forgeron chez Renault, Gilbert est du milieu ouvrier. Comparant, dans *Les Parisiens*, les enfants de cette origine à ceux de familles bourgeoises, Chevalier constate que les premiers ont

> « moins de comptes à rendre et, dans tous les domaines, aucune obligation de participer à des cérémonies familiales – promenades collectives, réceptions solennelles – qui sont le cauchemar des jeunes bourgeois et leur dévorent leurs beaux dimanches ».

Davantage de liberté, en somme. Ceci explique probablement cela.

Les tourments de Héron

Dû à la religion, le mutisme de Demory sur la prostitution est à rapprocher des tentations répétées que le jeune Héron de Villefosse a surmontées dans sa jeunesse. Son père était déjà un érudit, il l'avait eu à 58 ans. Héron, qui était d'une « bonne famille[66] », s'explique dans *Aux belles de Paris*[67] :

> « Les appels vulgaires des pierrreuses me chatouillaient agréablement mais me faisaient presser le pas, car je savais que ce commerce était destructeur pour le corps et pour les âmes et je ne tenais pas à risquer de me damner en entraînant d'affreuses conséquences à ma vie terrestre. »

Il reconnaît néanmoins : « J'avoue avoir péché souventes fois par pensée, par envie, par désir, par sève masculine. »

À la porte Maillot, il frôle les « démons femelles » :

> « J'étais saisi d'un doux frisson lorsqu'une effrontée me lançait avec tout son accent bordelais : "Eh dis ! C'est aujourd'hui que tu perres ton pusselage ?" Une autre plus câline, mieux élevée, plus femme du monde, murmurait à mon oreille : "Vous venez vous amuser, mon petit ?" »

Mais, ici et là, avenue Wagram, « l'une des plus vulgaires de tout Paris », Héron réussit, en fuyant « à toutes jambes l'occasion du péché », à garder « l'illusion d'avoir été supérieur au Malin ». À quel prix, reconnaît-il en dévoilant combien le hante le mystère de la nudité de la femme, et comment, à l'issue d'un monôme au Quartier latin, il aboutit avec une bande de lycéens ou d'étudiants 6 rue de Tracy, aux Belles Japonaises. Non dans le dessein d'y commettre l'acte de chair, mais pour, moyennant 50 centimes chacun, « un certain prix », y « voir toute nue l'une des pensionnaires ». Il précise : « J'avais 17 ans passés, l'âge où beaucoup de mes contemporains sont déjà lancés dans la carrière mâle[68]. » On pense au jeune Paul Morand attendant, rue de Hanovre, que son copain ressorte du 4 pour fiévreusement le questionner : « Comment est-ce fait, une femme[69] ? » Aux Belles Japonaises, une mince blonde pâle monte sur un guéridon et, relate Héron, « elle dégrafa sans mot dire son cache-sexe de soie bleue. Malgré toute mon attention, je ne vis qu'une seconde à peine la longue cible au trésor dévoilé ». Certains, en effet, tentent de toucher ce corps comme offert, il s'ensuit une confusion, un vacarme, la belle est obligée de battre en retraite. « Cette sensation de péché consenti et plaisant, anodine après tant de fautes, m'est restée avec le caractère imparfait qui est si souvent la sanction de notre appétit d'agrément », conclut Héron, avant d'ajouter : « L'acte déçoit si souvent. »

Question de bon sens, je suis allé me consoler

En 1960, les mêmes interrogations que Héron ou Morand me taraudaient. Le 17 mai de cette année-là m'est resté gravé : il se place plusieurs mois avant ma *première fois*, évoquée au chapitre 7. Entre 3 et 4 heures, au Châtelet devant le Sarah-Bernhardt, Yane, une jolie Antillaise, m'avait fait poireauter sans jamais apparaître. Au bout d'une heure, dépité, j'ai levé le camp, me retournant encore et encore dans l'espoir de la voir surgir *in extremis*. Je n'ai pas pris la rue Saint-Denis au hasard, j'avais mon idée. Devant le 19, un jour, le Gros Daniel du Caveau de la Montagne avait été accosté par une chouette cocotte pas bien vieille, on avait discuté avec. « Combien qu'tu fais d'tour de poitrine ? lui avait demandé Dan. – T'as qu'à monter, j'te l'dirai ! » Sa réponse n'était pas tombée dans l'oreille d'un sourd. Les semaines avaient filé, je demeurais émoustillé. Le lapin de Yane me faisait mal, un acte d'une autre nature me permettrait de le digérer. L'acte d'une autre nature, le « franchissement de la ligne », comme on le dénommait avec Michel Barda, j'y pensais depuis un certain temps. Sans savoir dans le détail en quoi il consistait, d'ailleurs. La meilleure façon était de monter y voir, je serais vengé de Yane. « On n'a qu'le bon temps qu'on s'donne ! » La voix de Mémé Jolie a chanté dans ma tête. À ce moment, j'ai aperçu la fille.

Le manège infernal a commencé : je m'approchais d'elle et, brusquement, je changeais de trottoir. De l'autre côté de la rue, je la regardais, je continuais, je revenais, etc. J'avais juste 16 ans, mais j'étais grand. En ce printemps 1960 fleurissait la mode des lunettes noires à la Ray Charles. Le 7 avril, je m'en étais acheté une paire chez Esders, le grand magasin disparu du 124 rue de Rivoli. « 500 F », me rappelle mon carnet, 5 nouveaux francs – 0,76 euros. À un moment, par précaution, pour éviter l'obstacle éventuel de l'âge, j'ai mis mes carreaux et, comme un seul homme, j'ai traversé la rue. J'étais trop ému, là-haut, ça s'est mal passé – *trop vite* passé, on me comprend.

Je ne tenais pas encore de journal intime, je n'ai rien consigné, il n'empêche : je me souviens de tout. En particulier que le tarif, c'était alors 10 N.F. – 1,52 euros. Au cours d'innombrables balades, j'avais assez demandé « c'est combien ? ». Trop tendu, en bas sur le trottoir, j'ai oublié de poser la question. Dans la chambre : « Ah ! moi, j'monte à 15 balles », a grimacé la môme – 2,29 euros. Je ne les avais pas, on a embrayé sur les jantes, j'ai été bien déçu. *"Ah ! ah ! ah ! If I had known"*, je lis dans mon calepin en anglais très approximatif. Bref, pour dégoiser comme Maurice Chevalier, je ne *l'avais pas perdu*, je *l'avais* encore. C'est pourquoi cette première n'a pas été la *réelle* première fois. Il n'en demeurait pas moins – et là, l'intensité de ma sensation me rapproche de Héron – que ce jour-là j'avais vu une femme entièrement nue, sa forte toison brun roux si captivante – la fille m'avait permis de toucher. Ensuite, « viens que j'te lave », et là, à moi les murs, la terre m'abandonne.

La basse prostitution, aboutissement du « sentiment populaire »

Au chapitre « Rencontre de la prostituée » de son beau livre *Poétique de la ville*[70], l'anthropologue Pierre Sansot, pour montrer au mieux le trouble que, traditionnellement, elles produisent, énonce qu'« avant guerre les prostituées avaient presque seules *le privilège de l'artifice, de l'audace et de l'expérience* ». À propos de « l'expérience », il développe :

> « Les peuples, de génération en génération et, en général, sans aucun code précis, se transmettent la façon de tourmenter les corps et d'en obtenir la jouissance. Le jeune homme ne rencontre pas toujours la femme qui lui communiquera sa science ; dans les quartiers réservés, il va au-devant de l'initiatrice. Par l'effet de quelques passades il gagnera, s'il n'est pas trop gauche, un savoir qui se confond avec les mou-

> vements experts d'un corps saturé d'amour. *Il était encore à l'aube de sa vie, démuni et dispos : il rencontre la nuit épaisse des illuminations de l'Éros.* »

Ce texte permet de mieux comprendre les exaltations de Ferdinand Alquié, les délices de Carco, « le grand désir abstrait » d'Aragon – bref, les émois des hommes, ici les jeunes, qui ont recouru aux femmes qu'on paye.

« On m'accuse assez volontiers d'exalter la prostitution, et même, car on m'accorde certains jours un curieux pouvoir sur le monde, d'en favoriser les voies », ironise Aragon. Son passage, plutôt *sa passe*, chez Mme Jehane permet surtout de comprendre la galanterie et de justifier les habitudes masculines. Deux petites phrases l'expriment : le désir d'Aragon, *id est* le désir de tout un chacun, s'inscrit dans un mouvement dépassant infiniment l'individu. Seul avec la petite blonde à la « dent d'or bien visible sur le côté », Aragon explique : « La chambre est sale, mais quoi donc ? c'est un désir très général qui vous entraîne. » Le mouvement collectif, il est là : « un désir très général ». Quant au « vous », il traduit l'abandon du client dans la palpitation de la ville entière, le chant des sirènes de la ville secrète. « Or, Sansot fait-il chorus avec Aragon, il existe une passion de la ville, une nuit de la ville. » L'émotion d'une rue chaude métamorphose la réalité crue en élan poétique : Sansot invoque avec justesse « la ville désirante », « la ville aimante ».

Retour sur le repos du guerrier

À bien lire *Le Paysan de Paris*, chez Mme Jehane, la surréalité de l'ensemble s'efface au profit de la stricte réalité. Soudain, Aragon est on ne peut plus *terrien, terre à terre,* même. La preuve ? Pour exprimer sa passion des « petits bocards clandestins », son trouble croissant lorsqu'il sait qu'il va y céder, le voilà qui compte ses sous. La *rareté*, comme parleraient les économistes, fonde la galanterie. Aragon atteint pleinement son plaisir « quand par exemple, relate-t-il, j'ai plusieurs jours manqué d'argent et qu'après la paye une sorte de sentiment populaire me jette brutalement vers les filles ». La seconde phrase annoncée vient d'être écrite : « une sorte de sentiment populaire me jette brutalement vers les filles ». Du même coup, on est repassé de la poétique de la ville, du « ventre de la Prostituée », qui, tel que le définit Sansot, « est un ventre public ; c'est un passage véhiculaire », à la sociologie, à la psychologie sociale. La « Prostituée », « ventre public », traduit la demande, *sociale* forcément, de tous ceux réduits, comme au Panier Fleuri, à jouir à la va-vite sur le bord du lit. Demande qui va de pair avec les espèces sonnantes et trébuchantes : « après la paye », précise Aragon, qui l'attend avec impatience. Il n'est pas le seul...

La fièvre de retourner chez les filles fait fraterniser les clients, logés à la même enseigne : c'est cela, ce « désir très général », ce « sentiment populaire ». En jouant sur les mots, on peut dire que les rues chaudes sont chaleureuses : dans la tête, les types ont une idée, une envie unique. Néanmoins, si l'instinct sexuel est un fait, son assouvissement dans les bordels ou les hôtels est conditionné par l'argent qu'il faut pour payer la femme. Mû par des considérations d'ordre politique, Aragon, pour montrer au mieux qu'il est emporté par une immense impulsion collective, où se reconnaissent en priorité les déshérités, les hommes qui n'ont que la solution des putains, écrit : « Aujourd'hui c'est l'ombre de Théodore de Banville qui règne à Paris sur la plus basse prostitution. » Lui aussi se délecte de cette expression qui, à chaque époque, revient telle une antienne : « basse prostitution ». L'avilissement qu'a mis en avant Aragon ne peut s'éployer qu'à travers la prostitution de *bas* étage. Loin d'être le maître, le client subit : il n'en a que pour ce qu'il donne. Au Fourçaga, une fois qu'il avait versé sa *thavune*, il s'entendait dire : « Allez, chéri, dépêche-toi ! » Aragon l'observe : la femme dépersonnalise ses instincts. Elle lui fait ce qu'elle fait aux autres, à tous les autres. D'être ainsi ravalé au rang de *vulgum pecus* avilit, mais excite Aragon. C'est ça, la basse prostitution. Celle du peuple, du populo, de la populace.

Les révélations de mon père sur les allées et venues des défenseurs de la barricade Saint-Michel en août 1944[71] ne manquaient pas de piquant. Le vocabulaire est plein de malice : le peuple en armes *tirait* à la fois *des coups* – de fusil – contre les Allemands et, manière de se délasser, partait en tirer d'autres dans les bocs du quartier de la Huchette. À ce moment, aux yeux du communiste Aragon, nul doute que la populace n'ait été transfigurée. Exactement comme au lendemain de la Commune quand Louis Chevalier constate que, brusquement, de cadavéreux, d'affreux, « le peuple devient beau, de la beauté des martyrs[72] ». En août 1944, la basse prostitution des claques des rues de la Huchette et autres était le repos du guerrier des insurgés, du peuple en train de délivrer Paris et, qui sait, de faire advenir le Grand Soir. D'un coup, violence et sexe se trouvaient sublimés.

Une culture *sui generis* ?

La prostitution, c'est un constat, a sans cesse besoin de justification. En en faisant un thème de rêverie privilégié à travers les rues, Sansot confère à l'activité ses lettres de noblesse. La « Figure de la Prostituée », explicite-t-il dans *Poétique de la ville*[73], renseigne infiniment

> « sur le visage imaginaire de la ville. [...] Le rêveur des villes, dans son errance, sait qu'au-delà des apparences et des vains détours et des admirations sur commande, au-delà des immeubles qui prennent tant de place et des monuments qui prétendent raconter la gloire d'une cité, il s'achemine inexorablement vers la prostituée ou, du moins, vers le quartier louche. [...] Lorsqu'il aura rencontré la prostituée, il n'aura plus à aller au-delà : car il sera, cette fois, en présence de cette ville qui semblait reculer sous ses pas ».

Fondamentales, ces lignes établissent, de façon définitive et incontestable, la consubstantialité de la putain à Paris puisque, le plus souvent, la poétique dont rend compte Sansot est celle de la Grand'Ville. De surcroît, on se souvient des analyses de Louis Chevalier : longtemps, la rue Saint-Denis, la plus vivante de toutes, a été le suc de Paris[74]. Si l'on se rapporte à la carte du « Paris du "libertinage" – 2e moitié du XVIIIe siècle » dressée par Érica-Marie Benabou, force est de reconnaître que la rue Saint-Denis et ses alentours étaient dédiés à la Vénus des carrefours[75]. Tout le cœur de la ville. Le libertinage, c'était Paris, et Paris, c'était le libertinage.

Si Héron de Villefosse a intitulé son livre *Aux belles de Paris*[76], c'est parce que les filles de Paris ont été

> « tant aimées à travers les âges par les plus sensibles de nos poètes, de nos artistes et de nos philosophes, qu'elles ont une place à tenir dans le grand orchestre céleste à la gloire de leur cité. Marie l'Égyptienne est leur patronne, qui paya de son corps son passage en bateau et notre rue de la Jussienne, malgré sa contraction, reste là pour témoigner sur le sol parisien qu'il y a au Paradis une sainte pour les accueillir, lorsque leur cœur est resté pur[77] ».

Il peut paraître étrange que ce genre d'envolée s'accorde si bien à la prostitution qui, pour vraiment émoustiller l'homme, dixit Aragon, ne saurait être que « basse ». S'il arrive qu'on parle de prostitution de *haute volée*, c'est pourtant l'autre qui l'emporte dans l'imagerie populaire. D'ailleurs, l'itinéraire de Véronique Leclant et de Marie-Thérèse l'a montré : qu'elles soient dans des taules huppées ou d'abattage dépendait des aléas.

45 rue Saint-Denis[78]

Dans les années 1960 et 1970, Jeanne Cordelier a aussi connu différentes façons de se défendre. Après être passée par certains bars élégants de Pigalle, elle a travaillé en appartement dans le 16e, puis a raccroché à la porte du 45 rue Saint-Denis, un hôtel. « S'il existe une étape entre le purgatoire et l'enfer, ce doit être ici au 45 rue Saint-Denis, au Croissant d'Argent, à moins que nous ne soyons déjà en enfer », noircit-elle un peu le tableau. À l'époque, en effet, l'enfer, pour les prostituées, c'était la Goutte-d'Or. Les macs y envoyaient les femmes punies. La clientèle était en majorité composée de gens d'Afrique du Nord, les tarifs étaient modiques, le boulot, à la chaîne – l'abattage. Juste avant 1980, si le prix de la passe était de 30 francs – 4,57 euros – à la Goutte-d'Or, un ou deux ans plus tard, rue Saint-Denis, celui-ci se montait à 200 ou 250 francs – 30,49 ou 38,11 euros –, soit de six à huit fois plus. En 1971, peu ou prou quand Jeanne Cordelier a été rue Saint-Denis, la *pastiquette* se concluait aux alentours de 130, 150 francs – entre 19,82 et 22,87 euros. Le proxénétisme hôtelier n'était pas encore un délit : le client devait aussi acquitter le prix de la chambre, 25 francs – 3,81 euros –, et le service, la serviette, 2 francs – 0,30 euros.

Curieusement, au 45, je n'ai pas souvenir de Jeanne Cordelier. J'ai pourtant plusieurs fois enquillé la porte de cet hôtel avant de partir pour la Martinique remplir mes obligations militaires – de septembre 1969 à septembre 1971. La dernière nuit du marché des Halles date du 27 février 1969 : puisque Cordelier évoque les Halles du *marca*, les Halles encore vivantes, c'est qu'elle y était. L'essentiel est là : ce sentiment populaire, mis en valeur par Aragon, et gonflé encore par cette surexistence collective unique qui en émanait, pour reprendre Louis Chevalier. En trois mots comme en dix, le boulot, le populo et le « bonheur », aurait bagoulé Lageat :

> « Entre deux cargaisons à vider, les mecs trouvaient encore le moyen de se faire éponger vite fait. Le marché du chibretin musclé, on l'espère… et du bouquet de persil était à deux pas. Ces dames de la rue Saint-Denis étaient

> aux asperges vingt-quatre heures sur vingt-quatre, jupe plissée ample, bottes, que le genou qu'apparaissait, le nichon plus que prometteur. Sans elles les Halles auraient pas été les Halles. Hommes forts, bonne chère et tapin, ça a toujours marché de pair[79]. »

Après une longue description des nuits des Halles, Jeanne Cordelier termine : « Autour du réverbère éteint, une fille, une autre, tourne. Qu'importe si les paroles de sa chanson ne sont plus tout à fait les mêmes. Le thème, lui, est fidèle. C'est l'invitation au voyage. » Un embarquement charnel pour Cythère. Au centre de Paris, au cœur de son peuple, la tradition galante se poursuivait. Avant que Jeanne ne se fasse embobiner par Gérard, son *homme*, elle avait été employée rue de la Verrerie, comme secrétaire peut-être. Rue de la Verrerie, on est à cinq minutes de la Saint-Denoche. Là, elle avait vu « des hommes bien suivre les filles », des « belles en plus ». Dans ce quartier, cour Robert-de-Paris – la rue du Renard d'autrefois – et rue Baille-Hoë – l'ancien nom de la rue Brisemiche –, les femmes avaient de tout temps vécu de leurs charmes. Au moins depuis le XIIIe siècle, lorsque saint Louis y avait autorisé les ribaudes. Prémonitoire, peut-être, Cordelier en avait été troublée.

De l'art amoureux

À ce stade, se demander si la prostitution populaire n'engendrait pas, chez les filles, un esprit collectif à part, fonction d'une utilisation du corps, de techniques particulières – sorte de « culture *sui generis* », pour employer le vocabulaire actuel – n'est pas indu. Au préalable, rappelons la doctrine de l'Église concernant « les positions adoptées par les conjoints dans l'accouplement ». Au XVIe siècle, selon Sylvestre[80], « la manière naturelle, quant à la position, est que la femme gise sur le dos et que l'homme se couche sur son ventre, observant d'éjaculer dans le vase destiné à cet usage ». Pour saint Augustin, on s'en souvient, les prostituées, « ce genre d'êtres humains », portent l'impureté des mœurs « à son comble ». Pire, elles sont « un cloaque ». Une telle définition, un tel état ne peut qu'aider l'imagination à se débrider – les délices de l'enfer sont à ce prix.

Le permis et le défendu

En 1836, à ses deux chapitres, « Mœurs et habitudes des prostituées » et « Considérations physiologiques sur les prostituées[81] », Parent-Duchâtelet a essayé de circonscrire une sorte de *culture* de la prostituée. Sans dire le mot, il aborde la question du coït buccal. La voix des prostituées est souvent rauque : ce phénomène est-il dû « à ces goûts infâmes que réprouve la nature, et auxquels, suivant quelques personnes, aucune prostituée ne saurait échapper » ? Son interrogation demeure sans réponse. *Idem* pour « ces communications illicites, qui pour avoir lieu entre des individus de sexe différent n'en sont pas moins révoltantes » – la sodomie, faut-il comprendre. De nouveau, Parent-Duchâtelet ne peut aller plus loin : « Je dois avouer, se contente-t-il d'écrire, qu'il n'est pas un point de la vie et des habitudes des filles publiques plus obscur que celui-ci. » Ce point obscur des filles fonde leur attrait, il favorise le fantasme. Pour tenter d'apporter une réponse aux questions de Parent-Duchâtelet, remarquons que, si dans l'entre-deux-guerres certains bordels, tel chez Blanche, étaient courus pour leurs pratiques *spéciales*, c'est qu'elles n'étaient pas la règle puisqu'elles étaient spéciales.

Jeanne Cordelier repousse un client : « Ne cherche pas mes lèvres, elles m'appartiennent, c'est à peu près tout ce qui me reste d'intact. » Il me semblait qu'elle se protégeait aussi de la sodomie. Peut-être est-ce dans un autre passage, mais je ne l'ai pas retrouvé. Pour ce que j'en sais, chez les femmes de la rue Saint-Denis, ailleurs aussi je pense, les lèvres et le *petit guichet* – je cite Jo Privat –, étaient interdits au client. La Saint-Denoche était-elle le royaume de la basse prostitution ? Je ne l'affirmerai pas, j'y ai trop de bons souvenirs. En revanche, chez Mme Billy, 4 rue Paul-Valéry dans le 16e, sévissait, selon l'expression consacrée, une prostitution de haute volée. Un jour d'octobre 1971, j'avais emmené un riche ami américain chez Billy, j'étais son invité. Le nom de guerre de la fille que j'avais choisie était Elsa, son vrai prénom, Monique. Tout à mon émoi, je n'avais pas sacrifié à la sociologie pour lui demander d'où elle venait, Monique. Le surprenant était qu'elle embrassait, et bien, je me souviens. Au mieux, les femmes de la rue Saint-Denis, du bout de la langue, piquent-elles celle du client, à moins qu'elles ne lui crachent dans la bouche. Était-ce vrai ? voici trente-cinq, quarante ans, rue Blondel, une petite blonde était réputée *donner du chouette*. Qu'elle le fût montre la rareté de cet acte « que réprouve la nature », pour employer la circonlocution de Parent-Duchâtelet. Nul doute, l'argot est infiniment plus expressif.

"*It was good*"

De la même façon qu'au chapitre 7 sur les pratiques sexuelles, l'intimité fait obstacle à l'appréhension générale, à la stastistique. Chez les filles, la coutume voulait que la passe commence par l'ablution, chère à Aragon et à Leiris, suivie d'une fellation pour provoquer l'érection. Les siècles ont pu défiler, les différences entre pratiques conjugales et galantes restent d'actualité. Ce hiatus entre la femme mariée et la femme *débauchée* est bien souvent, très souvent, le facteur qui pousse les hommes mariés à s'offrir un extra. Il y a peu, quelqu'un m'a encore confié en souriant : « Les putes, elles font des choses qu'la femme fait pas forcément, hein ? » Beaucoup de gens mariés allaient ou vont encore chez les filles pour la *pipe* – en termes de métier, Jo Privat eût préféré « bouffarde ». *Culture* autre, donc. Certaines pépées proposaient « j'te suce à fond ? » tandis que d'autres prévenaient « tu m'craches pas dans la bouche, hein ? ». Si, Merle le rappelle[82], au 45 rue Saint-Denis, du temps de Cordelier, une môme répondait au doux surnom, octroyé par les habitués, de

« Claudette-sucette », c'est qu'en plus d'être clients ces habitués étaient des amateurs, des connaisseurs. Le 13 mai 1968, j'étais monté avec elle, cette Claudette. Obligé, j'avais eu droit à sa spécialité : « *It was good.* Je l'ai baisée. Un peu maigre, peut-être. Mais elle était sympa. Nous avons pris notre temps. *All right.* » Cordelier donne tout son pedigree. Claudette était tunisienne, je l'aurais crue mulâtresse, franco-africaine.

Parce qu'en ce temps-là je découvrais la vie, le 45 rue Saint-Denis m'est cher. Cordelier évoque aussi Kim, « Kim-l'espiègle », son surnom d'après Merle encore. Il y avait aussi Muriel, une fille de couleur, et Annie, une brune. Un jour, le 45 a fermé. J'avais retrouvé Annie rue du Cygne, elle m'avait dit : « Ah ! chez Mme Pierre, c'était aut'chose, les filles, elles avaient d'la classe ! » Cordelier parle de Mme Pierre, la taulière du 45, plutôt en mal. À la finale, à fréquenter la rue Saint-Denis, ses femmes, une camaraderie prenait corps. Avec quelques habitués, avec les copains, on échangeait ses impressions. Ah ! ça vivait, le coinsto[83] ! Mon journal intime est explicite, j'allais et retournais rue Saint-Denis pour deux raisons essentielles. D'abord, c'était à deux pas de chez moi, et ensuite d'impérieuses envies me prenaient souvent. J'avais beau avoir une amie, elle ne me satisfaisait pas entièrement. J'ai séduit d'autres femmes, il n'empêche : la rareté évoquée plus haut prédominait. Surtout la nuit, lorsque je rentrais rue du Plâtre. Il suffisait d'un petit détour. « Les putes, elles sont disponibles ! » avait raison d'édicter un gars qui traînait beaucoup par là, Pierre le Basque.

Délia de mes délices

Au 45, Délia m'a trop marqué pour que je ne l'évoque pas. Le 6 juin 1968, sa frénésie avait été la révélation. L'époque était enfiévrée. Étudiant en philosophie, j'étais incapable de me joindre à mes condisciples. Le 6, accentuée par « mon abstinence sexuelle actuelle », raconté-je le 7, une profonde angoisse me taraudait depuis plusieurs jours :

> « Je suis monté hier soir avec une fille et je me suis libéré. Elle travaille dans l'hôtel à côté du jardin des Innocents, elle s'appelle Délia. La trentaine, brune. Je l'avais repérée depuis longtemps, je me rappelle qu'un soir de 1967 alors que je me trouvais dans le café où elle racole, [...] elle m'avait terriblement excité. Je lui ai donné 100 F... Corps de femme plein, tendance à l'embonpoint mais pour l'instant elle est superbe. »

Suivent d'autres considérations, précises, salaces, propices au recensement des techniques propres aux prostituées et à l'épanouissement de leur pouvoir d'incantation. Celui de Délia, du moins. On entrevoit comment ce qui, au début, est de l'ordre du besoin va vite s'infléchir en désir puis, avec le temps, en renaissance régulière de la tentation. Si, jusqu'à Délia, des filles m'avaient comblé, elle m'a pleinement initié. Sa technique, que dis-je ! son art amoureux, elle le prodiguait avec une conviction contagieuse, passionnée. « Délia est devant moi, accroupie, j'ai noté la deuxième fois, le 28 novembre 1968, elle me regarde de ses yeux noirs et veloutés. Je ne peux pas supporter longtemps son regard... » Cette confidence paraîtra anodine, elle signifie que, déjà, par son regard, Délia a la main sur moi. Accroupie ou debout sur le lit, Délia était irrésistible. Plus loin : « Elle se met à califourchon sur le rebord du lit et la rondeur de ses fesses blanches striée sur le milieu de la raie obscure se présente à mes yeux. » Si, au début surtout, beaucoup de femmes rechignent à prendre cette position, Délia, d'entrée de jeu, se mettait *en levrette*. C'était l'une de ses postures-clés, accomplie avec maestria, on pourrait dire avec *vice*. Cordelier traite Délia de « petite vicieuse exhibitionniste », elle ne l'aimait pas. Plus tard, à la parution de *La Dérobade*, Délia m'avait sorti : « T'as vu comment elle parle de moi ? on n'avait rien eu ensemble, pourtant ! » C'étaient leurs salades. Pour en rester au vice, la magie de Délia est qu'elle *savait* être obscène. Là-haut, dans la chambre, la passe se muait en séance, une sorte de messe du corps, des sens. La *culture* de l'amour de Délia s'épanouissait dans son aptitude à cette indécence la plus éhontée. Avec elle, on sortait de l'ordinaire de la bricole. « Elle m'a réconcilié avec les putes ! » m'avait remercié un pote que je lui avais présenté. Délia a été la Pute dans toute sa splendeur.

« Ma môme, elle joue pas les starlettes » (Jean Ferrat)

« Obscène », « indécente », « éhontée », mes mots sont transparents : la transgression est non seulement la condition *sine qua non* de la prostituée, mais de toute femme. La pérennité du plaisir se nourrit d'un désir ravivé sans cesse. Qu'on le dénomme technique ou art, le savoir-faire amoureux est essentiel. En Nana, qu'est-ce qui tourneboule tellement Muffat ? La réponse est simple : cette vulgarité qu'expriment son corps, sa beauté et ses manières – son côté *pute*, quoi ! Aragon l'écrit sans ambages : la tentation atteint son acmé quand, tout à coup, la femme « désigne avec simplicité ma queue, et me demande avec simplicité ce qu'*elle* aime ». Il faudrait reprendre tout le passage de Zola dans les coulisses des Variétés sur « les senteurs de femme, le musc des fards, mêlé à la rudesse fauve des chevelures » qui montent à la tête – et au reste – de Muffat. Le comte, chambellan de l'impératrice Eugénie, qui porte « la tête comme un Saint-Sacrement ». Le contraste n'en est que plus abyssal : Nana, on s'en souvient, roule ses cibiches et les fume « en se dandinant, renversée sur sa chaise ». Chez elle se mêlent les mauvaises manières, l'excès de gentillesse lorsqu'elle se fait chatte – « Tu veux donc qu'on te mouche, bébé ? » gronde-t-elle le très jeune Georges Hugon, qui répond « oui [...] d'une voix basse et suppliante » – et l'utilisation de gros mots qui, loin de dégoûter les hommes, les attisent. Elle n'est pas la dernière à lancer des « merde ! » et des « nom de Dieu ! ». Aragon le confesse, il aime aussi les « manières bouleversantes [des filles] de se comporter, leurs pudeurs et leurs impudeurs, jusqu'à leur grossièreté ». Son art, je le rappelle, Délia le maîtrisait.

À ceci près que la Nana de Zola est blonde, des décennies plus tard ma vision de Délia se superpose à celle qui « faisait peur » au comte Muffat :

> « Il voyait en raccourci ses yeux mi-clos, sa bouche entrouverte, son visage noyé d'un rire amoureux ; et par derrière, son chignon de cheveux jaunes dénoué lui couvrait le dos d'un poil de lionne. Ployée et le flanc tendu, elle montrait les reins solides, la gorge dure d'une guerrière, aux muscles forts sous le grain satiné de la peau. »

La peau de Nana est sa lubricité même : « Nana était toute velue, un duvet de rousse faisait de son corps un velours. » En elle, « il y avait de la bête ».

Et déjà en Jeanne Duval, dont les yeux et la crinière très noire promettent à Baudelaire d'infernales délices :

> « Depuis le nombril jusqu'aux fesses [...]
> Tu trouveras [...]
> Une riche toison qui, vraiment, est la sœur
> De cette énorme chevelure,
> Souple et frisée, et qui t'égale en épaisseur,
> Nuit sans étoiles, Nuit obscure[84] ! »

En Teresa aussi, quand Pierre Louÿs s'extasie : « Je crois que jamais une femme aussi velue de noir n'avait couché dans mon lit. Ses poils envahissaient tout : le ventre, les cuisses, les aines[85]. »

En Délia, cela va de soi : « Je lui ai dit qu'elle était poilue ; elle m'a répondu qu'elle était pleine de poils, qu'elle en avait jusqu'au cul... » Sa sublime vulgarité trahissait ou, plutôt, magnifiait son côté populaire. À la Saint-Denoche, on n'était pas aux Champs-Élysées, les filles étaient là pour appâter, attirer le clille. Longtemps, Délia a eu une robe vert brillant. Je la revois bien dans le bistrot, le Croissant d'Argent, ses cheveux noirs. Oui, Délia n'était pas épilée sous les bras, elle ne se prenait pas pour une star.

Jean Ferrat chantait alors :

« Ma môme, elle joue pas les starlettes,
Ell' met pas des lunettes
De soleil...
Elle pos' pas pour les magazines,
Ell' travaille en usine,
À Créteil...[86] »

Rue Saint-Denis, beaucoup de filles venaient de banlieue[87], et, avant-guerre, on se rappelle que Véronique Leclant avait travaillé en usine – pas à Créteil, mais à Ivry. Bref, aux Halles et sur les trottoirs de Paname, on était entre nous. Grâces soient rendues à Délia, elle m'a fait pénétrer dans cette *« nuit épaisse des illuminations de l'Éros »* déjà si poétiquement évoquée par Sansot.

En définitive

Pour en rester à des considérations plus tangibles, force est de conclure que, par-delà le temps, des causes identiques inclinent les hommes à se laisser tenter. Avenue Wagram, « l'attraction de ce corps dont je humais déjà les effluves faisait bouillir le sang de mes artères », se rappelle Héron de Villefosse. Il ne cède pas, mais, avoue-t-il peu après, « je m'attachai trop au souvenir de cet instant [...] pour ne pas m'encanailler par la pensée en regrettant l'appel de la silhouette satinée ». Hormis le verbe « s'encanailler », aux sous-entendus rigolard et futile, l'infernal mécanisme qui s'empare de Héron est bien celui, implacable, qui soumet l'amateur de filles. « Seul, et grave », Aragon se recueille-t-il avant l'offrande de soi. Ce n'est pas qu'il va se perdre ou perdre son âme : il va s'abandonner, et l'abandon est une ascèse. De bien grands mots pour ce qui, parfois, est si sordide – la galanterie aime les extrêmes. Nana, en tout cas, ne s'embarrasse pas de fioritures. Les hommes, des « salauds,

Nana sait tout d'eux, ils aiment ça». Quoi donc ? «Les gros mots». «Ouiche», gouaille-t-elle encore. Et si, à la finale, cette *«nuit épaisse des illuminations de l'Éros»* se résumait à l'aptitude qu'a une fille d'être ordurière ? «Et ce vocabulaire, des ordures ! [...] des ordures !» s'enflammait Borel. Céline itou, quand il repense au *vice* qui animait telle concierge vénale d'Issy-les-Moulineaux :

> «En somme, c'était une vicieuse. Au lit par exemple, c'était une superbe affaire et on y revenait et elle nous donnait bien de la joie. Pour une garce c'en était une vraie. Faut ça d'ailleurs, pour faire bien jouir. Dans cette cuisine-là, celle du derrière, la coquinerie, après tout, c'est comme le poivre dans une bonne sauce, c'est indispensable et ça lie[88].»

1. *Cahiers de jeunesse*, *op. cit.*

2. *Le Bal des Ardents. Charles VI*, *op. cit.*

3. *Le Sexe et l'Occident. Évolution des attitudes et des comportements*, Le Seuil, 1981.

4. *Aux belles de Paris*, *op. cit.*

5. *Op. cit.*

6. *La Prostitution et la Police des mœurs au XVIIIe siècle*, Perrin, 1987.

7. *La Prostitution à Paris au XIXe siècle*, *op. cit.*

8. *Op. cit.*.

9. J.-J. Gay.

10. *Le Prolétariat de l'amour*, Librairie universelle, 1904.

11. Jacques Hillairet, *Dictionnaire historique des rues de Paris*, *op. cit.* Selon les auteurs, l'orthographe des rues anciennes varie beaucoup.

12. *Ne touchez pas aux noms des rues*, *op. cit.*

13. Nom, entre 1265 et 1313, de la partie de la rue Greneta située entre les rues Dussoubs, ex-Gratte-con, et Montorgueil.

14. Dans le 5e arrondissement, entre les rues Monge et des Écoles.

15. En espagnol, *follar* signifie « accomplir l'acte d'amour », « baiser » : l'origine de *folieuses* et *follar* est-elle la même ?

16. *Op. cit.*

17. Arléa, « Les Licencieux ».

18. Hillairet ne répertorie pas cette rue : s'agirait-il de la rue de la Jussienne ?

19. Cette rue partait de la rue Saint-Honoré et aboutissait 11 et 13 rue de Richelieu.

20. Supprimée en 1921, cette voie se trouvait entre les rues des Bons-Enfants, Croix-des-Petits-Champs et Saint-Honoré.

21. *Mots de passe. Dictionnaire de l'argot de la prostitution*, Favre, 2005.

22. *La Prostitution à Paris au XIXe siècle*, *op. cit.*

23. Sur l'étymologie de ce mot, voir chapitre 5, note 37.

24. *Op. cit.*

25. Voir chapitres 5 et 7.

26. *Vie d'une prostituée*, *op. cit.*

27. Dans *L'Argot* (Que sais-je ? 1958), Pierre Guiraud fait litière de l'éventualité d'une origine commune de « poulet » – policier – et de « poule » – prostituée. « Dès Villon, explique-t-il, les sergents du guet et le prévôt des archers tirent leur nom de la *roue*: *rouastre* dans Villon ; *rouart* chez Rabelais et ultérieurement *rouen*, *rouau*, *rouin*. » Selon M. Ziwes, « rouan » aurait été confondu avec « rouan », le cheval rouan. Ainsi, par calembour, « *rouan* a suggéré *roussin*, puis *bourrique*, enfin *cagne* et *poulet* (noms argotiques du cheval) », d'où « bourre », « poule », « rousse », « cogne », et ensuite, par substitution : « la maison poulman » puis « poulaga », « poulardin », « la maison Royco », etc. Quant à l'autre « poule », après avoir depuis longtemps désigné « une jeune femme aimée (voir le populaire moderne *poupoule*) », au XIXe le terme a fini par signifier la prostituée, observe Guiraud dans son *Dictionnaire érotique*, *op. cit.*

28. *Op. cit.*

29. *La Main courante. Les Archives indiscrètes de la police parisienne (1900-1945)*, *op. cit.*

30. Lesdits urinoirs, les *pissotières*, sont une création de Claude-Philibert Berthelot, comte de Rambuteau, préfet de la Seine du 22 juin 1833 au 24 février 1848, rappelle Claude Maillard dans *Les Précieux Édicules. Les Vespasiennes de Paris* (La Jeune Parque, 1967). Au début, en 1841, le public les avait baptisés « du nom de colonne de Rambuteau ».

31. *Détective* du 29 novembre 1934.

32. Voir ci-après, note 45.

33. Éditions Montaigne, 1928.

34. *Vie d'une prostituée*, *op. cit.*

35. Ainsi que le 76 boulevard de La Chapelle, le 13 rue de Rochechouart, le 4 rue Blondel, le 29 rue Saint-Lazare, le 43 rue de la Lune, le 14 rue de Montyon et une dizaine d'autres établissements, dit Romi dans *Maisons closes* (Michèle Trinckvel, 1979), réédition d'un ouvrage paru quelque temps après la fermeture.

36. Flammarion.

37. Voir chapitre 7, note 12.

38. René Kieffer, 1928.

39. *Petite Histoire des maisons closes*, « Du Parc-aux-Cerfs au Chabanais », *Le Crapouillot*, printemps 1977.

40. *La Vie quotidienne dans les maisons closes (1830-1930)*, Hachette, 1990.

41. *Maisons de société. Choses vues*, Fayard, 1927.

42. *Enquête sur la prostitution*, *op. cit.*

43. *Op. cit.*

44. Voir ci-dessus, page 396.

45. Filipacchi, 1989.

46. *Les Maisons de tolérance. Leur fermeture*, Georges Carré, 1896.

47. Dans *La Vie de Toulouse-Lautrec* (Le Livre de poche, 1958), Henri Perruchot raconte que c'est dans ce lupanar, qui alors portait le n° 24, qu'en 1894 s'était installé le peintre. « Le mobilier de cette maison fut vendu aux enchères publiques, "par suite de cessation de commerce", le 30 octobre 1946 », après la fermeture, rappelle-t-il. Sous l'Occupation, ce bordel ainsi que le 12 rue Chabanais et le 50 rue Saint-Georges étaient réservés aux officiers allemands, note Romi dans *Maisons closes*, *op. cit.* « Pendant une année seulement [en raison d'interventions occultes !] le 122 rue de Provence et le Sphinx [31 boulevard Edgar-Quinet à Montparnasse] leur furent également réservés », précise-t-il encore.

48. *Les Anciennes Maisons de Paris*, Paris. Lefeuve (1818-1882) se prénommait Charles. Le livre que je possède de lui annonce comme auteur : « M. Lefeuve ».

49. *Op. cit.*

50. *Demain*, « Chansons de Paris », novembre 1924.

51. *Op. cit.*

52. Gallimard, 1926.

53. Ouvert en 1822 à l'emplacement du 12 boulevard des Italiens, le passage de l'Opéra menait, d'une part au 8 de la rue Le Peletier, de l'autre au 1 de la rue Drouot. « De l'Opéra » parce que, du côté de la rue Le Peletier, le passage aboutissait à l'Opéra, bâti au 12 de cette voie, en 1820-1821. La salle a brûlé dans la nuit du 28 au 29 octobre 1873. Quant au passage lui-même, il a été démoli lors du percement de la dernière partie du boulevard Haussmann, en 1927, un an après la parution du *Paysan de Paris*.

54. *La Bastoche*, *op. cit.*

55. *La Prostitution à Paris au XIXe siècle*, *op. cit.*

56. *Op. cit.*

57. La pratique de l'ablution avait pour but de traquer une éventuelle *chtouille* – blennorragie (voir chapitre 7, note 17). Depuis le sida, 1985 environ, le *chapeau*, préservatif, est devenu obligatoire. Personne ne s'en plaindrait. En revanche, que

les filles ne procèdent plus à l'ablution révèle un impardonnable manque de psychologie de leur part. Comment n'ont-elles pas compris qu'en soi l'ablution était une caresse privilégiée ? Un « rite », Leiris disait vrai.

58. Voir chapitre 9, note 56.

59. *Le Crapouillot*, numéro spécial, tome 2.

60. Compagnie Parisienne d'Éditions.

61. « Document Choc », PMG.

62. *Nostalgie de Paris*, *op. cit.*

63. *De ordine*, Benedict.

64. *Op. cit.*

65. *Au temps des cataplasmes*, *op. cit.*

66. René Héron de Villefosse était l'arrière-petit-fils d'Antoine-Marie (1774-1852), nommé baron en 1824. Antoine-Marie-Albert (1845-1919), le père de René, avait été directeur des musées nationaux et membre de l'Institut à partir de 1886. Historien de Paris, René Héron de Villefosse (1903-1985) était conservateur en chef des musées.

67. *Op. cit.*

68. En France, lit-on dans *Le Monde* du 14 mars 2007, sous la plume de Florence Amalou, « en un demi-siècle, l'âge moyen du premier rapport sexuel est passé de 18,8 ans à 17,2 ans pour les garçons et de 20,6 ans à 17,6 ans pour les filles », c'est-à-dire depuis la fin des années 1950. Au chapitre 7, tous les Parisiens qui nous ont permis d'approcher la *bricole*, la sexualité – de Ménétra au XVIIIe à Maurice Chevalier, Céline, Simonin, Borel et Boudard au XXe avant 1942 –, avaient moins de 17 ans lors de leur première fois. Pas davantage que la remarque de Héron sur ses 17 ans passés, ces témoignages personnels ne sauraient avoir de valeur stastistique. Il n'en demeure pas moins qu'à toute époque certains ont été plus dégourdis ou délurés que d'autres et, ainsi, déniaisés plus tôt.

69. Voir chapitre 7, note 34.

70. Klincksieck, 1971.

71. Voir chapitre 1.

72. Voir chapitre 3, note 18.

73. *Op. cit.*

74. Voir chapitre 2.

75. Je reprends là le titre d'un ouvrage de 1933, signé Henri Drouin, Gallimard.

76. *Op. cit.*

77. Au coin des rues de la Jussienne et de Montmartre avait été édifiée, au XIIIe siècle, la chapelle Sainte-Marie-l'Égyptienne. Sur l'un des vitraux, « la sainte était peinte sur le pont d'un bateau, retroussée jusqu'aux genoux devant le batelier avec ces mots au-dessous : "Comment la sainte offrit son corps au batelier pour son passage" », rappelle Hillairet dans son *Dictionnaire historique des rues de Paris (op.*

cit.). Ainsi, on comprend pourquoi Marie l'Égyptienne est la patronne des filles perdues. La chapelle a été démolie en 1792. Quant au nom de « Marie-l'Égyptienne », il s'est altéré en « Gipecienne » au XVe siècle, puis en « Jussienne ».

78. Sur mes carnets, je parle du 47 et non du 45 rue Saint-Denis. Si le Croissant d'Argent était situé entre les deux numéros, il n'y avait pas de porte sous le 45. Je pense que Jeanne Cordelier se trompe, et que le 47 était le numéro exact. Le Bottin de 1950 n'indique rien au 45, mais précise au 47 : « Boulet, *café*... CEN. 22-25. » Le couloir d'entrée de l'hôtel était à la gauche du bistrot en le regardant. Au fond se trouvait une niche avec une statuette de femme éclairée, nue, je crois. Les escaliers partaient sur la droite. Il me semble qu'une porte intérieure permettait de passer du Croissant au couloir. Précisions superflues ? Aujourd'hui, les boutiques ont modifié la disposition générale. On voit le numéro 45, mais le 47 est caché ou a disparu.

79. *Des Halles au Balajo, op. cit.*

80. *Summa summarum*, éd. de Lyon, 1593, cité par Jean-Louis Flandrin dans *Le Sexe et l'Occident, op. cit.*

81. *La Prostitution à Paris au XIXe siècle, op. cit.*

82. *Mots de passe. Dictionnaire de l'argot de la prostitution, op. cit.*

83. Selon Benoîte Groult, qui le déplore dans sa préface à *La Dérobade*, « 45 000 passes quotidiennes ont été recensées en 1973 par la Préfecture de Police pour la seule ville de Paris ».

84. *Les Fleurs du Mal*, Le Livre de poche, 1961.

85. *Trois filles de leur mère*, Lattès, 1979.

86. *Ma môme*, chanson de 1968, paroles de Pierre Frachet, musique de Jean Ferrat.

87. En 1973, 70 % d'entre elles, si l'on en croit Benoîte Groult, sont originaires « des banlieues et quartiers pauvres de la région parisienne, ou sont des déracinées venues de départements ruraux à forte natalité, Bretagne et Normandie en tête ».

88. *Voyage au bout de la nuit*, Gallimard, La Pléiade, 1962.

11.
PARIS QUI S'EN VA ET PARIS QUI VIENT[1]

Aujourd'hui, lorsqu'on discute avec des Parisiens ou des gens qui ont bien connu la Grand'Ville d'autrefois, ce sont les années 1960, 1950 et la fin des années 1940 qui en priorité reviennent sur le tapis. Celles de l'Occup' sont souvent éludées, et trouver des personnes ayant des souvenirs consistants et précis au-delà de la fin des années 1930 devient ardu. En 1938, l'Italien Gino Bartali avait remporté son premier Tour de France. Le troisième était un Français, un gars de chez Renault, un titi, Victor, alias Totor Cosson. Bon pied bon œil et la gouaille aux lèvres, il est récemment apparu sur France 3. Né en 1915, Totor est en vue des 100 piges au bout du sprint… Si je le rencontrais, j'en aurais, des questions à lui poser, et Totor, des précisions à m'apporter sur le tournant des années 1920-30 à Paname. Probable, Totor a connu Joseph Muller, un Alsaco – au Tour 1923, il avait gagné l'étape de Strasbourg, en 1924 il était sixième au classement général. Après, Muller a tenu deux bals-musettes, au 65 rue des Gravilliers, et rue du Chemin-Vert, au 137. Sur les jetons de l'un ou de l'autre, m'apprend Lucien Lariche, il avait fait graver « À l'ancien du Tour de France ». Ça ne s'invente pas, et qui pourrait mieux le confirmer que Totor

Cosson – l'hiver, il aimait peut-être aller à la gambille ? Totor a couru une décennie plus tard. En 1937, il avait fini dix-septième du Tour. Le 1er août 1938 : « Aux places d'honneur [...] V. Cosson, 3e, le nouveau, qui a l'étoffe d'un vainqueur du Tour », lisait-on à la une de *L'Auto* – une belle performance. Je lui demanderais : « Totor, dans la dernière étape, l'échappée victorieuse de Leducq et de Magne, ça s'était passé comment ? » Ils étaient arrivés premiers *ex aequo* en se tenant par l'épaule : « André Leducq et Antonin Magne ont terminé en beauté leur carrière de coureurs du Tour de France. » Relativité des choses : si, pour les uns, ce Tour 38 est à des années-lumière, pour Victor Cosson, c'était hier soir.

« Pompons... et pompons-la gaiement »

Une révolution dont on ne dit rien

Au début de ce livre, peut-être le lecteur a-t-il été surpris que, loin de m'en tenir aux années que je viens d'énumérer, au XXe siècle, j'aie vagabondé à travers le temps. Au cas où il y aurait eu malentendu, en parodiant Henri IV, je rétorquerais que, maintenant qu'il n'est plus, le Paris populaire valait bien cette messe. En 1977, au moment de *L'Assassinat de Paris*[2], Louis Chevalier disait qu'avec la fin des Halles autre chose avait commencé, qu'on en était « aux années zéro ». À part déplorer le prix vertigineux du mètre carré et – je vise nos hommes politiques –, en rabâchant, prôner davantage de « mixité sociale » dans Paris intra-muros, personne à ma connaissance n'a pris la mesure de l'expropriation, de l'expatriation, inédite, unique dans l'histoire, des petites gens de Paris. Le peuple absent de la Grand'Ville, c'est du jamais vu : une révolution irrésistible et pour longtemps irréversible. Rive gauche ou rive droite, dans l'île de la Cité ou l'île Saint-Louis, ceux *bourrés aux as* envahissent tout. Puisque l'occasion s'est présentée, j'ai tâché de montrer comment le peuple s'enracinait dans le passé le plus lointain de la ville. Et qu'ainsi, des façons qui lui étaient propres de parler, de réagir et de vivre avaient duré jusqu'à l'époque où ceux qui avaient en main les destinées de Paris l'en ont chassé – quand les Halles ont été détruites.

Dans *L'Assassinat de Paris*, Chevalier analyse l'état d'esprit général qui, en se modifiant à partir du milieu des années 1950, a abouti à la décision technocratico-politique de transférer le marché des Halles à Rungis. Au troisième chapitre de sa première partie, « Les choses », intitulé « La grande bouffe », Chevalier aborde la « société de consommation » :

> « Dans mon cours d'histoire contemporaine aux Sciences-Po, je dus, me semble-t-il, employer pour la première fois l'expression vers 1964-1965. Des livres paraissaient qui en traitaient, la plupart traduits ou transposés de l'américain, sur lesquels on menait grand raffut. Mes élèves risquaient, lors d'un concours, de se voir poser la question par quelque économiste à la page. Il me fallait parler comme les milieux éclairés. J'ai gardé le souvenir de l'ennui que j'en ressentis. En bon français le mot *consommation* n'a jamais eu de sens. Et puis comment ramener la société, au visage de déesse, à cette mangeaille organisée, fort éloignée par ailleurs du joyeux "tout pour la tripe" de Rabelais. Je pensais bien plutôt à ces pompes aspirantes et foulantes, et puantes aussi, qu'on voit arrêtées au bord du trottoir. "Pompons… et pompons-la gaiement", ont chanté des générations d'étudiants, sans attacher à leur hymne la moindre importance. "Pompons… et pompons-la" : effaçant ce "gaiement" anachronique, je me représentais ainsi l'image nouvelle et toute mécanique qu'on s'efforçait de donner de la société, et aussi, je l'avoue, les vidangeurs, entendez les sociologues en plein labeur. »

Écrites un quart de siècle avant 2000, ces lignes, aussi drôles que cinglantes, annoncent l'inflation de ce que « Renan, pose Chevalier, décrivant la société du Second Empire, appelait les "intérêts matériels". Thème essentiel de notre étude ».

L'état d'esprit d'avant le débridement

Une vingtaine d'années auparavant, à l'automne 1955, Chevalier rappelle une enquête de l'Ifop qui portait sur le cadeau du jour de l'an. Les désirs masculins s'établissaient ainsi : rasoir électrique (8 %), auto (8 %), livre (6,5 %), somme d'argent (6 %), poste de télévision (6 %), tourne-disque ou électrophone (2 %). Chez les femmes, 9,5 % penchaient pour un manteau de fourrure, 9 % pour une machine à laver. En 1958, une autre enquête avait essayé de déterminer quels éléments de confort les familles ouvrières escomptaient acquérir dans le futur : radio, eau chaude, machine à laver, auto. Chevalier souligne : « L'on est surpris de constater, l'ayant oublié, qu'en 1958, aucun [de ces éléments] n'existe dans plus de 20 % des familles ouvrières, sauf la radio et l'eau courante. » Alors, les ouvriers souhaitent en priorité avoir l'eau chaude et une machine à laver. Au fil des années, Chevalier note que le désir d'une voiture s'est considérablement accru parmi les personnes les plus mal logées. Si 69 % voudraient une voiture, seulement 21 % pensent y parvenir un jour. Au Salon de l'Auto 1955, l'intérêt suscité par la DS 19 avait été surprenant. C'était l'époque où, à Paname le long des trottoirs, chaque nouveau modèle provoquait un attroupement. Je me souviens bien de la 203 noire de mon cousin Bernard et de ses parents, l'oncle Mimile et la tante Léone, rue de Montessuy, en 1953-54. On s'extasiait sur les pare-chocs chromés apparents de certaines autos, sur les roues à rayons d'autres, dites « de sport ». Qui aurait imaginé que, quelques décennies plus tard, la « bagnole », je reprends Chevalier, serait le bouc émissaire qu'elle est devenue, bref, un jouet bon à casser ?

Aujourd'hui, je le lis dans *Le Monde* du 29 avril 2007, voilà qu'on s'interroge doctement sur « notre manière de consommer de la télévision » et d'y remédier. On ne « regarde » donc plus la *télé* : comme pour le reste, on « consomme », on se goinfre de télévision à s'en abrutir. Pourtant, Chevalier le montre, les Français ont été longs à céder aux mirages de la consommation. Ce n'était pas dans leur nature, s'appuie-t-il sur La Bruyère, La Fontaine, Grégoire de Tours, « cet arrière-plan de littérature, [...] ces profondeurs d'histoire », afin de faire comprendre le manque d'enthousiasme des gens « pour le festin de la consommation, leur lenteur à venir eux aussi s'empiffrer ». Et Chevalier de citer une étude d'André Piatier, dans *Le Figaro* du 20-21 février 1971, selon laquelle le rang occupé en Europe par la France est « médiocre pour la consommation. Avec nos revenus relativement élevés de 1970, nous avons encore les yeux vers un modèle de consommation qui date de 1930 ». Et Chevalier de conclure : « À plus forte raison quelle ne devait pas être la force persuasive de ce modèle, durant les dix ou quinze années précédentes ! » Un exemple illustre on ne peut mieux ce constat. De nos jours, les champions sont liés par contrat à des marques de matériel ou de vêtements sportifs : leurs sacs, casquettes et survêtements sont flambant neufs. Eh bien, fin septembre 1948, quand Cerdan, le tout nouveau champion du monde des poids moyens, est rentré d'Amérique, à la main il avait, comme tout un chacun, une valise qui criait misère, entourée d'une ceinture pour la maintenir fermée.

Mes parents allaient de l'avant avec des semelles de plomb

Au chapitre 5, j'ai évoqué le « confort moderne ». Sur ce point, au 14 rue du Plâtre, les parents de Titi *allaient plus de l'avant* que les miens – ma mère utilisait souvent cette expression. « C'est pas un type qui va d'l'avant, ton père. Moi, y m'aurait fallu quelqu'un d'plus moderne ! » se plaignait-elle parfois. Il n'empêche que, devant ce fameux confort, elle chaussait des semelles de plomb. L'eau chaude, mes parents ne l'ont fait installer qu'une bonne quinzaine d'années après l'enquête de l'Ifop de 1958. Jamais ils n'ont eu de télévision, ni de douche, ni de machine à laver. Avant d'avoir recours à la laverie automatique de la rue Rambuteau, plus longtemps que les autres ils avaient fait la « beuille[3] » dans une lessiveuse qu'ils mettaient à chauffer sur le gaz[4]. À la fois parce que nombre de ces biens matériels coûtaient cher, que la plupart étaient superflus et que, somme toute, il était plus sage de mettre de l'argent de côté, mes parents ont été réfractaires à la consommation. L'hiver 1955-56, en descendant du cinquième au quatrième étage, 12 rue du Plâtre, nous avions perdu un balconnet mais gagné une pièce supplémentaire. Elle a fait office de salle à manger et de chambre – la mienne. Avec un entrain certain, mes parents avaient alors acheté un meuble, une table, des chaises de salle à manger. Âgés de 41 et 36 ans, ils étaient jeunes : enfin, ils *se montaient*, ils *montaient leur intérieur*. Maman avait eu sa *ménagère* complète – couteaux, fourchettes, cuillères. « Pas en argent, c'est trop emmerdant à nettoyer, en bel inox ! » l'avait-elle voulue. À part ça, mes parents n'ont guère eu de désirs. Au lieu d'un vrai frigo, ils avaient préféré quelque chose de plus petit, une « boîte frigorifique », comme je m'évertuais à faire bisquer Maman. Pour en revenir à l'enquête de 1955, si je m'en tiens à ma mère, les fourrures plaisaient aux femmes en ce temps-là. Maman préférait les manteaux de skunks, mais elle ne s'en est pas offert un pour autant. À un moment, quand la banlieue était presque encore la campagne, il avait été question d'un petit pavillon : l'idée est demeurée lettre morte.

Noëls d'hier et d'aujourd'hui

Ces considérations ont quelque chose d'antédiluvien. Elles reflètent le Paris d'autrefois, la façon naturellement chiche du menu peuple de vivre. Mes parents ne souffraient pas de ne pas en avoir davantage. Comme les Titis et la majorité des petits, *ils ne pétaient pas plus haut qu'ils en avaient le trou du cul* – expression consacrée. Une certaine sagesse naissait de la comparaison de leurs espèces sonnantes et trébuchantes et de ce qu'ils pouvaient ou non acheter. La *rareté*, pour employer à nouveau ce concept économique, les empêchait de s'illusionner sur l'acquisition de biens qu'ils savaient hors de leur portée. « Avec toi, si on t'écoutait, on jett'rait l'argent par les fenêtres ! » : cette sortie de mon père à ma mère signifiait qu'elle aurait des difficultés à lui faire ouvrir son porte-monnaie. Une telle mentalité était à l'opposé de celle des nouveaux riches. Dans les années 1980, Robert Lageat trouvait qu'à Noël, si lui n'en avait pas eu assez, ses arrière-petits-enfants en avaient trop : « Ça d'vient con, j'suis contre ! » Robert était du 9 passage Pecquay, derrière la rue du Plâtre. Il l'a raconté[5], un jour de décembre aux alentours de 1920, le tonton Ernest, dit le Rigolo, les avait menés au Bazar tout proche, lui et Odette, la fille de son beau-dab – le BHV, le Bazar. Une drôle de visite : « Pas eu le temps de loucher sur des soldats de plomb, Odette sur une poupée… aux tabliers !… On s'en était sortis chacun avec un tablier noir d'écolier sur le paletot, les vrais bonnets de nuit. »

Cette histoire de Robert était à peine moins triste que l'épilogue de *Huit souliers (Noël 1914)*, une nouvelle d'Alfred Machard[6]. La mère est morte, le père est au front : à 12 ans, la Mélie a la charge de ses deux frères, la Boule et Bibiche, et de Maimaine, la petite dernière, 4 ans. « Dis, Mélie, mets-les nos souyers !… mets-les su' l'fourneau ! » Toute la soirée du 24 décembre se passe à répéter à Mélie qu'elle n'oublie pas que, cette nuit, le père Noël doit descendre « par les tuyaux des poêles et les conduits de cheminée » – on ne sait exactement. Mélie elle-même se perd en conjectures : « Ce sont les parents, n'est-ce pas, qui viennent à pas de loup, la nuit de Noël, apporter des cadeaux à leurs enfants ? » – lorsque les siens étaient là, des beaux souliers tout neufs. Oui, mais, se reprend Mélie : « L'enfant Jésus ! Il viendrait peut-être cette nuit. Il déposerait des souliers. Les miracles, ça existe ! » Las ! le 25 au matin, les petits ont eu beau croire entendre du bruit là où, chaque année, s'affaire le père Noël, les vieux *souyers* éculés n'ont pas été remplacés. Pour consoler la nichée malheureuse, accablée, Mélie aura quand même la ressource d'« une illusion charmante : "Vrai, c'est bête… on a oublié d'écrire au Ciel !" » Autrement dit, elle accepte le mauvais sort, elle s'y résigne – attitude populaire par excellence.

Après la dernière guerre, les conditions s'étaient améliorées. À Noël, il me l'a assez répété, mon père avait une orange pour tout cadeau. Il était à la campagne, mais, à Paname, la mère de Jeanne Lecomte, une amie du 13e, n'en avait pas plus. Dans *Au temps des cataplasmes*[7], Demory se rappelle les « vitrines animées du Louvre[8] » au mois de décembre. Comme lui, je les ai admirées. Pour les garçons, la panoplie était alors un cadeau de choix. Demory en a eu une de maréchal – sous l'Occupation, on s'en doute. Moi, de cow-boy, le père Noël puisait son inspiration dans les films américains – les préférés des mômes. À partir de 1952, j'ai eu droit aussi aux numéros spéciaux de fin d'année *But et Club-Le Miroir des sports*. Mon père avait mis le toutim à la cave, les gaspards l'ont becté, ma collection a fini à la poubelle. Heureusement, mes albums de *Donald* et de *Mickey* n'avaient pas quitté notre logement, je les ai encore. Ceux de *Donald* sont en strict papier journal, rien qu'un peu colorié. On était loin des PlayStation, consoles de jeux et du reste. Nos Noëls étaient pauvrets, pourtant, quand je rouvre mes *Donald*, Mandrake le Magicien me charme autant. D'une passe magnétique, il me fait atteindre le septième ciel. Dehors, nous avions plaisir à voir les lumières du Louvre et des Grands Magasins. Sur les boulevards, en décembre, les petites baraques marchandes étaient éclairées de lampes Pigeon verdâtres. Çà et là, parents et enfants allaient dans Paris, ces endroits étaient enchantés, Noël nous permettait de découvrir la rue.

« Pas par les affaires, hein ! »

Le développement de la société de consommation est contemporain de la destruction des Halles. En 1968, les étudiants conspuaient ladite société. Étant donné qu'à la maison nous ne consommions pas, les faits et gestes de mes condisciples m'ont été du chinois, je n'ai pas participé aux événements. En 1970, le film *Zabriskie Point*[9] s'achevait sur l'explosion d'un réfrigérateur, son contenu volait en éclats, j'avais été offusqué. À mes yeux, le manger était sacré, jamais Mémé Jolie n'avait jeté le moindre croûton de pain. Cette complaisance à montrer un frigo vomir sa boustifaille m'avait dégoûté : la vie est trop dure, on ne joue pas avec la marchandise. La conception *populaire* des choses de l'existence était forcément différente de celle qu'on appelle, faute de mieux, *bourgeoise* – des rejetons gâtés de la bourgeoisie, plus exactement. Un sou était un sou : on était aux antipodes du « *fétichisme de la marchandise* [qui] engendre une société où "tout ce qui était directement vécu s'est éloigné comme une représentation" », dixit Guy Debord[10]. Rue de Moussy, dans la cour de récréation de l'école communale, quand les Indiens attaquaient les cowboys, si un copain en agrippait un autre par les vêtements, on entendait : « Pas par les affaires ! » Les parents faisaient des sacrifices pour leurs enfants, les « affaires » étaient sacrées. D'ailleurs, manière de les préserver, on portait une blouse. Qu'à cela ne tienne, la blouse aussi était sacrée. Aujourd'hui, raconte-t-on, les gosses font des pieds et des mains pour avoir des vêtements de marque, des *marques*, objets de convoitise, ça tombe sous le sens, de ceux qui les rackettent. On n'est plus au premier degré, aux grosses galoches qui dureront le plus longtemps possible, mais au deuxième ou au troisième : le *look*, la représentation, c'est cela.

Paris intra-muros, Paris extra-muros

Déplacements humains et langue populaire

Tout est lié : la société de consommation est celle du progrès technique, de la technologie, de l'informatique, etc. En 1872,

Nisard[11] expliquait que les causes de

> « la dissolution et la ruine du patois parisien [étaient] tout économiques et découl[aient] principalement de la révolution radicale et presque instantanée produite par les chemins de fer dans les rapports commerciaux de Paris avec la province ».

Autrement dit, l'immigration en direction de Paris s'était accrue en fonction des moyens de transport. À tout bien considérer, le XIXe siècle et la situation actuelle présentent des similitudes. Avant les premiers déplacements humains d'importance qui ont vu tripler la population de Paris entre la Révolution et le Second Empire, le peuple de la capitale était blond dans son ensemble – évoquer une *race* parisienne n'avait rien de choquant. Au fur et à mesure, cette physionomie a changé. À l'apport migratoire essentiellement français s'en sont ajoutés d'autres, européens puis nord-africains, africains et de différentes parties du monde : au XXIe siècle, la blondeur des Parisiens n'est plus que souvenir. Du temps où elle dominait, au XVIIe ou au XVIIIe siècle, le bas peuple parlait un patois – le langage *indigène* du cru, comme dans chaque région et chaque ville. Mis en évidence par Nisard, le fait que ce patois était déjà soumis à l'influence de parlers de régions proches – normand, picard, bourguignon – montre que, depuis longtemps, parce que Paris était la *grande ville* de France, la capitale a été un carrefour, un creuset. Mais, jadis, dans des proportions moindres.

Au XIXe, les migrations ont eu une telle influence sur le parler de Paris que le vieux patois en est mort. Inconnus jusqu'alors, des mots régionaux ont supplanté les anciens, la prononciation s'est transformée : ce qu'on a appelé l'argot parisien a pris la relève. La ressemblance avec le présent est patente. Ces trois, quatre dernières décennies a éclos un idiome nouveau reprenant, continuant à sa façon l'argot d'autrefois – comme au XIXe, l'argot par rapport au patois –, empruntant à certaines langues étrangères et engendrant une prononciation particulière : l'accent dit des cités.

Au-delà des similitudes formelles de constitution, il n'en reste pas moins que le berceau de l'argot a été Paris et celui de la langue des cités extra-muros. Une solide frontière se dresse entre ces deux langages. « Frontière » car le poids de la géographie est fondamental dans les différences les séparant. Aujourd'hui, Paris, ville de plus en plus chère, est fermée aux pauvres et aux immigrants déshérités. Tout porte à croire que la périphérie demeurera longtemps le havre obligé de cette population. En posant que la langue des cités n'est pas de Paname, on résume l'affaire. La drôlerie de Gavroche, l'entrain des dialogues de Jeanson et d'Audiard en témoignent : argot parisien était chaleureux et communicatif. Quand on entend pétiller Arletty dans *Hôtel du Nord*, ou Gabin dans ses répliques, on a envie de parler comme eux. Pourquoi ? Parce que, par leur entremise, c'est la Grand'Ville qui gouaille, le côté facétieux, frondeur, bon enfant du petit peuple. De Gavroche à la démolition des Halles, contemporaine de la mort de Maurice Chevalier en 1972 et de Gabin en 1976, l'image de marque de la Grand'Ville a été, répétons-le, colportée, brandie, clamée haut et fort par le populo. Autant que *ceux de la base*, aux Folies-Bergère, les bourgeois riaient des quolibets à la grouille de Mistinguett.

En comparaison, la langue des cités paraît confinée, repliée sur elle-même. Elle émane de *grands ensembles* bâtis à la va-vite dans des lieux que n'irrigue pas la *rue*. Lorsque Paris était insalubre, on dégringolait de chez soi : la rue s'offrait, généreuse. En bas des tours et des barres, rien de tel : on retrouve ses potes et « point barre », comme on dit maintenant. Le vocabulaire n'est pas innocent : au contraire de « point à la ligne », passé de mode, « point barre » ne sous-entend aucune suite. Aucun espoir, ai-je envie d'écrire. Les *jeunes* s'affirment dans un décor de béton, souvent des cages d'escalier, des caves. Paris est loin, inaccessible : la rancœur enfle, gronde. Les mots renchérissent, l'expression est crue, grossière, ardue à saisir pour ceux qui ne sont pas des cités. Comme l'argot ancien du temps des mercelots, pourrait-on établir un parallèle. En 1995, Mathieu Kassovitz avait intitulé son célèbre film « *La Haine* » : l'identité *banlieue* est à ce prix. Avec pour revers de la médaille que, trop intempestive, la langue qui la revendique demeure cantonnée aux populations qui l'ont engendrée, sans atteindre le peuple dans sa totalité.

La rue attirait, les galeries marchandes font des envieux

Lorsque l'artère coronaire de Paris était le boulevard, tout en partait et tout y aboutissait. Si, aux yeux des provinciaux, un habitant de Mantes-la-Jolie ou d'Aulnay-sous-Bois est dorénavant un Parisien, du temps de la jeunesse de Maurice Chevalier, à la Belle Époque, Ménilmontant n'était pas tout à fait Paris. C'est pourquoi, entre autres, le Paris populaire dépassait le Paris des quartiers populaires. À ses débuts aux Trois Lions[12], en 1901, Maurice se lie avec le chanteur Boucot, son aîné de quelques années, natif de Ménilmont' lui aussi. Quand Boucot

> « allait chaque semaine chercher chez les éditeurs de musique du quartier Saint-Martin, Saint-Denis, les nouveautés à succès qu'il servirait au programme suivant [...] ce jour-là, au lieu de la casquette habituelle qu'il portait dans le quartier, il se coiffait d'un chapeau et mettait son pardessus "habillé" à col de velours. Il disait : "Je descends dans Paris[13]" ».

À la demande de Momo, Boucot le fait « "descendre à Paris" avec lui ». Peu importe qu'on fût en pleine époque des apaches, Maurice n'en parle même pas. Ce jour-là, il l'a consigné, « fut plus qu'un beau jour pour moi. Ce fut un grand jour car je fis connaissance avec les endroits où se fabriquaient ces refrains populaires qui hantaient ma cervelle ». Maurice rencontre « Mayol, Prince des Chanteurs de l'époque ». Mayol s'entretient avec Boucot et demande qui est « le petit, là ». Maurice est bouleversé. Sa nuit est agitée, peuplée de « rencontres d'artistes, de ritournelles, d'affiches, de vedettes, etc. ». Au matin, il est épuisé, mais tant pis, il a découvert Paris, c'est-à-dire, pour l'apprenti chanteur qu'il est, le Paris du caf'conc' et du music-hall.

De « grandes voix » qui auraient gagné à se taire

Un siècle et mèche plus tard, le RER débarque les gars des banlieues aux Halles. Les étages en sous-sol du Forum ne leur proposent, encore et toujours, que des biens de consommation. Les rayons des boutiques de fringues, de sport, de chaussures, de walkmans, de CD, de DVD, etc., sont bourrés à craquer : que les têtes en attrapent le tournis est compréhensible. Momo n'avait qu'un vœu, devenir chanteur, faire rire sur scène. Aux Halles ou dans les galeries des Champs-Élysées, tout est en place pour allécher au maximum les déshérités. *En marge* des manifestations, dès qu'ils le peuvent, les déshérités se font pillards. Dans *L'Assassinat de Paris*, Louis Chevalier incite à penser que la société récolte ce qu'elle a semé. À la lecture du *Bulletin municipal officiel*, sa conviction est que, dès 1962,

> « toute la société de consommation précédemment décrite est à l'affût, et pas seulement les constructeurs et pour une affaire qui, au-delà des Halles et de leur quartier, et du centre de Paris, intéresse l'ensemble de Paris ».

Il faut relire les accusations que Chevalier a retrouvées : alors, écrit-il, certaines « grandes voix [acquises au déménagement des Halles] font état d'un "déshonneur national", d'un "pourrissoir", d'un "lieu qui nous fait honte" ». Quand on sait ce qu'est devenu ce lieu, le cœur de Paris, ce serait à mourir de rire si, à cause de tels jugements grandiloquents, injustes, stupides, probablement alimentés par des dessous-de-table, Paris n'en avait été *éventré*.

La pire des banalités inspirait

Les souvenirs de Maurice Chevalier l'accréditent suffisamment : le populaire nourrissait Paris. Le plus souvent, les artistes, comiques, fantaisistes et chanteurs venaient des quartiers pauvres. Ainsi Marguerite Boulc'h, alias Fréhel. Elle était née le 13 juillet 1891, 2 boulevard Bessières, dans le 17e. Ses premières années, elle les avait passées chez sa grand-mère maternelle à Primel-Trégastel, dans le Finistère. Après que son père eut obtenu un poste d'aiguilleur de chemins de fer au pont de l'Europe, elle était revenue à Paris ou, plutôt, à Courbevoie, rue Gide. Fréhel l'admettait sans ambages :

> « C'est la rue qui m'a dressée, la rue qui m'a faite telle que je suis, avec mes qualités et mes défauts, la rue qui m'a appris à chanter. À cinq ans, je chantais dans les estaminets montée sur une table. On me donnait des sous. Ma mère, ravie de ces profits inattendus, m'envoya chanter jusqu'à des deux, trois heures du matin[14]. »

Rappelons-nous le portrait de Fréhel brossé par Colette dans *La Vagabonde*[15] : en scène,

> « [elle] rayonne et jubile. Elle reconnaît, tous les soirs, dans le public des secondes galeries, quelque compagnon d'enfantine vadrouille et ne résiste point, pour le saluer, à couper sa rengaine sentimentale par un joyeux coup de gueule, un rire aigu d'écolière, voire une "basane" bien claquée sur la cuisse… »

En ce temps-là, sur scène, les chanteurs argotaient avec le public. Il y avait toute une géographie du Paris où l'on s'amusait, les gens la connaissaient. Rue du Plâtre, j'ai souvent entendu mes parents évoquer Chez ma Cousine à Montmartre, le Caveau de la République, cabarets où, paraît-il, on rigolait. Jamais ils n'y ont passé la moindre soirée, mais qu'importe, leur réputation était arrivée jusqu'à eux. Mon père prisait surtout les Folies-Bergère et le Concert Mayol, les femmes nues. Parfois, le dimanche, il s'offrait le promenoir. Un jour de 1990, j'étais passé les voir, lui et Maman, rue du Plâtre, ni l'un ni l'autre n'était en forme. Au détour d'une phrase, la conversation s'était animée. « Un coup, avant guerre, on était au Globe avec ton oncle Maurice, s'était souvenu mon père. Au prom'noir, y'avait deux poufiasses : elles nous avaient montré leur cul ! » Il avait ri. Pour la dernière fois. Il s'est suicidé dix jours après.

« Je voulais parler de Paris et voilà que je raconte ma vie. » Je reprends à mon compte l'excuse de Daniel Halévy[16]. C'est que le Parisien ne faisait qu'un avec Paris. Rien n'a remplacé ces petits caf'conc' si bien décrits par Maurice Chevalier. L'atmosphère était ce qu'elle était, mais on y trouvait de quoi s'amuser, des femmes, des hommes. Aujourd'hui, la télévision a beau apporter le monde à domicile nuit et jour, il n'y a pas de contact réel, *in vivo*. L'anecdote de mon père, au Globe, 8 boulevard de Strasbourg, le montre, et *Ma route et mes chansons* de Maurice Chevalier bien plus encore : Paname a été dépossédé de son intimité, de sa chair. Aux dernières pages de *L'Assassinat*, un élan lyrique entraîne Louis Chevalier à faire dépendre, à faire naître l'inspiration de l'air de Paris. Outre les Halles, écrit-il,

> « l'air de Paris, c'était le Central qui sentait la sueur et la poussière. C'était Médrano qui sentait la sciure et le cheval, l'orangeade et la citronnade lors des matinées enfantines. C'étaient tant de décors effacés aujourd'hui [...]. Pas un seul de ces lieux [...] comme ceux du canal Saint-Martin, le canal de Donogoo, celui de l'Hôtel du Nord de Dabit et de l'*Hôtel du Nord* de Carné – pas un seul de ces lieux et d'autres lieux encore plus insignifiants, ahurissants de banalité qui n'ait sa place dans

> quelque grand chapitre d'histoire de la littérature, du spectacle, de l'art, de la beauté. […] L'inspiration naissait ainsi de la ville, de la ville d'hier qui, en bien des endroits et malgré Haussmann, était encore la ville des *Misérables* ».

Dans les descriptions de Louis Chevalier, seuls ont voix au chapitre les vieux quartiers – Paname plus que Paris. « Voix au chapitre » car, développe-t-il ailleurs, par la plume des écrivains, c'était la ville qui s'exprimait.

Paname qui rit, Paris qui pleure

Dans *Aux belles de Paris*[17], en 1947, Héron de Villefosse consacre un long chapitre aux spectacles d'autrefois. Non exempt de présupposés, il explique :

> « Le peuple, dira-t-on, ne participait point à ces grandes heures parisiennes. L'Opéra de nos jours ne le contiendrait pas davantage aujourd'hui qu'on l'appelle “les masses”. Il n'a plus pour son bonheur collectif que ces lents défilés chargés de revendications et pavoisés de pancartes et de bannières. Nous l'avons convié à l'inauguration de la Place Royale[18]. Il assistait, bien plus souvent qu'aujourd'hui, à des entrées solennelles ou à des réunions de plein air, sans parler des distractions gratuites du Pont-Neuf ou plus tard, des parades extérieures du boulevard du Temple. Où sont Tabarin, le Grand Thomas, Jeannot, Pointu, Bobèche et Galimafré, combien d'autres encore, amuseurs des temps révolus, lorsque quelques sous suffisaient pour passer un dimanche à se divertir et quelques francs pour se procurer toutes les distractions imaginables ? »

Dans l'temps jadis

Comparer le présent au passé ou vice versa est un exercice périlleux : les façons de ressentir, de penser diffèrent tant. J'avancerai néanmoins que la rareté permettait d'enjoliver, de magnifier, et ainsi de jouir plus pleinement de tel spectacle ou bon moment de la vie. « Les peuples innocents ont les mêmes élans que les enfants, dit encore Héron. Ils s'attachent soudainement à un détail que la raison ne connaît pas. » Ici, rareté rime avec esprit naïf. De l'alliance des deux il ressort que l'individu est davantage en prise directe sur le monde, sans représentation intercalée entre sa conscience et la réalité – le détour par le monde symbolique. En définitive, la rareté, la jouissance d'un plaisir parcimonieux est le contraire de la consommation à jet continu et à haute dose. Héron aurait acquiescé, lui qui regrettait le temps où « quelques sous », « quelques francs » suffisaient à se distraire. De même, se penchant sur son enfance vers 1850, Charlemont a raconté comment, à « la foire au pain d'épice, barrière du Trône », avec ses copains, il buvait un gobelet mousse de coco pour un liard, et mangeait deux sous de frites en deux cornets[19]. Se rendre exactement compte de l'infime valeur du liard et du sou de ce temps-là est impossible. Aujourd'hui, à combien d'euros revient un après-midi à la foire du Trône ?

« Deux côtes fraîches », demandait Pierrot le Basque

Si Charlemont accorde un tel prix affectif à ses escapades, c'est que, sur le moment, la joie d'une balade à la foire au pain d'épice était infinie. *Idem* la perspective d'un gueuleton : les bons gueuletons étaient forcément *à tout casser*. On se souciait moins ou pas du tout de son cholestérol, de son acide urique et *tutti quanti*. On buvait *à ventre déboutonné*, se flattait-on d'ailleurs au XVIIe siècle[20], et on mangeait *à s'en faire peuter la sous-ventrière*. La langue exprimait les mœurs du temps, grossières, vulgaires, en un mot populaires – adjectifs ici synonymes. Dans les guinguettes, on servait davantage de piquette que de bon vin. Maintenant, au contraire, le *gros rouge*, le *gros qui tache* est abandonné au profit du vin de qualité. Ma mère le disait : « Dans l'temps, on savait pas d'quoi mouraient les gens : "il avait une mauvaise maladie", "il a eu un coup de sang", voilà ! » Elle ignorait, et moi avec, de quoi est parti son père, mon grand-père, le 8 décembre 1933 à l'Hôtel-Dieu : les gaz durant la Grande Guerre ? une tuberculose ? Critiquer la médecine, les préceptes d'hygiène de vie et la pratique recommandée du sport n'aurait guère de sens. Néanmoins, seule une société très avancée peut ainsi louer la vie et les moyens de la faire durer le plus longtemps qui soit. Qui aurait imaginé, voici quelques décennies, qu'au bistrot du coin *le rouge serait mis* sur le coup de rouge et que la cibiche deviendrait *non grata* ? Rue Saint-Denis, parfois, avec Pierre le Basque, nous déambulions d'un rade à l'autre. « Deux côtes fraîches », il demandait, Pierrot – le moins cher, il était sans un. Enfin, les statistiques le montrent : champions du monde de la consommation de médicaments, les Français vivent plus longtemps.

« C'est pas 10 balles, c'est 15 ! »

« Aujourd'hui que mon poil grisonne, je me plonge avec plus de volupté dans le passé que dans le présent que je n'assaisonne pas toujours à mon goût », reconnaît Héron. Vieillesse et embellissement du passé font bon ménage. À l'heure actuelle, j'entends des gens, jeunes dans le Paris des années 1960, 1950 ou 1940, raconter comment ils s'amusaient, moyennant, je reprends Héron, « quelques francs » – anciens ou nouveaux. Quand ils étaient de ce monde, Jo Privat et mon père louaient l'entre-deux-guerres : selon eux, la vie y était *facile*. Surtout, les uns et les autres avaient 25 piges. La preuve : après les années 1940 et 1950, « c'était plus ça ». Privat et mon dab faisaient la grimace. « Cette guerre a pourri les gens, y sont d'venus égoïstes », renchérissait ma mère. L'âge d'or, si je puis dire, est fonction de l'âge tout court. Alors jeune fille, Jeanne Lecomte aurait tendance à le situer dans les années 1950 – quand *ça n'était plus ça* pour Privat et mes parents.

Pour éviter que le rappel du passé ne se métamorphose en madeleine de Proust et tourne à la rengaine, faire la part du subjectif et de l'objectif est nécessaire. En 1959, 50 francs – 0,50 N.F., soit 0,08 euros –, ça n'était pas le diable pour danser au Caveau de la Montagne : il est pourtant advenu que je ne les aie pas. Correction propice à faire de ces souvenirs du 18 rue Descartes de bons souvenirs : souvent, le fils de Mme Loyer, la patronne, nous laissait entrer gratis. En 1960, la passe avec une fille de la rue Saint-Denis valait 10 N.F. C'était donné, on pensera. Eh bien, le jour qu'en haut la fille a groumé que c'était 15, il me manquait 5 N.F. Je l'ai déjà raconté : ces 0,76 euros ne m'ont pas facilité la tâche – une misère, de nos jours.

Des chiottes sur le palier à la honte sociale

Si le Paris populaire était souvent bon enfant, par de nombreux côtés il était dur. En 1989-90, au début de notre amitié avec Pierre Merle, nous refaisions le monde et, fréquemment, nous avions des prises de bec. Ses parents étaient d'une catégorie un peu supérieure aux miens. Je ne sais si c'en est la raison, mais la Merluche, de deux ans mon cadet, était beaucoup plus *moderne* que moi. Il jugeait que les transformations de Paris étaient acceptables, sous le prétexte, fallacieux à mon sens, que « ç'aurait pu être pire ». J'étais alors en contact régulier avec Louis Chevalier. Que de fois, avec Pierre, la Saint-Denoche et le Sébasto ont retenti de nos échanges un peu vifs ! Je m'évertuais à le faire enrager à l'aide de cette phrase de mon père : « Ah ! c'est beau, la vie moderne ! » Au rebond, Merle me balancetiquait dans les gencives : « Les chiottes sur l'palier, c'était sûr'ment mieux ! » Et mézigo : « Comment on f'sait, dans l'temps ? » en entendant Maman parler en moi. Telle est la question : quand tel élément de confort n'existait mie, en pâtissait-on ?

Virer le populo pour mieux vendre Paris aux touristes

Avant d'essayer de m'en expliquer, je note une différence imparable, essentielle entre aujourd'hui et hier ou avant-hier à Paris. Aux XIXe et XXe siècles, Victor Hugo, Charlemont, Valdour et consorts ont décrit les conditions calamiteuses des logements[21]. Au moins le menu peuple pouvait-il s'entasser dans des taudis, ça n'est plus le cas désormais. Il a quitté ces taudis, les immigrés ont pris la relève – le *néopeuple* de Paris. Ou les bobos, quand ils peuvent racheter et rénover quelque appart' en mauvais état, quelque *loft*. Au début des HLM – le milieu des années 1950 –, si nombre de Parisiens, expulsés de vieux quartiers vétustes, ont été contraints de gagner la banlieue, beaucoup n'en étaient pas mécontents qui ont même effectué le voyage de leur plein gré. On l'a oublié du fait qu'à partir de 1970 l'arrivée massive d'immigrés dans les HLM a créé une situation nouvelle et les problèmes que l'on sait, mais ces logements étaient pourvus du confort moderne. Le Marais était calamiteux, Belleville, miséreux, et le reste, Grenelle, la Butte-aux-Cailles, etc., à l'avenant : le progrès se trouvait extramuros. Ensuite, à Paris, des mesures de protection ont permis la réhabilitation de maisons destinées à être rayées de la carte, des lois nouvelles sur la copropriété ont vu le jour, bref, le feu vert a été donné à la spéculation immobilière.

Sous la IVe République, la préfecture de la Seine et le conseil municipal se partageaient les destinées de la capitale. Les habituelles oppositions entre ces deux organismes entravaient la prise de mesures et, plus encore, leur mise en œuvre. « Après 58, fini de rire ! » s'exclame Chevalier dans *L'Assassinat*. Déjà mis à mal par les majorités politiques stables au conseil de Paris, l'immobilisme s'est mué en changement incessant depuis qu'en 1977 un maire est à la tête de la capitale. Si, aux yeux de Chevalier, à Paris la sagesse eût consisté à en faire le moins possible, les maires en ont fait et en font le plus qu'ils peuvent – le pire, je traduis. Lorsqu'en 1990 Pierre Merle me sortait qu'à Paname « ç'aurait pu être pire », il ne pressentait pas que ce pire n'arrêterait plus désormais d'advenir. Pourquoi ? Parce que les transformations en suscitent de nouvelles en un jeu de boule de neige et d'avalanche. Une fois le populo parti, la façon de voir Paris ne pouvait qu'être bouleversée : au fil des années, Paname a disparu et Paris s'est métamorphosé en ville de la *représentation*, à savoir cette ville aux mille succursales de banques, cette ville-galerie marchande, cette ville-musée que nous connaissons actuellement, offerte en pâture, que dis-je ! *vendue* aux touristes qui rapportent tant à l'économie[22]. Engendrée par l'argent, la nouvelle nature de Paris est de ne plus en avoir puisque, désormais, la capitale est condamnée à *bouger* pour bouger, comme on dit. Dans de telles conditions, comment nier que l'état d'esprit de Paris au XXIe siècle, son âme, si l'on préfère, n'a plus grand-chose à voir avec Paname, le Paris si prosaïquement populaire de jadis ?

Après cette parenthèse, je reviens sur les questions de confort. Quand parfois Maman en avait contre Mémé Jolie, il arrivait que son attitude se fasse piquante. Je l'ai entendue lui reprocher de s'être contentée de vivre dans sa cambuse de 18 m^2 : « Quand j'étais jeune fille, ça la fichait mal ! » Sauf qu'alors les jeunes gens du quartier Saint-Paul, de la place des Vosges qu'elle pouvait connaître étaient peu ou prou logés à la même enseigne. Elle-même, Maman, pourquoi n'a-t-elle davantage cherché à s'élever, à monter ? Dans ma famille, le poids du déterminisme social est incommensurable – à un moment de la vie de mes parents, il tourne à la fatalité. Quant à moi, je n'ignore pas à quel point j'ai *naturellement* repris les principes de mon père et de ma mère. Un exemple me revient. Je l'ai dit, j'ai passé mon temps militaire en Martinique. Là-bas, pour la première fois, j'ai eu une salle de bains. Rentré fin 1971, en 1972 j'ai réussi à obtenir le studio du troisième, juste sous le logement de mes parents, rue du Plâtre. Ma future épouse a dû batailler ferme pour que j'accède à son vœu de faire installer une douche dans la cuisine. Après deux ans de confort, retourner à la cuvette et au gant de toilette ne me gênait pas. Question de mentalité qui, si elle était encore un peu concevable en 1972, ne l'est plus du tout aujourd'hui. À cause de l'état d'esprit moderniste, fonctionnaliste, tourné vers l'avenir, etc., mis en lumière plus haut, dont se targue Paris.

La rue Jean-Beausire a violé Jacques Borel

À part, en 1959, l'envie d'un électrophone, puis, dix ans plus tard, celle d'avoir le téléphone à la maison, chez mes parents, je n'en ai pas eu d'outrecuidantes. Dès le début, mon père et ma mère m'ont inculqué que, par rapport à eux, j'étais favorisé. À 8 ou 9 ans, vouloir, sans réussite d'ailleurs, un pantalon *d'homme* de préférence à un de golf n'a pas suffi à me rendre envieux, brimé ou opprimé. Retrousser le bas du futal faisait à peu près l'affaire. Certains ont réagi autrement. Un ami, un rien plus jeune, a beaucoup souffert d'avoir des parents âgés, somme toute très *paysans* – ils venaient de la campagne lointaine. Môme, il a porté les pull-overs abîmés de sa sœur aînée : il en a retiré une honte ineffable. Jacques Borel aussi, à vivre dans l'hôtel de passe de son oncle Lohénec : une « honte sociale », précisait-il. Un jour qu'il avait invité dans sa chambre deux camarades d'Henri-IV, l'un, d'une famille très Action française avec un père professeur à la faculté de droit, le dénommé Chausson, lui avait lancé en désignant le bidet trônant au milieu de la pièce : « Dis donc, tu ne nous avais pas dit que tu habitais un bordel[23] ! » La vie ultérieure de Borel lui permettra de surmonter cette humiliation, « pas de sitôt », explique-t-il, au fur et à mesure, en se tançant : « "Comment ! tu n'as pas dépassé ça !", "petits-bourgeois", mon respect humain, ma confusion, et c'est de ma honte à présent, sous le cynisme affiché, que j'avais honte. » Le temps avait accompli son œuvre : au plus profond de Borel, « la rue aux putes » des années 1930 et 1940 rutilait de tout son lustre. En grande partie le prix Goncourt 1965 est redevable à cette rue Jean-Beausire, si anodine, si rien du tout, que dalle au XXIe siècle – *de profundis*. Or, cette rue a violé Borel au sens où Chevalier, s'attardant sur quelques grands écrivains de Paris, explique que leurs romans résultent

> « de la fécondation, ou plutôt du viol de l'écrivain par la ville, par cette ville de chair, par ce monstre affamé de jouissance devant lequel toute résistance est vaine, d'autant plus vaine que l'écrivain, devenu un passant comme un autre, ne demande pas mieux que d'être violé[24] ».

Finalement, les récriminations de ma mère à l'égard de la sienne n'avaient aucune commune mesure avec la blessure de Borel. Ni avec celle de mon copain. À un moment, des envies quasi obsédantes de revanche sur ses origines le prenaient. Dans son milieu, il voyait un jour prochain les uns et les autres *venir lui manger dans la main*. Chez ce garçon, être du Paris populaire avait engendré un fort complexe d'infériorité. Les années et une certaine réussite lui ont permis de le *ranger au placard aux balais* – ah ! Lageat ! des expressions, il en avait à revendre.

L'époque révolue de la main leste

Ainsi, comment prétendre que, du fait que ce Paris-là était populaire, tout fût pour le mieux dans le meilleur des mondes ? Au-delà des conditions matérielles, pauvreté et misère influaient sur la mentalité en un spectre allant de l'humiliation individuelle à la révolte, individuelle ou collective, et, dans les cas extrêmes, à la révolution vengeresse. À suivre Charlemont au XIXe siècle et Gilbert de la Butte-aux-Cailles au XXe, le temps de l'apprentissage était souvent celui de l'injustice et de l'humiliation *physique* : les contremaîtres avaient la main leste[25]. En 1850, Charlemont le déplore, les parents ne réagissaient pas aux mauvais traitements que pouvaient subir leurs enfants. Au siècle suivant, Gilbert est mon repère, ils étaient davantage enclins à le faire – « davantage » ne signifiant pas « toujours ». Après que Félix, le contrefiche, lui a mis une gifle, une dame, une employée, lui conseille de ne pas laisser passer ça, de s'en ouvrir à son père. « Malheureux ! gamberge Gilbert, si mon vieux apprend ça, y va v'nir l'avoiner et l'déculotter en public, sa spécialité ! » Le père de Gilbert était un batailleur de première, mais jamais il ne levait la main sur ses enfants. Ouvrier chez Renault, peut-être avait-il fait siennes certaines règles de morale syndicaliste, voire politique, je ne sais. Les diverses révolutions, au XVIIIe et au XIXe, le développement du mouvement ouvrier, bref, la prise de conscience a bien dû aboutir à une amélioration du rapport dominant-dominé, au sein du monde du travail et en dehors. Un certain progrès, hasardons-nous à écrire.

Si au lycée il m'est arrivé de prendre une calotte d'un prof, aujourd'hui la gifle n'est plus distribuée aussi généreusement. Certains parents d'enfants admonestés n'hésitent pas à frapper les instituteurs. « Dresser les mômes ? Chouchouter ses petits chéris ? » nous sommes-nous posé la question au chapitre 7. Il est notable que ceux qui défendent ainsi leurs mômes sont des gens très populaires, des gens des banlieues. Les mêmes qui, à Noël, en offrent tant à leurs rejetons que la maison déborde. L'enfant-roi, disait-on voici quelques décennies. Le fait d'avoir des droits et un certain *pouvoir d'achat* aboutit ainsi à des excès, à une mentalité à l'opposé de la sagesse populaire traditionnelle : on se croit tout permis et on se croit le maître du monde en sortant la carte bleue. Au lycée Charlemagne, quand nous chantions et chahutions pendant le cours de français, une mandale aux meneurs aurait ramené toute la classe au calme, c'est-à-dire à la raison. Celle qu'un jour j'ai *affurée* du prof de maths n'était pas volée, je n'ai rien dit à mes parents. Non que mon père, comme de son temps, m'en aurait envoyé une seconde, mais je me trouvais bête, à 15 ans, d'avoir été assez stupide pour mériter cette gifle – parée aux trois quarts, d'ailleurs.

« Quarante piges après, j'me marre encore ! »

« À la Belle Époque, le trèpe chantait ! » (Gen Paul)

Comment faire sentir ce Paris populaire qui n'est plus à ceux qui sont nés après sa disparition ? Le plus possible, je me suis ingénié à laisser la parole à ceux que j'ai lus. Si, souvent, je l'ai donnée à mes parents, c'est qu'ils me paraissent bien illustrer l'état d'esprit du populo, vivace jusqu'à ces quelques années qui ont suivi la destruction des Halles – mon père était de 1914, ma mère, de 1919, tous deux sont morts en 1990. En vertu de la Révolution et des luttes du XIXe et du XXe siècles, « peuple » est un concept, un terme paré d'une auréole particulière. Selon les uns, il incite à espérer, à croire que les lendemains chanteront, selon les autres, à penser que jadis, la vie, *c'était autre chose.* « À la Belle Époque, le trèpe chantait ! » Je me rappelle l'enthousiasme de Gen Paul, là-haut sur la Butte. Œil bleu et sempiternel céquin aux lèvres, il était plein de malice, Gégène. Les souvenirs, il lui suffisait de tirer sur son clope, ils remontaient :

> « Y'avait un p'tit mec, y s'app'lait Daniel. Y s'am'nait la nuit, on s'y attendait pas. Toujours le m'lon sur l'cigare, y marchait sur les pointes, un vrai danseur. Y s'am'nait, Daniel, t'aurais cru qu'y sortait du brouillard. Puis après, sur les pointes, comme si y gambillait, y r'barrait dans la noïe avant l'crépuscule… Ça oui, y s'app'lait Daniel, mais on a jamais su qui c'était, ce p'tit mec-là. »

J'en ai écouté, des grandes personnes et des amis plus vieux, évoquer leurs souvenirs d'une vie que je n'ai pas connue. Quand il jactait, Gégène, on était captivé, emporté. J'ai tâché de restituer ce genre de charme.

« Moi, mon truc, c'est l'vélo ! » (Fernand Raynaud)

Je repense au début de *Pour le maillot jaune*[26], ce film avec Albert Préjean, « le Chéri des champions » et « le Roi de la pédale et du sex-appeal ». Le jour du départ du Tour, du siège de *L'Auto*, dans le faubourg Montmartre, au Vésinet d'où s'élançaient réellement les coureurs, on y voit une nuée de titis accompagner les as sur leurs vélos de course. Mac Orlan l'a écrit : ce jour-là était jour de liesse pour ceux qui rêvaient d'être des cracks. À l'époque, ça pédalait dur dans Paname. Aux différentes éditions des canards, les porteurs de journaux s'élançaient dans les rues. On en a encore un aperçu en 1959 dans *125 rue Montmartre*[27]. Rien de commun avec le fait qu'aujourd'hui, à Paris, la bicyclette soit chouchoutée pour des raisons écologiques, idéologiques – *id est* politiques. Le vélo était populaire, on l'utilisait pour bosser, pour essayer d'égaler les champions. Maintenant, à gaffer les bobos mal placés sur leur selle pédaler les pieds à la 10 heures 10 sans souci du braquet à adopter, on rigole. Mon copain Titi en est malade, lui qui continue à faire de longues sorties dans la vallée de Chevreuse. Symbole de la lutte contre la voiture, le vélo est devenu un argument *urbain* – genre de mot auquel je préfère celui de Fernand Raynaud : « Moi, mon truc, c'est l'vélo ! ». Exactement comme, dans les années 1960, l'idée de la démolition des Halles a été un argument *urbain*, puis *urbanistique*.

À la suite d'une enquête psychosociale de 1951, Louis Chevalier remarque :

> « L'immigration à Paris, essentiellement provinciale alors, s'expliquait moins par des motifs économiques que par le plaisir d'y vivre, ce qui bien souvent signifiait tout simplement le plaisir. »

Ce plaisir, ajoute-t-il, était la manifestation organique de l'existence « de cet animal qu'était la ville, avec ses émotions, ses réactions, plus que tout ses désirs, ses rages[28] ». À Paris aujourd'hui, cherchez le plaisir ! La rue Saint-Denis est aussi triste qu'un bonnet de nuit. En quelques dizaines d'années, Paris s'est restreint à un champ clos de confrontations d'idées, de projets, d'enjeux à débattre, de discussions à alimenter, de réponses à apporter, de politiques à proposer, à développer, etc. Les édiles, les gens, le « tout quiconque colleur d'affiche », comme s'emporte Céline, n'arrêtent plus de déblatérer.

« J'ai ma combine » (Milton)

Chaque fois que la situation s'y prêtait, j'ai appelé l'argot à la rescousse – le bon mot, quoi. La mentalité naïve, spontanée d'hier s'exprimait par une langue simple, naturellement cocasse. Par des mimiques aussi, des gestes et des attitudes du même acabit. Le Parisien était marrant. Georges Milton, qui se souvient encore de lui ? Il a été l'un des chanteurs les plus appréciés de l'entre-deux-guerres, au cinoche il était le *Roi des resquilleurs*[29]. Dans *Des dimanches à Belleville*[30], Clément Lépidis l'évoque à propos de son ami Maurice, soudoyé, soit dit en passant, par le père Lépidis pour qu'il emmène Clément se faire déniaiser au Grand 12 rue de Lappe :

> « Sacré Maurice ! Il ressemblait à Georges Milton par l'allure, le chapeau mou planté de côté, la bouille ronde, le sourire toujours prêt à l'emploi et la manière de parler. Quand on lui posait une colle sur la manière de se sortir d'une situation embarrassante, comme Milton il répondait en chantant "j'ai ma combine". [...] Toujours de bonne humeur, jouisseur, bon mangeur et bon baiseur, il m'avait dit un jour "... la vie est chouette, quand on y goûte on en redemande !" »

En quelques lignes, Clément a défini le gars de Paname. Quant à la chanson de Milton, elle disait :

« J'ai ma combine…
Rien dans la vie ne m'turlupine… »

À la fin des repas de famille, Maurice, un autre, l'ami de la belle-sœur de ma cousine Yvette, y allait de son couplet. Un petit monsieur gentil qui boitait. « Tortérignac », l'avait surnommé sans méchanceté Mémé Jolie dans son patois de Langon – une façon populaire de plus, celle d'affubler les gens d'un sobriquet. Tortérignac se levait et, mimant les manières du bonhomme qui prend congé, il entonnait :

« Je reprends ma valise,
Ma canne et mon pépin,
Ma jolie cape grise… »

Que la bonne humeur règne en toute occase, tel était l'impératif, une façon de vivre. On se rappelle Joseph Muller, sixième de la Grande Boucle en 1924, et ses jetons du bal des Grav' : « À l'ancien du Tour de France. » Je l'entends dégoiser comme si j'y étais, Muller : « Ah ! dis donc, mon p'tit pote, en c'temps-là, Pélissier et Bottecchia, c'était pas des *fainiants*. On les app'lait pas "les forçats d'la route" pour des prunes ! » Et tant pis si, alsacien qu'il était, il *mangeait de la paille* en javactavant. Quant à Pélissier, Henri, c'était le premier du Tour 1923, et Ottavio Bottecchia, le vainqueur en 1924 et 1925.

« À partir d'aujourd'hui, c'est décidé : j'm'en fais plus ! »
J'ai ma combine me remet en mémoire l'adage du père La Bûche, le facteur de Lucien Lariche. Dans sa jeunesse, les années 1930-40, Lucien créchait dans le haut de la rue de la Roquette à droite, en face de la prison. Quand j'ai le bourdon, Lucien me ressert la devise du père La Bûche : « À partir d'aujourd'hui, mon p'tit gars, c'est décidé : j'm'en fais plus ! » Certains, tel Aimos (1889-1944) dans *Justin de Marseille*[31], ponctuaient leur bon mot d'un couplet de musique militaire,

Y'a d'la goutte à boire là-haut, y'a d'la goutte à boire[32] *!* ou *Le Régiment de Sambre-et-Meuse* – par exemple Robert Manuel dans *Voici le temps des assassins*[33]. Autant de petits détails dénotant une manière collective de considérer l'existence *sans se faire de mousse.* Encore que Lépidis s'attache au côté futé, parisien, de son copain Maurice pour se tirer d'embarras et éluder. Dans ses *Mémoires*[34], Jacques Isorni, le défenseur du maréchal Pétain, raconte qu'un jour le général de Gaulle s'était retrouvé en fâcheuse posture lors d'une discussion. D'un mot, de Gaulle avait coupé son interlocuteur : « Et, comment va madame votre mère ? » Un autre monde, celui des mondanités vachardes.

À l'issue d'une réunion de catch, un soir, Gilbert de la Butte-aux-Cailles discutait gros sous avec Robert Lageat, son manager et organisateur. D'un mot, Robert fait diversion, Gilbert rigole, Robert poursuit son avantage : « Ben, tu vois, j'te fais marrer ! » Gilbert acquiesce, mais vite il se reprend : « Y'a que quand vous m'casquez, m'sieur Lageat : là, j'me marre plus ! » Le temps a passé, Gilbert a oublié le pognon, seul lui est resté le bon côté de la chose – le phrasé difficilement imitable de Robert. *Idem* Paname, les goguenots sur le palier et les « petites misères passagères » que Maurice Chevalier repoussait en reprenant au refrain :

« Dans la vie faut pas s'en faire,
Moi, je n' m'en fais pas[35]... »

Et Gilbert de tirer la morale de ses entrechats sonnants et trébuchants avec Robert : « Tu vois, sa bagoulette, Lageat, c'était vraiment l'sirop d'la rue. » Fronçant les sourcils et le sourire en coin, la Butte-aux-Cailles hoche la tête : « Quarante piges après, j'me marre encore, mon pote ! »

1. J'emprunte à Delvau, Gautier, Houssaye et consorts le titre de leur ouvrage de 1860. Voir chapitre 2, note 10.

2. *Op. cit.*

3. Pour « lessive », à la maison on utilisait ce mot de patois de Saône-et-Loire – mon père en venait. C'est l'écrivain bourguignon Henri Vincenot qui, un soir, à « Apostrophes », l'émission de Bernard Pivot, a éclairé ma lanterne concernant cette mystérieuse « beuille » : la « beuille » est la forme patoisante du vieux français *buée* – « lessive ».

4. La famille Titi se composait de cinq personnes. Titi se souvient d'avoir accompagné sa mère au lavoir du 8 rue des Rosiers. « C'était plein de vapeur, là-d'dans », il me dit. Quant à moi, je me rappelle l'enseigne du lavoir du 2 de l'ancienne rue Brantôme, avant la démolition de ce pâté de maisons et son remplacement par le Quartier de l'Horloge, face au centre Beaubourg. Ce lavoir était déjà fermé. Dans *Métro Rambuteau* (Hazan-Centre Georges-Pompidou, 1997), Marc Petitjean a raconté en photos l'agonie de ce coin de Paname où je suis né. On y voit la rue Brantôme, mais pas l'enseigne en question.

5. *Des Halles au Balajo*, *op. cit.*

6. *La Guerre des mômes*, Flammarion, 1938.

7. *Op. cit.*

8. Les Magasins du Louvre – *le Louvre* plus familièrement – s'étendaient, entre la rue Saint-Honoré et la rue de Rivoli – au 164 –, de la rue de l'Oratoire à la place du Palais-Royal. Inaugurés le 9 juillet 1855, ils ont disparu un peu plus d'un siècle après.

9. De Michelangelo Antonioni.

10. *La Société du spectacle*, Buchet-Chastel, 1967, cité par Alain Parouart dans sa préface à *Ne touchez pas aux noms des rues*, de Camille Jullian, *op. cit.*

11. Voir chapitre 4.

12. Voir chapitre 9, note 23.

13. *Ma route et mes chansons*, *op. cit.*

14. *Point de vue-Images du monde*, série d'articles publiés en avril 1937 et janvier 1949, cités par Nicole et Alain Lacombe dans *Fréhel*, *op. cit.*

15. Voir chapitre 3.

16. Cité par Louis Chevalier dans *Les Parisiens*, *op. cit.* J'avais l'impression que ce passage était tiré de *Pays parisiens*, mais je ne le retrouve pas.

17. *Op. cit.*

18. La place des Vosges actuelle. Héron écrit : « C'est l'aurore du Grand Siècle qui est célébrée le 5 avril 1612. […] Il y a dans la joie du peuple le bonheur de sentir qu'il réside dans le plus beau royaume du monde, d'applaudir un merveilleux spectacle et d'aimer s'appuyer sans réserve sur cette sécurité de la capitale, libérée des menaces étrangères, prête à combler ses fossés, à jeter bas ses restes de remparts pour tracer des avenues, bâtir des hôpitaux, édifier des arcs de triomphe. Quelle claire date que ce 5 avril 1612 ! »

19. Voir chapitre 5, notes 92 et 93.

20. Claude Duneton, *Le Bouquet des expressions imagées, op. cit.*

21. Voir chapitre 5.

22. L'avoir dit en public à l'Hôtel de Ville, le 23 juin 2003, lors de l'inauguration de la salle Louis-Chevalier à la bibliothèque administrative de Paris n'a pas été du goût de l'adjointe au maire au Patrimoine de l'époque : après mon speech, elle n'a pas daigné me serrer la main.

23. *L'Aveu différé*, au chapitre « La visite », *op. cit.*

24. « Sous la dictée de Paris », *La Bibliothèque imaginaire du Collège de France,* Le Monde Éditions, 1990.

25. Voir chapitre 6.

26. Voir chapitre 8, note 48.

27. Film de Gilles Grangier, dialogues de Michel Audiard, avec Lino Ventura.

28. « Sous la dictée de Paris », *La Bibliothèque imaginaire du Collège de France, op. cit.*

29. Dans la première version, celle de Pierre Colombier, en 1930.

30. ACE, 1984.

31. Film de Maurice Tourneur de 1934.

32. Ces paroles, dont j'ignore l'auteur, ont été mises sur la musique annonçant aux fantassins le moment de charger, de monter à l'assaut de l'ennemi. « Y'a d'la goutte à boire là-haut, y'a d'la goutte à boire ! » : une perversité innommable, en 14-18, un million et demi de nos soldats ne sont jamais revenus de cette goutte à boire à la régalade.

33. Film de Julien Duvivier de 1955, avec Jean Gabin dans le rôle d'un restaurateur des Halles.

34. Robert Laffont, 1984-1986.

35. Chanson de 1921, paroles d'Albert Willemetz, musique d'Henri Christiné.

Édition : Clara Mackenzie
Maquette : Marylène Lhenri

Avec la collaboration de Sébastien Cordin

Achevé d'imprimer en décembre 2007
sur les presses de l'imprimerie Sagim-Canale

Dépôt légal : octobre 2007

ISBN : 978-2-84096-467-4

N° d'impression : 10559